A Manual for Crime Scene Investigations

Arabic Version of parts of the books "International Policing" and "International Policing II" written by Michael Schulte-Schrepping, published at WIKU-Verlag, Germany, Duisburg, 2007, 2008

2

دليل التحقيقات في مسرح الجريمة

قائمة المحتويات

تمهيد	5
مقدمة إلى الأدلة المادية	14-7
حماية وتفتيش مسرح الجريمة	30-15
توثيق مسرح الجريمة	46-31
كتابة التقارير وإدارة القضايا	56-47
منظومة الإجراءات الموحدة في مسرح الجريمة	66-57
التصوير	83-67
دليل الأثر	94-85
بصمات الأصابع	95-102
الأدوات والأسلحة النارية	111-103
أثار الأحذية وعلامات الإطارات	119-113
السوائل الفسيولوجية (الجسمية)	131-121
أدلة الحريق والمتفجرات	141-133
تحليل نمط بقع الدم	155-143
علم الحشرات في الطب الشرعي	163-157
التفتيش	186-165
القتل	192-187

3

Foreword

Having worked in some countries were the criminal investigations have been based on verbal statements and where the international community together with the government tried to improve the Criminal Justice System, I saw always the need to have the investigators trained on crime scenes and the collection and preserving of physical evidence.

I got to learn about real cases where evidence have been lost due to improper labelling and storage, cases where the evidence were not found or not collected and I saw cases where the contamination of the evidence or the crime scene was evident.

A scientific examination of the evidence was excluded imediately, good for the suspect, very bad for the victim or the remaining relatives.

The investigations in murder cases or sexual based crimes were spoiled directly on the scene.

There were several reasons for these kind of improper investigations:
The legislation was directed on verbal statements, not on physical evidence
The investigators, crime scene technicians were not trained in a proper way or not at all
Equipment like a simple crime scene case was not present
If the equipment was present, no crime scene technician was trained on that

To eliminate at least two of the above-mentioned reasons concerning training, I am going to publish this basic training manual to be used in international missions to give the trainers a hand what basically needs to be trained and to show the easiest way. While saying this is a basic training curriculum it should be clear for the reader that there must be specialized courses to deepen the knowledge and to show more details.

This book is more directed to the physical evidence and the practise on the crime scene. This book contains generic lessons, leaving the legislation of the different countries beside. This enables the trainers to include the legislation and regulations of the specific country by themselves.

As always, I am happy about any comment or suggestion by e-mail to:
schreppe@aol.com
or simply leave a message on my website
http://schulte-schrepping.wetpaint.com

تمهيد

بعد العمل في عدة دول ارتكزت فيها التحقيقات الجنائية على الأقوال الشفوية وحيث حاول المجتمع الدولي مع الحكومات المحلية الارتقاء بمنظومة العدل الجنائي، وجدت أن هناك حاجة ماسة لتدريب المحققين حول مسرح الجريمة وحول جمع والحفاظ على الأدلة المادية.

تمكنت من معرفة قضايا حقيقية تمّ فيها فقدان الأدلة بسبب القصور في تصنيفها وتخزينها، وقضايا أخرى لم يتم فيها إيجاد الأدلة أو جمعها، وقضايا أخرى تمّ فيها تلويث الأدلة. ولذا تمّ الاستغناء عن فحص الأدلة بطريقة علمية وهذا جيد للجاني ولكنه سيئ جدا بالنسبة للضحية أو أقرباءه. وتعطلت كثير من التحقيقات في قضايا تتعلق بالجرائم الجنسية داخل مسرح الجريمة لأسباب متعددة منها أن التشريع كان يستند إلى الأقوال الشفوية وليس الأدلة المادية، وأن المحققين وفنيي مسرح الجريمة لم يحصلوا على تدريب جيد في هذا المجال، ولم تتوفر الأجهزة الضرورية للاستخدام في مسرح الجريمة، وفي حال توفرها لم يكن يوجد فنيين لاستخدامها بالطريقة الصحيحة.

ومن أجل معالجة سببين على الأقل من الأسباب المذكورة أعلاه والمتعلقة بالتدريب، أرغب في نشر هذا الدليل حول التدريب الأساسي للتحقيقات حول مسرح الجريمة من أجل استخدامه في البعثات الدولية ومنح المدربين بما يحتاجونه من التدريب بأسهل طريقة ممكنة. ويقدم هذا الدليل منهاجاً أساسياً لكن هناك حاجة أيضاً لتقديم دورات متخصصة من أجل تعميق المعرفة وتقديم تفاصيل أكبر.

ويعالج الدليل على الأغلب الأدلة المادية والسلوك الواجب اتباعه داخل مسرح الجريمة، وهو يحتوي على دروس عامة ويترك التشريعات المختلفة جانباً مما يساعد المدربين في إدخال تشريعات وأحكام دولة محددة خلال التدريب.

وكالعادة يسعدني استلام ملاحظاتكم وآراءكم حول هذا الدليل على البريد الإلكتروني التالي:
schreppe@aol.com أو أرسل رسالة على الصفحة الإلكترونية التالية:
http://schulte-schrepping.wetpaint.com

مقدمة إلى

الأأدلة المادية

مدة الدرس

ثلاث (3) ساعات

المواد والمعدات والخدمات اللوجستية

لوح قلاب ورقي، جهاز عرض، وجهاز فيديو، وطباشير، ولوح

هدف الدرس

إن هدف هذا الدرس هو تعريف المشاركين على المبادئ الأساسية للأدلة المادية، كالتفرد، والمميزات الفئوية أو التشابه الفئوي، والإحتمالية، والندرة، والتبادل، والمقارنة. سوف يبحث المشاركون أيضا كيفية المساعدة التي يمكن للأدلة أن تُقدمها في حل القضية، وأيضا المصادر الرئيسية للأدلة المادية.

أهداف التعلم

سيكون بإستطاعة المشاركين عمل الأتي بنهاية هذا الدرس:

1. تعريف مصطلح "أدلة"
2. تعريف مصطلح " تسلسل العهدة"
3. ذِكر سبع إعتبارات رئيسية في تحديد فائدة الأدلة المادية
4. ذِكر أربعة غايات للأدلة المادية
5. تحديد ثلاثة مصادر رئيسية للأدلة المادية
6. ذِكر خمسة معايير مشتركة قد يحتفظ بها المعمل الجنائي للمقارنة.

مقدمة

إن قيمة الأدلة المادية تتمثل في فائدتها في إثبات ارتكاب جريمة ما، وتحديد الشخص أو الأشخاص الذين ارتكبوا هذه الجريمة، وتبرئة جميع الأشخاص الآخرين الذين قد يتم الإشتباه بهم.

للأدلة المادية امكانيات كبيرة بما يتعلق بجميع هذه الأمور. ولكن من أجل إدراك إمكانيتها الكاملة، يجب أن تتوحد قوى الشرطة، والطبيب الشرعي، والنيابة من أجل اظهار مجموعة حقائق تجعل من غير المنطقي تصديق أي استنتاج غير الذي تدعمه هذه الحقائق، حتى ولو كانت واحدةً من هذه الحقائق عرضةً لشكٍ منطقي.

من أجل انجاز هذه المهمة ذات الأهمية، يوجد هناك صفات معينة للأدلة التي يجب الحصول عليها، وبعض الكميات القليلة التي يجب جمعها حتى يكون المعمل الجنائي ذو فائدة. ليس من المبالغ فيه أن نقول أن ضباط الشرطة الذين يقومون بحماية وتفتيش مسرح الجريمة في معظم الحالات يلعبون دوراً حساساً في تحديد ما إذا كانت الخبرة العلمية للمعمل الجنائي سوف تؤثر على القضية أم لا.

هدف التعلم # 1: تعريف مصطلح "أدلة"

I. الأدلة

أ. تعريف الأدلة

تُعرف الأدلة بأنها شيءٌ يتم تقديمه بشكلٍ قانوني إلى محكمة مختصة كوسيلة لإثبات حقيقة أمر مدعاً به أمام المحكمة. الأدلة هي أيضاً أي شيء يتركه شخص في مسرح لجريمة ما، أو يأخذه من مسرح الجريمة، أو قد يكون مرتبطاً بالجريمة.

قد تكون الأدلة أي شيء يمكنه أن يُثبت أو يدحض قضية ما، أي أنها الوسيلة التي يُثبت أو يُدحض بها أمرٌ ما. وتشمل على جميع المواد، ما عدا الملاحظات أو المرافعات، المقدمة قانونياً إلى المحكمة لتمكينها من اتخاذ القرار بشأن القضية التي أمامها.

ب. أنواع الأدلة

يمكن تقسيم الأدلة إلى نوعين: الأدلة بشهادة الشهود، والأدلة الحقيقية أو التي يقال لها الأدلة المادية.

الأدلة بشهادة الشهود هي الأدلة التي يتم تزويدها على شكل شهادة أو إفادة يتم تأديتها تحت القسم. عادةً ما تكون هذه الأدلة خاضعة للمناقشة وتوضيحات اضافية.

أما الأدلة المادية هي أي نوع من الأدلة التي لها وجود حقيقي موضوعي، أي لها بُعد وحجم وشكل. يمكن للأدلة المادية أن تأخذ أي شكل، ويمكنها أن تكون صغيرة جداً كألياف مجهرية في قضية اغتصاب، أو رائحة سائل سريع الإشتعال في جريمة حريق، أو على شكل مركبة متورطة في حادث سير قامت بالفرار منه. لغرض هذا الدرس، سنقوم بالتركيز بشكلٍ رئيسي على الأدلة المادية.

هدف التعلم # 2: تعريف مصطلح " تسلسل العهدة".

II. تسلسل العهدة

أ. قواعد عامة للأدلة

بشكل عام، حتى تكون الأدلة مقبولة في المحكمة، يجب أن يكون هنالك محاسبة صارمة لتُظهر أين، ومتى، وكيف تم جمع الأدلة. بالإضافة لذلك يجب توفير شهادة كافية لتحديد تسلسل العهدة. يُظهر تسلسل العهدة لمادة الأدلة تاريخها الكامل، بدءاً من العثور عليها، وجمعها، وتغليفها، ونقلها، وفحصها، وتخزينها، وتقديمها أمام المحكمة.

ب. تسلسل العهدة

في كلمات أخرى إن تسلسل العهدة لمادة ما هو تاريخ مفصل لكل شيء حصل لهذه المادة من الأدلة. سوف يقوم تسلسل العهدة بإظهار تاريخ ووقت لمس فيه كل شخص الأدلة، أو قام بتحريكها من مكان العثور عليها بشكل دقيق. سيبدأ هذا بخبير مسرح الجريمة الذي يقوم بجمع الأدلة، وأيضاً يشمل كل شخص قد يكون قد لمس الأدلة أو كانت بحوزته، بما يتضمن جميع الأطباء الشرعيين. حتى تكون الأدلة مقبولة في المحكمة، يجب أن يتم تقديم بيان مطلق عن أماكن وجودها والوصول إليها من قِبل جميع الأشخاص من وقت العثور عليها إلى الوقت الذي يتم تقديمها إلى المحكمة. أي إجراء أقل من هذا سيكون سبباً لإستقصاء الأدلة من معظم المحاكم.

هدف التعلم # 3: ذِكر سبع إعتبارات رئيسية في تحديد فائدة الأدلة المادية

III. الأعتبارات في تحديد الأدلة المادية

تتحدد قيمة الأدلة المادية بمدى فائدتها في اثبات ارتكاب مخالفة ما، وتحديد الشخص أو الأشخاص الذين ارتكبوا المخالفة، وتبرئة جميع الأشخاص الآخرين الذين يمكن أن يكون مشتبه بهم. بالإضافة إلى ذلك، تساعد الأدلة في إعادة إحياء أحداث المخالفة بالتسلسل.

يوجد عدة مفاهيم مهمة يجب أخذها بعين الإعتبار بما يتعلق بنوعية وفائدة الأدلة المادية في تحديد الهوية، وتشمل هذه المفاهيم على:

أ. التفرد

التفرد هو الأمر الذي يجعل شيئاً مختلفاً عن الأشياء الأخرى المشابهة له. يوجد للفرد آلاف المميزات التي يشاركه بها أناس اخرين، ولكن يوجد لكل إنسان مميزات جسدية كبصمات اليد، وبصمات الأذن، وخط اليد والحمض النووي تجعل منه فريدا ومميزاً عن الآخرين. يمكن التعرف على هوية الشخص إذا كان هنالك مميزات مشتركة كافية يمكن تحديدها، أو إذا كان هنالك مميزات فريدة معروفة. ينطبق هذا أيضاً على تحديد الأشياء.

يمكن تحديد الأدلة بشكل لا يقبل الجدل بإنها قد جاءت من مصدرٍ معين أو شخصٍ معين إذا كان يوجد مميزات مُعَرفة كافية أو معلومات مجهرية كافية أو علامات عرضّية.(على سبيل المثال بصمات، خط اليد، طلقات نارية، علامات أدوات، أثار أحذية، قطع زجاج مكسورة يمكن أن نقوم بمطابقتها مع قطع زجاج أخرى، وأيضاً قطع خشب يمكن مطابقتها مع قطع خشبٍ أخرى.)

ب. المميزات الفئوية

إن الأدلة التي يتم تحديدها فقط من خلال وضعها ضمن فئة معينة بغض النظر عن حجم وعمق الفحص، يتم اعتبارها كدليل من خلال المميزات الفئوية فقط. لا يمكن تحديد مصدر الأدلة بشكل دقيق بسبب امكانية وجود أكثر من مصدر لهذه الأدلة.
إن الدم، أو الشعر، أو الألياف، أو آثار الأحذية، أو علامات الأدوات هي من الأمثلة على أدلة بمميزات فئوية. في هذه الحالات تكون العلامات العرضّية أو المعلومات المجهرية غير كافية لتشخيصٍ إيجابي.
لهذا، إن المميزات الفئوية للمادة تسمح لتفحص المادة قبل أن يتم اجراء مقارنة مفصلة بينها وبين شيءٍ اخر من أجل تحديد المميزات المتفردة التي يمكن أن تقود لاحقاً إلى تحديد معين لها.

من المفضل أن تكون هنالك أدلة يمكن تحديدها بشكل ايجابي، ولكن لا يجب علينا تقليص قيمة الأدلة بالمميزات الفئوية فقط. من المفضل الآتي في الحالات التي يوجد فيها أدلة بمميزات فئوية:

ت. الإحتمالية

إن احتمالية وقوع مجموعة من الأحداث المستقلة هي نتاج احتماليات منفردة. لهذا فإن إحتمالية الترابط مع حالة معينة يمكن أن تكون كبيرة جداً بوجود تطابق لعدد من العوامل المنفصلة. إن وجود ألياف، أو شعر، أو دم، أو آثار أحذية، أو علامات أدوات متطابقة يمكن أن تُشير إلى احتمالية كبيرة في التورط في الحدث بالرغم أن كلٍ من هذه العوامل ليس حاسماً بحد ذاته.
تكون أهمية الإحتمالية الحسابية لجودة الأدلة المادية ظاهرة عندما نأخذ بعين الإعتبار استخدام بصمات الأصابع من أجل اجراء تحديد هوية مشتبه به بشكل ايجابي. نستنتج أن الإحتمالية هي أنه لا يوجد شخصين على وجه الكرة الأرضية لهم نفس بصمات الأصابع. بالرغم أن قبول تفرد بصمات الأصابع قائم على الإحتمالية الحسابية الا أن معظم الناس ومن ضمنهم خبراء بصمات مُطَّلِعين لا علم لهم بهذا.

ث. الندرة

إن تقوية الإدراك الحسي لندرة الوقت، والمكان، والملابسات المرتبطة بالأدلة المادية التي تم العثور عليها في وبجانب مسرح الجريمة هي مهارة مكتسبة. إن تحديد ما إذا كان يجب جمع شيء أو عدم جمعه كدليل سيقوم بإستمرار على الأحوال التالية:
يبدو أنه ليس في مكانه؛ ليس من الطبيعي أن يكون في مكانٍ معين؛ أو أن حالة المواد أو الأشياء تُشير إلى تغيرات غير عادية.
يتم إجراء هذه الأنواع من التقييمات بإنتظام من قِبل محقق وخبير مسرح جريمة، وسيُصبحون هؤلاء أكثر حدة مع مرور الوقت وبإكتساب الخبرة. سوف يُطور المحققون وخبراء مسرح الجريمة المتمرسين حاسة سادسة لملاحظة أشياء ليست في مكانها، أو أحوال غير اعتيادية لأشياء في أماكن عامة، وسوف تزيد قدرتهم على ملاحظة الأدلة المحتملة بشكل تدريجي مع مرور الوقت والخبرة.

ج. نظرية الإنتقال

عندما يتلامس شيئين مع بعضهما البعض فسيكون هنالك بإستمرار انتقال لكميات قليلة من المواد من الواحد إلى الآخر. لهذا عندما يتلامس المشتبه بهم مع الضحايا والأشياء في مسرح الجريمة فإنهم يتركون خلفهم باستمرار آثار لهم ويأخذون معهم آثار الأشياء التي تلامسوا معها. وهذا أيضاً ينطبق على ضباط الشرطة وخبراء مسرح الجريمة.
عادةً ما تسمى المواد التي تنقل بهذه الطريقة بآثار الأدلة، وعادة ما يتم تعريف مصطلح آثار الأدلة على نحو غير دقيق، ولكن غالباً ما يتم استخدامها للدلالة على قطع المواد الصغيرة أو المجهرية التي لا يراها المحقق المتدرب على الفور.

ح. المقارنات

إن أهم نقطة مقارنة بين الأشياء هي التطابق المادي الواضح بينها.(على سبيل المثال، المقارنة بين رأس المفك والمقبض التي كُسر منه، أو بين شظية خشبية وقطعة الخشب التي جاءت منها.) إن الدرس الذي نتعلمه من هذه المقارنات هو أنه يجب أن يؤدي الإيحاء بوجود تمزق أو كسر في مادة إلى بحث متعمق عن الطرف الآخر المطابق لها، أو البحث عن الشيء الذي أدى إلى هذا التمزق أو هذا الكسر. يمكن لخبير مسرح الجريمة من خلال مطابقة القطعتين أن يُثبت الصلة، ليس فقط ما بين المواد، ولكن أيضاً ما بين المشتبه به ومسرح الجريمة أو بين المشتبه به والمجني عليه في الجريمة.

هدف التعلم # 4: ذِكر أربعة غايات للأدلة المادية

غاية الأدلة المادية .IV

أ. لإثبات أنه قد تم ارتكاب جريمة ما، أو تحديد العناصر الرئيسية للجريمة

مثال:

يمكن للمحققين في جرائم الحرائق أن يقوموا بجمع قطع من السجاد من موقعٍ لبيت محترق ويرسلوها للفحص لمعرفة ما إذا كانت تحتوي على سوائل سريعة الاشتعال، وإذا تم العثور على هذه المواد داخل البيت، يمكن أن يتم استخدام هذا الدليل المادي لاثبات أن الحريق كان متعمدا. يمكن لهذا أن يحدد عاملاً من عوامل الحريق المتعمد.

ب. لربط المشتبه به مع الضحية أو مع مسرح الجريمة

مثال:

يمكن القاء القبض على مشتبه به في جريمة سطو على منزل بوقت قصير بعد ارتكاب الجريمة ويتم حجز ثيابه. يمكن لفحص المختبر للثياب أن يُبين وجود شعر مطابق لشعر الضحية، أو شعر الحيوان الأليف في المنزل، أو حتى ألياف السجاد في مسرح الجريمة.

ت. لتحديد هوية الأشخاص الذين لهم صلة بالجريمة

مثال:

يمكن اخضاع مشتبه به في جرائم اغتصاب متسلسلة لفحص الحمض النووي ويتم ربطه ايجابياً مع كل واحدة من جرائم الإغتصاب هذه.

ث. لتبرئة المتهمين

مثال:

ادعت موظفة في محل تجاري أن مدير المحل اعتدى عليها جنسياً بعد اغلاق المحل. لقد قالت للسلطات أنه قد تم تخديرها ومن ثم أُغمي عليها، واكتشفت بعد ما أفاقت أنه قد تم الاعتداء عليها جنسيا. عندما قامت الشرطة بتحليل وفحص بولها، لم تُشر النتائج على وجود أي نوع من المخدرات. عندما تمت مواجهتها لاحقاً، اعترفت بأنها قد اختلقت القصة للانتقام من رئيسها في العمل لتصرفاته اللئيمة اتجاهها.

ج. التأكيد على شهادة الشهود

مثال:

تم تحديد مشتبه به ايجابياً بأنه الجاني في قضية اعتداء خطيرة، حيث تم الاعتداء على الضحية بالضرب المبرح، وتم ارغامه على تقبيل قدمي المشتبه به والتوسل إليه. وعندما تم القاء القبض على المشتبه به، وُجِد آثار صغيرة لدم الضحية على حذائه مما أكد شهادة الضحية.

ح. حث المشتبه به للاعتراف

مثال:

قِيل لمشتبه به في جريمة قتل أنه قد تم العثور على نوع سيجاراته في موقع جريمة القتل، وعلى هذه السيجارة أثار لعاب تم تحديدها من خلال فحصٍ للحمض النووي. لقد أنكر المشتبه به بشدة أنه كان في بيت الضحية، ولكن فور مواجهته بهذه الأدلة المفحمة، غير المشتبه به عذر الغيبة واعترف أنه كان في منزل المجني عليه قبل وقوع الجريمة.

خ. يمكن للأدلة السلبية أن تُساعد في توفير إثبات

مثال:

طالب صاحب بيت بمبلغٍ كبيرمن شركة تأمين بسبب سرقة بيته، وقد طالب صاحب البيت هذا تعويضه عن مجوهراتٍ متنوعة وأجهزة الكترونية وأشياء أخرى باهظة الثمن، ولكن عندما تمت مواجهته بعدم وجود علامات اقتحام للبيت وعدم وجود فواتير، اعترف صاحب البيت بخطته للاحتيال على شركة التأمين.

د. يمكن للأدلة المادية أن تكون أكثر أهمية من شهادة الشهود

إن الأدلة المادية تتحدث عن نفسها، حيث أنها لا تنسى أو ترتبك على المنصة. غالباً ما يرى الشهود الأمور بشكلٍ مختلف، ونادراً ما يشاهد شاهدين أحداثاً متطابقة. عادةً ما يقوم الشهود بتعبئة الفراغات في شهادتهم عندما لا يوجد حقاً شيئاً يقولونه.

بالإضافة إلى ذلك، مع الوقت وتحت الاستجواب، أحياناً ما يتجمد الشهود ويفشلون في الادلاء بالشهادة التي أدلوا بها سابقاً. هذا لا يحدث أبداً مع الأدلة المادية.

ذ. قواعد عامة للأدلة

كقاعدة عامة، غالباً ما تعتمد النيابة العامة تقريباً في جميع البلدان على ادارة المحقق الجنائي في مسرح الجريمة. مما لا يرقى إليه الشك أن القاعدة لمقاضاة ناجحة هو التحقيق الدقيق والمعمق، ويتطلب الأمر شيئاً أكثر من مجرد جمع الأدلة لدعم مقاضاة ناجحة. يجب أن تكون الأدلة التي تم العثور عليها مقبولة في المحكمة، ولكل دولة ولكل محكمة قوانينها وقواعدها عندما يتعلق الأمر بالأدلة.

إن معلومات أساسية عن القواعد والقوانين التي تحكم قبول ورفض الأدلة هي أمرٌ أساسي للمحقق وخبير مسرح الجريمة أن يعرفوها. إنه لأمر حاسم وضروري تقديم قضية للمحكمة يكون فيها معلومات يمكن الإعتماد عليها في أخذ قرار صائب. يجب أن تحصل المحكمة على معلومات وافرة تتعلق بالأدلة المادية التي تم جمعها، وأين تم العثور عليها، وكيف تم جمعها، وكيف تم الحفاظ عليها، وما هي علاقتها بالقضية.

بما أن الأدلة هي المصدر الذي يجب على القاضي أو هيئة المحلفين أن يصدروا استنتاجاتهم بما يتعلق ببراءة أو ادانة المتهم بموجبها، فإنه يتم فقط قبول الأدلة التي تفي بالشروط المتنوعة لقبول الأدلة. كا قلنا من قبل، لكل محكمة قوانينها الخاصة التي تتعلق بقبول الأدلة، ويتعين على كل محقق وخبير لمسرح الجريمة أن يكونوا على دراية وثيقة بهذه القوانين. إن الغرض الأولي لهذه القوانين من وجهة نظر استثنائية هو ضمان محاكمة عادلة ومحايدة للمتهم. بشكل عام، لا يمكن دعم قرار محكمة إذا كان هذا القرار قائماً على أدلة غير كافية أو أدلة غير صالحة قانونيا.

ر. تحديد مقتنيات أو مواد محظورة لها صلة بجريمة أو تُثبت تورط المشتبه بهم

نتيجة لإنفجار حزمة الأصباغ أثناء عملية سطو على بنك، سوف يتم التعرف وتحديد النقود وأيضاً أيدي وثياب المشتبه بهم. إن الخصائص الفريدة للصبغة ستساعد المحقق في تحديد النقود الملطخة وإثبات تورط المشتبه بهم. سوف يكون المشتبه بهم تحت ضغوط شديدة لشرح كيف أتت هذه الأصباغ على أيديهم وثيابهم بالإضافة إلى النقود.

أو إظهار أساليب عمل مشابهة Modus Operandi ز. أسلوب العمل

قائد August Volmer إن أسلوب العمل هي أنماط لسلوك جنائي يمكن ربطه بمجرمٍ معين. في أوائل القرن العشرين قام الذي يتعلق بالتصنيفات Modus Operandi شرطة مدينة بيركلي في ولاية كاليفورنيا في الولايات المتحدة بتقديم مفهوم النظامية لسلوك اجراميٍ معروف. ولقد أظهرت الأبحاث لاحقاً أن عدداً غير متكافئ من الجرائم يمكن عزوها لمجموعات صغيرة من الأفراد تتميز بنماذج سلوكية محددة يمكن التنبؤ بها وتكرارها.

يمكن التنبؤ بأساليب عمل مجرم معتاد لأن لديه نزعة لارتكاب الجرائم خلال نفس الفترة من الوقت، وضمن منطقة معينة، وباستخدام أساليب متشابهة. ويمكن الحصول على المعلومات عن المجرم من خلال تحليل عادات الضحايا، ويمكن استخدام هذه المعلومات للتنبؤ بأهداف أو ضحايا محتملين. غالباً ما يساعد الدليل المادي الذي تركه المجرم خلفه في تحديد أسلوب عمله. على سبيل المثال، قد تكون عادة سارق أن يتجول في دكان بينما ينتظر الفرصة المناسبة لارتكاب جريمة السطو. ويمكن للسارق خلال فترة التجول هذه أن يقوم بأخذ مشروبه المفضل ويتظاهر بأنه سوف يقوم بشرائه، وقد يترك السارق هذا المشروب بعد ارتكابه لعملية السطو. حتى لو أنه لم يتم الحصول على بصمات ذات فائدة من زجاجة المشروب، إلا أن نوعها، وربما عادة تركها على المنضدة يمكن تحديدها كتوقيع عرَّضي للسارق.

س. يُثبت نظرية قضية ما

يمكن لآثار الأقدام أن تُظهر أنه كان هنالك كثيرين في مسرح الجريمة، ويمكن لبقع دهان سيارة على الملابس أن تُظهر أن سيارة هي التي سببت الاصابة وليس شيئاً آخر.

هدف التعلم # 5: تحديد ثلاثة مصادر رئيسية للأدلة المادية

المصادر الرئيسية للأدلة المادية .V

أ. مسرح الجريمة

إن مسرح الجريمة هو محط تركيز التحقيق التمهيدي وأيضاً المصدر الأولي للأدلة المادية. ولكن يوجد احتمالية كبيرة أن يتم تدمير واتلاف الأدلة في هذا المكان. يجب على خبير مسرح الجريمة أن يعمل بجد من أجل تجنب اتلاف مسرح الجريمة، ليس فقط من قِبلهم، ولكن من قِبل الآخرين أيضاً مثل الشهود وضباط الشرطة والمحققين والأحوال البيئية(المطر، الريح، الثلج...الخ). يجب تنبيه جميع الأشخاص الذين يتلامسون مع مسرح الجريمة بعدم عمل شيء يقوم باتلاف مسرح الجريمة. يمكن لأي شيءٍ بسيط أن يقوم باتلاف مسرح الجريمة، كالتجول في مسرح الجريمة، أو التدخين، أو التقاط شيء لفحصه بدقة أكبر. يجب أن يكون هنالك جدول يُبين التلف في كل مسرح جريمة، يُدرج فيه الإسم والتاريخ ووقت وصول ومغادرة كل شخص من وإلى مسرح الجريمة. يمكن استخدام هذا الجدول أيضاً في وقتٍ لاحق إذا كانت هناك حاجة لاقصاء اثار.

ب. المجني عليه

غالباً ما يكون المجني عليه في جريمة مصدراً محتملاً للأدلة المادية، وخاصة في الجرائم الجنسية. إن الشعر والألياف والسوائل الحيوية هي جميعها أدلة محتملة، ويجب جمعها وفقاً للبروتوكول المحدد. إن الوقت هو أمرٌ جوهري، وإحتمالية التلف أو الخراب يجب أن تكون من الاهتمامات الأساسية. يجب أن يكون خبراء مسرح الجريمة على درايةٍ بالأساليب المناسبة لجمع وحماية مواد الأدلة هذه.

ت. المشتبه به وبيئته

يمكن للمشتبه به وبيئته أن يكونا مصادر رئيسية للأدلة المادية. كما أن المجني عليه في اعتداء جنسي سيملك على الأرجح أدلة مادية، كذلك المشتبه به، فهو ليس مختلف عنه. يحدث هنالك إنتقال للأدلة ويجب التماسها من المشتبه به أو بيئته مثل مركبة المشتبه به أو بيته. مرة ثانية، إن للوقت أهمية، واحتمالية التلف أو التدمير كبيرة. يجب أن يكون خبراء مسرح الجريمة منتبهين دائماً لمصادر محتملة لأدلة مادية مثل مركبة المشتبه به، أو ثيابه، أو حذائه، أو حتى أثاث بيته.

هدف التعلم # 6: ذِكر خمسة معايير مشتركة قد يستخدمها المعمل الجنائي للمقارنة

VI. ملفات ومجموعات مرجعية المعايير الموحدة

تحتفظ جميع المعامل الجنائية تقريباً بملفات ومجموعات مرجعية معايير موحدة يمكن استخدامها للمقارنة أو لغاياتٍ معلوماتية. على سبيل المثال، يحتفظ المعمل الجنائي التابع لمكتب التحقيق الفدرالي في الولايات المتحدة الأمريكية بملفات المعايير التالية كي يتم مقارنة الأدلة:

مواد لاصقة

- ذخيرة
- معايير كاتب الشيكات
- شريط لاصق/شريط لاصق للاستخدمات الكهربائية
- المتفجرات ومواد لها صلة بها
- خصائص عامة لتحزيز أنبوبة البندقية
- شعر والياف
- ملف صور للسيارات الوطنية
- ملف دهان السيارات الوطنية
- شهادة ملكية المركبات الوطنية
- ملف الأرقام المزورة للمركبات الوطنية
- معايير أدوات المكاتب(الطابعات، ماكنات التصوير، آلات كاتبة)
- مجموعة مرجعية الأسلحة
- عزل آمن
- معايير تصاميم نعل الأحذية
- معايير تصاميم خطوط العجلات
- معايير العلامات المائية

وأيضا يحتفظ المكتب بملفات المواد المتنازع عليها التالية:

- الرسائل المجهولة

- الأوراق النقدية لسطو على بنك
- شيكات مزورة

خلاصة

تتحدد أهمية الأدلة المادية بمقدار فائدتها أثناء عملية اثبات ارتكاب جريمة، أو اثبات تورط شخص ما في جريمة. يمكن للأدلة المادية أيضاً أن تقوم بتبرئة شخص في موضع الاشتباه. لقد قمنا في هذا الدرس بتعريف الأدلة المادية والقواعد العامة التي تتعلق بقبولها في المحكمة. ولقد تعلمنا أنه يوجد أيضاً متطلبات قانونية بالاضافة للمبادئ العلمية التي يتبعها المحققون وخبراء مسرح الجريمة. يجب على الأدلة المادية التي تم الحصول عليها أثناء تحقيق جنائي أن تفي بالمعايير والاجراءات القانونية من أجل ضمان قبولها من قِبل المحكمة.

لقد تفحصنا في هذا الدرس المبادئ الأساسية للأدلة مثل التفرد، والمميزات الفئوية، والتشابه، والاحتمالية، والندرة، ونظرية التبادل، والمقارنة. ويمكن استخدام جميع هذه المبادئ من قِبل المحققين وخبراء مسرح الجريمة لمساعدتهم في اثبات قضيتهم وتفحصنا أيضاً الغايات المتنوعة للأدلة المادية، والمصادر الرئيسية للأدلة المادية، وأدوار المحقق وخبير مسرح الجريمة والمعمل الجنائي. ولقد درسنا أيضاً الحاجة إلى علاقة عمل مهنية وثيقة ما بين هؤلاء الثلاثة كي يتم حل القضايا بنجاح وتقديم المشتبه بهم إلى العدالة.

الدرس الثاني

حماية وتفتيش مسرح الجريمة

مدة الدرس

ساعة منها 6 ساعات نظري و 6 ساعات عملي 12

المواد والمعدات والخدمات اللوجستية

.ونشرات للتوزيع على الطلاب PowerPoint لوح ورقي قلاب، وحاسوب محمول مع جهاز عرض، وشرائح

أهداف الدرس

إن هدف هذا الدرس هو تعريف المشتركين على الطرق المناسبة والصحيحة لحماية وتفتيش مسرح الجريمة. سوف يقوم المشتركين بفحص التأثيرات المحتملة لجميع الأشخاص الذين يمكن أن يكون لهم أي إتصال بمسرح الجريمة، وسوف يتعلمون كيفية إبقاء مسرح الجريمة محمياً بالشكل الأفضل. سوف يتعلمون أيضاً الطرق المختلفة التي يمكن استخدامها لتفتيش مسرح الجريمة، وأيضاً الطرق المقبولة لجمع الدلائل ووضع علامات عليها وتغليفها.

أهداف التعلم والأداء

:سوف يكون باستطاعة المشاركين عمل الآتي في نهاية هذا الدرس

."تعريف مصطلح "مسرح الجريمة .1

.تحديد خمسة أعمال على الأقل يتعين على الضابط الأول أن يقوم بها في مسرح الجريمة .2

.تحديد مهام الضباط الثانويين الذين يصلون إلى مسرح الجريمة .3

.تحديد البروتوكول الذي يقرر من هو المسؤول في مسرح الجريمة .4

تحديد قانونين أساسيين يتعين على خبراء مسرح الجريمة والمحققين أن يتقيدوا بهما من أجل الحصول على علاقة .5
.عمل جيدة

.تحديد ستة اعتبارات يتعين أخذها قبل الدخول لمسرح الجريمة .6

.ذِكر ثلاثة أهداف لعملية تفتيش مسرح الجريمة .7

.تحديد خمسة أنواع لأساليب تفتيش مسرح الجريمة .8

.تحديد ثلاثة إفتراضات منطقية أساسية يجب أخذها بعين الإعتبار أثناء عملية التفتيش .9

تحديد الإعتبارات التي يجب على خبراء مسرح الجريمة أن يأخذوها بعين الإعتبار من أجل تحضير مناسب .10
.لمعالجة مسرح الجريمة

.تحديد أربع أماكن سوف يكون متوقعاً من خبراء مسرح الجريمة جمع الأدلة منها .11

.ذِكر مسؤوليتين من مسؤوليات خبير مسرح الجريمة قبل وضع علامات على الأدلة .12

.أن يصبحوا على عِلمٍ بوضع علامات وتحديد والصاق بطاقات على الخراطيش الفارغة وعلى الطلقات النارية .13

.أن يُصبحوا على عِلمٍ بمحتوى سجل الأدلة والتغليف والتخزين الجيدين .14

.ذِكر خمسة أسئلة على الأقل يتعين على خبير مسرح الجريمة أخذها بعين الإعتبار عندما يقوم بإنهاء التفتيش .15

مقدمة

إن حماية مسرح الجريمة هو من الاهتمامات الضرورية جداً لخبير مسرح الجريمة لأنه يوجد أحداث يمكن حدوثها قبل بدأ عملية التفتيش بمدة طويلة تكون لها نتائج بعيدة المدى لخبير مسرح الجريمة. يعرف خبير مسرح الجريمة بسرعة أن هنالك عوامل وأشخاص كثيرين جداً يمكن أن يكون لهم إما تأثير إيجابي أو سلبي على مسرح الجريمة غالباً قبل الوصول إلى المكان للعمل بمدة طويلة. يمكن لهذه التأثيرات الخارجية أن تقوم بتدمير الأدلة المحتملة، أو تُبقي هذه الأدلة مجهولة، وبشكل عام تقوم بإفساد مسرح الجريمة. حتى بعد تأمين مسرح الجريمة وبدأ عملية التفتيش، يمكن للأخرين التأثير على نجاح أو فشل التفتيش.

ويجب على خبير مسرح الجريمة أيضاً أن يكون على معرفة متعمقة بالبروتوكول المناسب لجمع ووضع علامات وتغليف الأدلة التي تم العثور عليها من أجل رفع القيمة المحتملة للأدلة التي تم العثور عليها في مسرح الجريمة.

هدف التعلم # 1 : عرّف مصطلح "مسرح الجريمة".

I. مسرح الجريمة

1. تعريف مسرح الجريمة

يمكن تعريف مسرح الجريمة بأنه المكان التي تم فيه إرتكاب جريمة ما، والذي يمكن العثور فيه على دليل محتمل لهذه الجريمة. ويمكن أن يكون مسرح الجريمة بيتاً أو سيارةً أو مكاناً بعيداً في الغابة.

ب. مسارح الجريمة بشكلٍ عام

سوف يكون كل مسرحٍ لجريمة مُحَدَّداً بطبيعة الجريمة والضحايا والمشتبه بهم. وكل مسرح جريمة، سوف يكون فريداً من حيث الموقع وأيضاً من حيث التفاصيل المتعلقة بالجريمة. ولهذه الأسباب لن يكون هناك خطة مفصلة طويلة المدى أو صيغة عامة يمكن تطبيقها لتأمين أن كل وجميع مسارح الجريمة ستُعامل بشكل مناسب والعثور على أية أدلة ذات صلة وجمعها. ولكن هنالك قواعد أساسية تتعلق بمسارح الجريمة والتفتيش تتشارك فيها جميع مسارح الجريمة بغض النظر عن موقع وطبيعة الجريمة. ستساعد هذه القواعد الأساسية فني مسرح الجريمة في زيادة جهوده في البحث والعثور على الأدلة في مسرح الجريمة بغض النظر عن جريمة معينة.

ت. الحفاظ وحماية مسرح الجريمة

إن الحفاظ وحماية مسارح الجريمة هي واحدةٌ من القواعد الأساسية في عمل الشرطة حيث أن الحفاظ على مسرح الجريمة وحمايته يعني إبقاءه في نفس الحالة المادية التي تركها عليه مرتكب الجرم. على كل شخص يأتي إلى مسرح الجريمة أن يمنع محو أو اتلاف الدلائل الملموسة، حيث إن لمس أو تحريك أي غرض أو بعثرة آثار الأقدام أو أدلة سوف يقوم بإتلاف قيمة ومصداقية البينة في مسرح الجريمة.

تبدأ حماية مسرح الجريمة من قِبل الضابط الذي إستجاب للنداء في البداية، ويجب أن تستمر هذه الحماية طوال الوقت الذي يكون فيه مسرح الجريمة تحت سيطرة الشرطة، ويشمل ذلك كل فردٍ من أفراد إدارة الشرطة وأخرين يمكنهم أن يتلامسوا مع مسرح الجريمة. بعد فحص جميع التأثيرات الداخلية والخارجية المحتملة، سوف يكون خبير مسرح الجريمة قادراً على تقدير الإمكانيات واسعة النطاق التي يمكنها أن تغير أو تمحو أو تُزيل الأدلة المحتملة من مسرح الجريمة.

التحضير

ضابط الشرطة الذي يستجيب للنداء أولاً هو الذي يضع التحضيرات للحفاظ على مسرح الجريمة.

بعد التأكد أن الجاني قد غادر المكان وفحص سلامة المجني عليه، يجب على الضابط الذي تلقى النداء أولاً أن يبدأ في الحال المعايير الأمنية التي يمكنها أن تكون قيمة لحل القضية وملاحقتها قضائيا.

- تبدأ حماية مسرح الجريمة من النقطة المركزية للحدث وتمتد خارجاً نحو المحيط.

الدخول إلى مسرح الجريمة

يتعين على الضابط الأول في مسرح الجريمة أن لا يدخل مسرح الجريمة، ويتعين الدخول إليه من أجل الغايات المحدودة التالية:

- لتحديد ما إن كان قد تم إرتكاب جريمة.
- مساعدة المجني عليهم- إن مساعدة المجني عليهم تتقدم على إعتبارات الأدلة.
- القبض على الجاني.
- تأمين مسرح الجريمة.

هدف التعلم # 2: تحديد خمسة أعمال على الأقل يتعين على الضابط الأول أن يقوم بها في مسرح الجريمة.

II. مهام وواجبات الضابط الأول في مسرح الجريمة

:المسؤوليات التالية هي بعض المسؤوليات الأساسية للضابط الذي يصل أولاً إلى مسرح الجريمة

.تحديد الشخص الذي أبلغ الشرطة وإبقائه من أجل إستجوابه

.تحديد الجاني من خلال تحقيق مباشر أو من خلال المشاهدة إن لم تكن هويته ظاهرة على الفور

.توقيف جميع الأشخاص في المكان

.فصل جميع الشهود عن بعضهم من أجل الحصول على إفادات مستقلة لاحقاً

منع الأشخاص غير المخولين من الدخول إلى مسرح الجريمة لكي لا يقوموا بتخريبه بأي شكلٍ من الأشكال. يجب

.إستثناء الأشخاص غير المخولين والطواقم غير الضروري وجودهم من مسرح الجريمة

.إغلاق مسرح الجريمة بإستخدام حاجزاً مصنوع من الحبال أو شريط الشرطة أو إشارات

.يجب تحديد نقطة دخول ونقطة خروج لجميع الأشخاص المخولين أن يكونوا في مسرح الجريمة

وضع جدول يُبين التلف الذي حصل في مسرح الجريمة

يتعين تحضير جدول يُبين التلف الذي حصل في مسرح الجريمة على الفور، يظهر فيه أسماء ورُتب ووقت وصول وخروج كل شخص يدخل مسرح الجريمة. أنه من المهم توثيق كل شخص تلامس مع مسرح الجريمة، وتقديم قاعدة لتحديد من كان يمكنه اتلاف مسرح الجريمة بأي شكلٍ من الأشكال.

إعتبارات أخرى للضابط الأول في مسرح الجريمة

تسجيل المعلومات ذات الصلة

يتعين على الضابط الذي سمع النداء أولاً أن يقوم بتسجيل المعلومات ذات الصلة في دفتر ملاحظات بعد أن يقوم بتأمين مسرح الجريمة. ويمكن للمعلومات أن تكون مختصرة، ويجب أن تشمل التاريخ والوقت وأية ملاحظات غير إعتيادية. يجب أن يتم نقل هذه المعلومات لاحقاً إلى التقرير الأولي للشرطة، وسوف يستفيد خبير مسرح الجريمة والمحقق على حدٍ سواء من هذه المعلومات.

الأحوال الجوية

يمكن للأحوال الجوية أن تُصبح عاملاً مهماً إذا ما حصل تطور في أحداث قضيةٍ خطيرة. ويمكن لدرجة الحرارة أن تُحدث تغييراً في تحلل جثة ما، ويجب أن تتم ملاحظتها في مسرح الجريمة الخارجي والداخلي على حدٍ سواء. يمكن لوضوح الرؤية أن يكون مهماً أيضاً ويجب ملاحظته. هذه المعلومات ليست دائماً ضرورية لنداءٍ بسيط، ولكن يجب جمع هذه المعلومات فور وضوح أنه يمكن أن يصبح هذا النداء البسيط قضية خطيرة.

لتصوير

إذا كان هناك وقت، وإذا توفرت كاميرا، يمكن للضابط أن يأخذ صوراً للأشياء التالية قبل وصول المحققين وخبير مسرح الجريمة دون تعريض مسرح الجريمة للخطر:

الجمهور

يمكن للشهود أن يتركوا المكان ولا يمكن التعرف عليهم لاحقاً، ويمكن أن يحملوا معهم دليلاً سيبحث عنه خبير مسرح الجريمة لاحقا. إن الصور تساعد في التعرف على الأشخاص الذين كانوا موجودين، وخاصة في حالة المشتبه بهم الذين سوف يُنكرون وجودهم في مسرح الجريمة لاحقا.

السيارات المتوقفة بمحاذاة الشارع

.تغادر السيارات المتوقفة المكان قبل وصول المحقق وخبير مسرح الجريمة حاملةً معها الأدلة

المنظر العام خارج المبنى كما كان ظاهراً وقت وصول الضابط الأول

.حالة الطقس وإعتبارات أخرى يمكنها أن تُغير حالة مسرح الجريمة قبل رؤيته من قِبل المحقق وخبير مسرح الجريمة

الضحايا والشهود

إن أصحاب الأعمال غالباً ما يريدون أن يقوموا بتنظيف محلاتهم من أجل العودة إلى العمل المعتاد بأسرع وقت ممكن. وإن إنتباههم لأي دليلٍ محتمل عادة ما يكون ضعيفاً وتغلب عليه رغبتهم في إعادة فتح محلات عملهم. ولكن يتعين على الضابط

الأول أن يقوم بالتأكد أن أحداً لن يأخذ أو يقوم بتحريك أغراض تظهر بأنها مبعثرة كي يتأكد أن البصمات لن تُمحى أو يتم اتلافها سهواً من قِبل الضحية أو الشهود.

هدف التعلم # 3: تحديد مهام الضباط الثانويين الذين يصلون إلى مسرح الجريمة.

مهام الضباط الثانويين الذين يصلون إلى مسرح الجريمة.

أ. تفريق الحشد

يتعين تفريق الأشخاص الغير ضروري وجودهم والمتفرجين من مسرح الجريمة والمناطق المجاورة بشكلٍ فوري من أجل منع اتلاف مسرح الجريمة. عادة ما تُفكر الشرطة في إرسال الحشد بعيداً عن مسرح الجريمة.

ب. لا تقم بإبعاد الشهود

رغم أنه يجب تفريق الحشد وإبعاد الطواقم غير الضروري وجودهم من المنطقة المجاورة، إلا أنه يجب أن تنتبه الشرطة أن لا تقوم بإبعاد الشهود. عادةً ما يقول ضباط الشرطة لجميع القريبين من مسرح الجريمة أن الكل تحت السيطرة، وعليهم أن يذهبوا إلى بيوتهم وأعمالهم، ولكن لسوء الحظ قد يتم إبعاد شاهداً قيماً دون أخذ معلومات ذات صلة، وفي نفس الوقت يمكن أن يتم حمل دليل من مسرح الجريمة قد لا تتم رؤيته ثانية. يجب أن يُعطى الشهود شيئاً ليعملوه أثناء إنتظارهم لحضور طاقم التحقيق. لا تقوم بإبعادهم ولا تسمح لهم بالذهاب دون وعدٍ منهم بالرجوع، لأنه هناك إمكانية عدم رجوعهم أبداً. ويمكن للضابط الأول أن يقوم بالأتي أثناء إنتظار وصول طواقم أخرى إلى مسرح الجريمة:

الطلب من شاهد أن يراقب الساحة الخلفية لمسكن خاص كي لا يمر أحد من هناك.

الطلب من شاهدٍ أخر أن يذهب ويوجه المحققين إلى المبنى الصحيح، البيت، إلخ.

ت. المساعدة في سد الموقع المجاور

يجب أن يبقى مسرح الجريمة مسدوداً حتى وصول المحقق وخبير مسرح الجريمة إلى المكان. يتعين على الضباط الثانويين الذين يصلون إلى المكان أن يساعدوا في التأكد أن مسرح الجريمة مسدود بشكلٍ جيد.

ث. المساعدة في تحديد محيط مسرح الجريمة

يمكن استخدام الضباط الثانويين بالمساعدة في عمل تحديدٍ أفضل لحدود مسرح الجريمة من خلال تحديد محيط المكان بشكل واضح:

1. المحيط الداخلي

المنطقة التي تشمل جميع المواقع التي يمكن العثور فيها على أدلة على الأرجح.

2. المحيط الخارجي

هذه منطقة تكون مجاورة مباشرةً مع المحيط الداخلي لمسرح الجريمة، ولا يوجد إحتمال كبير أن تكون مرتبطة بالجريمة بشكل مباشر. يمكن أن تجتمع الصحافة في هذا المكان لكي يقوموا بكتابة تقاريرهم عن الجريمة، وأيضاً يُسمح للعامة أن تجتمع في هذا المكان. إن الفضولية شيءٌ طبيعي، وتقريباً من المستحيل إستثناء العامة من منطقة إرتكبت فيها جريمة بارزة. يتم تأسيس مركز القيادة في هذا المكان أيضاً من أجل تنسيق جميع جهود الأجهزة.

ج. تأسيس مركز القيادة

من المهم تأسيس مركز للقيادة عندما تُرتكب جريمة بارزة ويظهر أن التفتيش في مسرح الجريمة سيكون مُطولاً.

1. مواصفات مركز القيادة

يجب أن تكون المنطقة منفصلة وقريبة (من الممكن أن تكون شاحنة كبيرة) خارج المحيط الداخلي. يمكن استخدام مركز القيادة لتنسيق الجهود المختلفة التي تقوم بها طواقم الطوارئ والإطفائية ومحقق أسباب الوفيات، وأيضاً أجهزة أخرى لتنفيذ القانون لها علاقة بطبيعة مسرح الجريمة. ويجب أن يتضمن مركز القيادة على كبير المشرفين المسؤول عن مسرح الجريمة. (هنالك مثل قديم يجب عليك تذكره، هذا المثل يقول "يمكن أن تحتاج إلى مشرف في مكان مسرح الجريمة ولكن ليس من الضروري أن تحتاجه داخل مسرح الجريمة." إن مركز القيادة هو موقع ممتاز للمشرف).

2. مزايا مركز القيادة

- تُجنب وقوع نزاع في مسرح الجريمة وتقوم بتوفير موقعاً منفصلاً لمناقشة التقنيات أو تكتيكات سوف يتم إستخدامها.
- إذا كان هنالك إحتياجٌ إضافي لمعدات إضافية، يتم جلبها إلى هذا المركز ويتم ترميزها حتى يأتي الوقت لاستخدامها.
- تُوفر "منطقة أمنة" للمحققين وخبراء مسرح الجريمة من أجل أخذ إستراحة أو شرب القهوة على سبيل المثال.

هدف التعلم # 4: تحديد البروتوكول الذي يقرر من هو المسؤول في مسرح الجريمة

IV. تحديد من هو المسؤول

أ. الهرم القيادي

إنه من المهم تحديد من هو المسؤول عن مسرح الجريمة. يمكن أن تنشأ خلافات ما بين ضباط الشرطة الذين يقومون بحماية مسرح الجريمة وبين الطواقم الطبية.

يجب أن يكون دخول الطواقم الطبية مسموحاً من أجل تقديم خدمة طبية ملحة وطارئة فقط، ويجب أن يكون هذا الدخول مراقبا قدر الإمكان من أجل منع أو تقليص العبث بمسرح الجريمة.

كقاعدة عامة، إن الهرم القيادي في فلسطين هو كالأتي:

1. يكون الضابط الأول في مسرح الجريمة هو المسؤول حتى
2. يصل المشرف، حتى
3. يصل كبير الضباط المحققين، حتى
4. يصل قاضي التحقيق.

إن تقني مسرح الجريمة سوف يقوم بالعمل جنباً إلى جنب مع زملائه بتوجيهٍ من كبير الضباط المحققين وقاضي التحقيق من أجل معالجة مسرح الجريمة.

ب. الهرم القيادي داخل دائرة كبيرة

إن مسؤولاً كبيراً كنقيب على سبيل المثال هو الذي يقوم بالإستجابة للنداء للذهاب إلى مسرح جريمة خطيرة. وغالباً ما يرى المحققون وخبراء مسرح الجريمة أن المشرفين هم عائق لمعالجة جيدة لمسرح الجريمة، ولكن يتعين رؤية هؤلاء المشرفين على أنهم فائدة للعمل في مسرح الجريمة. ويتعين على المحققين وخبراء مسرح الجريمة عدم الإستخفاف بقيمة كبير المسؤولين في مسرح لجريمة كبيرة للأسباب التالية:

1. يمكن لكبير المسؤولين أن يكون ذو فائدة في مسرح لجريمة خطيرة، حيث يوجد لهذا المسؤول إحتراماً وسلطة من خلالها يمكنه عمل الأشياء بسرعة للمحققين وخبراء مسرح الجريمة.
2. يمكنه الحصول على موارد وطاقة بشرية إضافية قد يتم الحاجة لها.
3. يمكنه أيضاً عمل تنسيقٍ لجهود الأجهزة الأخرى بشكل أفضل من المحققين وخبراء مسرح الجريمة.

من الأرجح أن يتم الأمر بسرعة إذا طلب نقيبٌ في الشرطة من نقيبٍ في خدمات الإطفائية أن يقوم بإحضار إنارة للموقع من أجل تفتيشه. أما هذه الإستجابة تكون أقل سرعة إذا ما طلب المحققين أو خبراء مسرح الجريمة هذا الأمر.

4. يمكنه أن يقوم بإبعاد الصحافة عن المحققين العاملين أو خبراء مسرح الجريمة.
5. يمكن لكبير المسؤولين أن يقوم بتجهيز منطقة ومركز قيادة آمن بسرعة، حيث سيكون مفيداً لكافة الطواقم في مسرح لجريمة خطيرة.
6. يمكنه أن يقوم بترتيب إحضار مرطبات ووجبات طعام خفيفة للمحققين وخبراء مسرح الجريمة في حالة تم التأخر في معالجة مسرح الجريمة.

1. المؤثرات الخارجية

الطواقم الإعلامية

سوف يقوم ممثلين عن الإعلام المرئي والإعلام المقروء عادة بالقدوم إلى مسرح الجريمة، وسيحاولون بإستمرار الاقتراب من الموقع قدر المستطاع من أجل أن يكتشفوا جميع الأشياء التي يستطيعوا أن يكتشفوها.

- مسؤول الإعلام

يتعين على مسؤول الإعلام من الدائرة أن يذهب إلى مسرح الجريمة ويقوم بتجهيز مكاناً للإجتماع خارج المحيط الخارجي لأغراض تقديم البيانات. يتعين أن يُوفر لمسؤول الإعلام الحقائق المناسب نشرها للصحافة، مثل نوع الجريمة وأسماء الضحايا على شرط أن يكون قد تم إبلاغ أقرباء الضحايا. وعادة ما ترغب وسائل الإعلام بالحديث مع كبير المسؤولين بدلاً من التكلم مع

المحققين وخبراء مسرح الجريمة. هذا يمكن أن يعمل لمصلحة دائرة الشرطة حيث أن وجود كبير المسؤولين سيريح المحققين و/أو خبراء مسرح الجريمة من تدخلٍ غير ضروري.

المحققون وخبراء مسرح الجريمة

يتعين على المحققين وخبراء مسرح الجريمة أن لا يقوموا بتقديم بيانات صحفية أو تعليقات، وغالباً ما سوف تقوم وسائل الإعلام الذين يعتقدون أن مسؤول الإعلام لم يُعطهم المعلومات الصحيحة بطرح الأسئلة على المحققين وخبراء مسرح الجريمة. يتعين على مسؤول الإعلام تقديم جميع البيانات الصحفية.

هدف التعلم # 5 : تحديد قاعدتين أساسيتين يتعين على خبراء مسرح الجريمة والمحققين أن يتقيدوا بهما من أجل الحصول على علاقة عمل جيدة

V. العلاقة بين المحقق وخبير مسرح الجريمة

يتعين على المحقق وخبير مسرح الجريمة أن يسعوا من أجل أن يكون فيما بينهم علاقة عمل جيدة. إن كلاهما جيد في عمله مما قد يسمحوا لغرورهم أن يؤثر على سيرِ عملهم. يجب عمل كل الجهود من أجل العمل كفريق، حيث يمكن للتعاون من خلال دمج معلوماتهم وخبراتهم أن يُسرع من معالجة مسرح الجريمة وحل الجريمة.

أ. المشاركة بالمعلومات

على كلٍ منهم أن يشارك بمعلوماته مع الطرف الأخر من أجل إبقائهم مطلعين على الأحداث والمعلومات المتعلقة بالقضية، وهذا لا يختص فقط بالتفتيش الأولي ومعالجة مسرح الجريمة، ولكن في خلال المراحل المتعددة للقضية أيضاً، وخاصةً أثناء معالجة المختبر الجنائي للأدلة وتوفير النتائج والإستنتاجات.

ب. تحديد القواعد

يتعين تحديد وإتباع قواعد أساسية أثناء تفتيش ومعالجة مسرح الجريمة:

- يجب إخبار خبير مسرح الجريمة ما إذا قد لمس أو حرك أو عبث المحقق أو ضابط الشرطة بالأدلة في مسرح الجريمة. ويجب تذكير جميع المحققين بهذا قبل الدخول إلى مسرح الجريمة. يمكن حدوث إستنتاجات وإفتراضات غير صحيحة بدون هذه المعلومات المهمة.
- عندما يتم معرفة أن مسؤولاً قد دخل إلى مسرح الجريمة تحت مراقبة المحقق وخبير مسرح الجريمة، يجب أن تظهر هوية هذا المسؤول في الجدول الذي يُبين الإتلاف في مسرح الجريمة. ويجب تدوين جميع نشاطات هذا الشخص أثناء وجوده في مسرح الجريمة. يجب أن تتضمن هذه المعلومات على الأقل هوية الشخص وأين مشى وماذا كان لابساً وماذا لمس ورأى وسمع وشم أثناء وجوده في مسرح الجريمة.

هدف التعلم # 6: تحديد ستة إعتبارات يتعين أخذها قبل الدخول لمسرح الجريمة

VI. الدخول إلى مسرح الجريمة

لا يتعين فقط على الضابط الذي يستجيب للنداء أولاً أن يتردد في الدخول إلى مسرح الجريمة، ولكن يتعين على الجميع التردد في الدخول هناك أيضا. يجب ملاحظة التالي من قِبل الجميع أثناء وصول ضابط الدعم والمحققين وخبراء مسرح الجريمة والمشرفين إلى مسرح الجريمة:

أ. قف: لا تسرع بالدخول

تأكد من معرفتك لحدود مسرح الجريمة والأدلة المحتملة التي يمكن وجودها في المكان. تذكر الأتي:

- الحركات المتسرعة تقوم بتدمير الأدلة. تأنى وفكر قبل أن تعمل شيئاً.
- إن الوقت في صالح المحقق وخبير مسرح الجريمة فور تأمين الموقع. تأنى وكن منتبهاً، ومتأن، ومتعمق.
- قُم بإختيار نقطة دخول.
- قُم بإختيار أفضل نقطة دخول إن لم يكن الضابط الأول الذي إستجاب للنداء قد دخل إلى مسرح الجريمة.
- إن إختيار نقطة دخول واحدة يقلص من تدمير الأدلة. يجب أن لا تكون نقطة الدخول هذه مستخدمة من الجاني، إذا كان ظاهراً الآن أنه سوف يكون مسرحاً لجريمة خطيرة.
- قُم بإختيار نقطة دخول تكون مناسبة للمحققين وخبراء مسرح الجريمة.
- أطلب من الجميع أن يدخلوا من نقطة الدخول هذه.

ب. أنظر: ماذا ترى؟ وما الذي لا تراه؟
دائماً ما يكون أكثر صعوبة ملاحظة الأشياء غير الموجودة أو الظاهرة من ملاحظة الأشياء الموجودة
- ماذا يجب أن يكون هناك؟
- هل الأشياء الواضح رؤيتها مفقودة من المكان؟
- هل يوجد شيء فريد في مسرح الجريمة قد يتطلب إستشارة من خبراء كمحلل بقع الدم أو طبيبٍ شرعي على سبيل المثال؟

ت. إستمع
- ما الذي تسمعه؟
- ما الذي لا تسمعه؟
- نادراً ما يحدث هذا لأن معظم الطواقم يكون لها رؤية نفقية حيث تقوم بتجاهل الأشياء الصغيرة التي تثبت لاحقاً أنها كانت معلومات ذات أهمية.

ث. راقب أدلة البعد الزمني
يتعين على المحقق أن يبحث عن مؤشرات يمكنها أن تقوم بإظهار كم من الوقت قد مضى منذ إرتكاب الجريمة.

ث. الرائحة
ما الذي تشمه أو لا تشمه؟ نادراً ما يحدث هذا. يمكن أن يكون هذا مهماً للضابط الذي يستجيب للنداء أولاً، (على سبيل المثال، هل كان هنالك رائحة تدخين سيجارة أو رائحة طعام أو غاز؟) نادراً ما يلاحظ الضابط الذي يستجيب للنداء أولاً ما إن كانت هنالك رائحة نفط عندما يصل لمسرح جريمة حريق. وإذا لم يتم ملاحظتها من قِبل الضابط الأول، فإنها تختفي غالباً بوقت قصير، ولهذا لا يستفيد خبير مسرح الجريمة من هذه الملاحظة عندما يصل إلى المكان.

ج. نظرية الإنتقال
يتعين على خبير مسرح الجريمة قبل الدخول لمسرح الجريمة أن يُفكر في نظرية الإنتقال، وهذه النظرية هي مهمة جداً في تحقيقات مسرح الجريمة. كما تعرف من درسٍ سابق، هذه هي قاعدة معظم فحوصات الطب الشرعي.

هدف التعلم # 7: ذِكر ثلاثة أهداف لعملية تفتيش مسرح الجريمة

VII. تفتيش مسرح الجريمة
إن كل مسرح جريمة مختلف عن الأخر بإختلاف طبيعته المادية والجريمة المرتكبة. وهكذا يتم تفتيش المكان بتعمق من أجل الوصول إلى حقائق عن أدلة مهمة متعلقة بالجريمة. لا يجب إقتصار التفتيش على منطقة معينة، بل أن يمتد على طول مسار الإقتراب إلى المكان، ويتبع خط هروب الجاني. غالباً ما يكشف تفتيش كهذا جسماً متروكاً أو جسماً قد وقع من الجاني. ويمكن لهذا الجسم أن يكون لاحقاً أداةً لمعرفة هوية الجاني أو إدانته في المحكمة.

هدف التفتيش
يتم تفتيش مسرح الجريمة من أجل الكشف عن أدلةٍ مادية قد تقوم بالأتي:
1. تحديد حقائق الجريمة
2. تحديد هوية المجرم
3. المساعدة في القبض على المجرم وإدانته

هدف التعلم # 8: تحديد خمسة انواع لأساليب تفتيش مسرح الجريمة

VIII. أساليب التفتيش
يوجد ثلاثة أنواع تفتيش تقليدية لمسرح الجريمة: التفتيش اللولبي، والتفتيش التقاطعي(الشبكي)، والتفيش القطاعي. إن أسلوب التفتيش المستخدم ليس بأهمية عمل التفتيش بطريقة منظمة ونظامية. يوجد هنالك خمسة أساليب تفتيش نظامية يتم استخدامها لتفتيش مسارح الجريمة، وتشمل هذه الأساليب التفتيش اللولبي، والتفتيش الشقي، والتفتيش التقاطعي(الشبكي)، وتفتيش المنطقة أوالتفتيش القطاعي، والتفتيش العجلي أو الفطيري. هيا ننظر على كلٍ من هذه الأساليب ونرى كيفية عملها.

أ. التفتيش اللولبي

يقوم الضابط الذي يقوم بالتفتيش بإستخدام أسلوب الدائرة اللولبية مبتدئاً من النقطة المركزية لمسرح الجريمة أو مركز المنطقة متجهاً إلى الخارج من خلال الدوران بشكل لولبي مع أو ضد عقارب الساعة ليصل إلى الحواف الخارجية لمسرح الجريمة. إن أسلوب التفتيش اللولبي هو أسلوب جيد في تفتيش منطقة ضيقة إلى حدٍ ما، ويعمل هذا الأسلوب جيداً في الغرف الصغيرة.

بالإضافة لإستخدام الأسلوب اللولبي في غرفة، إنه من المفيد أيضاً أن تقوم بتطبيقه في طبقات، ويمكن عمل ذلك كالآتي:

1. قُم بتفتيش الثلث الأعلى من الغرف والسقف عن طريق النظر.

غالباً ما لا يقوم ضباط الشرطة بالنظر إلى أعلى، ولكن يتعين عليهم فعل ذلك في حال وجود مسرح لجريمة. يمكن أن يكون هناك ثقوب عيارات نارية في السقف أو بقع دم أو أشياء مخفية.

2. قُم بتفتيش الثلث الأوسط للغرف بما يتضمن الأدراج والخزائن.

3. قُم بتفتيش الثلث السفلي باستخدام الأسلوب اللولبي.

إن الأرضية والخزائن السفلى هي مكان وجود معظم الأدلة.

ب. التفتيش الشقي

يُستخدم عادة البحث الشقي في مناطق الخلاء من أجل تغطية مناطق كبيرة التي يكون فيها الفحص التفصيلي ضرورياً. يستخدم علماء الآثار هذا الأسلوب تكراراً عندما يقومون بالتفتيش في منطقة محددة. ويستخدم هذا النوع من التفتيش سلسلة من الصفوف عبر مسرح الجريمة. يمكن استخدام هذا الأسلوب من قِبل شخص أو مجموعة من الباحثين، ويتم عمله بالشكل التالي:

1. يتضمن كل صفٍ من الصفوف على باحثٍ يمشي من أعلى إلى أسفل الصف بموازاة الباحثين الأخرين.

2. فور وصول الباحثين إلى نهاية الصف، يقومون بعكس إتجاههم ويرجعون إلى الخلف بمحاذاة الصف الذي قد إنتهوا من تفتيشه.

3. تستمر هذه العملية حتى الإنتهاء من تفتيش منطقة مسرح الجريمة.

4. إذا وجد واحدٌ من الباحثين دليلاً، يتعين على جميع الباحثين التوقف حتى تتم معالجة هذا الدليل بطريقة مناسبة ويحصلون على معلومات إضافية.

ت. التفتيش المقطعي

إن التفتيش المقطعي هو شكل أخر للتفتيش الشقي ومفيدٌ في عمليات تفتيش المسارح الكبيرة للجريمة، وخاصة مناطق الخلاء. بعد الإنتهاء من التفتيش الشقي، يعاود الباحثين عملهم بالرجوع بشكلٍ عمودي في نفس الطريق الذين قاموا بالتفتيش فيها. ويستغرق هذا الكثير من الوقت، ولكن ينتج عنه بحثاً متعمقاً ومنهجياً للمنطقة. ويوجد ميزة لهذا التفتيش، ألا وهي السماح للباحثين بالنظر على مسرح الجريمة وتفتيشه من وجهتي نظرٍ مختلفتين، وبهذه الطريقة تزداد الإحتمالية للكشف عن أدلة لم يتم ملاحظتها من قبل.

ث. بحث المنطقة أو البحث القطاعي

يتم العمل بهذا الأسلوب عندما تكون المنطقة المراد تفتيشها كبيرة ومرهقة. ويتطلب هذا الأسلوب من التفتيش أن ينقسم مسرح الجريمة إلى أربعة أرباع كبيرة(يمكن تقسيم الأربع أرباع الكبيرة أيضاً إلى أربع أرباع فرعية أصغر). ومن ثم يتم تفتيش كل ربعٍ أو قطاعٍ بشكلٍ منفصل كوحدة فردية بإستخدام التفتيش اللولبي أو الشقي أو/و التفتيش المقطعي.

ج. التفتيش العجلي أو الفطيري

يقوم التفتيش العجلي أو الفطيري على وضع دائرة تحيط بمسرح الجريمة، ومن ثم تُقسم هذه الدائرة إلى ستة أجزاء على شكل فطيرة.

هدف التعلم # 9 : تحديد ثلاثة إفتراضات منطقية أساسية يجب أخذها بعين الإعتبار أثناء عملية التفتيش

IX. ثلاثة افتراضات منطقية أساسية يجب أخذها بعين الاعتبار أثناء عملية التفتيش

إن أفضل اساليب التفتيش غالباً ما تكون الأساليب الأكثر صعوبة والتي تستغرق وقتاً طويلاً.

1. قُم بتوثيق الدليل المادي بأكبر قدرٍ مستطاع.

2. يوجد هنالك فرصة واحدة فقط لإجراء العمل بشكلٍ مناسب.

هدف التعلم # 10: تحديد الإعتبارات التي يجب على خبراء مسرح الجريمة أن يأخذوها بعين الإعتبار من أجل تحضير مناسب لمعالجة مسرح الجريمة.

X. التحضير لمعالجة مسرح الجريمة

يجب جمع الأدلة المادية بعد التفتيش المبدئي والتصوير ورسم مسرح الجريمة. من المفيد أن يضع خبير مسرح الجريمة أولويات في ما يتعلق بالأدلة التي يجب جمعها أولا. ويجب أن تكون الأولوية الكبرى للأدلة الاكثر هشاشةً. على سبيل المثال، يجب أن يكون أخذ البصمات من أول الأدلة التي يجب جمعها. ويجب على خبير مسرح الجريمة أن يكون جاهزاً بشكل جيد كي يقوم بعمله في مسرح الجريمة بشكل مناسب. يجب أن تكون هذه الجاهزية مستمرة من قِبل الخبير كي يقوم بالإستجابة في أسرع وقت ممكن للعمل في مسرح الجريمة. ويجب أخذ الأمور التالية بعين الإعتبار كي يكون خبير مسرح الجريمة جاهزا بشكلٍ مناسب:

1. جمع وترتيب كمية كافية ومتنوعة من مواد التغليف الضرورية لمسرح جريمة نموذجي.
2. التأكد من وجود ورق ملاحظات، وورق رسم، واستمارات تسلسل عهدة الأدلة في متناول اليد.
3. التأكد من توفر كميات وأنواع كافية من الأفلام والمعدات الفوتوغرافية.
4. التأكد من توفر كميات كافية من الملابس الواقية مثل قفازات واقية، وأقنعة واقية، ولباس واقي للجسم.

هدف التعلم #11: تحديد أربع أماكن سوف يكون متوقعاً من خبراء مسرح الجريمة جمع الأدلة منها.

XI. جمع الأدلة في مسرح الجريمة

إن الأدلة المادية هي واحدة من أكثر الأمور قيمةً من أجل نهاية ناجحة لتحقيقٍ جنائي، حيث أن الأدلة تقوم بإرشاد المحقق خلال التحقيق وتساعده في قراره بتبرئة المتهم أو بإدانته. ومن أجل الحصول على فائدة قصوى من الأدلة المادية، يجب على خبير مسرح الجريمة أن لا يكون ماهراً في ملاحظة وتحديد أدلة فقط، بل يجب عليه أيضاً أن يعرف كيف يتعامل ويعتني بشكلٍ جيد بالإدلة التي يتم جمعها. يجب على خبير مسرح الجريمة أن يعرف كيفية وضع العلامات على مواد الأدلة وجمع هذه المواد وتصنفيها والحفاظ عليها من أجل فحوص مخبرية لاحقة وعرضها في المحكمة. يمكن لخبير مسرح الجريمة توقع جمع الأدلة من أماكن مختلفة بالإعتماد على طبيعة الجريمة.

أ. مواقع مسرح الجريمة

يمكن لمسرح الجريمة في حد ذاته أن يكون موقعاً داخلياً أو في الخلاء أو حتى مركبة، ويمكن أن يتم إجراء التفتيش في النهار أو في الليل.

1. مسارح الجريمة الداخلية

تقوم مسارح الجريمة الداخلية بتوفير حماية من الأحوال الجوية وتسمح لخبراء مسارح الجريمة أن يأخذوا الوقت الكافي للعمل في مسرح الجريمة بطريق منهجية بدون الإهتمام لتأثيرات الطقس.

2. مسارح الجريمة في الخلاء

إن مسارح الجريمة في الخلاء هي من أكثر الأماكن تأثراً بالأحوال الجوية، حيث أن الرياح، والمطر، والبرد والثلج، وأيضا الحرارة والرطوبة يمكنها أن تؤثر بالأدلة المتروكة في مسرح الجريمة، لهذا يجب أخذ تدابير إضافية من أجل حماية الموقع ومنع تدمير والعبث وتخريب الأدلة.

3. مسارح الجريمة في الخلاء أثناء الليل

إن مسارح الجريمة في الخلاء أثناء الليل تشكل معظم المشاكل. إذا كان ممكناً، يجب تأخير التفتيش إلى ساعات النهار، ولكن إن لم يكن هذا ممكناً فأفضل حل عندها هو استخدام إنارة قوية بإستخدام مولدات كهربائية محمولة يتم جلبها إلى مسرح الجريمة، وعادة ما تكون هذه المعدات ملكاً للمطافئ وسوف يقوموا بتقديم المساعدة إذا طُلب منهم ذلك.

ب. مسارح الجريمة في المركبات

يتطلب تفتيش المركبات نفس درجة العناية التي تتطلبها عمليات البحث في مسارح الجريمة الأخرى. إن نوع الجريمة يُملي مدى التفتيش والمكان الذي يجب تفتيشه. فمثلاً، تُركز تحقيقات حوادث السير التي يلوذ فيها الجاني بالفرار تفتيشها في خارج المركبة وفي محملها، بينما في حالة تحقيقات القتل العمد أو الإغتصاب، يكون التركيز على داخل المركبة بشكلٍ خاص.

ت. تفتيش المجني عليهم و/أو المشتبه بهم الأحياء

يجب إجراء تفتيش الأشخاص الأحياء وفقاً للقوانين المطبقة واللوائح الإدارية. يجب التقيد بهذه الإرشادات التالية أثناء إجراء تفتيش ضحية أو مشتبه به يُعتقد أن يكون لديه أثار أدلة يمكن استخدامها لربط الشخص بمسرح الجريمة أو شخص آخر متورط في الجريمة:

- استخدم قطع ورق كبيرة أو قطعة قماش توضع على الأرض من أجل التقاط أي اثارٍ لأدلة قد تسقط من الشخص أثناء تفتيشه.
- يتعين إستعادة الثياب والأحذية وتغليفها بشكلٍ منفصل.
- يتعين فحص جسد الشخص عن كثب للعثور على مواد أدلة كشعر أو ألياف أو دهان أو جزيئات زجاج.
- يتعين جمع عينات الشعر وفقاً للبروتوكول القائم.

ث. تفتيش المجني عليهم و/أو المشتبه بهم المتوفين

عندما تكون الضحية أو المشتبه به متوفي، يتعين فحص الجثة عن كثب للعثور على أثار أدلة، ويجب إتخاذ الإجراء التالي:

استخدام قطع قماش نظيفة او قطعة قماش توضع على الأرض من أجل التقاط أي أثار أدلة يمكنها أن تسقط من الجثة أثناء نقلها للمشرحة.

يتعين فحص جسد الشخص عن كثب للعثور على مواد أدلة كشعر أو ألياف أو دهان أو جزيئات زجاج. يتعين على خبير مسرح الجريمة أثناء اجراء عملية التفتيش بالبدء من أعلى الرأس ويستمر نزولاً على جانبٍ واحد للجثة وصولاً إلى القدمين، ومن ثم إعادة العملية على الجانب الأخر من الجثة. يجب أيضاً اعادة هذه العملية في المشرحة بينما يتم نزع الثياب عن الجثة.

- يجب جمع كل قطعة ملابس منفردة وتغليفها كلٍ على حدة من أجل تجنب اتلافها عن طريق الإختلاط.
- إفحص الأظافر ولكن لا تكشطها في مسرح الجريمة.

يمكن عمل ذلك في المشرحة. قُم بحماية اليدين التلوث من خلال وضعها في أكياس ورقية قبل نقل الجثة إلى المشرحة. يجب أن لا يتم استخدام أكياس بلاستيكية لهذا الغرض أبدا.

- يتعين أخذ بصمات مقارنة في المشرحة بعد الحصول على عينات مكشوطة من الأظافر.
- يجب اجراء فحص اثار الإطلاق على اليدين اذا ما تم إستخدام سلاح ناري في الجريمة.
- يجب أخذ عينات من الشعر والدم قبل تحرير الجثة.
- يتعين على المحقق أو خبير مسرح الجريمة مرافقة الجثة إلى المشرحة من أجل الإبقاء على تسلسل العهدة.

ج. تفتيش مركبة المجني عليه/المشتبه به

يجب تفتيش المركبة التي تخص المجني عليه أو المشتبه به بعناية من أجل جمع أي أثار أدلة يمكنها إثبات وجود شخص. بعد تصوير المركبة، يجب أولاً إجراء أخذ البصمات قبل جمع أثار الأدلة.

هدف التعلم # 12 : ذِكر مسؤوليتين من مسؤوليات خبير مسرح الجريمة قبل وضع علامات على الأدلة

XII. جمع الأدلة ووضع علامات عليها

إن خبير مسرح الجريمة مسؤول عن جمع الأدلة المادية التي تم العثور عليها في مسرح الجريمة وفي مناطق أخرى والحفاظ عليها بشكلٍ مناسب. لا يجب التعامل مع مواد الأدلة التي تم جمعها بإفراط بعد العثور عليها، ولا يجب أن يتم جمعها وتغليفها بشكل غير مناسب.

أ. تقييم الأدلة

يجب التعامل مع مهمة جمع الأدلة بطريقة منهجية ومنطقية. حتماً سيتم طرح سؤال أثناء تفتيش مسرح الجريمة وهو ما إذا كان يتم إعتبار غرضاً ما دليلاً أم لا. ويقوم خبير مسرح الجريمة بحل هذه المشكلة عن طريق تقييم ودراسة قيمة الغرض والملابسات والأحوال في مسرح الجريمة. ويجب أن يأخذ خبير الجريمة قرارته وفقاً لأحكامٍ سليمة، ومنطقٍ سليم، وخبرات سابقة، وفي حالة وجود شك، يجب تأمين الغرض ومعالجته على أنه دليل. سيتم تحديد قيمة هذا الدليل للقضية ووضعه النهائي من خلال تقييمات لاحقة.

ب. تحديد الأدلة

يجب على خبير مسرح الجريمة أو المحقق الذي إستلم أو إستعاد أو إكتشف الأدلة المادية أولاً أن يكون قادراً على تحديد هذه الأدلة بشكل إيجابي في وقت لاحق. يجب على خبير مسرح الجريمة أن يكون قادراً على تحديد بشكل إيجابي في وقت لاحق الأشياء أو المواد المعينة التي قد تم جمعها. يقوم خبير مسرح الجريمة بإنجاز ذلك من خلال وضع علامات على كل قطعة من قطع الأدلة، ولصق بطاقات عليها أثناء الحصول عليها أو جمعها وتسجيلها في سِجل الأدلة. يجب أن يعتاد خبير مسرح الجريمة على وضع علامات وإلصاق بطاقات على الأدلة من غير إبطاء.

هدف التعلم # 13 : أن يصبحوا على عِلمٍ بوضع علامات وتحديد والصاق بطاقات على الخراطيش النارية وظروفها وعلى الطلقات النارية.

XII. وضع العلامات والصاق البطاقات

يجب على خبير مسرح الجريمة أو المحقق الذي يستلم عهدة مواد الأدلة أن يقوم بوضع علامة عليها من خلال كتابة أحرف إسمه الأولى على كل مادة. يجب أخذ الحيطة والحذر أن لا تضع هذه العلامة بطريقة تُتلف من خلالها أي خصائص مستترة للأدلة أو تنقص القيمة الجوهرية لها. يجب أن يأخذ خبير مسرح الجريمة أحكاماً سليمة ومنطقٍ سليم عند تحديد مكان وضع العلامة. إن هدف وضع علامات على مواد الأدلة هو تمكين خبير مسرح الجريمة من تحديد المادة إيجابياً في وقتٍ لاحق. يمكن وضع علامات مستترة على مواد الأدلة إذا كان بالإمكان عمل ذلك، أو على العبوة التي تم وضع المادة فيها. يتم تجنب اتلاف غير ضروري لخصائص المادة من خلال وضع علامات مستترة. يُوصى بإستخدام قلم رصاص ذو رأس ماسي أو قلم معدن لوضع علامات على أسطحٍ صلبة، بينما يكفي قلم الحبر للكتابة على معظم المواد الأخرى. يتعين على خبير مسرح الجريمة أن يقوم بتسجيل وضع العلامات وموقعها في دفتر ملاحظات.

أ. أمثلة على وضع علامات على الأدلة

1. الأسلحة النارية

يتعين على كل خبير مسرح جريمة أن يضع معياراً لوضع علامات عليها في مكانٍ مستتر(داخل صمام أمان الزناد على سبيل المثال).

2. الخراطيش الفارغة والطلقات النارية

- الخرطوش- يتم وضع علامة على طرف حافة الطلقة النارية
- الخرطوش الفارغ - يتم وضع علامة داخل فوهة الإطار
- الطلقات النارية – يتم وضع علامة على القاعدة

3. المفكات

يتم وضع علامة على العمود بجانب المقبض، إلا إذا كان يوجد أدلة في هذه المنطقة كالبصمات أو الدم على سبيل المثال.

4. السكاكين

يتم وضع علامة على المقبض أو على النصل بجانب المقبض، إلا إذا كان يوجد أدلة في هذه المنطقة كالبصمات أو الدم على سبيل المثال.

5. قالب أثار الأحذية

أكتب معلومات القضية على القالب بينما لا تزال دبقة.

6. أوراق عليها أثار أقدام

قُم بحمايتها بالبلاستيك. لا تطويها وضع علامات في أماكن مستترة كزاوية الورقة أو خلفها على سبيل المثال.

ب. بطاقات الأدلة

يجب ترميز كل مواد الأدلة بإستخدام بطاقات أدلة من أجل تمييزها عن مواد مماثلة، وربطها في قضية معينة. إذا كانت هذه المواد صغيرة بحيث لا يمكن ترميزها ببطاقات أدلة، يجب ترميز العبوة الخاصة بها. يجب أن تكون البطاقات مصنوعة من كرتون أو ورقٍ مقوى. يجب أن تتضمن بطاقات الأدلة أو الترميز المعلومات التالية:

- رقم القضية
- التاريخ والوقت ومكان الحصول على الأدلة

- إسم خبير مسرح الجريمة أو المحقق الذي قام بجمع الأدلة
- وصفٌ للأدلة التي يتم وضع بطاقات عليها وترميزها.

هدف التعلم # 14: أن يُصبحوا على عِلمٍ بمحتوى سجل الأدلة والتغليف والتخزين الجيدين.

XIV. عمل سجل للأدلة وتغليف وتخزين مناسبين

أ. عمل سجل للأدلة

يجب عمل سجل للأدلة من أجل الإشارة إلى العثور على كل قطع الأدلة حسب الترتيب الزمني والترتيب التسلسلي. سوف يتم إستخدام سجل الأدلة أيضاً لتحديد أرقام فردية مخصصة لكل مادة من الأدلة. سيتضمن السجل على المعلومات التالية على الأقل:

- رقم القضية ونوع الجريمة
- رقم الدليل
- وصف المادة التي تم العثور عليها
- تاريخ ووقت العثور على المادة
- إسم الشخص الذي عثر على المادة
- موقع المادة (هل تم تخزينها في خزنة، أو تم ارسالها للتحليل المخبري وما إلى ذلك). يجب أن تُشير كل مادة إلى موقعها وترتيبها في كل الأوقات.
- ملاحظة على عملية الانتقال

يجب وضع ملاحظة على سجل الأدلة في أي وقت يتم نقل الأدلة من شخصٍ إلى أخر لأي سبب من الأسباب. يجب توثيق التاريخ المحض الكامل للأدلة من وقت العثور عليها وجمعها حتى الوقت التي يتم تقديمها إلى المحكمة. أي شيءٍ أقل من ذلك سيكون أساساً لعدم قبولها في المحكمة.

ب. التغليف والتخزين المناسبين

1. أمور متعلقة بالتغليف

- تقليل الإحتكاك والتحرك

يجب تغليف الأدلة من أجل تقليل الإحتكاك أو الحركة أوالكسر أوالتسرب أو ملامسة مواد أدلة أخرى. إن مواد الأدلة كالزجاج، وطبعات، وقوالب، وطلقات نارية، وما إلى ذلك هي معرضة بشكل خاص للكسر والإتلاف أو أي تغيرات مدمرة أخرى، لهذا يجب تغليف هذه المواد بعناية في ورق ناعم أو أي وسيلة حماية مناسبة أخرى.

- تقليل تلف الآثار

عندما يتم فحص وجود بصمات على الأدلة، يجب تغليف الأدلة بطريقة تمنع حدوث تلف لهذه البصمات. يجب أن لا تتحرك المادة أو تُلامس أي مادة أخرى.

- كن حذراً في التعامل مع البقع

إن المواد التي تحمل البقع، كالثياب على سبيل المثال يجب أن لا يتم وضعها في عبوات محكمة الإغلاق، حيث قد يحدث تعرق ورطوبة في مثل هذه العبوات وقد تتعفن السوائل البيولوجية، وعندها يمكن لتكاثف الرطوبة أن يسبب في افساد الأدلة، لهذا يجب تجفيف مثل هذه الأدلة قبل تغليفها. ينطبق هذا التحذير على أدلة البصمات أيضاً.

2. التغليف المؤقت

عادة ما سيقوم خبير مسرح الجريمة بتغليف مواد الأدلة التي تم العثور عليها في مسرح الجريمة، وهذا التغليف هو تغليف مؤقت يسمح لخبير مسرح الجريمة أن يأخذ المواد إلى منطقة عمل آمنة حيث يتم تقييمها و تغليفها بشكل مناسب لنقلها إلى المعمل الجنائي أو المخزن حتى موعد المحاكمة.

3. قواعد عامة للتغليف

القواعد التالية هي قواعد عامة لتغليف الأدلة:

- إذا كان بالإمكان، إستخدم ورقاً أو كرتوناً للتغليف.

- تجنب البلاستيك أو عبوات عديمة المسام في تغليف المواد المبتلة أو الرطبة(إن النقل المؤقت في البلاستك مقبول، على شرط أن تكون العبوة ليست مغلقة).
- يجب تغليف المواد الجافة في أكياس بلاستيكية وإغلاقها.
- يجب التعامل بعناية مع المواد التي تحتوي على آثار الأدلة كشعر، وألياف، وبصمات من أجل تجنب اتلاف دليل محتمل أو افساد المادة ذاتها.
- يجب وضع المواد الرطبة في أكياسٍ ورقية من أجل نقلها، ومن ثم إخراجها وتجفيفها بشكل تام وكامل وإعادة تغليفها في أكياسٍ ورقية وإغلاق هذه الأكياس جيدا. لأغراض النقل المبدئي، يمكن وضع المواد الرطبة على نحو إستثنائي أو المواد الملوثة بيولوجياً في عبوات بلاستيكية لفترة قصيرة من أجل تجنب تلوث الأشخاص والمركبات ومواد أدلة أخرى. يجب إزالة هذه المواد بسرعة كبيرة من العبوات البلاستيكية وتجفيفها لتجنب العفن واتلاف محتمل للأدلة البيولوجية.
- يجب وضع المسدسات في عبوات صلبة من أجل تجنب اتلافها أو افسادها من قِبل آثار أدلة خارجية. يجب أن يتم استخدام مواد التغليف من أجل منع مواد الأدلة من التحرك والإتلاف.
- يجب وضع الأشياء الحادة كالزجاج والسكاكين وما إلى ذلك في عبوات صلبة أيضاً بحيث منعها من اختراق العبوة. يجب أن يتم استخدام مواد التغليف من أجل منع مواد الأدلة من التحرك والإتلاف.
- يجب أن يتم وضع مواد الأدلة المصنوعة من الورق بشكلٍ منبسط لتجنب التجعد.
- يمكن طي الأقمشة أو الثياب لتناسب سعة العبوة، ولكن يجب أن لا تُصيب التجاعيد أيٍ من البقع.
- يجب وضع المواد القابلة للفساد في ثلاجة من أجل منع تلفها، وهذا يشمل الدم وسوائل بيولوجية أخرى.
- فور تغليف المواد، يجب تخزينها في منطقة آمنة ذات مدخل محدود ومراقب. يجب توثيق الدخول إلى هذه المنطقة في سجل قد يتم استخدامه في تحديد تسلسل العهدة.

هدف التعلم #15 : ذِكر خمسة أسئلة على الأقل يتعين على خبير مسرح الجريمة أخذها بعين الإعتبار عندما يقوم بإنهاء التفتيش.

XV. إنهاء التفتيش

سوف يتم إتخاذ قرار بإنهاء التفتيش عندما يكون المحقق الرئيسي وخبير مسرح الجريمة مقتنعين أن جميع مناطق مسرح الجريمة قد تم تفتيشها بشكل متعمق وتام. يجب دراسة إجراء تفتيش أخر إذا شعر المحقق بقوة أنه قد يوجد أدلة إضافية في مسرح الجريمة، وربما باستخدام أسلوب تفتيش أخر. يوجد إحتمالية أنه لن يكون هناك فُرص أخرى للعثور على أدلة مفقودة فور ترك مسرح الجريمة. يجب أن يكون هنالك اجماعٌ عام من جميع المشاركين في التفتيش قبل ترك مسرح الجريمة أنه تم العثور على جميع مواد الأدلة المحتملة. يجب أخذ الأسئلة التالية بعين الأعتبار، ويجب ترك مسرح الجريمة فور الإجابة على هذه الأسئلة، ويجب أن يكون شخصاً مسؤولاً واحداً له السلطة لترك مسرح الجريمة. تذكر أنه قد يتطلب مذكرة تفتيش للدخول مرة ثانية لمسرح الجريمة فور تركه بشكل رسمي. الأسئلة هي:

1. هل تم نقاش التفتيش مع جميع الطواقم للتأكد من إنتهائه؟
2. هل تم فحص الوثائق أكثر من مرة للتأكد من عدم وجود خطأ قد حدث سهواً؟
3. هل تم تفتيش جميع مناطق الإختباء؟

يتعين على خبير مسرح الجريمة قبل ترك مسرح الجريمة أن يتأكد أنه لم يتم الإغفال عن مناطق اختباء محتملة أو مناطق صعب الدخول إليها في التفتيش المفصل؟

4. هل تم أخذ الصور؟

يجب أخذ الصور كي تُظهر المكان بحالته النهائية قبل إنهاء تفتيش مسرح الجريمة.

5. هل قدم خبير مسرح الجريمة بياناً عن جميع الأدلة؟

يتعين على خبير مسرح الجريمة التأكد أنه تم تقديم بيان عن جميع الأدلة قبل مغادرة المكان.

6. هل تم جمع وتأمين جميع المعدات؟

يتعين أيضاً على خبير مسرح الجريمة أن يتأكد أنه قد تم جمع وتأمين جميع المعدات المستخدمة أثناء التفتيش.

هل بحث خبير مسرح الجريمة عن جميع الأدلة؟ 7.

يتعين على خبراء مسرح الجريمة أن يسألوا أنفسهم هل عملوا بشكل جيد للبحث عن الأدلة وأنهم لم يأخذوا أي افتراضات يمكن أن تُثبت عدم صحتها في المستقبل.

خلاصة

لقد تناولنا في هذا الدرس معرفة وإدراك خبير مسرح الجريمة للتأثيرات الخارجية المحتملة التي يمكنها أن تُحدث تغييراً في مسرح الجريمة. ولقد تحدثنا أيضاً أنه قبل وصول خبير مسرح الجريمة إلى المكان بوقتٍ طويل، سوف يكون لهذه التأثيرات الخارجية أثر كبير لتحديد ما إذا كان تم الحفاظ على الدليل في مسرح الجريمة بشكلٍ مناسب أم تم افساده دون داع. ولقد تناولنا أيضاً الأساليب المتنوعة التي يمكن استخدامها للتفتيش في مسرح الجريمة وناقشنا كيف يتم اجراء كل واحد منها. واخيراً لقد تعلمنا أن جمع وتغليف الأدلة يجب أن يتم بطريقة تلتزم بدقة لبروتوكول معين. إن الفشل في الإلتزام في هذا البروتوكول يمكنه أن يؤدي إلى تدميرٍ غير متعمد للأدلة وأيضاً احتمال إستثناء هذه الأدلة في المحكمة.

تمرين عملي # 11.1: تفتيش مسرح جريمة داخلي

مدة التمرين

ثلاث (3) ساعات

هدف التمرين العملي

إن هدف التمرين العملي هذا هو تزويد المشاركين بفرصة إجراء تفتيش لمسرح جريمة داخلي.

هدف الأداء

سوف يكون بإستطاعة المشاركين في نهاية هذا التمرين العملي استخدام أساليب التفتيش من أجل تحديد مكان وجمع الأدلة المادية.

المواد اللازمة

من أربع إلى ست خراطيش نارية فارغة .1
طلقتين ناريتين منفصلتين عن الخراطيش .2
مسدسين فارغين .3
عديدٌ من الأكياس البلاستيكية الصغيرة تحتوي على عشب يشبه المخدرات .4
عدة قطع من العملة المعدنية وفئات صغيرة من عملة ورقية .5
قطع ثياب متنوعة مثل سترات وقبعات .6
أشياء مساندة متوفرة أخرى كقطع أخرى من الثياب ودفتر ملاحظات وأشياء شخصية قد تحتوي على معلومات تحدد الهوية .7
كميات كافية من أكياس ورقية صغيرة وكبيرة من أجل وضع مواد الأدلة فيها .8
أكياس قمامة كبيرة .9
أقلام حبر لوضع العلامات .10

تعليمات

يجب أن يتم تقسيم الصف إلى جزئين، ويجب على المرشدين أن يقوموا بإنشاء مسرحين منفصلين لجريمتين من أجل إجراء هذا التمرين. يجب اختيار غرف كبيرة مثل قاعة رياضية أو قاعة طعام أو قاعة محاضرات، حيث أن هذا سيمكن الجميع من المشاركة في التفتيش. يجب مراقبة كل مسرح جريمة من قِبل مرشدٍ واحد. يتعين على المرشد قبل التمرين وضع مواد أدلة متنوعة في جميع أرجاء مسرح الجريمة، متأكداً أنه تم وضع المواد في ارتفاعات مختلفة. يجب أن تحتوي هذه المواقع على

مواد على الأرض ومواد على مستوى النظر أو حتى طلقات نارية في السقف (أو في أعلى الحائط أو في إطار الإنارة) .بإستخدام قطعة سيلوفان صغيرة

لمرجعية خاصة بهم، يتعين على المرشدين وضع رسم تقريبي لمسرح الجريمة مشيراً إلى الأماكن التي تم وضع المواد المختلفة فيها. يجب أن يعرف المرشد أن هنالك إمكانية كبيرة أن الباحثين لن يجدوا كل قطعة تم وضعها. ويجب أيضاً مراقبة أعمالهم للتأكد أنهم لن يقوموا باستخدام وسائل مدمرة للعثور على المواد التي يعتقدون أنها تحتوي على أدلة محتملة. يتعين على المرشدين أن يراقبوا عن قُرب هذه الأنشطة وأن لا يسمحوا للمشاركين أن يقوموا بالإفراط في جهودهم. لغرض هذا التمرين، .يجب أن يتم اخبار المشاركين أن لا يقوموا بجمع الشعر والألياف غير التي توجد على قطع الثياب التي تم العثور عليها

يجب على المشاركين من المجموعتين قبل بداية التمرين أن يقوموا باختيار عضو يكون مسؤول عن التمرين. كما قلنا من قبل، يجب أن يكون هنالك شخص مسؤول عن مسرح الجريمة، وأن يقوم بتوجيه التفتيش. يتعين على المرشد أن يقوم بتوفير تعليمات مفصلة لهذا الشخص بما يتعلق بحدود مسرح الجريمة وأساليب التفتيش الذي سيتم اجراءها. يتعين على المجموعتين استخدام اسلوب التفتيش اللولبي من أجل التفتيش بشكلٍ منهجي وتحديد وجمع كل قطعة من مواد الأدلة في داخل مسرح .الجريمة

قبل البدء، يجب أن يتم اخبار المشاركين أن الغرفة كانت موقعاً لمداهمة رجال الشرطة، وأن المشتبه بهم أطلقوا عدة طلقات نارية قبل فرارهم من أفراد الشرطة الذين كانوا على وشكِ تنفيذ مذكرة تفتيش. لم يقوم رجال الشرطة باطلاق أي نار، ويُفترض أن تكون الطلقات نارية أو الخراطيش التي يتم العثور عليها قد تم استخدامها من قِبل المشتبه بهم. ويجب أن يتم إخبار .المجموعتين أن الشرطة لا تعرف هوية المشتبه بهم

تمرين اختياري

إذا سمح الوقت، يمكن نقل المشاركين إلى مسرح جريمة بديل (من الممكن التبديل مع المجموعة الأخرى) واعطائهم مهمة اجراء بحث قطاعي لمسرح الجريمة. يجب أن يتم اعطاء المجموعتين فترة استراحة قبل نقلهم، ويجب على **المرشدين في** هذه الفترة أن يقوموا باعادة ترتيب مسارح الجريمة. ومن ثم يجب ابلاغ قائد المجموعة أن يقوم بتقسيم مسرح الجريمة إلى أرباع .ويقوم بالتفتيش مستخدماً أسلوب التفتيش اللولبي أو الشقي أو المقطعي

تقييم

:يجب تقييم هذا التمرين من قِبل المرشد من أجل تحديد ما إذا حدث الأتي

هل تولى قائد المجموعة المسؤولية؟ .1

هل تم تزويد الجميع بتعليمات مناسبة من قِبل قائد المجموعة؟ .2

هل تم تحديد محيط مسرح الجريمة بشكل جيد لفريق التفتيش؟ .3

هل تم حماية مسرح الجريمة من الناظرين أو الفضوليين؟ .4

هل أجرى الفريق التفتيش اللولبي بشكل جيد؟ .5

(هل أجرى الفريق التفتيش االقطاعي بشكلٍ جيد؟ (اختياري .6

هل توقف أعضاء الفريق عند العثور على مادة من مواد الأدلة؟ **.7**

هل تم أخذ اجراءات وقائية مناسبة من أجل حماية بصمات مستترة على الأدلة من الإتلاف؟ .8

.هل تم العثور ووضع العلامات وتغليف كل مادة من مواد الأدلة بشكل جيد ومناسب .9

هل تم عمل سجل أدلة من أجل مقارنته مع المواد التي تم العثور عليها؟.10

تمرين عملي 10.2 : تفتيش مسرح جريمة في الخلاء

مدة التمرين

ثلاث (3) ساعات

هدف التمرين العملي

.إن هدف التمرين العملي هذا هو تزويد المشاركين بفرصة إجراء تفتيش مسرح جريمة في منطقة خلاء

هدف الأداء

سوف يكون بإستطاعة المشاركين في نهاية هذا التمرين أن يستخدموا أساليب التفتيش الشقي والمقطعي لتحديد موقع الأدلة .المادية وجمعها

المواد اللازمة

1. حقلين كبيرين
2. من 10-12 طلقة نارية فارغة (يمكن أن تكون من عيارين إثنين مختلفين أو صانعين إثنين لإستعراض خراطيش من الشرطة وأخرى من المشتبه بهم)
3. مسدسين فارغين
4. أكياس ورقية صغيرة
5. أقلام حبر لوضع العلامات
6. قلم معدني

تعليمات

يجب أن يتم تقسيم الصف إلى جزئين، ويجب على المرشدين أن يقوموا بإنشاء مسرحين منفصلين للجريمة من أجل إجراء هذا التمرين. يجب مراقبة كل مسرح جريمة من قِبل مرشدٍ واحد الذي سبق ووضع قطعاً من الأدلة في الأماكن المخصصة. يجب أن يضع المرشد من 5 إلى 6 طلقات نارية فارغة في أماكن متنوعة في أرجاء الحقل مع الأسلحة الفارغة مما يسمح لمساحة كافية لجعل العثور عليها متوسط الصعوبة.

يجب أن يضع المرشدين رسماً تقريبياً كمرجعية لهم تشير إلى الأماكن التي تم وضع مواد الأدلة فيها. على المرشد أن يعرف أنه يوجد إحتمالية كبيرة أنه لن يتم العثور على جميع الطلقات النارية الفارغة. إن لم يكن المشاركين حذرين فإنهم سوف يدوسون على هذه الطلقات الفارغة ودفنها.

يجب اخبار المشاركين أن المكان كان مسرحاً لمعركة تم إطلاق النيران فيها ما بين الشرطة وشخص مسلح. ويجب إخبارهم أنه يُعتقد أنه قد تم إطلاق عدة طلقات نارية(يجب أن يكون دقيقاً إلى حدٍ ما) وأن عيار مسدس الشخص المسلح ليس معروفاً.

يجب على المشاركين من المجموعتين قبل بداية التمرين أن يقوموا باختيار عضو يكون مسؤول عن التمرين. كما قلنا من قبل، يجب أن يكون هنالك دائماً شخص مسؤول عن مسرح الجريمة، وأن يقوم بتوجيه التفتيش. يتعين على المرشد أن يقوم بتوفير تعليمات مفصلة لهذا الشخص بما يتعلق بحدود مسرح الجريمة وأساليب التفتيش الذي سيتم اجراءها. يجب على المجموعتين بالبدء بأسلوب التفتيش الشقي ومن ثم استخدام أسلوب التفتيش المقطعي.

تمرين اختياري

يمكن نقل المشاركين إلى مسرح جريمة بديل (من الممكن التبديل مع المجموعة الأخرى) واعطائهم مهمة اجراء بحث قطاعي لمسرح الجريمة. ومن ثم يجب إبلاغ قائد المجموعة أن يقوم بتقسيم مسرح الجريمة إلى أرباع ويوجه التفتيش باستخدام قادة مساعدين.

تقييم

يجب تقييم هذا التمرين من قِبل المرشد من أجل تحديد ما إذا حدث الأتي:

1. هل تولى قائد المجموعة المسؤولية؟
2. هل تم تزويد الجميع بتعليمات مناسبة من قِبل قائد المجموعة؟
3. هل تم تحديد محيط مسارح الجريمة بشكل جيد لفريق التفتيش؟
4. هل تم حماية مسرح الجريمة من الناظرين او الفضوليين؟
5. هل أجرى الفريق التفتيش الشقي بشكل جيد؟
6. (هل أجرى الفريق التفتيش المقطعي بشكلٍ جيد؟ (اختياري
7. هل توقف أعضاء الفريق عند العثور على مادة **من مواد الأدلة؟**
8. **هل تم أخذ اجراءات وقائية مناسبة من أجل حماية بصمات مستترة على الأدلة من الإتلاف؟**
9. هل تم العثور ووضع العلامات وتغليف كل مادة من مواد الأدلة بشكل جيد ومناسب؟

الدرس الثالث

توثيق مسرح الجريمة

مدة الدرس

ساعة- 4 ساعات محاضرة 16
ساعات عملي 10 -
نقد -
المواد والمعدات والخدمات اللوجستية
ونشرات للتوزيع على الطلاب، وكاميرا، PowerPoint لوح ورقي قلاب، وحاسوب محمول مع جهاز عرض، وشرائح وفيلم.
هدف الدرس
إن هدف هذا الدرس هو تزويد المشاركين بنظرة شاملة عن الأساليب المختلفة لتوثيق مسرح الجريمة، ويشمل ذلك، تدوين الملاحظات، والرسم، والتصوير. إن هدف التمرين العملي هو تزويد المشاركين بفرصة التدرب على تدوين الملاحظات، والتصوير، والرسم التقريبي، ورسم مفصل لمسرح جريمة غير حقيقي.
أهداف التعلم
سوف يكون بإستطاعة المشاركين عمل الآتي في نهاية هذا الدرس:

1. تحديد على الأقل 6 مواد ضرورية لمعلومات يجب أن تكون في ملاحظات خبير مسرح الجريمة.
2. تحديد على الأقل 6 معلومات يجب أن تكون مشمولة في رسم مسرح الجريمة، والالمام بالاعتبارات التي تتعلق في رسم مسرح الجريمة.
3. تحديد 3 أساليب مستخدمة في رسم مسرح الجريمة.
4. تحديد سببين على الأقل يقومان بتبين أهمية تصوير مسرح الجريمة، والالمام باجراءات تصوير مسرح الجريمة، وذِكر 6 صور متعاقبة على الأقل لمسرح الجريمة، وتحديد 3 أنواع لمدى الصور.
5. تحديد أهمية وضع علامات في مجال الرؤية، وذِكر المعايير العامة المستخدمة في استعراض مصداقية الصور.
6. تحديد سببين رئيسين لعدم وضوح حركة الكاميرا، وذِكر المعلومات التي يتعين تدوينها في ملاحظات خبير مسرح الجريمة.
7. تحديد أهمية سرعة الفيلم ونوعه.
8. الالمام بعمليات الكاميرا.
9. ذِكر 6 خطوات يتم أخذها لادخال فيلم في كاميرا 35 ملم، و 3 خطوات يتم أخذها لاخراج الفيلم من نفس نوع الكاميرا.
10. الالمام بمصطلحات وطبيعة التصوير الرقمي، وشرح كيف يمكن التلاعب بالصورة الرقمية.
11. شرح الفرق بين التصوير الرقمي والتصوير التقليدي كأدلة قانونية.

مقدمة
إن الثلاثة طرق الأكثر شيوعاً في تسجيل مسرح الجريمة هي: تدوين الملاحظات، والرسم، والتصوير. إن التسجيل المفصل لمسرح الجريمة والأعمال التي يتم اجراءها خلال عملية التفتيش تساعد خبير مسرح الجريمة على تذكر الأحداث وتحديد مواد الأدلة بدقة في المحكمة لاحقا. إن تدوين الملاحظات، والرسومات، والصور التي يقوم بها خبير مسرح الجريمة أثناء التفتيش عن أدلة تخدم أيضاً كمرجعٍ قيم بما يتعلق بالتفاصيل التي تم اكتشافها أثناء البحث، وعُمق الأسلوب.
هدف التعلم # 1 : تحديد على الأقل 6 مواد ضرورية لمعلومات يجب أن تكون في ملاحظات خبير مسرح الجريمة.
I. تدوين الملاحظات

إن ملاحظات خبير مسرح الجريمة هي سجله الشخصي للتفتيش عن الأدلة، وهدف تدوين الملاحظات في مسرح الجريمة هو أخذ ملاحظات مفصلة سوف تبقى قابلة للفهم بشكل تام حتى بعد أشهر من الحادثة. كثيرٌ ما تكون ملاحظة مفهومة بشكلٍ تام للكاتب، ولكن تُصبح غامضة بعد مدة قصيرة من كتابتها.

يجب أن يتم البدأ بتدوين الملاحظات بكتابة إسم خبير مسرح الجريمة وتكليفه للقضية، ويجب أن يتم الحاق صور ورسومات مع الملاحظات . يجب تسجيل الملاحظات بحسب ترتيب المشاهدات التي تتعلق بها، وليس من الضرورة أن تكون هذه الملاحظات حسب ترتيبٍ منطقي. من المهم فقط أثناء المرحلة الأولى لتدوين الملاحظات أن تكون الملاحظات كاملة، حيث أن خبير مسرح الجريمة سوف يقوم بترتيب هذه المعلومات مرة ثانية أثناء كتابة التقرير الرسمي.

أ. معلومات مهمة يجب أن يتم شملها أثناء تدوين الملاحظات

1. التواريخ، والأوقات، والمواقع

يجب تسجيل تاريخ ووقت تكليف خبير مسرح الجريمة بالقضية. يجب تسجيل وقت الوصول، وموقع مسرح الجريمة بالتحديد، وأحوال الطقس، والإنارة، وأسماء أي ضباط تم الاتصال بهم، وأسماء أي أشخاص أخرين كانوا في مسرح الجريمة أثناء وصول خبير مسرح الجريمة إلى هناك.

2. وصف مفصل للضحية وثيابها

يجب أن تتضمن الملاحظات إسم، وعمر، وطول، ومظهر، ولون شعر وعينين الضحية. يجب وصف الثياب الخارجية للضحية، بما يتعلق بنوع القماش ولونه.

3. إصابات الضحية

يجب أن تتضمن الملاحظات مكان الإصابة أو الجرح بالتحديد، ونوع الإصابة وحجمها. ويجب تسجيل لون الكدمات في حالة وجودها.

4. وصفٌ عام لمسرح الجريمة

يجب على خبير مسرح الجريمة أن يلاحظ أي تلف في أي جسم أو مادة، وأي فوضى ظاهرية لترتيب الأثاث وأغراض أخرى، وأن يلاحظ وجود أشياء تبدو غير اعتيادية في محيط مسرح الجريمة.

5. نوع الكاميرا والفيلم المستخدمة في تصوير مسرح الجريمة

يجب أن تتضمن الملاحظات لكل صورة يتم أخذها على f stop للكاميرا، وسرعة مصراع الكاميرا(الشاتّر)، والمسافة المُرَكّز عليها، وإتجاه الكاميرا، والجسم أو المنطقة التي تم تصويرها، ووقت أخذ الصورة. يجب أيضاً تسجيل المكان التي تم ارسال الفيلم إليه من أجل التحميض.

6. العثور على كل مادة مهمة من الأدلة

يجب أن تتضمن الملاحظات وصف للمادة، ووقت العثور عليها، ومن الذي عثر عليها، وكيف تم وضع العلامات عليها، ونوع العبوة التي تم وضعها فيها، وكيف تم اغلاق العبوة ووضع علامات عليها، وموقع المادة بعد أن تم جمعها.

7. الفشل في تحديد موقع المواد

يجب التسجيل في الملاحظات عدم وجود أية مواد عادةً ما تكون متعلقة بالجريمة التي يجري التحقيق فيها، وفي منطقة مسرح الجريمة وبالضحية المتوفاة.(على سبيل المثال، قطعة ثياب مفقودة من جثة الضحية لا يمكن العثور عليها في موقع مسرح الجريمة.)

ب. إستخدام ملاحظات خبير مسرح الجريمة

إن أهمية الملاحظات لا تكمن فقط في تذكر دقيق للأحداث، ولكن أيضاً في تزويد المواد الأولية التي يتم الإحتياج إليها في كتابة التقرير الرسمي للقضية. يجب استخدام دفتر ملاحظات منفصل لكل قضية مختلفة، ويجب وضع دفاتر الملاحظات بشكل دائم في مكانٍ آمن.

هدف التعلم # 2 : تحديد على الأقل 6 معلومات يجب أن تكون مشمولة في رسم مسرح الجريمة، والالمام بالاعتبارات التي تتعلق في رسم مسرح الجريمة.

II. رسومات مسرح الجريمة

إن الصُوَر لوحدها ليست كافية لتسجيلٍ مناسب لمسرح الجريمة. إن رسم مسرح الجريمة هو مُكمِلٌ للصور والملاحظات التي تم أخذها أثناء التفتيش في مسرح الجريمة، والهدف منه هو وصف دقيق للمعلومات وليس بالضرورة أن يكون فنيا. لا يتطلب رسم مسرح الجريمة أن يكون لخبير مسرح الجريمة قدرات فنية.

تقوم رسومات مسرح الجريمة بتوضيح مظهر المكان وتجعل من السهل فهمه.

أ. المعلومات التي يجب أن يتضمنها الرسم

يجب أن يتضمن الرسم المعلومات الآتية على الأقل:

1. الإسم الكامل لخبير مسرح الجريمة ومهمته.
2. تاريخ، ووقت، ونوع الجريمة، ورقم التقرير.
3. الإسم الكامل لأي شخص يساعد في أخذ القياسات.
4. عنوان مسرح الجريمة، وموقعه في البناية، ومعالم على الأرض، واتجاه البوصلة.
5. مقياس الرسم، إذا تم وضع مقياس للرسم.
6. مواد الأدلة المميزة الرئيسية، والملامح الحساسة لمسرح الجريمة. يجب الاشارة لموقع هذه المواد من خلال قياسات دقيقة من نقطتين ثابتتين على الأقل، أو من خلال أساليب أخرى سنناقشها لاحقا.
7. قائمة تفسيرية أو مفتاح للرموز المستخدمة في تحديد أشياء ذات أهمية في الرسم.

ب. اعتبارات تتعلق برسم مسرح الجريمة

يجب أن تكون القياسات المبينة على الرسم بأكبر قدرٍ ممكن من الدقة، ويجب وضعها وتسجيلها بانتظام. إن أشرطة القياس المعدنية هي أفضل وسيلة لأخذ القياسات. من الصعب شرح وجود قياسات خطأ على الرسم، ويمكنها أن تُشكك الأخرين في مصداقية التفتيش في مسرح الجريمة بأكمله.

1. الرسم التقريبي

يقوم خبير مسرح الجريمة برسم الرسم التقريبي باليد دون استخدام أدوات في مسرح الجريمة. يجب أن لا يتم عمل تغيرات في الرسم بعد أن يغادر خبير مسرح الجريمة المكان. عادة، لا يتم الرسم حسب مقياس الرسم، ولكنه سوف يشير إلى مسافات دقيقة، وأبعاد، وأبعاد نسبية.

2. الرسم المفصل

إن الرسم المفصل هو رسمٌ منتهي، وكثيراً ما يتم رسمه بموجب مقياس للرسم حسب معلومات يُزودها الرسم التقريبي. إذا تم الرسم بموجب مقياس للرسم، فإنه سوف يتم ازالة الأرقام التي تتعلق بالمسافات. ولكن يجب إظهار المسافات إن لم يتم رسمه بموجب مقياس رسم.

هدف التعلم # 3: تحديد 3 أساليب مستخدمة في رسم مسرح الجريمة

III. أساليب الرسم

أ. أسلوب الاحداثية (Coordinate Method)

يقوم أسلوب الاحداثية بقياس مسافة الشيء من نقطتين ثابتتين. يستخدم شكلاً من أشكال هذا الأسلوب خط قاعدي يُرسم بين نقطتين معروفتين، أو يمكن أن يكون الخط القاعدي هذا حائطاً، أو أن يتم رسمه كمركزٍ حسابي في مركز غرفة تكون أبعادها معروفة بالتحديد. ومن ثم يتم أخذ القياسات لجسمٍ معين من اليسار إلى اليمين على طول الخط القاعدي إلى نقطة في الزاوية اليمنى للجسم الذي سوف يتم تعيين موقعه. سوف يتم الاشارة إلى المسافة في القائمة التفسيرية برقمٍ بين قوسين يتبع إسم الشيء.

ب. أسلوب المثلثات (Triangulation Method)

يكون أسلوب المثلثات مفيد في مواقع الخلاء حيث لا يوجد هنالك حواف طرق أو حقول محددة لاستخدامها كنقاط مرجعية. يتم تحديد موقع نقطتي مرجعية أو أكثر، ويجب فصلهما بشكل واسع إذا كان هذا ممكنا. يتم تحديد موقع المادة المعنية من خلال القياس على طول خط مستقيم من نقاط المرجعية.

ت. أسلوب الاسقاط (Cross-Projection Method)

يكون أسلوب الاسقاط مفيد عندما تكون الأشياء أو المواقع المهمة موجودة على سطح الحائط أو فيه، وأيضا في مكان آخر في غرفة مغلقة. يتم رسم الجدران، والشبابيك، والأبواب في رسم باسلوب الاسقاط وكأنها مطوية بشكل منبسط على الأرض، ومن ثم يتم رسم القياسات من النقطة المعينة على الأرض إلى الجدار.

هدف التعلم # 4: تحديد سببين على الأقل يقومان بتبين أهمية تصوير مسرح الجريمة، والالمام باجراءات تصوير مسرح الجريمة، وذِكر 6 صور تسلسلية على الأقل لمسرح الجريمة، وتحديد 3 أنواع لمدى الصور.

IV. تصوير مسرح الجريمة

يكون مسرح الجريمة وموقع جميع الاجسام ذات الصلة داخله في أنواع معينة من الجرائم، وخاصة هذه التي تتعلق بالعنف الجسدي، ذات أهمية كبيرة في تحديد نقاط الاثبات.

أ. أهمية تصوير مسرح الجريمة

1. سجل دائم

يُعتبر السجل الدائم لمسرح الجريمة ضروري لعرض ناجح لقضية في المحكمة. إن مسرح الجريمة الذي تم العبث به من خلال الاهمال والتسرع لا يمكن أن يرجع إلى حالته الأصلية.

2. أهمية أوجه معينة لمسرح الجريمة

أيضاً، قد لا تكون أهمية أوجه معينة لمسرح الجريمة في المراحل الأولى للتحقيق جلية، إلا أنه يمكن أن تؤثر هذه الأوجه بشكل كبيرعلى أمور القضية. إن أول خطوة في التحقيق في أي جريمة هو تصوير جميع أوجه الجريمة بشكل كامل ودقيق قبل ازالة أو العبث بأي أدلة. يجب أيضا أخذ الصور بعد ازالة الجثة أو الجثث، ويُحبذ دائما أن يتم أخذ صورا كثيرة.

3. إعادة بناء مسرح الجريمة

يمكن أن تساعد دراسة الصور المحقق المُدرّب أو خبير مسرح الجريمة في اعادة بناء مسرح الجريمة واستنتاج كيف تم ارتكاب الجريمة. بالاضافة إلى ذلك، سوف تجعل الصور عمل وكيل النيابة أكثر سهولة عندما يتم عرض القضية في المحكمة. عندما يكون ذلك ضرورياً، يمكن عمل تنسيق الصور مع رسومات مسرح الجريمة، أو الرسومات التي تم عملها حسب مقياس الرسم.

ب. اجراءات تصوير مسرح الجريمة

الهدف هو تسجيل معلومات مفيدة في سلسلة من الصور التي سوف تساعد الناظر أن يفهم مكان وكيفية ارتكاب الجريمة. إن مصطلح مسرح الجريمة لا يعني فقط الموقع المباشر التي تم ارتكاب الجريمة فيه، ولكن أيضا مناطق مجاورة لمسرح الجريمة حيث حدثت أمور مهمة مباشرة قبل وبعد ارتكاب الجريمة.

يجب أن يتم اضافة لقطات قريبة للأقسام التي تحتوي على تفاصيل مهمة إلى صور المنطقة الواسعة لمسرح الجريمة. يجب تصوير كل منطقة أو جسم كي يتم تحديد موقعه بسهولة في الصورة الشاملة الكاملة التي سوف تساعد الناظر على الحصول على مفهوم لموقع هذه المنطقة أو الجسم مع الإشارة لأجسام أخرى في الموقع.

ت. صور متعاقبة لمسرح الجريمة

يوجد لكل جريمة ملامح مميزة يجب تصويرها. خُذ بعين الاعتبار طبيعة الجريمة، وحاول أن تقوم باظهار تلك الملامح التي تُحدد عناصر الجريمة. قُم بتصوير التالي:

1. مناظر لخارج المبنى/المركبة وعلاقتها مع المباني التي حولها/مركبات، شوارع أخرى.
2. نقطة الدخول، الخارج والداخل.
3. نقطة الخروج، الداخل والخارج.
4. حال مسرح الجريمة.
5. المنطقة التي تم ازالة مواد قيمة منها.
6. مواد تم تركها في الموقع.
7. آثار أدلة مثل الشعر، وألياف، وأعقاب سجاير.

8. علامات أدوات وآثار أحذية أو علامات عجلات.
9. بصمات أصابع وآثار أقدام، وأيضاً أشياء يمكن أن تكون عليها هذه البصمات والآثار.

ث.أنواع صور المدى

من الأوجه المهمة التي يجب أخذها بعين الاعتبار بما يتعلق بتنوع مدى أخذ الصورة هو وجهة النظر العامة التي يحددها موقع الكاميرا. سوف تُمكن هذه المواقع الناظر على الصورة من النظر على مسرح الجريمة بطريقة منطقية. الثلاثة أنواع من صور المدى هي:

1. المدى البعيد

يتم أخذ صور المدى البعيد لمسرح الجريمة الكلي بشكل أساسي لتُظهر المناطق وكأنّ الشخص ينظر إلى الموقع ويراه من مكان الوقوف. من أجل الحصول على هذه النتيجة، يأخذ المصور الصور بوجود الكاميرا على مستوى العين.

2. المدى المتوسط

يتم أخذ صور المدى المتوسط بطريقة تُظهر الموقع من 10-20 قدم تقريباً من الجسم. من أجل السماح للناظر أن يقوم بربط مسرح الجريمة بالمناطق المنفصلة للموقع التي تم تصويره، يجب أن تحتوي هذه المناطق على تفاصيل كافية تسمح للناظر أن يقوم بهذا الربط.

3. المدى القريب

يتم أخذ صور المدى القريب عن بُعد خمس أقدام أو أقل من الشيء. يُركز تصوير المدى القريب على الشيء الذي لا يمكن رؤيته بوضوح في صور المدى البعيد أو المدى المتوسط.

هدف التعلم # 5: تحديد أهمية وضع علامات في مجال الرؤية، وذِكر المعايير العامة المستخدمة في استعراض مصداقية الصور

V. وضع علامات في مجال الرؤية

يجب استخدام أجهزة قياس مثل المساطر وشرائط قياس لتُظهر الحجم النسبي للأجسام والمسافة بينها أو درجة التكبير. يجب وضع العلامات بجانب الشيء بطريقة لا تُخفي أي أدلة مهمة. في صور الوثائق والصور للأجسام الصغيرة، توضع مسطرة طولها 6 انشات في أسفل أو تحت الدليل، حيث أن هذا يُمَكِن المصور من تحديد درجة التكبير بسرعة، وأيضاً يُظهر الحجم النسبي للأجسام في عرض الصور.

كثيراً ما تعترض المحاكم على استخدام المساطر وأجهزة وضع العلامات التي تظهر في صور مسرح الجريمة، لهذا يجب أخذ الصور بطريقتين: الأولى دون وجود العلامات، والثانية مع وجودها.

مهما كانت جهود التصوير في مسرح الجريمة واسعة النطاق إلا أنه يجب أن تصمد الصور أمام اختبار قبولها قانونياً. إن المعايير العامة المستخدمة في نقد مصداقية الصور هي:

1. تقوم بتمثيل دقيق
2. خالية من التعديل والتبديل
3. مادية وذات صلة
4. غير متحيزة

هدف التعلم # 6 تحديد سببين رئيسين لعدم وضوح حركة الكاميرا، وذِكر المعلومات التي يتعين تدوينها في ملاحظات خبير مسرح الجريمة.

VI. حركة الكاميرا وتصنيف أدلة الصور

أ. حركة الكاميرا

يمكن لحركة الكاميرا أن تكون سبباً لعدم وضوح الصورة. هناك سببين رئيسين لحركة الكاميرا، الأول هو الاهتزاز ويحدث عادة جراء حركة الجسم، ويشمل ذلك نبضات القلب. أما السبب الثاني لحركة الكاميرا هو حركة الكاميرا ذاتها جراء حملها بشكل خاطىء.

عرض-الأسلوب التقني الأساسي لحمل كاميرا 35 ملم :

الأسلوب التقني الأساسي لحمل كاميرا 35 ملم. امسك الكاميرا باليد اليمنى بوضع السبابة تحت محرر مصراع الكاميرا (الشاتّر)، والابهام تحت مُقَدِمْ الفيلم، وتوضع الأصابع الثلاثة الباقية على وجه الكاميرا.

يجب وضع أسفل الكاميرا في راحة اليد اليسرى.

إن وضع باقي الجسم أثناء التقاط الصورة هو بأهمية حمل الكاميرا. يجب أن ترتكز ذراعي المحقق على جسده، وأن تكون الرجلين متباعدة عن بعضها بشكلٍ كافٍ لتكون قاعدة ثابتة. عند أخذ الصورة بوضعية الركوع، لا تضع الكوع على الركبة حيث يصبح مفصل عظم الركبة على مفصل عظم الكوع ويؤدي ذلك إلى عدم ثبات مما يعكس ذلك على جودة الصور.

ب. تصنيف أدلة الصور

يجب على المحقق أن يقوم بتدوين المادة المسجلة على الفيلم. يجب أن يكون أول اطار لصور مسرح الجريمة صورة للوح يُكتب عليه بالطباشير أو قطعة ورق، ويُفضل قطعة ورق بحجم ورق دفتر الملاحظات، تحتوي على معلومات تحدد القضية. يجب أن تتضمن هذه المعلومات على إسم المصور، وإسم الضحية، والعنوان، ورقم القضية، والوقت. سوف يقلل وضع هذه المعلومات على الفيلم من فرص وضع الفيلم في المكان الخطأ ومن فرص ارسال الفيلم من قِبل مختبر الصور إلى المكان الخطأ. يجب أيضاً تسجيل المعلومات التالية في ملاحظات خبير مسرح الجريمة:

1. إسم الدائرة، والموقع، والتاريخ، والوقت
2. نوع الحادثة والأجسام التي تصويرها
3. نوع الفيلم المُستخدم وعدد الصور
4. نوع الكاميرا المُستخدمة
5. تحديد خبير مسرح الجريمة
6. أسماء الضحايا والشهود
7. تسلسل العهدة

يجب الحفاظ على تسلسل العهدة للصور. يجب اخراج الفيلم من الكاميرا وارساله مباشرةً إلى المختبر ليتم تحميضه، إلا إذا وُجِدَ مكان آمن لوضع الفيلم فيه حتى صباح اليوم التالي.

هدف التعلم # 7: تحديد أهمية سرعة الفيلم ونوعه

VII. سرعة ونوع الفيلم

بينما يمكن جعل أي كاميرا تقريباً أن تتماشى واحتياجات خبير مسرح الجريمة، إلا أن كاميرا التصوير الأكثر رواجاً هي 35 ملم SLR (كاميرا ذات عدسات عاكسة أحادية)، تسمح بالنظر من خلال العدسة، ويوجد فيها الة قياس داخلية وعدسات قابلة للتغيير. يتم استخدام كاميرا ال SLR 35 ملم لاحتياجات عديدة إن توفر فيلماً ذو حبيبات رقيقة وذو حدة عالية.

عرض – استخدام كاميرا ال SLR 35 ملم

يجب اطلاع المشاركين الآن على كاميرا ال SLR 35 ملم وكل أجزائها أثناء اعطاء المحاضرة.

أ. سرعة الفيلم

ليس دائماً من السهل أخذ الصور، حيث يتطلب أخذها بعض المهارة والنوع الأفضل للفيلم. تتعلق سرعة الفيلم بمقدار حساسيته للضوء. كلما زاد نسبة ال ASA كلما قلت نسبة الضوء التي يتم الحاجة إليه من أجل تسجيل صورة عليه. إن سرعة الفيلم أيضا تُشكل عاملاً في تحديد التعرض الملائم. يوجد مفتاح التحكم في سرعة الفيلم عادة في أعلى الكاميرا أو في أعلى الجانب الأيسر منها.إن القياس الطبيعي لل ASA هو ما بين 64-160، ولكن يُعتبر سريعا إذا زاد هذا عن 200، ويُعتبر بطيئاً إذا كان ما بين 25-32.

1. الأفلام ذات السرعة البطيئة

إن أفضل استخدام للأفلام البطيئة هو عندما يكون الضوء مشعاً أو لامعاً، وهي غالباً ما تعطي تفاصيلاً ألمع وصور أكثر حدة.

2. الأفلام ذات السرعة العالية

يتم استخدام الأفلام ذات السرعة العالية عندما لا نستطيع استخدام الأفلام ذات السرعة البطيئة، حيث يكون الضوء ضعيفا. ولكن جودة الصور ليست بجودة صور الأفلام ذات السرعة البطيئة. وفي الحقيقة يمكن اختفاء خلفية الصورة تماماً بوجود ضوءٍ ضعيف.

ب. نوع الفيلم

تم تصميم بعض الأفلام، ومنها أفلام الشرائح، للتصوير في الأماكن المضاءة بشكلٍ جيد كوقت النهار. وتم تصميم أفلام أخرى للضوء الصناعي، والاضاءة الوهاجة، واضاءة المسرح. تسمح الأفلام الشفافة ذات السرعة العالية للمصور أن يقوم بتصوير صوراً بسرعة أعلى من السرعة الموصى بها، لأنه يمكن أن يتم التعويض عن اختلاف الضوء أثناء التحميض. لن تكون الصور بنفس الوضوح أو الدقة، ولكن يمكن أن تكون ذات فائدة عندما يكون هناك حاجة لسرعة اضافية.

هدف التعلم # 8: الالمام بعمليات الكاميرا

مفاتيح التحكم بالتعرض للضوء .VIII

يجب على خبير مسرح الجريمة أن يتذكر دائماً أن الكاميرا تُنظم الضوء الداخل إليها مثلها مثل العين البشرية، ويمكن القول أنه يوجد جهاز داخلي في العين لقياس الضوء. جهاز قياس الضوء هذا مهم للحصول على صورٍ يمكن استخدامها. سوف يُظهر جهاز مقياس الضوء للمُصوِّر ما هو وضع الكاميرا الذي يُعطي أفضل النتائج. يوجد هنالك تعديلين يمكنهما أن يتحكما بكمية الضوء التي تصل إلى الفيلم، وهما مفتاح التحكم بسرعة مصراع الكاميرا(الشاتّر)، وفتحة العدسة.

أ. مفتاح التحكم بسرعة مصراع الكاميرا(الشاتّر)

يُحدد مفتاح التحكم بسرعة مصراع الكاميرا مدة الوقت التي يتعرض بها الفيلم للضوء. إن الأرقام الموجودة على المفتاح هي كسور الثانية.

ب. فتحة العدسة

إن حجم فتحة العدسة في الكاميرا هو العامل الآخر الذي يُحدد مقدار الضوء الذي يصل إلى الفيلم. يسمى مؤشر درجة الإضاءة التي تمر من خلال عدسات الكاميرا ب رقم F. كلما كان رقم ال F كلما صغرت الفتحة وبالعكس قليلاً.

مثلما يوجد أفلاماً ذات سرعات عالية وسرعات بطيئة، هناك عدسات سريعة وعدسات بطيئة. على سبيل المثال، إن العدسة السريعة تسمح بمرور ضوءٍ كثير، ولكن على المستخدم أن يكون حذراً، حيث أن العدسات السريعة لا تُصوّرُ صوراً واضحة.

ت. عمق المجال

تعريف .1

يساء فهم معنى مصطلح "عمق المجال" حيث يُعتقد أنه وضوح أمام وخلف الجسم في الصورة. ولكن يتم استخدام هذا المصطلح حقاً لوصف المسافة التي يمكن لمحقق الحوادث أن يبعدها عن الجسم في الصورة، وبالرغم من ذلك الحصول على صورة واضحة. إن العمق هوالمنطقة أمام وخلف الصورة.

كيف يمكنك الحصول على عمق .2

أ. استخدم عدسة صغيرة

كبير. إن فهم هذه الفكرة سوف يؤثر F من أجل الحصول على عمق، سوف يستخدم خبير مسرح الجريمة عدسة ذات رقم على وضوح كل صورة.

ب. التغير في العمق

يمكن زيادة العمق من خلال الإبتعاد عن الجسم المراد تصويره، ولكن غالباً ما يسبب هذا تحريف في الصورة من خلال تغيير حجم الجسم. إن فتح العدسة لرقم F أكبر هي طريقة أكثر قبولاً لتغيير العمق. ولكن يجب أيضاً تعديل سرعة مصراع الكاميرا أكبر. عندما لا يكون العمق مهماً، استخدم أصغر F (الشاتّر) بسبب تحديد الضوء المتطابق الذي سوف يحدث عندما نضع رقم فتحة عدسة ممكنة للحصول على صور واضحة.

ت. أجسام متحركة

عندما تقوم بتصوير أجساماً متحركة، سوف يكون هنالك حاجة لسرعة شاتّر كبيرة من أجل وقف الحركة.

ث. التعديل البؤري

إن وضوح الصورة وتركيزها سوف يُحدث اختلافاً كبيراً في المحكمة، حيث يكون من الأسهل فهم الأدلة إن كان بإمكان هيئة المحلفين أن ترى بوضوح ما الذي قد حدث من خلال سلسلة من الصور الواضحة.

1. الصور حادة الوضوح

قد يكون من الصعب الحصول على صور حادة الوضوح عندما يتطلب الأمر أخذ صوراً من مدى قريب. بالرغم أن سرعة الفيلم وعمق المجال لا يتم اعتبارهما بالأمر الحساس في التصوير من المدى القريب، إلا أنه يجب على خبير مسرح الجريمة أن يجد بؤرة يمكنها أن تخدم كنقطة مرجعية مرئية يمكن فهمها من قِبل القاضي أو هيئة المحلفين. وبعبارةٍ أخرى يجب على المصور أن يقرر مقدار المعنى الذي سوف يخسره لإختيار بؤري معين.

2. منصب ثلاثي القوائم

بما أن العمق ضحل، يجب على خبير مسرح الجريمة أن يقوم بالتركيز على أهم جزءٍ من الصورة. سوف يكون التصوير على المدى القريب هو أفضل استخدام للمنصب ثلاثي القوائم كما تم الوصف.

3. أنواع العدسات

أحياناً ما يريد خبير مسرح الجريمة أن يقوم بابراز جزءاً معيناً من الصورة، وقد يتطلب الأمر وضع عدسة مختلفة من أجل تجعل الأجسام تبدو أكثر صِغراً والمسافات بينها تبدو أكبر، (Wide-angle lenses) عمل ذلك. إن العدسات واسعة الزاوية للحصول على صور قريبة يتم أخذها من مكانٍ بعيد (Zoom) بينما يمكن أن يتم تعديل عدسات الزوم.

(ج. أخذ عدة صور (براكيتينج

إن أخذ عدة صور هو مماثل لبوليصة تأمين، حيث سوف يأخذ خبير مسرح الجريمة صورة يعتقد أنها الأفضل، ومن ثم يأخذ عدة صور أخرى بتعرضٍ مختلف ليتأكد أن لديه ما يحتاجه.

هدف التعلم # 9: ذِكر 6 خطوات يتم أخذها لادخال فيلم في كاميرا 35 ملم، و 3 خطوات يتم أخذها لاخراج الفيلم من نفس نوع الكاميرا.

IX. ادخال واخراج الفيلم من كاميرا 35 ملم

أ. ادخال الفيلم

يجب عمل الآتي لادخال الفيلم في كاميرا 35 ملم:

- إفتح الباب الخلفي للكاميرا من خلال رفع مقبض ارجاع الفيلم وقُم بسحب الباب الخلفي للخارج
- بوجود مقبض ارجاع الفيلم متجهاً إلى الأعلى، ضع لفافة الفيلم في الحجرة على الجانب الأيسر تحت مقبض ارجاع الفيلم
- إدفع ساق مقبض الفيلم إلى الأسفل وقُم بتثبيت لفافة الفيلم في مكانها
- اسحب ذيل الفيلم على رسلك وادخلها في المسلكة
- أدر مقبض الارجاع قليلاً للتأكد أن الفيلم متصل في سن العجلة المسننة، ومن ثم حرك الفيلم إلى الأمام مرة واحدة
- قم بإقفال الكاميرا وحرك الفيلم مرتين إلى الأمام.

ب. إخراج الفيلم

يجب عمل الآتي من أجل اخراج الفيلم من كاميرا ال 35 ملم:

- حرر المسلكة من خلال الضغط على زر ارجاع الفيلم في أسفل الكاميرا.
- إسحب رافعة الارجاع إلى الخارج وأدرها ببطىء حتى يتم تحريره من المسلكة
- أدر الرافعة عدة مرات أخرى، ومن ثم افتح الباب الخلفي للكاميرا وقُم بازالة لفافة الفيلم.

عرض – خطوات ادخال واخراج الفيلم في ومن كاميرا ال SLR 35 ملم

ملم واخراجها منها. قُم بالسماح لجميع المشاركين SLR 35 يجب عليك الآن أن تقوم بعرض كيفية ادخال الفيلم في كاميرا ال بحمل الكاميرا والنظر على اجزائها عن قُرب.

هدف التعلم # 10 : الالمام بمصطلحات وطبيعة التصوير الرقمي، وشرح كيف يمكن التلاعب بالصورة الرقمية.

X. التصوير الرقمي

من المعروف بما يتعلق بهذه الأمور أنه يمكن للصور أن لا تكون غير دقيقة فقط، ولكن مضللة بشكلٍ خطير أيضاً، وقد يكون هذا جراء قلة مهارة المصور، أو مواد ومعدات غير مناسبة، أو التلاعب بالصورة عن عمد.

بالرغم من العمر القصير لفن التصوير، إلا أنه دخل فترة إنتقالٍ جذرية، حيث تسمح التكنولوجيا الآن للمصورين بأخذ الصور، وتخزينها، وعرضها دون استخدام شريط فيلم أو ورق. إن هذا التطور يخلق فرصاً كبيرة وبعض المخاطر المتوقعة، حيث يمكن أن يتم التلاعب بالصور أثناء هذه العملية عن عمد أو بطريق السهو. بالرغم أن سلامة الصور المرئية كانت ولم تزل عرضة للتساؤل، إلا أن التصوير الرقمي مختلف اختلافاً كلياً عن التصوير التقليدي. بما أن التصوير الرقمي أصبح أكثر شيوعا وبتكلفة أقل، يبدو من المناسب الآن السؤال ما إذا كانت الاجراءات الوقائية الحالية في مبادئ الأدلة هي اجراءات وقائية مناسبة لتأكيد صحة الأدلة المرئية التي تم أخذها وتخزينها بطريقةٍ رقمية.

أ. مصطلحات التصوير الرقمي

1. الصور الرقمية: كما سيتم استخدامها في هذا الدرس، هي تسجيلات مرئية تم أخذها وتخزينها باسلوب رقمي بدون استخدام شريط فيلم أو ورق. يُقصد من المصطلح هنا، التباين مع التصوير التقليدي(الصور التي يتم صنعها بطرق كيماوية).

2. الرموز الصورية الرقمية: هي أي مُعطيات رقمية تم تخزينها بتصميم يمكن استخدامه من قِبل حاسوب رقمي. إن جميع الصور الرقمية هي رموز صورية رقمية، وأيضاً يمكن أن تكون الصور التقليدية رموزاً صورية رقمية عن طريق مسحها بالماسح الضوئي وتخزينها في الحاسوب. يمكن لتسجيلات مرئية أخرى مثل أشعة إكس، والسونوغرام، والرموز الصورية الرقمية ما تحت الحمراء أن تكون رموزاً صورية رقمية أيضا.

3. الأدلة المرئية: هي الرموز الصورية الرقمية التي يتم تقديمها في المحكمة كأدلة حقيقية(ليس أدلة للعرض فقط) لمكان أو صورة كانت موجودة بهذا الشكل عندما تم تصويرها. يمكن أن تشمل الأدلة المادية على تسجيلات لأفعال غير متحركة وأفعال حية إما بالشكل التقليدي أو الشكل الرقمي.

ب. طبيعة التصوير الرقمي

تُوجد الصور الرقمية على شكل معطيات رقمية فقط. بخلاف الصور التقليدية، إن الصور الرقمية لا تحتاج لشريط فيلم أو ورق لالتقاطها وتخزينها. بالرغم أنه قد يتم طبعها في نهاية الأمر، إلا أنه ليس من الضروري عمل ذلك لأنه يمكن عرضها على شاشة عرض أو شاشة حاسوب، ولا يوجد هنالك حاجة أبداً لعرض تناظري للمشهد أو الصورة.

يمكن جعل المعطيات المرئية رقمية، مثلها مثل المعلومات كالنصوص الكتابية أو الأصوات. يمكن أن يتم تخطيط الصورة على شبكة، ويتم تعيين قيمة عددية لكل خلية منفصلة تُحدد معدل الظلال وكثافة اللون للمنطقة التي تحتويها الخلية (Pixel).

يمكن عمل الصورة بطريقتين: يمكن تخطيط الصورة على شبكة دقيقة للغاية مما يُنتج وضوحاً مكانياً عالياً (Spatial resolution)، أو يمكن لكل خلية (Pixel) أن تُمثل مقداراً كبيراً نسبياً من المعلومات الرقمية وينتج عن ذلك وضوحاًعالياً جدا في درجة اللون أو عمقه (Tonal resolution). إن الثمن الذي يتم دفعه لتفاصيل مثل هذه يتمثل في الحجم الهائل للمعلومات التي يتطلب اظهارها.

يمكن عمل صورة رقمية من خلال مسح صورة تقليدية أو أي صور تناظرية بالماسح الضوئي وادخالها إلى حاسوب يقوم بتحويل الصور إلى صورٍ رقمية، أو يمكن الحصول على صورة رقمية من خلال أخذها بكاميرا رقمية. قد تشبه الكاميرا الرقمية الكاميرا التقليدية لحد كبير، ولكن هنالك اختلاف جوهري في طريقة تسجيل الصورة. تُطابق الفتحة المستشعرة للكاميرا شبكة الخلايا للصورة الذي يُرغب بأخذها وتقوم بحساب القيمة العددية لكل خلية. يمكن أن يتم تسجيل المعلومات الرقمية بشكل فوري دون الحاجة لصنع تمثيل تناظري لكل صورة.

ت. كيفية التلاعب بالرموز الصورية الرقمية

لأن المعطيات الرقمية تتشكل من أرقام فقط، يمكن اضافة معلومات، وازالتها، وتبديلها بسهولة. من الأرجح أن يحدث التلاعب هذا في المعلومات الأصلية في واحدةٍ من الحالات التالية:

- قد يكون التلاعب عرضياً ودون قصد
- قد يكون متعمداً ولكن بريئاً
- قد يكون بقصد الخداع.

يمكن أن يتنتج التلاعب العرّضي جراء أسبابٍ متنوعة، على سبيل المثال، وضع قرص ممغنط تم التخزين عليه بجانب مجال مغناطيسي قوي(مثل الذي ينتج عن بعض شاشات الحاسوب). على الأرجح أن يكون التلاعب العرّضي كارثي، ومن الصعب تخيل ما هي مشاكل الأدلة التي يمكن أن تنتج زيادةً على المشاكل التي تحدث بسبب الوثائق المتلفة.

ولكن حال التلاعب بالرموز الرقمية عن عمد هو مسألة أخرى، حيث يوجد هنالك عدد من البرمجيات التجارية التي تسمح للمستخدم بازالة عناصر من الصورة، أو تعديل العناصر فيها، أو اضافة عناصر إليها. حتى أنه يمكن تعديل التفاصيل الدقيقة في الصورة مثل اللون وتباينه، والضوء، والظل. قد يريد المصور أو المحرر أن يتلاعب بالصورة لأسبابٍ بريئة. هناك بعض االمشاكل القليلة جراء التلاعب برموز الصور طالما أن هنالك شاهد مستعد أن يشهد بأنه تم التلاعب بالصورة. ولكن لو أن شخصاً أراد التلاعب بالصورة بهدف الخداع عمداً، فإن الطرق المستخدمة هي نفس الطرق الذي يستخدمها المصور البريء، ولا يوجد هنالك طرق سهلة لمعرفة هذا التلاعب.

ث. لماذا الصور الرقمية مختلفة عن الصور التناظرية

بالطبع ، لا تنفرد الصور الرقمية فقط باحتمالية التلاعب بالصورة المرئية. كما ذكرنا في المقدمة، لم يظهر الشك في مصداقية الصور في هذا القرن فقط، حيث كانت الفرص أمام المصورين منذ إختراع الكاميرا للتلاعب بالصور باستخدام تقنيات بسيطة مثل نوع الفيلم، والاضاءة، والفواصل ما بين التعرضات، والعدسات، وبسهولة أكبر، استخدام تعديلاتمن خلال فن الصاق الصور وغرفة مظلمة عالية التطور. حتى أنه لو لم يُقصد التضليل في هذه الصور، يمكنها بالحقيقة أن تكون مضللة. لقد حددت المحاكم في بعض المناسبات الخطر، وقامت برفض أدلة الصور على أساس أنه لا يمكن اثبات أنها تُصور ما ادعى به نصيرها، ومع ذلك نادراً ما يتم استثناء صور ذات صلة بالقضية. وأيضاً الحقيقة هي أنه نحن كمجتمع نستمر باعترافنا بافتراضٍ قوي، ألا وهو أن الصورة هي دليل متين على أن الموقع أو المشهد كان كما هو يوم تم أخذ الصورة.

لهذا إن الصور الفوتوغرافية هي مختلفة إلى حدٍ بعيد عن الصور التي كانت معروفة قديماً وهي الفنون البصرية غير الموضوعية مثل الرسم واللوحات الزيتية. " إذا قامت لوحة بتمثيل موضوع، لا يعني هذا أن الموضوع موجود في الحقيقة، وحتى لو وجد الموضوع في الحقيقة، لا يعني أن اللوحة تمثله كما هو." من جهة أخرى، إن الصورة الفوتوغرافية هي صورة شيء ما، وبعبارة أخرى، إذا كانت الصورة الفوتوغرافية تُظهرُ موضوعاً معيناً، هذا يعني أن هذا الموضوع هو موجود بالفعل..." يجب أن تبدأ الصورة الفوتوغرافيةعلى الأقل في مرحلة من المراحل بصورة لم تكن إلا انعكاساً، أي تسجيلاً لضوء يعكسه الجسم، ويتفاعل هذا الانعكاس مع شريط فيلم في طرق متوقعة. يوجد دائماً جسم أصلي في الصور الفوتوغرافية.

قد تكون الصور الرقمية مفصلة مثل الصور التقليدية، وقد لا يتم تمييزها عن الصور التقليدية إذا تم طباعتها على ورق للصور. ولكن الأمر الأكثر أهمية من ذلك هو أن الرموز الصورية الرقمية تشبه الصور الفوتوغرافية التقليدية في أنها متسقة. على سبيل المثال، إذا اظهرت صورة فوتوغرافية ثلاثة سيارات وأشعة الشمس على إثنتين من هذه السيارات متسقة مع وجود الشمس على الجانب الأيسر من المكان، ولكن الأشعة على السيارة الثالثة تُشير على وجود الشمس على الجانب الأيمن من المكان، عندها "لن تظهر الصورة صحيحة". قد يتطلب الأمر بعض البحث إذا كان التلاعب دقيقاً، ولكن في النهاية سوف يكون باستطاعة العين أن تُميز عدم الاتساق، وسوف يظهر الخداع جليا.

وهكذا تشبه الصور الرقمية الصور الفوتوغرافية الأصلية بما يتعلق بأثرها على الناظر. ولأنها تشبه الصور الفوتوغرافية، حيث تحتوي على نفس مستوى التفاصيل ونفس الاتساق الداخلي، فإنه لا يسع الناظر إلا النظر عليها بنفس درجة الثقة. ونظرا لهذه الظروف، من المنطقي مراجعة المبدأ الذي ظهر استجابةً للتصوير التقليدي، ودراسة كيف يمكن تطبيقه على التصوير الرقمي.

ولكن مهما كان وجه التشابه ما بين الصور الرقمية والصور التقليدية كبيراً، إلا أنه لا يغير الطبيعة الجوهرية للصور الرقمية، هذه الطبيعة التي يجب ادراكها عند تحليل مدى قبولها في المحكمة. في نهاية الأمر، إن الصور الرقمية هي ملايين من الأرقام يتم قراءتها إما 1 أو 0، وتقود هذه الحقيقة إلى مخاوف تتعلق بالأدلة لا يمكن تجنبها. بدأت المحاكم تدريجياً بتطوير مبدأ يقوم بالتعامل مع المشاكل التي سببها أنواع أخرى من المعطيات الرقمية، ويجب أن يتم ذكر هذا المبدأ عند مناقشة مستقبل التصوير الرقمي كدليل.

هدف التعلم # 11: شرح الفرق بين التصوير الرقمي والتصوير التقليدي كأدلة قانونية

X. الصور كأدلة قانونية

أ.استخدام الصور الفوتوغرافية التقليدية كأدلة

إن المتطلبات الرئيسية لتقديم الصورة الفوتوغرافية كدليل هي علاقتها بالحدث وتوثيقها. بشكلٍ عام، سوف يتم قبول الصورة كدليل بناءاً على تقدير القاضي. في حالات نادرة، يتم طلب تسلسل العهدة (يشمل ذلك عهدة الفيلم الذي لم يُجرى تحميضه)، أو قد يتم استحضار أفضل قاعدة أدلة إذا تم تقديم الصورة لاثبات حقيقتها، وإذا كانت أساس لأمر حساس ومهم في القضية.

إن أهم متطلب من هذه المتطلبات هو اثبات صحة الصورة وتوثيقها. ما لم يتم تقديم الصور باتفاق الأطراف، يجب أن يكون الطرف الذي يريد أن يُقدم الصورة كدليل جاهزاً أن يشهد بأن الصورة دقيقة وصحيحة. في معظم الحالات، ليس هنالك حاجة أن يقوم المصور بالشهادة، حيث يمكن لأي شاهد مؤهل للشهادة أن يشهد أن الصورة تمثل بدقة وعلى نحو صحيح المكان والمشهد المألوف لدى الشاهد. سوف تقرر بعض المحاكم أن الصورة توثق صحة ذاتها أو يفترض أن تكون صحيحة. إذا تم الطعن بصحة الصورة، فهي مسألة يقوم بحسمها المُحَكِم عادة.

بالرغم أن هذه المتطلبات الإستهلالية هي متطلبات متساهلة، وأن الصور يتم تقديمها كدليل بشكل روتيني دون فحصٍ دقيق، إلا أن المبدأ الحالي هو رد منطقي على الخطورة الطفيفة التي تسببها الصور التقليدية المضللة. إن تحقيقاً بعلاقة الصورة بالقضية يؤكد أن المحكمة ستأخذ على الأقل بعين الاعتبار ما إذا كانت الصورة، حتى ولو كانت صالحة للاثبات، ستشوش كثيراً أو ستخدع المُحَكِم الذي يبت في الحقائق. إن متطلب توثيق الصورة هو فحص ضد الخداع والتزوير. وأيضاً إن متطلب تسلسل العهدة الذي يتم تطبيقه في حالات معينة يوفر تأميناً اضافياً آخر.

ب. استخدام الصور الرقمية كأدلة

تُشَكِلُ الصور الرقمية تحدياً عويصاً لقواعد الأدلة الحالية. وبالرغم أن الصور الرقمية قد تكون متطابقة من ناحية تجميلية للصور التقليدية، إلا أنها تُمَثِل أدلة من نوعٍ آخر مختلف تماما. لأنه يمكن عمل نسخ مطابقة للرموز الصورية الرقمية ساعة يشاء المرء(إلى أن يتم طباعتها أو عرضها على شاشة حاسوب)، لا يوجد طريقة لتمييز النسخة من الصورة الأصلية. على الأرجح أن يكون أي اختلاف ما بين نسختين لنفس الصور الرقمية هو نتيجة لتلاعب متعمد، بريئاً كان أم خبيثاً، لأنه بالامكان نسخ المعطيات الرقمية على نحو تام ومطلق.

قد لا يكون هنالك أي طريقة لتحديد من هي الصورة المشتقة من الأخرى ما لم يتم التعرف على الجهة التي أحدثت التلاعب.

يوجد هنالك مخاطرة متوقعة بما أن الكاميرات الرقمية في وقتنا هذا تحل محل الكاميرات التقليدية في الخدمة العامة، ألا وهي أن المتطلبات الأساسية القابلة للتطبيق على الصور التقليدية التي يتم تقديمها كأدلة سوف تُثبت عدم كفايتها عند تطبيقها على الصور الرقمية. قد لا يتم قبول شهادة صادقة بعد الآن كاجراء ملائم من قِبل شاهد يثبت أن الصورة هي تمثيلٌ دقيق وصحيح للمشهد أوالمكان إذا كانت الحقوق والمطاليب القانونية تُظهر تلاعباً دقيقاً ولكن مادياً في عناصر المكان أو المشهد. قد لا تكون ذاكرة الشاهد "واضحة" كما يجب حتى لو كان الشاهد هو المصور بحد ذاته. كان الخداع والتزوير في التصوير التقليدي صعبا وغالي الثمن، وكان بالامكان كشفه، وكانت تقنيات لصق الصور مع بعضها البعض أسلوباً صعباً، حيث كان على المرء أن يُضيف، ويمحو، وينقل عناصر المشهد من مكان لآخر، ونادراً ما كانت هذه الاساليب مقنعة. ولكن التكنولوجيا المعاصرة سهلت من عملية التلاعب بالرموز الصورية الرقمية حيث جعلتها رخيصة الثمن وسلسة. يوجد الآن برمجيات متطورة تمكن من اخفاء تأثيرات لصق الصور والمشاهد ببعضها البعض. إذا تم أخذ الصور من خلال كاميرا رقمية، فلن يكون هناك أثر أنه كان هنالك نسخة أخرى موجود قبل هذه النسخة.

خلاصة

لقد تعلمنا في هذا الدرس أن واحداً من أكثر الأمور أهمية يكون خبير مسرح الجريمة مسؤول عنه هو التوثيق الصحيح والدقيق لمسرح الجريمة. ويتضمن هذا التوثيق على ملاحظات كثيرة، ورسومات تقريبية، ورسومات دقيقة بالاضافة إلى كثيرٍ من الصور. يجب على جميع هذه الأمور أن تصف مسرح الجريمة، وأن تكون متوفرة بسهولة لأغراضٍ في المحكمة بعد أشهر أو حتى سنين بعد الجريمة. بالاضافة إلى ذلك، يجب أن تكون جميع أساليب التوثيق واضحة ومختصرة بشكلٍ كافٍ من أجل القدرة على فهمها من قِبل الآخرين مثل المحققين، ووكلاء النيابة، وأعضاء هيئة المحلفين. يجب على خبير مسرح الجريمة أن يتوخى الحذر الشديد من أجل ضمان أن يكون توثيق مسرح الجريمة متعمق وخال من الأخطاء.

مصطلحات الكاميرا

فتحة الكاميرا: فتحة العدسة الدائرية القابلة للتعديل والتي من خلالها ينفذ الضوء إلى الكاميرا. يمكن تعديل العدسة من أجل حصر مقدار الضوء الداخل إليها.

الفلتر: قطعة بصرية بلاستيكية أو زجاجية ذات جودة عالية تقع أمام العدسة لزيادة التباين ولتخفيض الوميض، وعادة ما يكون هذا الزجاج ملون من أجل امتصاص الضوء.

الفلاش: يتم استخدام الفلاش لتوفير انارة اصطناعية للصور المعتمة، ولقد تم تبديل الفلاش الاعتيادي بآخرٍ الكتروني في السنين الأخيرة.

جهاز قياس الضوء: جهاز يُعرف أيضاً بجهاز قياس التعرض للضوء، ويقيس هذا الجهاز كثافة الضوء وارتباطها بسرعة الفيلم.

الشاتّر: جهاز تحكم في الكاميرا مصمم لفترات فاصلة للضوء يسمح لمرور مقدار ملائم من الضوء من خلال العدسة.

العدسة القياسية: تُعرف عدسة ال 50 ملم التي يتم بيعها عادةً مع كاميرات ال 35 ملم بالعدسة القياسية، ومنظورها يشبه بشكل قريب منظور العين البشرية.

عدسة التيليفوتو: عدسة مركزة مركبة وطويلة تُعطي صوراً أكبر.

منصب ثلاثي القوائم: جهاز توضع عليه الكاميرا لتثبيتها مما يُعطي صوراً أفضل.

العدسة الواسعة الزاوية: عدسة لها زاوية تغطية أوسع من المعتاد.

عدسة الزوم: يمكن للمصور عن طريق استخدام الزوم الحصول على زاوية رؤية مختلفة تتضمن أطوال بؤرية مختلفة على مدى معين.

مصطلحات التصوير:

إن التعاريف التالية تتناول كثير من المصطلحات التي يتم استخدامها في وصف عملية التصوير، وسوف تقوم هذه التعاريف بتوفير القاعدة التي تقوم بوصف التقنيات المستخدمة للحصول على الصور الأكثر وضوحاً وقيمةً للاستخدام في المحكمة.

ASA: ترمز الأحرف ASA إلى رابطة المعايير الأمريكية. كلما ASA القياس المُستخدم في تقييم سرعة الفيلم أو حساسيته للضوء. زادت القيمة الحسابية كلما زادت حساسية الفيلم للضوء.

التوازن(البلانس): مصطلح يُستخدم لوصف كيفية تعديل الجسم في اطار أحادي.

أخذ عدة صور (براكيتينج): أخذ صورة باستخدام على ما يرى أنها أفضل اضاءة وأفضل أفلام الخ، ومن ثم أخذ عدة صور أخرى بتعرضات مختلفة لضمان وجود صورة جيدة.

عمق المجال: المنطقة التي تقع أمام وخلف النقطة البؤرية أو الجسم في الصورة. كلما كانت فتحة العدسة أصغر كلما كان الإنطباع الذاتي أكبر.

تحريف الصورة: اختلافات في الصورة تكون عادة نتيجة لعدسة معينة ومختلفة عن التي تُرى بواسطة عدسة قياسية. إن التحريف في الصورة يُشوه شكلها.

الفلاش الالكتروني: ضوء ناتج عن مرور شحنة كهربائية بدرجة فولطية عالية من خلال غاز مختوم في وعاءٍ شفاف.

التعرض: يمكن للضوء الذي يتعرض له الفيلم أن يسبب تحريف بعد المعالجة الكيماوية(قليلة كانت أم كثيرة).يوجد هناك تعرض مفرط للضوء وأيضاً تعرض قليل للضوء.

سرعة الفيلم: يُعرف القياس الرقمي لحساسية الفيلم للضوء بالسرعة. كلما كان االقياس الرقمي أكبر كلما كانت السرعة أكبر.

تركيز الصورة(الفوكَس): تعديل يتم استخدامه لاظهار الجسم في الصورة واضحاً وحاداً.

تحديد الاطار: وضع الصورة التي تريدها داخل حدود الاطار الذي يتم تصويره.

التعرض المفرط للضوء: تعرض الفيلم لضوءٍ مفرط يسبب تحريف في الفيلم.

البانينج: تتبع جسم متحرك بالكاميرا ومحاولة تحديد الجسم في اطار الصورة.

مكان المراقبة أو التصوير: العثور على مكان الكاميرا الأنسب للحصول على صورة مكان الحادث في أفضل طريقة واقعية.

تمرين عملي # 10-1: تصوير ورسم مسرح الجريمة

مدة التمرين

ساعات 10

المواد التي سوف يتم الحاجة إليها
ملم مع منصب ثلاثي القوائم إختياري SLR كاميرات 35 4
كاميرات رقمية 4
كاميرا فيديو رقمية
.جهاز حاسوب- جهازحاسوب محمول أو حاسوب مكتبي مع برمجية لاستخدام الكاميرا الرقمية وكاميرة الفيديو
شريط فيلم 35 ملم ملون لكل مشارك يتكون من 24 صورة
ورقات رسم بياني لكل مشارك 4
أشرطة قياس طول كلٍ منها 25 متراً 4
أشرطة قياس طول كلٍ منها 50 متراً 4
نماذج مسرح جريمة 4
بوصلة
أربع أسلحة فارغة وغير فعالة
. وسائل مساندة متنوعة مثل ساعة ومحفظة، وخراطيش فارغة، الخ، حيث يمكن استخدام هذه كأدلة
هدف الاداء
سوف يكون باستطاعة المشاركين في نهاية هذا الدرس أخذ الملاحظات، وأخذ الصور الفوتوغرافية، ورسم رسماً تقريبيا .ورسماً مفصلاً لمسرح جريمة غير حقيقي
تعليمات
يجب تقسيم الصف إلى أربع مجموعات. يجب توفير مسرح جريمة غير حقيقي داخلي أو خارجي لكل مجموعة. يجب أن يكون مسرحين اثنين بجانب أحدهما الآخر كي يقوم مرشداً واحداً بمراقبة الموقعين. يجب أن يقوم المرشدين بانشاء هذه المواقع قبل التمرين. يمكن للمواقع الداخلية أن تتضمن الأثاث، وحقيبة، وكتب، ومواد أخرى، ويتوقف هذا على مساحة المنطقة. يجب أن تكون المسارح الخارجية للجريمة قريبة من أجسامٍ ثابتة مثل مركبة، أوعمود كهربائي أو عمود لخدمات أخرى، أو شجرة، أو شارع مُعبد. يجب ترك أجسام مختلفة في مسارح الجريمة مثل سلاح فارغ، أو محفظة، أو مواد شخصية يمكنها أن تظهر كأنه .تم تركها من قِبل الضحية أو الجاني
يجب أخذ المشاركين لهذه المواقع، وتزويدهم بسيناريو مختصر يتعلق بالجريمة المزعومة التي تم ارتكابها هناك، وتزويدهم أيضاً برقم قضية اداري، وإسم الضحية. ومن ثم يجب أن يتم اخبارهم أن يتوقفوا ويراقبوا مسرح الجريمة، ويقوموا بتدوين .ملاحظات كثيرة يصفون فيها الأشياء والأمور التي يروها، وما هي الأدلة الموجودة التي تظهر بشكلٍ واضح
بعد الانتهاء من تدوين الملاحظات، يجب السماح للمشاركين بأخذ صورٍ ضرورية لمسرح الجريمة بطريقة منهجية كي يقوموا بتوثيق مسرح الجريمة بشكلٍ جيد وملائم قبل تدوين الملاحظات وأخذ القياسات لعمل رسمٍ تقريبي لمسرح الجريمة. يجب أن يتم .اخبار المشاركين أنهم سيقومون لاحقاً بعمل رسمٍ دقيق لمسرح الجريمة بعد الانتهاء من عملهم في مسرح الجريمة
يجب أن يُطلب من كل مشارك أن يأخذ صور خاصة به، وأن ينشىء سجلاً للصور، ويُقدم تفصيلاً عن كل صورة يتم أخذها، .وما الشيء التي تصفه هذه الصورة
يجب أن لا يتم البدء بأخذ قياسات مسرح الجريمة حتى يُنهي كل طالب في المجوعتين أخذ الصور. يجب أيضاً أن لا يدخل أحد إلى مسرح الجريمة حتى الانتهاء من التصوير. يجب أن يتم السماح للمشاركين بعد ذلك أن يعملوا بشكلٍ زوجي من أجل أخذ .القياسات، ولكن على كل مشارك بمفرده أن يقوم بعمل رسمه الخاص به
التقييم
يتعين على المرشدين ضمان أن كل مشارك قد قام بتدوين ملاحظات كثيرة، وعمل سجل صور مفصل، وأيضاً رسم تقريبي ورسم دقيق لمسرح الجريمة. يتعين على المرشدين استخدام القائمة المرجعية التالية من أجل ضمان أن كل مشارك قد أنهى .جميع مهماته المكلف بها
الصور

بما أن الصور لن تكون جاهزة للرؤية، يجب على المرشدين فحص سجل صور مسرح الجريمة لكل مشارك بدقة باحثاً عن مؤشرات المعلومات التالية:

- اطار لمُعرف قضية يُظهر معلومات عن قضية معينة. بشكل عام، وجود صوراً ذات مدى بعيد ومتوسط وقريب.
- جميع مناهج التعامل مع مسرح الجريمة
- مشاهد محيطة لخارج المبنى أو المركبة، تُظهر علاقتها بمباني أو مركبات، أو شوارع وطرق أخرى مجاورة.
- نقاط الخروج والدخول، الخارج والداخل، وتتضمن صور قريبة المدى.
- حالة مسرح الجريمة.
- المناطق التي تم إزالة مواد قيمة منها.
- مواد تم تركها في مسرح الجريمة.
- آثار أدلة ظاهرة مثل الشعر، والألياف، وأعقاب السجاير.
- علامات أدوات، أو آثار أحذية، أو علامات عجلات.
- بصمات أصابع وآثار أقدام، وأيضاً مواد يمكن أن يظهر عليها هذه البصمات والآثار.
- جميع البصمات التي لا تحتاج لمزيدٍ من التحميض ولا يُمكن رفعها.

يتعين على المرشد أن يضمن أن كل طالب قد قام بتحضير رسماً تقريبياً لمسرح الجريمة ورسماً اخر مفصل. يجب أن يتم فحص الرسومات من أجل التأكد أنها تحتوي على:

1. قياسات دقيقة
2. تحديد جميع مواد الأدلة والملامح الحساسة والمهمة لمسرح الجريمة
3. الإسم الكامل لخبير مسرح الجريمة والمهمة المُكلف بها
4. تاريخ، ووقت، وتصنيف الجريمة، ورقم التقرير
5. الإسم الكامل لأي شخص يساعد في أخذ القياسات
6. عنوان مسرح الجريمة، وموقعه في المبنى، ومعالم رئيسية، واتجاه البوصلة
7. قائمة بالرموز المسُتخدمة في تحديد الأجسام أو النقاط المهمة في الرسم.

مساعدة العمل 10.1: مراجعة ونقد

مدة النقد

ساعتين

هدف النقد

يتعين على المرشدين تزويد المشاركين بتغذية راجعة بناءة بما يتعلق بجودة ودقة رسومات مسرح الجريمة والصور من التمرين العملي 7.1 .

أهداف الأداء

سوف يقوم المشاركون بمراجعة رسومات مسرح الجريمة والصور الخاصة بهم، وسيكونوا قادرين على التحقق من استيفاء أهداف الأداء التالية:

1. أن رسم مسرح الجريمة يصف بدقة مسرح الجريمة وله قائمة مصطلحات ملائمة.
2. أن رسم مسرح الجريمة يقوم بوصف جميع مواد الأدلة الرئيسية.
3. أن صور مسرح الجريمة محددة بشكل جيد من خلال استخدام الملاحظات.
4. أن الاطار الأول لصور مسرح الجريمة يحتوي على مُعرِفات قضية.
5. أن صور مسرح الجريمة تحتوي على ثلاث أنواع من صور المدى اللازمة لوصف الأدلة بشكلٍ جيد وملائم.
6. أن صور مسرح الجريمة تقوم بتوفير ثلاثة مشاهد على الأقل لمسرح الجريمة.

مقدمة

يجب استخدام هذا النقد من أجل تزويد المشاركين بنقد معمق وذو معنى لرسومات مسرح الجريمة وصوره الخاص بهم. كان يتوجب اعداد كليهما أثناء التمارين العملية المصحوبة بالدروس السابقة عن توثيق مسرح الجريمة. إن هدف هذا النقد ليس للإنتقاد ولكن من أجل التحقق أنه تم استخدام التقنيات والاجراءات أثناء التمارين العملية.

ارشادات مقترحة

الاعداد

قبل النقد، يتوجب على كلا المرشدين مراجعة جميع رسومات مسرح الجريمة باختصار، وتحديد ما إذا كان المشاركون قد اختبروا الأمور التالية:

- عدم القدرة على انهاء رسم مسرح الجريمة.
- مشاكل في تشغيل الكاميرا.
- مواجهة مشاكل أخرى في انهاء التمارين العملية.

إذا تم الكشف عن مشاكل مثل هذه، يجب التعامل معها بشكل سريع، وتوفير وقتا اخر لهؤلاء الطلاب من أجل انهاء مهمتهم والحصول على ارشادات اصلاحية.

عرض من قِبل المجموعة-مسرح الجريمة...:

يجب أن يتأكد المرشدين أن المشاركين قد أدركوا أنه قد تم تصميم هذا الدرس من أجل المساعدة في تحديد المشاكل والمخاوف التي يمكن أن تكون قد تم مواجهتها أثناء التمارين العملية السابقة. يجب أن يُشير المرشدين للصف أنهم سوف يبحثون عن أهداف الأداء التالية في عملهم:

- أن رسم مسرح الجريمة يصف بدقة مسرح الجريمة وله قائمة مصطلحات ملائمة.
- أن رسم مسرح الجريمة يقوم بوصف جميع مواد الأدلة الرئيسية.
- أن صور مسرح الجريمة محددة بشكل جيد من خلال استخدام الملاحظات.
- أن الاطار الأول لصور مسرح الجريمة يحتوي على مُعرفات قضية.
- أن صور مُسرح الجريمة تحتوي على ثلاث أنواع من صور المدى اللازمة لوصف الأدلة بشكلٍ جيد وملائم.
- أن صور مسرح الجريمة تقوم بتزويد ثلاثة مشاهد على الأقل لمسرح الجريمة.

من أجل توضيح هذا، يتعين على المرشدين أولاً محاولة عرض بعض رسومات مسرح الجريمة التي تم انهاءها بشكل صحيح، واستخدامها كنقطة بداية للنقاش. يمكن للمرشدين التعريف عن المشاركين إذا رغبوا في ذلك، وتزويد تغذية راجعة ايجابية للفرد وللصف بشكلٍ عام. يتوجب تشجيع المشاركين لمناقشة اختباراتهم بما يتعلق باختيار الصور، والمسافة، والموقع، الخ مع الصف من أجل تعزيز العملية التعليمية.

نقد فردي

يتوجب اجراء هذا الجانب من النقد باستخدام كلا المرشدين. يجب أن يتم تقسيم الصف لقسمين، وواحد من المرشدين يجب أن يكون مسؤولاً عن قسم واحد من هذه الأقسام. يتوجب على كلٍ من المرشدين لقاء المشاركين في أقسامهم ونقاش مميزات وعيوب رسومات وصور كل واحد منهم بمعزلٍ عن الآخرين. يتوجب على المرشد أثناء هذا النقد أن يتجنب القول أنه كان من الخطأ استخدام أحد الأساليب، ولكن أن يسأل المشاركين إن كان يوجد أسلوب أفضل للعمل. سيشكل هذا خبرة عملية ايجابية للمشارك.

تشجيع

يجب أن يكون التشجيع أساسياً للعملية أثناء كلتا جلستي النقد، ويجب توفير تشجيع كافٍ للمشاركين وتذكيرهم أن هذه هي أو محاولة لهم في توثيق مسرح الجريمة بموجب المعايير المحددة لهم.

الدرس الثالث عشر

اعداد التقارير
و
ادارة القضية

دليل المدرب
مدة الدرس
ساعة – محاضرة واحدة لمدة ساعتين 12
ساعات من التدريبات العملية 4
ساعات رحلة ميدانية 6
المواد، والمعدات، واللوجستيات
.ونشرات للطلاب ،Power Point لوح ورقي قلاب، حاسوب محمول وشاشة عرض، عرض باور بوينت
الغاية من الدرس
الغاية من الدرس هي تعريف المشاركين بالاسلوب الملائم لادارة وتنظيم ملف القضية وفي اعداد التقارير التي تعكس بوضوح الملاحظات، والاجراءات، ونتائج عمل خبير مسرح الجريمة على القضية. ونحن بحاجة للاجراءات لتدوين المواد في سجلات .المحكمة وما الى ذلك
غايات التعلم
:سوف يكون باستطاعة المشاركين عمل الآتي في نهاية هذا الدرس
الالمام بصفة عامة بالتقارير الاولية التي تعدها الشرطة وبيان 4 وسائل تبين اهمية التقرير الاولي لأي قسم من اقسام .1 .الشرطة
الالمام بتقارير التحقيق/والمتابعة بصفة عامة وبيان ما لا يقل عن 5 وسائل تبين اهمية تقرير التحقيق الشرطي لأي دائرة من .2 .دوائر الشرطة
.بيان ما لايقل عن 5 اشخاص من بين الحضور الذين قد يقرأون التقرير الشرطي المكتمل .3
.تحديد 4 مميزات للتقرير الشرطي الجيد .4
تعريف مصطلح "ادارة القضية" والالمام بالمشاكل الناتجة عن ادارة القضية وتنظيمها. وتفسير كيفية اخذ الملاحظات .5 .الفاعلة والالمام بإعداد الملفات
.بين 3 انواع من التقارير بالاضافة الى التقرير الشرطي المبدئي .6
.الالمام باهمية الادلاء بالشهادة امام المحكمة والظهور بمظهر مهني في المحكمة .7
المقدمة
توفر تقارير الشرطة للدائرة بيانات اساسية وضرورية لاعتقال المجرمين ولايجاد الحلول للجرائم. والتقرير هو عبارة عن وسيلة اتصال بطريقة دقيقة، وشمولية، وواضحة، وتكاملية والذي يعتبر سجلا لحادثة معينة. عادة ما يبدأ تقرير الشرطة في مسرح الجريمة أو قد يكون ناتجا عن تقرير يقدمه الضحية عن جريمة ما وعن التفاصيل المتعلقة بها. وفي الجرائم الخطيرة، يتبع التقرير الاولي للشرطة تقرير تحقيقي يبين المعلومات التي تم اكتشافها اثناء التحقيق التالي للحادثة. ويمكن الحكم على .فاعلية المحقق بصفة عامة من خلال التقرير التحقيقي. وتعاني شهرة المحقق من خلال التوثيق الضعيف للتحقيق الناجح
نقاش – اعداد التقارير
ناقش استخدام تقارير الشرطة في الدولة المضيفة وكذلك الاجراءات المستخدمة عادة لإعداد التقارير. ويمكن للمدرس مقارنتها بالمعلومات والامثلة الامريكية. في حال كون نظام اعداد التقارير الشرطية قيد التطوير في البلد المضيف، يمكن للمشاركين مناقشة مفاهيمهم لاهمية التقارير وكيفية تطويرها للافضل. ونشجع المشاركين على اعطاء الامثلة والحكايات لشرح وجهات .النظر

هدف التعلم # 1: كن ملما بالتقرير الاولي للشرطة بصفة عامة وبين 4 طرق عن اهمية التقري الاولي للشرطة لدائرة من
.دوائر الشرطة

التقارير الاولية للشرطة .1

أ. التقرير الاولي

يتم اعداده عادة خلال يوم واحد من تقديم الشكوى ويعكس ملاحظات واجراءات الضابط الاول الذي استجاب وكذلك .1
.ملاحظات واجراءات الخبير في مسرح الجريمة

:يوفر فقط مؤشرا عن النظرة الشاملة للقضية، مبينا .2

.مكان ارتكاب المخالفة *

.موقع مسرح الجريمة اذا اختلف عن مكان ارتكاب الجريمة الاولية *

.نوعية الجريمة التي تم ارتكابها – على سبيل المثال جريمة القتل، أو الاغتصاب، أو السطو وما الى ذلك *

.وقت ارتكاب الجريمة، أو تخمين وقت ارتكابها *

.كيفية ارتكاب الجريمة *

.هوية كافة الضحايا، والشهود، والمشبوهين *

.يجب أن تعكس كيفية التنفيذ الاولي للموقع *

ب. قيمة التقارير الاولية للشرطة

:تكمن قيمة التقارير الاولية للشرطة لدوائر الشرطة على النحو التالي

.توفير سجل خطي وبنك من المعلومات يسهل الوصول اليه للمحقق الذي يقوم بالمتابعة وكذلك للخبير في مسرجح الجريمة *

.تنشيط ذاكرة الضابط الاول وكذلك ذاكرة الضحايا والشهود *

المساعدة في الحصول على البيانات التي يمكن تحليلها لغايات توقع اساليب الجريمة، والمشبوهين، وامكانيات ارتكاب *
.الجرائم في المستقبل

توفير قاعدة من المعلومات الاحصائية يمكن الاستعانة بها مستقبلا بقرارات الشرطة المستقبلية المتعلقة بالانتشار وبإعداد *
.السياسة الداخلية

.توفير المعلومات الدقيقة والكافية لاجراءات النيابة عند حدوث تجاوزات للقانون .2

الامور المتعلقة بالتقارير الاولية *

يفترض من الخبير في مسرح الجريمة اعداد تقرير مفصل للغاية عن القضية. تسمح بعض الاجهزة لخبير مسرح الجريمة اتمام تقرير نهائي واحد يبين بالتفصيل كل ما يتعلق بالقضية. الا أن ذلك ليس الاسلوب المفضل، لأنه يمكن اغفال معلومات هامة
.نظرا للفترة الزمنية الطويلة التي تفصل التجاوب الاولي عن استلام التقرير المخبري النهائي

يفضل اعداد تقرير اولي ومن ثم تقارير متابعة فردية عن نشاطاتك، كلما تقدمت في التحقيق. ويجب أن تعكس كل واحدة من
.تلك التقارير بالتسلسل كافة نشاطات خبير مسرح الجريمة

هدف التعلم # 2: لتكون ملما بتقارير التحقيق/المتابعة بصفة عامة وبين 5 مزايا على الاقل عن اهمية تقرير التحقيق الشرطي
.لدوائر الشرطة

تقارير التحقيق/المتابعة .2

أ. التعريف

عندما يبدأ المحقق وخبير مسرح الجريمة بمتابعة التحقيق، يعد كل منهما تقرير تحقيقي أو تقرير متابعة. وفي العادة، تعتبر تلك التقارير تكملة معمقة للتقرير الاولي للجريمة تحتوي على معلومات محددة عن التحقيق الفعلي للحادثة، ولمسرح الجريمة،
.وموقع الادلة

ويبين التقرير التحقيقي كل مقابلة تم اجراؤها للمتابعة، وأية استجوابات للمشتبه به، وأية اعترافات للمشبوهين، وكافة الادلة المقدمة للفحص، بالاضافة الى ملخص عن الادلة التي تشير الى المشتبه به. كما ويتضمن التقرير التحقيقي أية تقارير اضافية
.تم اعدادها من قبل الزملاء المحققين أو من قبل خبراء مسرح الجريمة الذين قدموا العون في متابعة التحقيق

ب. دور ومسؤوليات تقارير التحقيق/المتابعة

1. يعتمد كل من المحقق/وخبير مسرح الجريمة عن التقرير الشرطي الاولي المعد من قبل الضابط المستجيب. ويجب أن يوفر لهم هذا التقرير المعلومات الاساسية، كالتفاصيل الاولية للجريمة بالاضافة الى اسم الضحية، والمعلومات عن الشهود، وما الى ذلك.

2. يكون المحقق مسؤولا عن اجراء متابعة حثيثة للتحقيق واعتقال المشتبه به إن امكن ذلك. وتؤدي العيوب في المعلومات في التقرير الاصلي الى تأخير غير مبرر في البدء بالتحقيق أو الى ضياع الوقت الثمين عند محاولات المحقق اكتشاف التفاصيل الصحيحة. وتعتبر المعلومات التي يتضمنها تقرير الشرطة الاولي اساسا لتقرير المحقق، والذي يبين بالنتيجة كافة النشاطات خلال متابعة التحقيق. ويعد المحقق بعد ذلك تقريرا مفصلا عن التحقيق يبين بالتفصيل كل ما يتوجب تحديده في القضية، بالاضافة الى كل اجراء تم اتخاذه من قبل المحقق لتسوية القضية.

3. يعتمد خبير مسرح الجريمة على تقرير الشرطة الاولي للحصول على المعلومات الاساسية للمهام العديدة التي يجب الاضطلاع بها.، كتجميع المعلومات عن البصمات التي تم استبعادها، والحصول على الاستدلالات من خارج مسرح الجريمة، والتفاصيل الاخرى التي لا تحصى. وتستعمل تقارير التحقيقات المرحلية كذلك من قبل خبير مسرح الجريمة لمتابعة تطور القضية وللتأكد من انجاز كافة المهام اللازمة من قبل خبير مسرح الجريمة.

ت. اعداد تقارير الشرطة

يعتمد نجاح أي تحقيق بصورة مباشرة على جودة التقرير. وللتأكد من شمولية التقرير، يجب على معد التقرير إتباع طريقة منهجية عند اعداده. وتتعلق الانظمة المبينة ادناه بتقرير الشرطة الاولي، وكذلك بالتقرير التحقيقي.

1. تخطيط وتنظيم التقرير

من اجل التخطيط الجيد للتقرير، يجب على معد التقرير فهم ما هو مطلوب والغاية من وراء اعداد التقرير. وعند اعداده بدون الاخذ بعين الاعتبار الغاية منه وفي غياب وضوح غاياته، يدون عديم الجدوى. يجب تنظيم الملاحظات والافكار ووضعها في قالب قابل للاستعمال. والملاحظات الوافرة مفيدة جدا وواجبة التدوين خلال مجريات الحدث. وتكون كمية وجودة الملاحظات التي تم تدوينها خلال مجرى نشاطات الشخص، سواء كانت في المسرح، أو خلال متابعة التحقيق، ذات علاقة مباشرة بجودة التقرير النهائي.

لا تترك التفاصيل للذاكرة – قم بتدوينها.

2. إعداد التقرير

عند اعداد التقرير، يجب على معده أن يضع في ذهنه أن القاريء ربما يعرف القليل أو لا يعرف شيئا عن الحدث موضوع التقرير. وقد يشكل التقرير مصدر المعلومات والتوضيح الوحيد للقاريء. ولا يكون كل شخص يقوم بقراءة تقرير شرطي ملما بمصطلحات الشرطة، أو بأساليب التحقيق، أو بالاجراءات النمطية. وبالتالي، هنالك ضرورة أن يبقي معد التقرير في ذهنه أنه يمكن لاعداد لا تحصى من الناس خارج الدائرة قراءة تقريره. وعند الانتهاء منه، يجب على معد التقرير أن يبقي في ذهمه كذلك، الجمهور البعيد الذي يمكنه قراءة تقريره في وقت لا حق.

ث. قيمة التقارير التحقيقية

عموما، التقارير التحقيقية ذات قيمة لدوائر الشرطة بالطرق التالية:

* خلق سجل مفصل عن متابعة التحقيق في القضية.
* اعطاء وجهة نظر موضوعية عن النتائج التي توصل اليها المحقق.
* توفير قائمة مفصلة عن كافة الاستدلالات التي تم العثور عليها والمتعلقة بالجريمة.
* توفير رؤية شمولية للفحوصات المخبرية لعناصر الادلة التي تم اتمامها.
* الافصاح عن علاقة عناصر الادلة ببراءة أو بإدانة الاشخاص في القضية، أو كيفية ارتكاب الجريمة.
* توفير اسس لوائح الاتهام الجنائية واعتقال المشتبه به.
* تنشيط ذاكرة المحقق وخبير مسرح الجريمة، وكذلك ذاكرة الضحايا والشهود.
* توفير معلومات كافية ودقيقة للنيابة العامة عند حدوث تجاوزات للقانون.

هدف التعلم # 3: دون اسماء 5 اشخاص على الاقل من بين الجمهور الذين يمكنهم لاحقا قراءة تقرير الشرطة المكتمل.

3. الاشخاص من بين الجمهور الذين يمكنهم لاحقا قراءة تقرير الشرطة المكتمل

:الاشخاص من بين الجمهو الذين يمكنهم لاحقا قراءة تقرير الشرطة المكتمل هم
.محققون وخبراء مسرح جريمة آخرون *
.ممثل النيابة *
.المحاكم *
.موظفو الاصلاح *
.موظفو تحليل الجريمة *
.موظفو السجلات *
.القادة الذين قد يستعينون بالتقرير لغايات الانتشار *
.الاعلام *
.موظفو التأمين *
.الزملاء الضباط العاملين على تحقيقات اخرى *
.ضحايا وشهود الحدث *
.(موظفو الوقاية من الخسائر (في قضايا السطو/أو السرقة من المحال التجارية *
.موظفو الوقاية من الجرائم *
.الوكالات الحكومية الاخرى *
.هدف التعلم # 4: حدد العناصر الاربعة لتقرير شرطة جيد
مزايا تقرير الشرطة الجيد .4
التمام ، والشمولية، والوضوح، والدقة تميز تقارير الشرطة الجيدة، في ما يتعلق بالتقرير الاولي وبالتقرير التحقيقي كذلك.
:الميزات التالية تعتبر ذات ضرورة قصوى للحصول على التصور المفصل للجريمة
أ. التمام
.تؤدي التقارير الجزئية الى اعطاء صورة خاطئة ومضللة
.يجب أن يحتوي التقرير على كافة المعلومات الضرورية في الوقت ذاته
.ازل المعلومات غير الضرورية

يجب على معد التقرير أن يبقي في ذهنه أن لا يكون للقاريء معرفة مسبقة عن الجريمة أو مسرحها. وعند اعداد تقرير الشرطة الاولي، يجب أن يحاول ضابط الشرطة تطوير صورة واضحة وكاملة عن كافة ملاحظاته واضافة أية مؤشرات أو معلومات مشتبه بها. على سبيل المثال، يجب أن يبين التقرير بوضوح الشخص الذي اكتشف السرقة ومن يقيم عادة في المسكن. وبدون تلك المعلومات، يمكن ضياع الوقت الثمين عند محاولة المحقق اعادة استجواب مقدم البلاغ للحصول على معلومات اساسية .كان من المفترض تضمينها في التقرير الاصلي

يجب على المحقق الذي يتابع التحقيق أن يكون كذلك حذرا والتأكد من تدوين التحقيق بشكل ملائم. كما ويجب تدوين أي اجراء .أو مقابلة تمت خلال التحقيق بشمولية

يجب على المحقق أن يبقي دوما في ذهنه أنه قد لا يكون قادرا على تسوية القضية فوراوقد يكون بحاجة لتعليق التحقيق.ومن خلال عدم تضمين التقرير كافة المعلومات، يمكن اختصار القيمة التحقيقية للتقرير خاصة اذا تم تكليف محقق آخر لاجراء التحقيق الاضافي في القضية. وقد تكون هنالك حاجة لاعادة اجراء مقابلات ومتابعة التحقيق مما يؤدي الى ضياع الوقت في .التحقيق

ب. الشمولية

يجب أن لا يؤدي الايجاز بأي حال من الاحوال الى التهاون في بيان الحقائق الواضحة والمفهومة التي تبين العناصر الاساسية .للجريمة

.يكون الايجاز مرغوبا فيه الى الحد الذي يزيل الكلمات غير الضرورية ولكن ليس اذا تم تحقيقه من خلال فقدان الحقائق
يجب الابتعاد عن الكلمات، والعبارات الفنية، والجمل الطويلة المعقدة. تكون الجمل الطويلة مضللة وذات عبء ثقيل على .القاريء

ت. الوضوح

يجب أن يفسر التقرير بوضوح للقاريء ما تمت رؤيته، وسماعه، وفعله. ويجب على الكاتب أن لا يبقي القاريء في حيرة عن القصد.

افضل طريقة لتحقيق الوضوح تتم من خلال التركيب الجيد للجمل، واستخدام الكلمات الصحيحة، والتنقيط السليم، والاملاء، واستخدام الحروف الكبيرة. ويجب فقط استخدام الكلمات والعبارات المفهومة للقاريء.

ث. الدقة

يجب بيان الدقة في الاماكن كالتوقيت السليم وتاريخ الاحداث السليم، والاسماء الكاملة، والعناوين، وتواريخ الميلاد.

يجب تدوين كافة عناصر الادلة، ووصف المشتبه بهم، وافادات الشاهد بدقة. على سبيل المثال، في حالة السطو، تكون الكلمات المحددة أو العبارات التي استخدمها السارق مهمة جدا. ومن خلال التأكد من الدقة التامة، يمكن للتقرير أن يساعد لاحقا في ايجاد مشتبه به على اساس الرسالة التي استخدما سارق معين في جرائمه. وكذلك قد يكون رقم البطاقة التي يوفرها شاهد ما ضروريا في المساعدة في تتبع مشتبه به. وقد يؤدي تغيير رقم البطاقة في سياق إعداد التقرير الى ضياع وقت التحقيق والى جهود عديمة الجدوى.

هدف التعلم # 5: عرف مصطلح "ادارة القضية" وكن ملما بالمساكل الناتجة عن ادارة وتنظيم القضية. اشرح كيفية خلق ملاحظات فاعلة وكن ملما بكتابة الملفات.

5. ادارة القضية

أ. التعريف

ادارة القضية

ادارة القضية هي عبارة عن اسلوب تنظيمي ومنطقي للحصول على الحد الاعلى من الفعالية للمضي قدما في التحقيق المعقد. ويتم استخدامها من قبل المحقق وخبير مسرح الجريمة من اجل ادارة القضية بصورة افضل.

ويمكن للمحقق/المحققين وخبير /خبراء مسرح الجريمة المضي قدما في القضية بطريقة اكثر فاعلية اذا ما اتبع كل واحد منهم اسلوبا منظما.

ب. المشاكل المصاحبة لادارة القضية

عندما يتعامل خبير مسرح الجريمة بكميات كبيرة من الادوات، كتراكمات الادلة، والاوراق الملوثة، وسلسلة طويلة من النماذج، يمكن حدوث أي من:

* قد تشكل تلك الادوات الاسمنت الذي يجمع الفضية لمقابلة أية موجة من الاعتداءات
* وقد تشكل جبال الاوراق التي تدفن أو تضلل خبير مسرح الجريمة.

ت. تنظيم القضية

يجب أن يكون خبير مسرح الجريمة قادرا على تنظيم الكمية الكبيرة من الورق الناتجة عن القضية بطريقة فاعلة وسليمة. ومن خلال اتباع نظام ملفات سليم، يكون بمقدور خبير مسرح الجريمة:

* متابعة مسار القضية.
* ايجاد المستندات المحددة بسهولة.
* استخدام المستندات المتنوعة للتحقق السريع من المعلومات.
* طبيعة الادارة الجيدة للقضية.
* الادارة الجيدة للقضية هي جزئيا موضوع ذهني.
* تطوير مهارات التفكير.
* وكذلك الاعتماد على الاسلوب الميكانيكي الجيد.
* اعتماد اساسي على التسلسل المنطقي للاحداث.
* اخذ القرار عن كيفية المضي قدما

وقبل ذلك، يجب على خبير مسرح الجريمة إتخاذ القرار حول كيفية المضي قدما في القضية، ما هي العقبات المتوقعة، وكيفية التغلب عليها.

سوف يتم الاعتماد على خبير مسرح الجريمة للمضي قدما في الاجراءات من مسرح الجريمة الاولي بدءا من تجميع الادلة وتقديمها واعادتها من المختبر الجنائي. وتوفر طبيعة هذا الاسلوب ارضا خصبة لتردد خبير مسرح الجريمة نتيجة للوقت الكثير ولكمية الادوات والمواد والحقائق الموجودة.

ومن المهم جدا تحديد خطة لعب منطقية تتعامل بطريقة سليمة مع كافة الامور الميكانيكية التي تؤدي الى اسلوب جيد لادارة القضايا.

ويجب أن يحظى التعامل مع الادلة وحفظها بالاولوية. على سبيل المثال، يجب ارسال قطعة السلاح التي تحتوي على كميات من آثار الدماء الى مختبر المصول اولا قبل اتمام فحوصات القذيفة.

يجب التعامل اولا وبسرعة مع الادلة الهشة لتفادي الانتقاص من قيمتها.

يجب مشاركة المحققين بالنتائج المخبرية في القضايا التي يتم فيها اعتقال المشتبه به.

رؤية الصورة الاشمل

يجب أن يكون بمقدور خبير مسرح الجريمة والمحقق رؤية الصورة الشاملة في كل ما يتعلق بادارة القضية. هنالك مجموعة من المواضيع المحددة والنواحي التي تؤثر بصورة مباشرة على النجاح أو الفشل في ادارة القضية. تتحقق الادارة الجيدة للقضايا من خلال اقامة اساليب جيدة ل:

* تدوين الملاحظات.
* اعداد الملفات.
* إعداد التقرير عن القضية.
* توثيق الادلة.

واذا ما تم التعامل مع تلك الامور بطريقة جيدة، لا يكون خبير الجريمة مثقلا بالمواد والمهام التي يتوجب عليه التعامل معها خلال التحقيق.

ث. كيفية ايجاد ملاحظات فاعلة

1. دون ملاحظات وافرة

كانت الفلسفة السائدة بين ضباط الشرطة: "كلما قلت الملاحظات المدونة من قبل ضابط الشرطة، تقل فرص الدفاع في تحديه لها". ولم يعد هذا المنطق مقبولا لضباط الشرطة أو لخبراء مسرح الجريمة المهنيين.

يعمد خبير مسرح الجريمة الى اجراء التحقيق باسلوب نزيه، ويتوجب عليه/ها تدوين العمل الكبير الذي قام/ت به. وفي العديد من الانظمة القضائية، وخاصة في نوع محدد من القضايا، يمكن لهيئة الدفاع طلب الاضطلاع على الملاحظات التي تم تدوينها.

لا يرغب خبير مسرح الجريمة تضمين ملاحظاته أية معلومات غير صحيحة عن الشاهد، أو الضحية، أو المشتبه به لا تمت بصلة الى القضية، لأن من شأن ذلك أن يسبب احراجا كبيرا امام المحكمة. المهنية هنا هي المعيار.

2. الملاحظات هي للحقائق

يجب أن تعكس الملاحظات بوضوح كافة التفاصيل وكافة الامور التي تمت ملاحظتها. ويمكن لاحقا الاستعانة بها من قبل خبير مسرح الجريمة للتوصل الى الاستنتاجات، بعد التفكير المعمق.

3. استخدم دفتر ملاحظات مجلد

يجب تدوين الملاحظات دوما في دفتر مجلد. وقد يأخذ شكل دفتر الجيب، ويفضل أن يكون من النوع المجلد مع استخدام الصمغ.

نقاش – دفتر ملاحظات لولبي:

قدم دفتر ملاحظات لولبي وبسيط. اسأل الصف السبب وراء تجليد دفتر الملاحظات بالصمغ وتجنب استخدام الاوراق السائبة. ذلك يجعل من الصعب الادعاء بازالة الاوراق. من الصعوبة فقدان الصفحات.

4. الترقيم يعطي قيمة مضافة

يمكن حفظ دفتر الملاحظات هذا في علبة اخذية. كما ويجب الاحتفاظ بالملاحظات الى الابد، لانه لا يمكن التكهن بوقت الحاجة للعودة اليها، حتى بعد سنوات عدة.

5. يجب تدوين الملاحظات بقلم الحبر، وليس بقلم الرصاص

قلم الحبر يقاوم الزمن، وبالتالي يصبح الادعاء بتغيير الملاحظات اكثر صعوبة.

لغة دفتر الملاحظات .6
ليس من الضرورة أن تأخذ الملاحظات شكل الجمل المفيدة والكاملة، إلا أنه يجب عدم استخدام الاختزال، الرموز، أو مصطلحات شرطية.
ج. ما هو الملف المكتوب؟
هو سجل عن النشاط المستمر وما تم انجازه من قبل المحقق أو من قبل خبير مسرح الجريمة، علاوة على كونه مستندا للاجراءات اللازمة في المستقبل.
وعلى وجه التحديد، الملف المكتوب هو تسلسل عما تم انجازه من قبل المحقق أو خبير مسرح الجريمة، وعن عمله/ها في القضية ساعة بساعة، وهو بخط اليد.
فيما يلي الطريقة المقترحة لاعداد ملفك المكتوب:
يتم ادخال التاريخ والوقت في العامود الايسر للورقة. *
الجزء الاوسط هو المكان الذي يلخص فيه المحقق أو خبير مسرح الجريمة الاحداث. *
واحيانا في الجانب الايمن من الورقة يدون المحقق أو خبير مسرح الجريمة خطواته التالية أو خطته الاجمالية. ومن الممكن * أن يشكل هذا الجزء اهمية كبيرة لتوجيه التحقيق ولتذكير المحقق أو خبير مسرح الجريمة [الاشياء العديدة التي يتوجب عملها، والتي قد تشمل إعادة تقديم الادلة للفحوصات المتنوعة نتيجة للاكتشافات الجديدة أو الادلة التي تم تطويرها من قبل المحققين.
يتم عادة وضع الملفات المكتوبة بالجانب العلوي لملف القضية لسهولة الوصول اليه. ويكون مصدرا للمعلومات عندما يباشر * المحقق أو خبير مسرح الجريمة في اعداد تقريرهما النهائي.
لا تغفل الملف المكتوب لأنه يبدو مملا. يعتبر الملف المكتوب احدى الآليات التنظيمية التي يستخدمها دوما المحقق أو خبير * مسرح الجريمة. لا شيء يكون بديلا للملف المكتوب المفصل عندما يحين الوقت لتذكر التفاصيل المحددة.
هدف التعلم رقم 6: ذكر 6 انواع من التقارير التي يتم اعدادها بالاضافة الى التقرير الاولي
إعداد التقارير .6
أ. المتابعة والتقارير الاضافية
لضمان التأكد من الادارة السليمة لملف القضية، يتوجب ارشفة تقارير المتابعة والتقارير الاضافية دوريا كاجراءات اضافية تم إتخاذها في القضية من قبل خبير مسرح الجريمة. ويجب أن تعكس تلك التقارير اشياء كاستلام نتائج الفحوصات المخبرية المطلوبة وتأثيرها على مجريات التحقيق، أو على تقديم الادلة الاضافية التي تم اكتشافها من قبل المحققين خلال التحقيق.
ب. تقارير توثيق الادلة / النماذج
يجب أن يتوخى خبير مسرح الجريمة الحذر الكثير في اعداد مستندات الادلة خلال النظر في القضية. وهذا يعتبر حيزا يتمتع بأهمية قصوى في ادارة خبير مسرح الجريمة للقضية. يجب توثيق كل جزء من الادلة بطريقة سليمة لارساء سلسلة غير قابلة للنقاش من حيازة الادلة. ويجب أن تكون المحكمة مرتاحة أن الادلة امامها هي في الحقيقة تلك الادلة التي تم العثور عليها في مسرح الجريمة، وكذلك الامر بالنسبة للضحية والمشتبه به وما الى ذلك. ولا يمكن اثبات ذلك الا من خلال سلسلة سليمة من الحيازة. ويجب أن تبين سلسلة الحيازة من قام بالتعامل مع الادلة، وفي أي وقت، وتحت أية ظروف، وما هي التغييرات التي طرأت على الادلة، اذا ما كانت هنالك تغييرات.
ولدى معظم دوائر الشرطة نماذج مطبوعة مسبقا تسمح لخبير مسرح الجريمة تدوين أي جزء من الادلة بسرعة حال اكتشافه، ولاحقا، يمكن طباعة النموذج أو ادخاله في الحاسوب، ليأخذ شكلا اكثر مهنية.
(ت. التقرير النهائي (ملف القضية المكتمل
تكمن الخطوة الاخيرة في ادارة الملف في إعداد التقرير النهائي من قبل خبير مسرح الجريمة، على أن يتضمن تلخيصا مفصلا عن مجمل ما تم انجازه في القضية من قبيل خبير مسرح الجريمة. ويجب أن يتضمن هذا التقرير كذلك ورقة تلخيص مفصل تعطي تصورا شاملا عن مجمل القضية مع الاشارة الى نتائج الفحوصات المخبرية.
يتم إعداد التقرير النهائي بعد استلام نتائج الفحوصات المخبرية وانتهاء مشاركة خبير مسرح الجريمة في القضية. وفي الحقيقة، التقرير النهائي هو مجموع كافة التقارير المعدة من قبل خبير مسرح الجريمة في القضية، مقرونا بملخص مفصل للفترة التي سبقتهم.

يجب أن يحتوي هذا التقرير على كافة المعلومات المتعلقة بمشاركة خبير مسرح الجريمة في القضية، إما من خلال سرد مفصل أو من خلال اشارة محددة الى التقارير السابقة المرفقة. ويمثل التقرير النهائي كل ما تم انجازه من قبل خبير مسرح الجريمة في القضية.

:(عرض وتدريب عملي – اعداد وكتابة التقارير (4 ساعات

.اشرح الإعداد والكتابة الصحيحة للتقارير

يجب على المشاركين التدرب على اعداد وكتابة التقارير وفي نهاية التدريب العملي، يجب أن يكون بمقدورهم اعداد وكتابة التقارير بصورة سليمة.

.هدف التعلم # 7: كن ملما بأهمية الشهادة امام المحكمة والظهور بمظهر مهني امام المحكمة

الشهادة امام المحكمة والمظهر المهني 7.

أ. الشهادة امام المحكمة

يعتبر الادلاء بالشهادة امام المحكمة كشاهد أو كشاهد خبير من المسؤوليات الاساسية لخبير مسرح الجريمة. كما ويعتبر تقديم الادلة في المحكمة الخطوة الاخيرة من قبل خبير مسرح الجريمة في القضية. وتخدم كمية الادلة وجودتها، وكذلك فاعلية العرض المقدم من خبير مسرح الجريمة اختبارا اساسيا عن مدى فاعلية اداء خبير مسرح الجريمة.

ب. المظهر الشخصي

يجب أن يتأكد خبير مسرح الجريمة من ظهورة بمظهر لائق ومهني امام المحكمة. بالرغم من التنبيه السائد " عدم الحكم على الكتاب من خلال النظر الى شكله"، الا أنه في الواقع يكون للقاضي و/أو للمحلفين حساسية تجاه هذا الموضوع. ويجب أن يتأكد خبير مسرح الجريمة من أنه اعطى انطباعا جيدا من خلال ارتدائه الزي المهني والمناسب.

(رحلة ميدانية ولعب الادوار – الشهادة امام المحكمة والمظهر المهني امامها (6 ساعات

قم بزيارة لمحكمة في بريستينا. يجب على المشاركين لعب دور الشهود – اعطهم التعليمات الخطية عن ماهية شهادتهم في قضية محددة. اسأل القاضي، ووكيل النيابة، والمحامي لعب ادوارهم في نفس القضايا.

.يجب على كل مشارك الاضطلاع بدوره لفترة لا تتجاوز 5-10 دقائق

.في النهاية، اختر افضل لاعب للدور وادعوا كافة المشاركين في قاعة المحكمة. لاحظوا مجتمعين تمثيله قبل تقييمه في النهاية لاحظوا سويا تمثيله واعملوا على تقييمه في النهاية.

من خلال النقاش، اسمحوا للمشاركين بابداء وجهات نظرهم. ويجب على القاضي اعطاء التقييم النهائي لتمثيل الدور من قبل المشاركين.

الخلاصة

يعتبر اعداد التقارير مهمة اساسية لضباط الشرطة. يبدأ الاجراء بالتوثيق الاولي لحقائق الجريمة وبتحديد الضحية، والشهود، والحقائق المتعلقة بالقضية. ويمكن للمحقيق ولخبراء مسرح الجريمة الذين يعتمدون على التقرير الاولي كنقطة بداية اجراء تحقيق لا حق. وتعتبر القدرة على اعداد تقرير شمولي يحتوي على كافة الحقائق والتفاصيل التي تم تعلمها خلال مجريات التحقيق مهارة مطلوبة من كافة ضباط الشرطة، ومن المحققين، ومن خبراء مسرح الجريمة.

والادارة السليمة للقضية هي مهارة اخرى. ادارة القضية هو منهج تنظيمي ومعقول لزيادة الكفاءة الى الحد الاعلى في المضي قدما في التحقيق المعقد. ويستعين بها كل من المحقق وخبير مسرح الجريمة للمساعدة في التعامل مع القضية بطريقة اسلم. واذا ما اتبع المحقق/المحققون وخبير/خبراء مسرح الجريمة منهاج مسبق التنظيم، يمكن لكل واحد منهم المضي قدما في القضية بطريقة ايسر.

وعادة ما تنتهي مهمة خبير مسرح الجريمة في القضية من خلال الظهور امام المحكمة. وحتى تكون جاهزا بالكامل، ومستعدا لمتاعب المحاكمة، يجب أن يعتمد خبير مسرح الجريمة على الملاحظات المدونة، والتقارير الخطية، والمستندات المتعلقة بها الذي قام/ت بإعدادها.واذا ما تم تجهيز كافة الاشياء تلك بطريقة سليمة، وارشفتها باسلوب منطقي من خلال الادارة الجيدة للقضية، يكون خبير مسرح الجريمة اكثر جاهزية وقدرة للادلاء بشهادته/ها.

أنظمة العمل الموحدة لفنيّ مسرح الجريمة

مقدمة أساسية للتعامل مع المواد الكيماوية وغرف التعليم

توطئة

إن التحقيقات، وعلى الأقل التحقيقات في الجرائم الخطيرة تحتاج غالباً عملاً جاداً من قِبل فنيّ مسرح الجريمة. إن تعليم هؤلاء الفنيين هو جزءٌ من عمل ضباط الشرطة في بعثات حفظ السلام.

يتم استخدام معظم المواد التي تم ذِكرها في هذه المقدمة وأنظمة العمل الموحدة في جميع بعثات الأمم المتحدة. ولكن عندما يرى القارئ الصور سوف يلاحظ علامة مصنع خاص على البطاقة. لم يتم عمل ذلك من أجل الدعاية، ولكن فقط أن لهذا المصنع عقداً في معظم البلدان لتزويدها بالمواد. تُنتج شركات أخرى موادٌ مماثلة، ربما بإسم مختلف ومكونات مختلفة.

أرجو الإلمام بالكُتيب كي لا يتم ارتكاب الأخطاء.

اجراءات العمل الموحدة

التعامل مع مواد الطب الشرعي وغرف مسرح الجريمة

الغاية

إن هدف اجراءات العمل الموحدة هذه هو ضمان تعامل غير مؤذي وأكيد لمعدات المواد الكيماوية المُستخدمة في دورات تدريب الطب الشرعي، وأيضاً ضمان التعامل المناسب مع المواد التقنية الأخرى وغرفة مسرح الجريمة.

الأهداف

ضمان سلامة جميع المشاركين في الدورة التدريبية.

ضمان التعامل الملائم مع جميع المواد.

ضمان التعامل الملائم مع غرفة مسرح الجريمة.

ضمان تدريب الأشخاص الذين يتعاملون مع مواد الطب الشرعي.

ضمان تسجيل ملائم للمواد المُستخدمة.

تاريخ النفاذ ....

سوف يبدأ سريان مفعول خطة العمل في.......................................

خطة العمل : " تدريب الطب الشرعي ومواده"

سوف يتم تخزين مواد الطب الشرعي في مخزن الطب الشرعي في تسوية المبنى رقم ؟ دون أي استثناءات. ويجب توقيع استلام أي مادة سوف يتم استخدامها لغرض التدريب، ويجب انهاء اللائحة فور أخذ هذه المادة. يجب أن لا تُترك المواد المستخدمة بعد التدريب في غرفة تدريب الطب الشرعي أو في غرفة تدريب مسرح الجريمة.

يجب تشغيل مروحة التهوية أثناء التدريب، ويجب أيضاً ضمان التهوية من خلال فتح الشبابيك والأبواب في غرفة التدريب.

يجب على المرشد أن يعمل تنظيفاً مسبقاً بعد التدريب، وأن يضمن التخزين المناسب للمواد كما ذُكر أعلاه. يكون المدرب أو الشخص مسؤولٌ تلقائياً عن المواد والمعدات فور توقيعه لاستلام المفاتيح.

يجب وضع المواد المستخدمة أو التالفة في حاوية خاصة للنفايات حتى موعد التنظيف. ويجب إطفاء المعدات الكهربائية مثل جهاز امتصاص الأدخنة أو المصابيح فوق البنفسجية. يجب تخزين السيانوكريليت لجهاز امتصاص الأدخنة بطريقة آمنة. لا يسمح لأي شخص أن يتعامل لوحده مع أي مواد كيماوية في غرف التخزين، وذلك لأسبابٍ تتعلق بالسلامة، ويجب أن يكون هناك شخص ثانٍ في حالة وقوع حادث ما. لا يُسمح لامرأة حامل أن تتعامل مع المواد، أو أن تقوم بتنظيف الغُرف. إن المرشد

مسؤول عن نصيحة الفريق الإضافي لارتداء قفازات مطاطية. فور ارجاع المفاتيح، على المرشد أيضاً أن يوقع على تنظيف مناسب وجيد لأي غرفة، وأن يُرشد فريق التنظيف بالطريقة التي يجب أن يقوموا بتنظيف الغرف بها.

يجب على فريق متدرب فقط أن يتعامل مع المواد الكيماوية، ويجب على كل شخص أو ضابط يتعامل مع المواد الكيماوية أن يقرأ الكتيب وأن يخضع لتدريبٍ خاص يتم توفيره من قِبل المشرفين.

سوف يتم اجراء صيانة لجميع غرف التدريب كل اسبوعين، ويجب أن يتم التبليغ عن المواد التالفة أو المفقودة فوراً، ومن ثم تغييرها.

يجب تنظيف الزجاجات المستخدمة أو زجاجات المواد الكيماوية، ويجب ترميز أوعية المواد الكيماوية بشكلٍ جيد في حالة وجود امكانية لاستخدام المواد الكيماوية لاحقا.

غرفة تخزين الطب الشرعي

يتم وضع طقم اسعاف أولي على الجانب الأيمن لمدخل الغرفة. يجب على الضباط المدربين أن يقرأوا كُتيب المواد الكيماوية التي سوف يقومون باستخدامها قبل الدخول إلى المخزن. يجب اخبار القسم الطبي في حالة وقوع أي حادث، والمادة التي حصل بسببها الحادث. يجب اتباع تعليمات الاسعاف الأولي التي تتعلق بالمواد الكيماوية بصرامة.

يجب على كل شخص من المفترض أن يقوم بتخزين المواد الكيماوية أن يخضع لتدريبٍ سوف يوفره مدربي مكتب التنسيق الأوروبي لدعم الشرطة المدنية الفلسطينية وفقاً للكتيبات الرسمية لمُصنّعين المواد الكيماوية.

يجب استخدام المعدات الواقية مثل القفازات المطاطية، أو الأقنعة، أو النظارات الواقية من الأشعة البنفسجية دون استثناء.

يجب انهاء لائحة المواد فور ارجاع المفاتيح، ويجب التبليغ عن أي حادثة كتابياً.

سوف يتم الإحتفاظ بسجلات عن المواد والمعدات في.................. لدى ضابط يتم تعيينه. ويجب على هذا الضابط أن يؤكد على وجود بديل مُدَرَّب له على دراية بالمعدات والمواد.

ينطبق نفس الشيء على مفاتيح غرف تدريب الطب الشرعي، وغرفة التخزين، وغرفة مسرح الجريمة. إن الضابط التي تم تعيينه مسؤولٌ أيضاً عن الاشراف عن التدريب وعن مراقبة وصيانة الغُرَف والمعدات.

غرفة تدريب مسرح الجريمة

كل مدرب أو شخص يستخدم غرفة التدريب هو مسؤول عن المعدات واستخدام الغرف بأمان. على المدرب أن يؤكد أن هنالك عدداً معيناً فقط من الطلاب في الغرفة في نفس الوقت لتجنب أي فزع قد ينتج عن حادثة ما قد تحدث هناك.

بالنسبة لتنظيف الغرف، إن الاجراء الأساسي المتبع هو نفس الاجراء الذي تم ذكره أعلاه.

بالنسبة لاستخدام الغرفة المظلمة لاجراء كشف الدم أو تدريب الاشعة فوق البنفسجية، فإنه يجب على الضابط أن يُخبر فريق التنظيف عن نوع المواد المستخدمة، ويجب أن يكون موجوداً أثناء عملية التنظيف.

يجب أخذ ثياب تمثال عرض الملابس الملوثة بالدم والمواد الأخرى إلى الغسيل فور الإنتهاء من التدريب. ويجب أن يتم تنظيف الغرفة باستخدام البخار المطهر من الأدخنة.

يجب على كل طالب أن يتبع النصائح الذي يعطيها المدرب بما يتعلق بكيفية التصرف، وما الذي يجب فعله في حالة وقوع حادثة.

الملحق أ لأنظمة العمل الموحدة

بما يتعلق

بارشادات السلامة وكتيبات المواد الكيماوية المستخدمة في الطب الشرعي وغرف التدريب

إن هذا الملحق هو جزء من أنظمة العمل الموحدة لإستخدام المواد الكيماوية المستخدمة في الطب الشرعي وغرف تدريب الطب الشرعي، وأيضا مخزن مواد الطب الشرعي.

توطئة

بما أن التدريب الإختصاصي في مجال الطب الشرعي يصبح مفصلاً أكثر فأكثر، وأن استخدام المواد الكيماوية يُصبح أكثر أهمية، فإن على المدربين، والطلاب، والأشخاص، الذي يتعاملون مع المواد الكيماوية أن يحصلوا على معرفة مفصلة عن المواد الكيماوية كي يتجنبوا أي خطأ أو اصابة.

لقد تم تصميم هذا الكُتيب، الذي هو جزءٌ من أنظمة العمل الموحدة لغرفة مسرح الجريمة وغرف الطب الشرعي ليعطي معلومات مفصلة عن (1) المحاليل المستخدمة أو المواد الكيماوية الأساسية، (2) التعامل مع المواد الكيماوية ونتائجها، (3) ارشادات السلامة.

مقدمة

بما أن تدريب التحقيقات هو تدريبٌ من نوع خاص، أيضاً تدريب فنيّ مسرح الجريمة قد أصبح أكثر تطوراً. إن التحقيقات ليست هي التحقيقات التي كانت علية قبل عشرين أو ثلاثين أو أربعين سنة مضت.

لقد تطور العلم بشكلٍ كبير، وأثبتت كثير من المواد الكيماوية المصممة لغايات طبية أوالتي تُستخدم في المصانع فعاليتها في مجال التحقيقات، واكتشاف الأدلة، والآثار الصغيرة.

بالأخذ بعين الإعتبار ما قاله لوكارد الذي كان الشخص الأول الذي بين أن كل شخص يذهب مكاناً يترك شيئاً منه ويأخذ شيئا معه، فإن تلوث مسرح الجريمة من قِبل المشتبه به يدفع المحققين أن يكونوا أكثر دقة في عملهم من أجل اكتشاف ما الذي قد تركه الجاني أو المشتبه به.

يوجد للمواد الكيماوية دائماً ميزات جيدة وميزات سيئة. تساعدنا الميزات الجيدة على اكتشاف الأدلة والقبض على الجاني، أما الميزات السيئة يكون تأثيرها على الشخص الذي يستخدمها.

يقود غالباً استخدام المواد الكيماوية بطريقة خاطئة أو عدم التقيد بالقواعد التي تتعلق بكيفية التعامل مع المواد الكيماوية الخاصة إلى اصابات خطيرة أو حتى موت الشخص الذي يستخدم هذه المواد.

ومن أجل تجنب ذلك، تم تصميم هذا الكُتيب من أجل تثقيف المُستَخدمين لطريقة استخدام المواد الكيماوية ولتقديم ارشادات عن ما الذي يجب عمله في حالة وقوع حادثة. سوف يلاحظ القارئ أنه سيتم ذِكر كل مادة كيماوية على حدة في فصلٍ مخصصٍ لها مبيناً غاية الاستخدام، ونوع التحضير، وطريقة التعامل معها، والاجراءات التي يجب أخذها في حالة وقوع حادثة.

إجراءات أمنية عامة

يجب علينا التعرف على بعض الإجراءات الأمنية العامة قبل الشرح عن المواد الكيماوية بالتفصيل. ويجب العمل بهذه الإجراءات في جميع الأوقات أثناء التعامل مع المواد الكيماوية، أو أثناء اعداد المحاليل. سوف يؤدي سوء الادارة الى الطرد من تدريب الطب الشرعي أو من المعمل.

يجب وجود شخص ثانٍ كحارس أمن

يجب أن يكون حارس الأمن على دراية بالاجراءات التي سوف يقوم بها الشخص المتصرف. بالاضافة إلى ذلك، يجب على حارس الأمن أن يكون على دراية باجراءات الاسعافات الأولية المتعلقة بالمواد الكيماوية. ويجب على حارس الأمن أن يحافظ على المسافة بينه وبين الشخص المتصرف كي لا يتأثر بالمواد الكيماوية، وكي يكون باستطاعته أخذ الإجراءات اللازمة. يجب على حارس الأمن أيضاً أن لا يُعرض نفسه للمواد الكيماوية. يجب الإتصال بفرق الإطفاء والفرق الطبية في كثيرٍ من الحالات. كقاعدة عامة، يجب توفير الشخص المصاب بالهواء النقي لأن كثيراً من المواد الكيماوية المستخدمة في الطب الشرعي تؤثر على الرئتين. يجب على حارس الأمن أن يرتدي الثياب واقية مماثلة لتلك التي يرتديها الشخص المتصرف.

الحماية

يجب على الاشخاص الذين يتعاملون مع المواد الكيماوية أن يستخدموا نظارات واقية، وأقنعة طبية، وقفازات مطاطية سميكة. لا يُسمح استخدام قفازات مطاطية رقيقة لأنها تمتص المواد الكيماوية.

طقم الاسعاف الأولي

يجب أن يكون طقم الاسعاف الأولي موجود بشكل دائم على الجانب الأيمن للمدخل داخل أو خارج الغرفة.

كيفية التعامل

غالباً ما يتم خلط كثير من المواد الكيماوية أثناء اعداد محلول أو مادة كيماوية. كقاعدة عامة، يجب أن لا يتم فتح أي زجاجة أو علبة قبل اغلاق أخر زجاجة أو علبة تم استخدامها. تحدث التفاعلات الكيماوية بسرعة أكبر مما تتوقع، لهذا فإن التدخين ممنوع

منعاً باتاً بسبب أن معظم المواد الكيماوية تشتعل تحت درجة 21 مئوية. لا يُسمح وجود طعام بجانب أي غرف يوجد فيها المواد الكيماوية.

التهوية

يجب أن يتم تهوية الغرفة بشكلٍ جيد أثناء اعداد المواد الكيماوية أو المحاليل، وأثناء التعامل مع المواد الأخرى. افتح جميع الأبواب والشبابيك إذا كانت موجودة، وشغل مروحة التهوية، أو قُم باعداد المحاليل في غرفة خاصة.

التخزين

في حين أنه يجب تخزين معظم المواد الكيماوية في مكان جاف وبارد ومظلم، إلا أنه يوجد هنالك قواعد خاصة متعلقة بالمواد الكيماوية يجب مراعاتها. بشكل عام، يجب وضع المواد الكيماوية الجاهزة للاستخدام في ثلاجة بدرجة حرارة تقارب 15 درجة مئوية.

يجب ترميز جميع الصناديق، والصفائح، والزجاجات باسم المادة الكيماوية، وتاريخ اعدادها، وتاريخ انتهاء صلاحيتها دون استثناء.

التنظيف

بعد الاستعمال، يجب تنظيف جميع الأدوات والمعدات المستخدمة للاعداد أو المستخدمة أثناء التدريب. عادةً ما يتم هذا التنظيف عن طريق استخدام كحول صناعي أو ماء شديد السخونة.

يجب وضع الزجاجات الفارغة، أو المناشف والقفازات المستخدمة، أو الأقنعة في حاوية نفايات خاصة، ومن ثم التخلص منها بطريقة ملائمة وصحيحة.

سائل ويت واب- سائل أبيض وأسود

يُستخدم هذا السائل من أجل اظهار بصمات الأصابع على الجانب اللاصق لأي شريط.

طريقة استخدامه

قُم برَج الزجاجة بطريقة جيدة، وضع كمية قليلة في وعاء. يتم وضعها على الجانب اللاصق باستخدام فرشاة مصنوعة من شعر الجمل كأفضل وسيلة، أو أي فرشاة أخرى لبصمات الأصابع.

التحميض

دع سائل ويت واب يتفاعل لمدة دقيقة على السطح، ومن ثم قُم بتنظيفه تحت ماءٍ جارٍ بارد. يجب تصوير بصمات الأصابع بعد التنظيف، وأفضل أسلوب لعمل ذلك هو استخدام أسلوب تصوير الحجم الطبيعي. بعد أخذ الصور، قمُ بتغطية البصمات بلوح خلفي مرئي ومن ثم امسحها باستخدام الماسح الضوئي.

اجراءات السلامة

ليس هنالك حاجة لاستخدام قناع واقٍ حيث أن الويت واب لا يسمح بتطاير الغاز، ولكن يجب أن يتم وضع القفازات والنظارات الواقية رغم ذلك. يجب غسل الأيدي بعد استخدام الويت واب، ويجب غسل الفرشاة تحت ماءٍ جارٍ بارد بأسرع وقت ممكن. تذكر أن لا تستخدم الفرشاة مع مواد أخرى.

التخزين

يجب تخزين العبوات التي تم فتحها في مكان جاف ومظلم وبارد.

النينهايدرن

إن النينهايدرن هو مُحمضٌ(كاشف) مادي للبصمات المستترة على سطحٍ مسامي مثل الورق والجرائد. تظهر البصمات جراء تفاعل مع الأحماض الأمينية. يمكن شراء هذه المادة على شكل مسحوق، حيث يتم اعداد محلول منه، أو شراء محلول جاهز للاستخدام. إن الإختلاف بين الإثنين هو وقت إنتهاء صلاحية المحاليل.

اعداد المحلول

إن أسهل محلول نينهايدرن يمكن اعداده هو من خلال صب 25 غراماً من بلورات النينهايدرن في 4 ليترات مادة مذيبة. إن أفضل مادة مذيبة يمكن الحصول عليها هي الأسيتون المتوفرة في أي مكان لبيع الدهان. تعمل كحول الميثل جيداً أيضاً(ويرثايم 1997).

طريقة الاستخدام

عادةً ما يقوم فنيّ مسرح الجريمة بوضع النينهايدرن باستخدام بخاخ ورشه على السطح. أظهرت أبحاثٌ جديدة أنه يجب أن لا يتم رش النينهايدرن كلما كان ذلك ممكنا. إن تطاير الغاز يكون على درجة كبيرة بحيث أنه لا يمكن تقريباً تجنب التلوث به. إن أفضل طريقة لوضع المحلول هو عن طريق استخدام قطعة قطن مغمورة في المحلول، ومن ثم تُغمس قطعة القطن هذه بالسطح. بعد الانتهاء من الغمس، أعطي مجالاً للورقة أن تجف. بعد ذلك، يجب أن يتم وضع الورقة في جهاز امتصاص الأدخنة، ومن ثم تسخينها على درجة حرارة لا تزيد عن 85 درجة مئوية. استخدم مروحة في حال عدم توفر جهاز إمتصاص الأدخنة، ولكن لا توجه البخار مباشرةً على الورقة.

للنينهايدرن وجه سلبي وهو أنه يجب تصوير الوثائق قبل إجراء العمليات عليها لأن النينهايدرن يُذيب الحبر.

التحميض

عند الإنتهاء من العملية التي تم ذِكرها أعلاه، يتعين على البصمات أن تظهر في ضوءٍ لونه بنفسجي فاتح/أصفر. يمكن الآن تصوير البصمات أو مسحها بالماسح الضوئي.

اجراءات السلامة

إن مادة النينهايدرن هي مادة سامة وأكالة جداً، ويجب تجنب استنشاقها وملامستها للعيون والجلد. إشرب ماء صابوني إذا تم ابتلاعها للحث على التقيؤ. يجب ارتداء نظارات واقية، وقناع، وقفازات مطاطية سميكة للحماية. يسمح باعداد المحلول واستخدامه في غرف جيدة التهوية.

الكشف عن آثار المعادن

يتم استخدام تقنيات الكشف عن المعادن من أجل اقتفاء آثار الأشياء المعدنية، التي عادةً ما تكون الأسلحة أو السكاكين التي استخدمها المشتبه به من خلال مسكه اياها بيده أو وضعها في ثيابه. لقد وجد الباحثون أن جميع المعادن تترك آثاراً حتى بعد 48 ساعة. إن غسل اليدين أو الثياب لن يزيل هذه الآثار. يمكن للمتخصصين أن يكتشفوا نوع السلاح المستخدم، لأن الأسلحة المختلفة تترك آثاراً مختلفة.

اعداد الفحص

لا يوجد هنالك حاجة لاعداد أي محلول، لأن السائل المستخدم في الكشف عن آثار المعادن على الثياب أو الجلد متوفر على شكل بخاخ جاهز للاستخدام.

طريقة الاستخدام

ببساطة قُم برش جانبي المنطقة المعنية بالسائل وانتظر حتى تجف. ويكون من الضروري أحياناً أن تُعيد هذه العملية. أعطي مجالاً للمنطقة المعنية أو الثياب أو الجلد بعد رشها أن تجف بشكلٍ تام. عادةً هذه هي الحالة بعد دقيقتين أو ثلاثة.

التحميض

بعد جفاف المنطقة المعنية يمكن تسليط ضوء قصير الموجة في غرفة مظلمة تماماً على الجزء الذي تم رشه. تُظهر الأنواع المختلفة من المعادن ألواناً مختلفة، وهذا يعتمد على مُصَنِع البخاخ. يجب على كل ضابط أن يقرأ الكتيب لمعرفة لون كل نوع من المعادن.

اجراءات السلامة

إن البخاخ لا يشكل خطراً على الجلد، ومع ذلك يجب على الضابط الذي يستخدمه أن يرتدي قفازات مطاطية. يجب تجنب تلوث العينين تماماً بهذا المحلول، وما إذا حدث أي تلوث، يجب غسل العينين لمدة عشر دقائق على الأقل بماءٍ جارٍ بارد، وقُم بالاتصال فوراً بالخدمات الطبية. يجب ابلاغ الخدمات الطبية عن نوع المادة الكيماوية المستخدمة.

الأضاءة فوق البنفسجية قصيرة الموجة

يتم استخدام الأضاءة فوق البنفسجية قصيرة الموجة من قِبل فنيّ مسرح الجريمة، أو في معمل الطب الشرعي ليجعل التفاعلات الكيماوية مثل النينهايدرن أو اللومينول أو مواد أخرى ظاهرة ومرئية كي يتم استخدامها كدليل.

يتم استخدام هذه الأضاءة في غرف مظلمة، ويُظهر تعرض المادة لهذا الضوء التفاعل الكيماوي بألوان مختلفة.

اجراءات السلامة

يجب ارتداء نظارات واقية من الأشعة فوق البنفسجية قبل تشغيل مصدر الاضاءة. يجب تجنب تعرض العينين والجلد بشكل مباشر لهذه الاضاءة. إن تعرض الجلد لضوء فوق البنفسجي أكثر من 18 دقيقة من على بُعدِ مترٍ واحد يمكن أن يُسبب السرطان

أو حروق خطيرة. إن تعرض العينين لضوء فوق البنفسجي مباشر يمكن أن يسبب التهاب باطن الجفن. يُمنع منعاً باتاً تشغيل الضوء فوق البنفسجي دون سبب ودون نظارات واقية.

DFO

هو نظيرٌ للنينهايدرن ولكنه أكثر فعالية. يُستخدم على الأسطح المسامية والأخشاب للبصمات غير المرئية، ويجب DFO بعد هذه العملية. لا يُمكن عمل ذلك DFO استخدامه دائماً قبل النينهايدرن. ليس هناك مشكلة من استخدام النينهايدرن بعد ال عكسيا.

اعداد الفحص

على شكل مسحوق، ومن ثم اعداد محلول، ويمكن استخدام كحول الميثل لحله. إن وصف اعداد المحلول DFO يمكن شراء ال ليس مبيناً هنا لأن المُصنِّعين يستخدمون كميات مختلفة من المحتويات، وعادة ما يتم شراء محلولاً جاهزاً لغرض التدريب.

طريق الاستخدام

كما في حال استخدام النينهايدرن لأنه يسمح بتطاير الغاز. يجب استخدام قطعة قطن DFO نحاول أن نتجنب رش محلول ال لوضع المحلول على السطح، أو وضع المادة المعنية في المحلول.

التحميض

بعض تجفيف المادة بالهواء، يجب وضعها في جهاز امتصاص الأدخنة وتسخينها على درجة حرارة ما بين 50-100 درجة عند الضرورة. يمكن إظهار أية بصمة أصابع في غرفة مظلمة باستخدام DFO مئوية لمدة 15 دقيقة. يمكن إعادة وضع ال مصادر إضاءة فوق بنفسجية. يُمكن تصوير أو مسح البصمات بماسح ضوئي وفقاً لاجراءات تصوير الضوء فوق البنفسجي مع الفلتر القابل للاستخدام.

اجراءات السلامة

كما في حالة استخدام النينهايدرن، يجب ارتداء ثياب ومعدات واقية كاملة مثل النظارات، والأقنعة، والقفازات المطاطية. لا يتم السماح لأي شخص أن يقف قريباً من مكان العمل، أو المدرب، أو المُستخدم. ومن الضروري وجود تهوية داخلية جيدة. يجب خطرة عند ابتلاعها DFO شُرب سائل ماء صابوني لحث التقيؤ لأن مادة ال.

الميكروسيل أو حجر الأسنان

يتم استخدام الميكروسيل أو مادة جصية مماثلة مثل حجر الأسنان لحفظ طبعات بصمات الأصابع أو علامات الأدوات مثل دماء جافة أو شمع. بشكل عام، هذه المواد الكيماوية ليست خطيرة عندما لا يتم ابتلاعها. على الضابط ببساطة أن يتبع تعليمات الاعداد، وأن يقوم بتحضير الكمية التي يحتاجها فقط.

يمنع لمس الجلد والعينين منعاً باتاً، وخاصة لمس المادة المقوية. أغسل العينين فوراً بكثيرٍ من الماء وإذهب إلى الخدمات الطبية إذا لامستهما هذه المادة.

يجب تخزين المادة في درجة حرارة الغرفة.

طقم فحص بقايا المتفجرات

لقد تم تصميم هذا الفحص للعثور على مادة النترات من المتفجرات في الميدان. لا يمكن أن يكون بديلاً لفحصٍ في معمل معد بشكل جيد، ولكنه مفيد لتقصي آثار أية ملامسة محتملة مع المتفجرات بعد حريق أو انفجار.

الاعداد

اتبع ببساطة تعليمات الكتيب. لا تحاول أن تستخدم الفحص إن لم تكن قد حصلت على تدريب في المواد الكيماوية المشمولة. يوجد عديد من المواد الكيماوية المشمولة التي يجب أن يتم وضعها على المتفجرات المحتملة، وهذه المواد هي مواد مؤذية.

طريقة الاستخدام

يتم وضع المواد الكيماوية على بقايا المتفجرات أو في داخل القارورة باستخدام ماصة مخبرية.

التحميض

يجب أن يتغير لون المادة الكيماوية إلى اللون الأسود إذا كانت نتيجة الفحص ايجابية. ولكن هذه فقط علامة على وجود مادة النترات ويجب فحص المواد الاضافية في المختبر.

اجراءات السلامة

إنه من الالزامي ارتداء القفازات المطاطية، والأقنعة والنظارات الواقية. إن جميع المواد المستخدمة في هذا الفحص هي أحماض، ولهذا يجب تجنب لمسها للجلد والعينين. استخدم المُحيّد المشمول واذهب لرؤية الخدمات الطبية إذا ما تم ملامسة هذه المواد. يجب ابلاغ الخدمات الطبية عن المواد الكيماوية كي تقوم هذه الخدمات بالاجراء الملائم نحوها. يجب أن يتم غسل جميع الأشياء المستخدمة بالمُحيّد، ويجب وضع البقايا في مكان ملائم.

أصابع اليود المدخنة

يتم استخدام أصابع اليود المدخنة لتحميض بصمات الاصابع على الأسطح المسامية أو الدهنية. يجب أن يتم اتباع قاعدة صارمة أو النينهايدرن، وثالثاً يتم DFO عند معالجة الأشياء بمادة مختلفة، حيث يتم استخدام اليود المدخن أولاً، ويُستخدم ثانياً ال استخدام نترات الفضة.

لا يوجد هنالك حاجة لتحضير محلول، لأن هذه الأصابع هي جاهزة للاستعمال.

طريقة الاستخدام

ببساطة قُم بكسر الأنبوب بأصابعك، ومن ثم قُم بأخذ نفساً عميقاً وضع الأنبوب في فمك. أنفخ المادة على شكل دوائر على السطح من مسافة تبعد 20-30 سم .

التحميض

سوف تظهر بصمات الأصابع بعد عدة دقائق، ويجب أخذ الصور فوراً بسبب العمر القصير للبصمات التي تم تحميضها.

اجراءات السلامة

إن أصابع اليود المُدخِنة هي سامة بشكل كبير وضارة بيولوجياً. تجنب الاستنشاق والتلامس مع الجلد والعينين، حيث يمكن أن يؤدي هذا الاستنشاق إلى نتائج قاتلة. لا تستخدم أصابع اليود المُدخِنة أبداً دون تهوية جيدة للغرفة أو المنطقة. يُمنعُ منعاً باتا إستخدام هذه الأصابع في غُرف بلا تهوية، والأفضل أن تقوم بازالة المادة التي هي موضوع البحث.

قُم بغسل المنطقة المصابة لمدة 15 دقيقة على الأقل بماءٍ جارٍ وبارد في حالة التلامس مع المادة. لا تستخدم أصابع اليود المُدخِنة دون وجود حارس أمن يقوم بمراقبة العملية من مسافة أمنة. إذا فقد الشخص الذي يقوم بالعملية وعيه، يجب على حارس الأمن أن يقوم بعمل التنفس الإصطناعي لأنه قد يكون ضروريا. قُم بتوفير الأكسجين فوراً، واستدعي الخدمات الطبية. يجب على حارس الأمن وأيضاً الشخص الذي يقوم باستخدام أصابع اليود المُدخِنة أن يرتديا لباساً واقياً كاملاً مثل الأقنعة، والقفازات المطاطية، والنظارات.

اللومينول

يتم استخدام مادة اللومينول لاكتشاف آثار الدم وبقاياه. عادة ما يتم رشه على السطح، أو يتم غمس المادة ذاتها، أو يتم وضع اللومينول من خلال قطعة قُطن.

اعداد المحلول

يوجد لكلِ مُصنّعٍ طريقته المختلفة في اعداد المسحوق، ويوجد عبوات مختلفة لاعداد المحلول الجاهز للاستعمال. بسبب ذلك، قُم باتباع كتيب كل شركة بدقة. إن العمر الزمني للومينول بعد اعداد المحلول هي من 2-3 ساعات.

طريقة الاستخدام

سوف تُضيء أي آثار للدم أو بقاياه لمدة 30 ثانية بعد وضع مادة اللومينول. يجب أن تكون المنطقة مظلمة تماماً والا لن تكون النتائج مرئية.

التحميض

دون استخدام الفلاش. يجب استخدام منصب ثلاثي ASA يجب تصوير آثار الدم أو بقاياه فوراً باستخدام فيلم بسرعة 400 القوائم لوضع الكاميرا عليه، وهذا يرجع إلى حقيقة أنه يتعين أن يكون تعرض الصورة من 30-45 ثانية على الأقل. يمكن استخدام اللومينول عدة مرات على نفس السطح، ويجب أخذ عدة صور. تذكر أنه يجب عدم استخدام حتى المصباح اليدوي، حيث أن هناك حاجة لتعتيم تام.

اجراءات السلامة

تجنب أي تلامس مع الجلد أو العينين واستنشاق المادة. يجب غسل الجلد والعينين الملوثين بالمادة لمدة 15 دقيقة على الأقل تحت ماءٍ جارٍ بارد. أرجو توفير الأوكسجين في حالة الاستنشاق.

.إن مادة اللومينول هي مادة مؤكسدة، ومسؤولة عن تهيج الرئتين واسترخاء العضلات مما قد يؤدي إلى توقف التنفس

المُبخِر

يستخدم هذا الجهاز لتحميض بصمات الأصابع المستترة وجعلها صلبة من خلال تسخين السيانواكريلات

اعداد المُبخِر

أربط الخرطوشة في أعلى جهاز التسخين وقُم بتشغيل الجهاز. وجه الطرف العلوي للخرطوشة باتجاه المكان الذي تتوقع أن يكون فيه بصمات. يجب عدم توجيه البخار قريباً كثيراً من السطح لأنه يمكن اتلاف مادة السطح.

التحميض

يأخذ تحميض البصمات المستترة من 30 ثانية إلى عدة دقائق، وتظهر البصمات بلونٍ أبيض. يمكن أن تعالج الآن بمسحوق أو أي مادة كيماوية أخرى أو تصويرها.

اجراءات السلامة

يصبح المُبَخِر ساخناً جداً، ومن أجل تجنب الحروق ضع الجهاز في منطقة أمنة ليبرد. تجنب أي ملامسة مع البخار، لأنه يسبب تهيجاً للرئتين اذا ما تم استتنشاقه. في حالة الاستنشاق، يجب على حارس الأمن أن يوفر هواءاً نقياً، ويجب توفير تنفسا إصطناعياً في حالة توقف التنفس.

يجب غسل العيون لمدة 15 دقيقة بماءٍ جارٍ بارد في حالة تلامسها مع البخار، وقم بالذهاب إلى الطبيب فوراً. من الالزامي ارتداء النظارات الواقية، والقفازات، والأقنعة.

فحص الدم باستخدام الليكو مالاكايت

فحص بقع السائل المنوي

إن هاذين الفحصين مصممين لكشف ما إن كانت البقع التي تم العثور عليها هي بقع دم أو بقع سائل منوي. إن النتائج الإيجابية ستُظهر لوناً معيناً على شرائط الفحص.

اعداد الفحص

.إن أنبولتا الفحص جاهزة للاستخدام، ولا يوجد حاجة لخلط مواد كيماوية مختلفة

طريقة الاستخدام

لا تضع مادة الفحص على البقعة بشكلٍ مباشر، بل ضع ماءاً مقطراً على شريط ورقي واضغطه على البقعة، ثم أعطها وقتا لتجف، وضع مادة الفحص على شريط الفحص.

التحميض

في غضون ثوانٍ معدودة، سوف تُظهر النتائج الايجابية لوناً أزرقاً مُخضراً ليدل على وجود دم، أو لوناً أحمراً داكناً أو أرجوانياً ليدل على وجودِ بقعٍ للسائل المنوي.

اجراءات السلامة

كما هو الحال في استخدام مواد كيماوية أخرى، يجب تجنب التلامس مع الجلد، ولا تشمه أو تتذوقه. في حال التلامس، قُم بغسل المنطقة الملوثة لمدة 15 دقيقة على الأقل بماءٍ جارٍ بارد، ورؤية الطبيب. من الالزامي ارتداء نظارات واقية، وقفازات، وأقنعة.

صبغة الكريستال البنفسجية

يتم استخدام صبغة الكريستال البنفسجية للبصمات المستترة على الجانب اللاصق لجميع أنواع الأشرطة اللاصقة، وأيضا كمقوي لبصمات الأصابع الملطخة بالدم.

اعداد المحلول

قم باضافة 0.1 غم من مسحوق صبغة الكريستال البنفسجية في 100 مللتر من الماء المقطر وليس بالعكس بسبب التفاعل الكيماوي السريع.

طريقة الاستخدام

ضع المحلول في صينية، وقُم بغمس الشريط في المحلول.قُم بغسل الشريط تحت ماءٍ جارٍ وبعد ذلك يتعين أن تظهر البصمات بتباين الألوان من القاتم إلى الفاتح. يمكن اعادة العملية إن لم يكن تحميض الألوان جيداً بشكلٍ كافٍ. بالاضافة إلى ذلك، يمكن مشاهدة الشريط باستخدام اضاءة فوق بنفسجية مع ارتداء نظارات مناسبة ونفس العدسات الملونة لأي كاميرا مستخدمة.

التحميض

يجب أن يتم تحميض البصمات مباشرةً، ولكن يجب أن يجف الشريط لمدة 24 ساعة عند استخدام الاضاءة فوق البنفسجية، لتجعل المحلول يتفاعل بشكلٍ كامل.

اجراءات السلامة

لأن صبغة الكريستال النفسجية هي حامض هيدروليكي، يجب ارتداء معدات واقية كاملة مثل النظارات، والقفازات والأقنعة. يوصى أن يتم اعداد المحلول في منطقة للغسل الطارئ في حالة أي تلوث. يجب أن يتم غسيل الثياب التي تلامست مع صبغة الكريستال البنفسجية بشكل فوري. من الصعب جداً تنظيف البقع على الأرض أو على أي سطحٍ أخر.

يجب دائماً أن يكون بحوزة حارس الأمن محلول تطهير، ويتم صنع هذا بوضع 10 ملليتر من حامض الهيدروليك في 90 ملليتر من ماء الصنبور.

يجب تنظيف جميع الأدوات أو الأطباق المستخدمة بمحلول تطهير، ويجب أن لا يتم استخدامها لمادة كيماوية أخرى بسبب التلوث والتفاعلات الكيماوية. يجب وضع الورق المستعمل ومواد التنظيف ومعدات أخرى في حاوية قمامة خاصة. هناك حاجة لتهوية مناسبة.

الأميدو بلاك

إن الأميدو بلاك هي صبغة حساسة للبروتين في الدم، وتقوم بتحميض بصمات الأصابع.

إن المحلول الجاهز للاستعمال هو محلولٌ خطير، ويجب أن يتم العمل به من قِبل المحترفين فقط.

أعداد الأميدو بلاك

يتم وضع غرام واحد من الأميدو بلاك في كوب سعته ليتر واحد، ومن ثم نضع 50 ملليترمن حامض الخليك المجمد، وبعدها يتم تحريكه، ومن ثم يُضاف 450 ملليتر من الايثانول ويتم تحريكه مرة ثانية.

طريقة الاستخدام

ضع المحلول في صينية وقُم بغمس الدليل في هذا المحلول. قُم بغسل الشريط بالمثانول لمدة ساعة على الأقل. يمكن اعادة العملية إن لم يكن تحميض البصمات جيداً بما فيه الكفاية. بالاضافة إلى ذلك، يمكن مشاهدة الدليل باستخدام اضاءة فوق بنفسجية مع ارتداء نظارات مناسبة ونفس العدسات الملونة لأي كاميرا مستخدمة.

التحميض

يجب أن تظهر البصمات بلون أزرقٍ قاتم أو لون أزرق يميل إلى اللون الأسود.

اجراءات السلامة

لأن مادة الأميدو بلاك هي مادة خطيرة، يجب ارتداء معدات واقية كاملة مثل النظارات، والقفازات، والأقنعة. يوصى أن يتم اعداد المحلول في منطقة للغسل الطارئ في حالة أي تلوث.

لأن صبغة الكريستال البنفسجية هي حامض هيدروليكي، يجب ارتداء معدات واقية كاملة مثل النظارات، والقفازات والأقنعة. يوصى أن يتم اعداد المحلول في منطقة للغسل الطارئ في حالة أي تلوث. يجب أن يتم غسيل الثياب التي تلامست مع مادة الأميدو بلاك بشكل فوري. من الصعب جداً تنظيف البقع على الأرض أو على أي سطحٍ أخر.

يجب دائماً ان يكون بحوزة حارس الأمن محلول تطهير، ويتم صنع هذا بوضع 10 ملليتر من حامض الهيدروليك في 90 ملليتر من ماء الصنبور.

يجب تنظيف جميع الأدوات أو الأطباق المستخدمة بمحلول تطهير، ويجب أن لا يتم استخدامها لمادة كيماوية أخرى بسبب التلوث والتفاعلات الكيماوية. يجب وضع الورق المستخدم ومواد التنظيف ومعدات أخرى في حاوية قمامة خاصة من الالزامي ضمان تهوية وفيرة في منطقة العمل.

الدرس الثامن

التصوير الفوتوغرافي

مدة الدرس

المواد والمعدات والخدمات اللوجستية

منشورات تُعطى للطلاب، متطوعين ،PowerPoint لوح، لوح ورقي قلاب، كاميرات فوتوغرافية وكاميرات فيديو، شرائح.

غاية الدرس

يهدف هذا الدرس إلى تزويد الطلاب بمعرفة أساسية عن التصوير، وشرح بعض التقنيات لألتقاط الصور الجنائية المتعلقة بالطب العدلي، والتأكيد على أهمية التقاط صور جيدة ودقيقة ومحترفة.

أهداف التعلم

سوف يكون باستطاعة المشاركين عمل الآتي في نهاية هذا الدرس:

. دراية بمعرفة أساسية في التصوير

1. شرح حقائق قياس عامة (دون استخدام الفلاش) للتصوير بكاميرات ال 35 mm.
2. شرح اجراءات رسم التصوير باستخدام الاضاءة لمناطق خارجية وكبيرة وفي وقت الليل.
3. وصف تصوير مواقع التحقيق.
4. دراية بملاحظات التقاط صور المدى القريب.
5. شرح استخدام شاشات استقطاب الضوء في تصوير مسرح الجريمة.
6. شرح استخدام فلتر التباين للوثائق والبصمات.
7. دراية في تصوير البصمات المُظهَرة بمادة النينهايدرن.
8. دراية في التصوير فوق البنفسجي الفلوريسنتي.
9. وصف الطرق التي بواستطها يصبح تصوير اضاءة الآثار أكثر سهولة.

مقدمة

هدف التعلم # 1: دراية بمعرفة أساسية في التصوير

I. معرفة أساسية في التصوير

أ. أزرار التحكم في جسم الكاميرا

1. إن سرعات الشاتّر هي أجزاء من الثانية، وهي تُحدد الوقت (الفترة) التي يصل فيها الضوء إلى الفيلم. وتعمل سرعات الشاتّر باجزاء من الثانية في سلسلة تقوم بتقسيم الوقت إلى النصف أو مضاعفته مرتين بالاعتماد على أي اتجاه يتم ضبط برنامج الشاتّر. عادة ما تسمح معظم الكاميرات بعيار ثانية واحدة مع سلسلة من اجزاء مُقسمة إلى النصف. عادة ما تكون هذه مكتوبة بالشكل التالي: 250،125،60،30،15،8،1,2,4، الخ. يمكن لكل رقم من هذه الأرقام ان يُصبح جزءاً من خلال وضع 1 فوق الرقم. تُسمى هذه بمراقبة الكمية. تحدد أيضاً سرعات الشاتّر حركة الكاميرا والجسم مما تُسبب ضبابية في الصورة(ثانية واحدة بالمقارنة مع 1000/1 من الثانية)، ويُضفي هذا جودة بصرية.

2. (طرق التشغيل (سوف يتم فهمها بشكل أفضل بعد قسم القياس التي سوف يتم تناوله لاحقاً

أ. يدوي – يجب على المصور أن يُجهز سرعة الشاتّر وفتحة العدسة بالاعتماد على قراءة عداد القياس (كاميرات محمولة باليد أو SLR).

ب. أولوية فتحة الكاميرا – يوجد مفتاح مُضبَط على وضع التحكم هذا، ويقوم المصور بضبط فتحة العدسة للعمل بها.تقوم الكاميرا باختيار سرعة الشاتّر تلقائياً (عندما يتم اطلاق الشاتّر) ويتم تحديد الصورة بالاعتماد على قراءة داخلية لعداد قياس كاميرا ال SLR.

ت.أولوية الشاتّر - يوجد مفتاح مُضبَط على وضع التحكم هذا، ويقوم المصور بضبط سرعة الشاتّر للعمل بها. يتم اختيار فتحة العدسة تلقائياً من قِبل الكاميرا (عندما يتم اطلاق الشاتّر) ويتم تحديد الصورة بالاعتماد على قراءة داخلية لعداد قياس كاميرا ال SLR.

ث. الطريقة المبرمجة - يوجد مفتاح مُضبَط على وضع التحكم هذا ويقوم المصور بضبط فتحة العدسة على وضع محدد. عندما يتم اطلاق الشاتّر يتم تحديد الصورة باختيار الكاميرا تلقائيا ،SLR بالاعتماد على قراءة داخلية لعداد قياس كاميرا ال لفتحة الكاميرا وسرعة الشاتّر.

ب. العدسات

يتم وصف العدسات " بالبعد البؤري" عادة بالمليمترات. يشير " البعد البؤري" هذا إلى زاوية الرؤية ونوع التحريف .1 المتوقعان.

لها عادة mmأ. عدسات زاوية الرؤية العادية (من حيث صلتها برؤية العين البشرية) للكاميرات التي تستخدم شرائط أفلام 35 وتُعطي أقل المشاكل (التحريفات) المنظورية في معظم التطبيقات. كلما قل البعد البؤري عن mm 50، بعد بؤري يقارب على البعد الطبيعي أصبحت زاوية الرؤية أوسع، والعكس صحيح حيث كلما كان البعد البؤري للعدسة أطول من العادي تكون زاوية الرؤية أضيق.

ب. تُعطي العدسات الواسعة تحريفاً معتدلاً للمنظور("امتداد") الذي يزداد كلما قَصُرَ البعد البؤري. كلما ازداد طول البعد البؤري عن البعد العادي، تنقص زاوية الرؤية ويتم رؤية صورة مقربة ("مضغوطة").

2. F/Stops- يتحكم هذا المفتاح بحجم الفتحة التي تسمح بمرور الضوء إلى العدسة. وفقاً لذلك فإن هذا البرنامج يتحكم المنقوش على العدسة. في f/# بمقدار الضوء الداخل (اللمعان والكثافة). يمكن للشخص أن يرتبك من النظرة الأولى على الرمز الحقيقة أن هذه الأرقام هي أرقام نسبية، وتتعلق بعدد المرات التي ينقسم فيها قطر الفتحة(الذي تم ضبطه على ذلك الرقم) إلى هذه الحقيقة باعتباره، ولكن يجب أن يضع mmالبعد البؤري للعدسة. عادة ما لا يضع المصور الذي يستخدم كاميرا 35 f/#)المصور دائماً باعتباره العمل التي تقوم به العيارات. بكل بساطة، يتم انخفاض الضوء لنصف الكثافة كلما زاد عيار الفتحة بمقدار رقم واحد على العدسة، والعكس صحيح، حيث كلما نقص العيار برقمٍ واحد سوف تتضاعف كثافة الضوء مرتين. كل (من خلال تذكر رقمين فقط، وهي 1 و 1.4 f/# كاملة". يمكن عمل "جميع" ال" f/# هذا قائم على الافتراض أننا نتحدث عن بمجمله. مثال على ذلك، يمكن أن تقوم بايجاد عمودين F/Stop . إذا تضاعف كل رقم بدوره فإن هذا سيُشكل نظام ترقيم ال باستخدام الأرقام الأصلية:

يمكن للعمودين الذان تم توضيحهما سابقاً أن تستمر إلى ما لا نهاية الآن من خلال التضاعف، ومن ثم يتم أخذ هذه الأرقام من العمودين وتوضع كالآتي:

1، 1.4 . 2 ، 2.8، 4، 5.6، 8، 11، 16، 22، 32، 45، 64، 90...

عندما تستمر بالاتجاه من الجانب الأيسر إلى الجانب الأيمن (في المثال السابق) يتم انخفاض كثافة الضوء بالنصف على كل متتابع تتجه إليه. وعندما تتجه من الجانب الأيمن إلى الأيسر سوف تتضاعف كمية الضوء على كل نقطة مجاورة f/# رقم .

- ومن أجل تسهيل الفكرة فإن الأرقام الكبيرة تسمح بمرور ضوء أقل من الأرقام الصغيرة. يمكن التفكير بها وكأنها أنابيب بلاستيكية (مواسير)، حيث أن ماسورة قطرها ½انش تقوم بالسماح بمرور سائل أكثر من ماسورة قطرها ¼ سوف تتفاوت أقصى أحجام الفتحات بحسب الطول . f /32 و f/22 f/16 أصغر أقطار الفتحات وهي mm 35 البؤري للعدسة التي لها صلة.
- أيضاً بالتحكم والتأثير على ما يُعرف بعمق المجال، ويمكن تعريف عمق المجال على أنه حجم F/Stops تقوم ال المنطقة أمام وخلف نقطة التركيز الحقيقية.
- (على سبيل المثال f/2.8) على سبيل المثال) بمرور ضوء أقل من رقم منخفض f/16) كبير f/#.

- المنخفض قطر فتحة أكبر من الرقم الكبير f/# لل.
- سوف يُعطي وضوح للصورة في مقدمة وخلف نقطة التركيز الحقيقية f/16 بالاضافة إلى ذلك فإن استخدام فتحة f/2.8. إن عمق مجال هذا أكبر من الذي تسمح به فتحة .f/2.8 أكثر من الذي تعطيه فتحة

ويمكننا قول الآتي لنجعل الأمر أكثر سهولة للفهم:
تسمح بمرور ضوء أقل ولها عمق مجال أكبر من الأرقام الصغيرة. هذا يأخذ (f 2 و f/16 إن الأرقام الكبير (مقارنة ما بين بالاعتبار أن المقارنة هي في نفس العدسة أو ما بين عدستين لهما نفس الطول البؤري.

ت. الفيلم
1. كلما زاد الرقم كلما . ASA/ISO تُسمى حساسية الفيلم للضوء بسرعة الفيلم، ويتم تصنيف وتقدير هذه السرعة بأرقام تنخفض كمية الضوء اللازمة لأخذ الصورة إلى النصف. هذا يعني ISO زادت حساسية الفيلم للضوء، وكلما تضاعف رقم ال عالية أن يجعل أخذ الصور أسهل في مستويات ضوء منخفضة أكثر من الفيلم ذو الأرقام ASA/ISO أنه يُمكن لفيلم ذو أرقام المنخفضة. وهذا يعني أن الفلاش سيضيء لمسافة أكبر باستخدام الأفلام ذات السرعات العالية. ولكن يوجد هنالك مقايضة ألا وهي أنه عادة ما يوجد حبيبات ظاهرة على الأفلام عالية السرعة مما يقلل من حدة وضوح الصورة أو تفاصيلها بالمقارنة مع الأفلام ذات السرعة المنخفضة. وهذا يعني أنه على المصورين أن يختاروا حساسية الفيلم وحدة الوضوح المطلوبة في الصورة .. وغالباً ما يتم أيضاً التأثير على هذا الاختيار بحسب حجم الطبعة النهائية للصورة المرغوب بها أو المطلوبة

2. الأفلام البيضاء والسوداء تُعطي صوراً بيضاء وسوداء، ومن الممكن عمل شرائح بيضاء وسوداء أيضاً. والأفلام الملونة تُعطي صوراً ملونة. يمكن أيضاً عمل الصور البيضاء والسوداء باستخدام الأفلام الملونة، ولكن تكون تكلفة هذه الصور أكثر من تكلفة الصور البيضاء والسوداء التي يتم تصويرها بالأفلام البيضاء والسوداء. يمكن عمل الشرائح الملونة أيضاً باستخدام فيلمٍ ملون، ولكن تكلفة الشرائح سوف تكون أكبر من أخذ الصور بفيلم الشرائح (الشفاف). تحصل على شرائح ملونة بشكل أساسي عن طريق استخدام فيلم شرائح (شفاف) ملون، ولكن قد يتم الحصول على صوراً بيضاء وسوداء أو ملونة أيضاً، ولكن التكلفة تكون أقل لو تم استخدام فيلماً ملوناً أو أبيضاً وأسود من البداية. يمكن الحصول على شرائح بيضاء وسوداء من كلا المواد الملونة.

mm هدف التعلم # 2: شرح حقائق قياس عامة (دون استخدام الفلاش) للتصوير بكاميرات ال 35

mm قياس عامة (دون استخدام الفلاش) للتصوير بكاميرات ال II. 35

أ. تجهيز عداد القياس
من أجل الحصول على معلومات صورة صحيحة. يوجد ([Exposure Index]للفيلم (سرعة الفيلم أو مؤشر الصورة ISO يسمح هذا العيار لعداد الكاميرا بالحصول على معلومات سرعة الفيلم الكترونياً وتلقائيا .DX لبعض الكاميرات مؤشر عيار ال (من خلال وصلات ذهبية في حجرة الفيلم في الكاميرا). تسمح هذه الكاميرات الجديدة للمصور في بعض الحالات أن يقوم بادخال سرعة الفيلم يدوياً، ولهذا السبب يجب دائماً فحص عيار سرعة الفيلم بصرياً للتحقق من صحته قبل استخدام الكاميرا. إن يدوياً برقم 25 (عن قصد أو عن طريق السهو) ISO الشرح التالي يُظهر لماذا يجب عمل ذلك: إذا تم حقاً تحديد عيار رقم ال فإن الصور DX، من قِبل مصور أخر معتقداً أنه تم ضبط الكاميرا على عيار ال ISO وتم استخدام كاميرا فيها فيلم 400 يدوياً. ISO لأنه تم ادخال عيار 25 ISO لفيلم DX 400 ستكون مفرطة التعرض للضوء. لن تقوم الكاميرا بضبط عيار ال هذا خطأ المصور وليس خطأ الكاميرا. أعيد وأقول أنه يجب دائما التحقق بصرياً من عيار سرعة الفيلم وسرعة الفيلم الموجود في الكاميرا.

هدف التعلم # 3: شرح اجراءات رسم التصوير باستخدام الاضاءة لمناطق خارجية وكبيرة وفي وقت الليل.

رسم التصوير باستخدام الاضاءة لمناطق خارجية، وكبيرة، وفي وقت الليل .III

.تم اختياره f/stop

إن طريقة استخدام مصدر فلاش واحد هو الحصول على عدد من ومضات الفلاش من مواقع مختلفة للفلاش بينما يكون الشاتّر مفتوحاً وبهذا نحصل على نفس النتيجة التي نحصل عليها باستخدام مصدر الضوء الثابت. ولكن إن تقنية استخدام الفلاش هي الأصعب للتعلم لأن التغطية المكتسبة هي أصعب للمصور أن يتخيلها عند استخدام هذه التقنية. إن اجراءات رسم التصوير باستخدام الفلاش لمسافة عمل بعيدة هي كالآتي:

عملية يقوم بها شخص واحد
.المرغوب فيهما f/stop (focus)
المُختار على الكاميرا f/# الموجود على جسم الفلاش ومن ثم قُم بايجاد المسافة المعاكسة لرقم ISO خطوة 3: ضع عيار ال حيث يجب أن يكون الفلاش من منطقة مختارة للشيء المراد تصويره من أجل الحصول على تعرض مناسب. ملاحظة: خذ بعين الاعتبار أنه من المحتمل أن يكون هنالك بعض التعديلات حيث يمكن أن يحصل تغيير من رقم دليل داخلي "عادي" إلى f/stop. رقم دليل خارجي أو

خطوة 4: عدِّل شاتّر الكاميرا لكي ينطلق في الوقت أو في مصباح يصاحبه سلك قابض ليفتح الشاتّر. إن الفلاش غير متصل بالكاميرا.

خطوة 5: قُم بفتح الشاتّر. يُبقي المصور على موضع الكاميرا ويتقدم لمسافة من المنطقة الأبعد للشيء المراد تصويره كما هو محدد بخطوة 3.

خطوة 6: يجب أخذ الحيطة بأن لا يتم إضاءة المصور بالفلاش، وأيضاً أن لا تكون عدسة الفلاش في موضع يمكن للكاميرا أن تلتقطه. قُم بتوجيه الفلاش كي تُضيء المنطقة المرغوب بتصويرها. يجب الانتباه أيضاً لعدم اظهار خيال المصور عن طريق إضاءة الشيء المراد تصويره.

خطوة 7: إذهب إلى موضع أخر من المنطقة المراد تصويرها وقم باعادة خطوة 6. يتم اعادة هذه الخطوة حتى يشعر المصور أنه قد عرّضَّ المنطقة المراد تصويرها بشكل مناسب من الأمام إلى الخلف ومن جانب إلى الجانب الأخر. هذا يعني أنه يجب أن ويقوم برسم منطقة المقدمة عندما يتجه باتجاه الكاميرا، f/stop يتحرك باتجاه الكاميرا بالمسافة التي تطلبها ال.

إن أفضل طريقة لهذا الاجراء هو عندما يتم عمله من قِبل شخصين، وليس هنالك حاجة أن يكون الأثنين مصورين بل أن يكون واحد منهم مجرد شخص يعمل كشاتّر خارج الكاميرا، ويتم العمل هكذا كالآتي:
في خطوة رقم 5 يبقى الشخص غير المتدرب بجانب الكاميرا ويقوم بوضع جسم داكن اللون قريباً من وأمام عدسة الكاميرا وليس عليها، وينتظر حتى يكون المصور في مكانه مع الفلاش كما في خطوة 6. ثم يُنادي المصور ويقول "جاهز"، فيقوم الشخص غير المتدرب باخلاء ممر الضوء وينادي " أطلق". يقوم عندها المصور باطلاق الفلاش ويقوم الشخص غير المتدرب بسد العدسة مرة ثانية وينتظر اعادة منادة " جاهز" و" أطلق" مرة أخرى.

يجب اخبار الشخص غير المتدرب أن لا يلمس المنصب ثلاثي الأرجل ولا الكاميرا أثناء هذه العملية، لأنه قد يحدث اختلال في الصورة من ومضة فلاش إلى ومضة أخرى مجاورة إذا قام بتحريك الترتيب حتى ولو بقليل. إن هدف الشخص الثاني بالطبع هو التقليل من الافراط في التعرض للضوء، وللمساعدة في التخلص من أي أشعة ضوء تسببها المركبات أو أي مصادر أخرى للضوء الذي يمكن أن تمر من المنطقة.

يتم تنفيذ أسلوب مصدر الاضاءة المستمرة كما هي الحالة في أسلوب الفلاش. أما الاستثناء فهو أنه يجب وضع رقم دليل أو قراءة عدّاد القياس لمسافة محددة. يتوجب على المصور عندها أن ينقل القيمة الزمنية لمنطقة معينة داخل المنطقة المراد تصويرها. يجب أن يبقى الضوء في حركة مستمرة بحيث لا يكون هناك بُقع ساخنة في الصورة. هذا يعني أنه يتوجب على المصور أن يقوم بمسح الضوء بخفة وبشكل متساوي فوق الشيء المراد تصويره من المسافة التي تم تحديدها لتركيبة الوقت/ f/stopال التي تم الحصول عليها من القياس. ويجب أن يُبقي سجلاً اضافياً في عقله لوقت منطقة معينة للشيء الذي يريد تصويره في كل مرة يرسمها مصدر اضاءته. عندما لا تكون اضاءته في تلك المنطقة المعينة، يجب عليه أن يتوقف عن تسجيل وقته حتى يعود مرة أخرى إلى المنطقة.

يمكن أن يقوم رجل واحد أيضاً بهذا الاجراء، ولكن وجود اثنين كما رأينا سابقاً سيحقق شيئين. أولاً يحافظ على الكاميرا من السرقة، والثاني أنها ستوفر القدرة على ايقاف تسجيل الفيلم إذا كان هنالك حاجة لذلك جراء حركة المرور أو اضاءة عابرة أخرى. وإذا ما تم عمل الأخير فإن تسجيل الوقت سوف يتوقف حتى زوال الضوء الدخيل من المنطقة المراد تصويرها، وبعد ذلك يستمر تسجيل الوقت. عادةً ما تكون هذه الطريقة أكثر ارهاقاً ولكن يتم تصور وتحقيق التغطية بسهولة أكبر.

في كلتا الحالتين، يجب الأخذ بعين الاعتبار زاوية الضوء والمسافة من الضوء إلى الشيء المراد تصويره في جميع الأوقات. التي تم وضعها على الكاميرا. إن لم f/stop سوف يُظهر قانون المربع المقلوب دون ريب إذا لم يتم ابقاء المسافة صحيحة ل يتم اعتبار زاوية الضوء فإنه قد تُنتج وهجاً بالطبع.

وبتبسيط قانون المربع المقلوب لمبادىء ميكانيكية الضوء، يمكننا أن نقول أنه إذا تم أخذ ضوء لنصف أي مسافة أصلية فسوف فوق الموضع الأصلي، والعكس صحيح، حيث إذا قام أحدهم بتحريك الضوء f/stop يكون هنالك اكتساب ضوء مقدار رقمين f/stop. ضعف أي مسافة أصلية فعندها سوف يكون هناك خسارة ضوء مقدار رقمين

في معظم تطبيقات رسم التصوير بالضوء فإن المشكلة ليست عادة مشكلة احضار الضوء قريباً من الشيء المراد تصويره، بل اللازم للتصوير f/stop المشكلة هي عدم القدرة على احضار الضوء قريباً بما فيه الكفاية لرقم.
يحدث هذا بشكلٍ ملاحظ على المناطق العالية للأجسام المراد تصويرها كالبنايات مثلاً. ويمكن أن يحدث هذا أيضاً حيث يوجد عوائق مثل بركة ماء أو شيء مماثل، التي تُعيق تقدم المصور نحو الشيء المراد تصويره. ويتوجب على المرء في هذه الحالات أن يقوم بتطبيق المبادىء الميكانيكية للضوء التي تم توضيحها، إما بأن يزيد مقدار الزمن التي يُستخدم فيه الضوء المستمر على المنطقة، أو بزيادة عدد أجهزة الفلاش لزيادة الضوء اللازم للمسافة الموجودة.

من جهة أخرى، إذا كان يجب حمل الاضاءة أقرب من المسافة المحددة مسبقاً، على المرء أن يقوم بتقصير وقت مصدر الضوء المستمر. تبقى هنالك خيارات متوفرة عند استخدام الفلاش بالاعتماد على نوع الفلاش. ويمكن استخدام فواصل الكهرباء وأيضاً أجهزة لامتصاص الضوء على الفلاش أو في الممر البصري. يمكن اجراء عملية الفلاش الالكتروني أيضاً، ولكن هنالك احتمال حدوث قراءة خاطئة للضوء من قِبل الالكترونيات.

إذا كان المرء يعرف مسبقاً أن هنالك حاجة لعمل رسم تصوير للجسم المراد تصويره، لكان جزء من التخطيط هو اختيار رقم مرتفع هو أكثر حساسية للضوء من رقمٍ منخفض، ولكن كيف لهذه المعرفة أن ISO للفيلم. من المعروف أن رقم ISO ال ومتطلبات الوقت والمسافة لمهمة معينة. قد يكون مثال على f/stop تساعد في التخطيط؟ ببساطة من خلال ربطها بعيار ال ISO واستخدام الفلاش. إذا تطلب الفلاش مسافة 10 أقدام باستخدام فيلم ISO 100 و ISO 400 ذلك هو مقارنة بين فيلم 100 هذا سوف .f/stop مع نفس رقم ISO فإن نفس الفلاش يتطلب مسافة 20 قدم واستخدام فيلم 400 ، f/16 ووضع العدسة بعيار يُحدث فرق في مقدار الوقت اللازم لتغطية المنطقة. وهذا سببه أن عدد أماكن الفلاش الذي يمكن تطلبها عند استخدام فيلم 100 ISO، ستكون على الأقل أربع مرات أكثر من استخدام فيلم ISO 400 مما يسبب استنزاف في طاقة البطارية.

اللازم ستساعد المصور أيضاً بطريقة أخرى، حيث سيترجم أي خطأ صغير في الحكم على f/stop إن المسافة الكبيرة لرقم ال المسافة عند استخدام الفلاش من مسافة عمل بعيدة على أنه تغير بسيط في الكثافة. إن الاقتراب قدمين من مسافة عمل قدرها وإن الاقتراب قدمين من مسافة 10 أقدام هو زيادة في كثافة f/stop، عشرون قدماً هو إختلاف في الكثافة أقل بقليل من نصف منخفض قد ISO كاملة. وعلى العكس، عند استخدام مصدر ضوء ثابت، فإن استخدام فيلم ذو رقم f/stop الضوء أقل بقليل من f/stop يُمكِّن المصور من استخدام وقت أكثر، ومن ثم يكون قادراً على تسليط الضور بتساوٍ على الجسم المراد تصويره لرقم معين. أيضاً إن استخدام مصدر ضوء عالٍ بانحراف خفيف إلى الأسفل عند اضاءة المواقع (الأرضية وغيرها)، سوف يقوم بتوزيع الضوء بتساوٍ للمصور.

يجب على المرء أن يأخذ بعين الاعتبار خلال جميع اختيارات استخدام رسم التصوير بتقنيات الضوء أن الضوء المحيط في المنطقة المراد التصوير فيها يمكن أن يؤثر على التعرض الأساسي للفيلم الذي تم اختياره. يمكن للضوء المحيط أيضاً أن يسبب لوناً مفرطاً في الصورة عند استخدام فيلم ملون. يجب أخذ التأثيرات التبادلية بعين الاعتبار عند التخطيط، ويجب التخطيط للتعرضات لنطاق الفيلم المستخدم كي تقع أي أخطاء يمكن أن تحدث ضمن نطاق التعرض للفيلم المستخدم. يمكن لفحص صورة فيلم فوري أن يكون ذو قيمة للتأكد ما إذا كانت هناك حاجة لاجراء تغيرات في تعرضات الصورة.

إن استخدام التصوير الفوري في تعلم هذه التقنية هو ذو قيمة عالية لأنه يمكن مشاهدة نتائج تقنية الاضاءة بشكلٍ فوري، ومن ثم اعادة التصوير لتصحيح أي مشكلة تم رؤيتها في التصوير الفوري.

كما قلنا في بداية هذه المقالة، إنه يمكن استخدام تقنية الرسم بالتصوير من قِبل أي مصور تقريباً، ويمكن استخدامه لاعطاء نتيجة تصوير مثيرة وذات فائدة في جميع المجالات.

هدف التعلم # 4: وصف تصوير مواقع التحقيق

IV. تصوير مواقع التحقيق

تم كتابة هذه النقطة لتعزيز التفكير عن التصوير في جميع أنواع المواقع الموجودة. إن الآتي هو بعض أنواع المواقع النموذجية

1. مواقع جريمة القتل
   - داخلية
   - خارجية
2. السرقة
3. السطو
4. حوادث الطرق
5. الانتحار
6. اساءة معاملة الحيوانات
7. جريمة الحريق المتعمد
8. اساءة معاملة الأطفال
9. العمل الشرطي المجتمعي
10. الاغتصاب
    - ضحية على قيد الحياة
    - ضحية متوفاة
11. الرذيلة
    - المخدرات
    - الدعارة، الخ.
12. اقتحام المباني

أ. التصوير التمهيدي

إذا تم وضع كتاباً تدريسياً عن كيفية معالجة التحقيقات فإنه يتم قراءة السيناريو الافتراضي للكتاب كالآتي:

1. يتم اشعار الشرطة بالجريمة أو بنشاطٍ أوحدثٍ يُثير الشبهة.

2. يتم ارسال رجل شرطة الى المكان للتحقيق في الشكوى.

3. يقوم الضابط باثبات الحالة ويوصي مقر القيادة أو القائد المناوب بالحالة، ويقوم بتأمين الموقع ريثما يصل المحقق (إذا لم يكن الضابط معيناً كمحقق) أو فريق التحقيق. لا يتم السماح لأحد بالدخول إلى مسرح الجريمة حتى يصل المحقق أو الضابط المسؤول ويحدد الاحتياجات التحقيقية للموقع أو/و الجريمة. هنالك دائماً احتياج لتصوير ذو جودة عالية، ولكن الاجراءات التي تتم لجمع هذه الصور تختلف من منطقة إلى أخرى. عادة ما لا يتم السماح لأحد بالدخول لمسرح الجريمة باستثناء فريق التحقيق.

4. يتم وضع سجل دخول وخروج للموقع، ويُعتبر هذا أيضاً من أليات التحقيق والمراقبة. كما في حالة المراقبين المدربين، سوف يكون على جميع الأشخاص الذين يدخلون إلى الموقع أن يقوموا بتقديم تقريراً كتابياً عن الأشياء التي شاهدوها.

5. يجب التصوير عادة قبل البدء بالتحقيق. هذا يُسمى بالتصوير التمهيدي وقد يتم عمله باستخدام كاميرا الفيديو، والتصوير الثابت باستخدام كاميرا الفيديو، والتصوير باستخدام الكاميرا الفوتوغرافية العادية أو الرقمية. يمكن استخدام التصوير الفوري أيضاً، ويمكن أن يتم لوحده أو مرتبطاً مع أنواع التصوير الأخرى. وبما أن الحاجة هي إلى صور ذات جودة عالية ولدوام السجلات فأنه يقال أنه يمكن للفيلم التقليدي أن يُعطي أكثر الصور وضوحاً، وأيضا يمكنه أن يُعطي سجلاً مستداماً لفترة أطول. لهذا هناك شعور أنه يتعين أن يتم استخدامه بالاضافة إلى الوسائل الأخرى.

إن جميع أنواع أجهزة التصوير هذه هي مجرد اليات يتم استخدامها مع بعضها البعض لتقوم بانتاج تغطية كاملة ومفيدة للموقع، ولكن يجب أن يتم استخدام هذه الأليات والأجهزة بذكاء ومعرفة.

إن هدف التصوير التمهيدي هو إنتاج توثيق بصري عالي الجودة ومحايد للموقع عند مشاهدته لأول مرة من قِبل المحقق أو المصور الذي يوثق الموقع. يمكن للصور التمهيدية للموقع الذي لم يتم افساده والذي سيتم فيه التحقيق أن تُعطي معظم المعلومات والفهم الأفضل للموقع للذين لم يكونوا هناك، ويمكن أن يكون هؤلاء الأشخاص:

- المدعي العام والمحققون أصحاب العلاقة
- الطبيب الشرعي والمحقق صاحب العلاقة
- خبراء أخرون يأتون إلى مسرح الجريمة (قد يكونوا فريق المعمل الجنائي أو خبراء فنيين وشهود من خارج المنطقة)
- وأخيراً، محامي الدفاع والأهم هيئة المحلفين.

يجب الأخذ بعين الاعتبار أن معظم المحاكم سوف تطلب أن يشهد شخص عن صورة معينة (ليس بالضرورة أن يكون الشخص الذي أخذ الصورة) كالآتي:

المحقق ________________ ، هل هذه الصور بالحقيقة صورة دقيقة وصحيحة للموقع أو الدليل كما شاهدته لأول "مرة؟"

وبما أن الجواب سوف يكون "نعم" فإننا نرى أهمية التقاط صوراً تمهيدية أولاً وقبل كل شيء، ومن ثم التحقيق وجمع أي دليل يُعتبر قيماً للمزيد من التحقيق فيه في المختبر الجنائي. نحن لا نقول هنا أنه لن يكون هنالك تصوير آخر بعد انتهاء التصوير التمهيدي، بل بالعكس حيث أن التصوير التمهيدي يقوم بتمهيد الطريق لمزيد من التصوير طالما أنه يوجد جمع واكتشاف لمزيد من الأدلة. من البديهي القول أنه يجب أن لا تحتوي الصور التمهيدية (أو صوراً لاحقة) على معدات مسرح الجريمة، والمصابيح اليدوية، والسلالم، والأدوات، الخ، أو الأشخاص الذين يملكونها.

لهذا يجب أن يتم المحافظة على مسرح الجريمة من الفساد قدر الامكان عند التصوير. إذا كان هنالك تسجيل صوتي في أجهزة تصوير الفيديو والأجهزة الرقمية (وأيضاً أجهزة التسجيل التقليدية)، فإنه يوصى أن لا يتم استخدامها، ويتوجب أخذ الحيطة والحذر إذا كان من اللازم استخدام جهاز التسجيل. إن أكبر أمر يمكن أن ينتج عن التسجيلات الصوتية في الخلفية هو أنها قد تكون مخجلة، وعندما يتم أخذها خارج سياقها فإنها تكون مُفسدة للصورة والقضية المعنية.

مرة أخرى (في عالم مثالي يُستخدم فيه التصوير التمهيدي) على المرء أن يقوم بالتقدم بصرياً من خارج الموقع المعني إلى كل مادة أدلة تم جمعها. والعكس صحيح، فيجب على المرء أن يكون قادراً على الرجوع إلى الوراء بصرياً من الأدلة المجهرية في المختبر إلى وجهة نظر شاملة للموقع الذي يُثبت علاقة الأدلة ببعضها البعض.

6. يتعين أن تقوم الصور بسرد قصة يمكن أن تكون سلسلة من الصور أو تعاقب كما هو الحال في المثال الافتراضي الآتي:

- إن الصورة الأولى التي يتم التقاطها هي صورة شاملة مثبِتة تقوم باظهار مكان حدوث التحقيق ونوع الأحوال الخارجية الموجودة.
- ومن ثم يتم التقاط سلسلة من الصور المتوالية أكثر قرباً والتي تسمح للمشاهد أن يتحرك ذهنياً إلى الأمام (أو إلى اليمين أو اليسار). سوف تحتوي هذه الصور على "نقاط مرور" تسمح بتحرك ذهني أو تدرجاً من صورة إلى أخرى. يُمكن تصور نقطة المرور بالقول أن الأجسام في الربع الأيمن للصورة الثابتة يجب أن يكون في الربع الأيسر لصورة جديدة مجاورة تم التقاطها إلى الجهة اليمنى من الصورة الأولى. ويمكن أن يقال الشيء نفسه عن الحواف المعاكسة والصور. ويتعين أيضاً أن يكون هنالك نقاط مرور للتقدم إلى الأمام، ويمكن أن يكون مثال على ذلك مشهد كلي لبيت يقوم باظهار باب، حيث يكون الباب صغيراً نسبيا في الصورة الأولى.
- يمكن للصورة التالية التي تم التقاطها بهذا التعاقب أن تتضن المدخل، بحيث يظهر هذا المدخل كاطار للصورة الجديدة التي يمكن أن تكون مشهد لطاولة في رواق، وقد تكون هذه الطاولة صغيرة الحجم.
- يُمكن للصورة الثالثة أن تُظهر سطح الطاولة برمته وعليه أدوات مثيرة للشبهة لتعاطي المخدرات، ويمكن جمع هذه المواد كأدلة(كالعادة). يتم وضع هذه الأدوات في أكياس، وتدوينها في سجل، ومن ثم ارسالها إلى مختبر الطب الشرعي حيث يستمر سجل الحجز ويتم المحافظة عليه. يتم بعد ذلك فتح الكيس للفحص.
- مثالياً، سوف يقوم المختبر بتصوير الأدلة مرة أخرى كنظرة عامة في المختبر.
- قد يقوم المختبر بعد ذلك بالتقدم لمشهد قريب يُظهر الترميز على الأدوات وترسبات الكريستال التي سيتم فحصها.
- يمكن وضع الكريستال تحت المجهر، ويمكن التقاط صورة أخرى لأغراض العرض.

يُمكن للمرء أن يرى الأطوال التي قد يأخذها التعاقب في عالمٍ مثالي. أما في العالم الواقعي والمنقوص، يمكن للمرء أن يرى أنه يمكن أن يكون هذا في حالات كثيرة عاملاً باهظ الثمن. من المحزن أن نرى أن اعتبارات التكلفة موجودة في دوائر التصوير في مؤسسات تنفيذ القانون. لهذا، ولسوء الحظ، يجب على المحقق أن يصدر حكماً صائباً فيما يتعلق بمقدار التصوير الذي يجب أخذه والأساليب المستخدمة لأخذها.

ب. البروتوكول الموحد للتصوير التمهيدي

قد يتبع بروتوكول التصوير لأي نوع من مسارح الجريمة المثال أدناه. ويجب أن يحصل عادةً تغيرات واستثناءات حسب نوع الجريمة، وموقعها، وحُكم المحقق.

1. التصوير لتحديد معالم المكان

سوف يتم التقاط صوراً للمشاهد الخارجية والشاملة التي تُظهر موقع المبنى أو السيارة، الخ التي تتضمن المنطقة المباشرة للجريمة. وسوف يتم هذا بطريقة موحدة (منصب ثلاثي الأرجل يتم تثبيته على ارتفاع موحد مقداره 5.6 انش) وبزاوية عادية (إذا كان هذا ممكناً). يجب وضع مشاهد متداخلة (مع نقاط مرور)، بداية من أقصى الجانب الأيمن للمشهد، متقدماً إلى أقصى الجانب الأيسر للمشهد. وبهذه الطريقة سوف يتم تغطية جميع جهات المبنى أو السيارة، الخ. سوف يتم التقدم حول المبنى أو السيارة، الخ باتجاه عقارب الساعة. هذا يتطلب بعض التفكير من قِبل المحقق. على سبيل المثال: هل عليه أن يلتقط صور لجهة المبنى التي لا يوجد فيها شبابيك وأبواب؟ قد يلتقط الصور إذا كان هناك تفتيش لأي سيارة أو مكب نفايات قد تكون موجودة في

الموقع. من جهة أخرى، إذا لم يكن هنالك وجود محتمل لمداخل أو مخارج (أو أي أماكن ظاهرة يمكن وجود أدلة فيها)، عندها لن يكون ضرورياً أخذ صوراً متعددة لتلك المنطقة المعينة، ولكن، قد يكون تسجيل صورة واحدة للمنطقة مرتبا.

صور المواقع هذه سوف تُظهر المعالم، واللافتات، الخ التي لن تترك مجالاً للشك بما يتعلق بمكان التحقيق. وسوف يتم استخدام سجل تصوير يسمح بتسجيل رقم الصورة أو الاطار، والاتجاه، والطول البؤري المستخدم، والمسافة التقريبية من الجسم الرئيسي في اطار الصورة. سوف يتم وضع رسم من غير قياس لموقع تصوير من أجل توضيح السجل.

تصوير التسلسل التدريجي .2

سوف يتم أخذ هذه الصور من وجهة نظر ضابط التحقيق أثناء تدرجه إلى الموقع المباشر. إذا تم ملاحظة مادة يمكن أن يتم التحقيق لاحقاً بشأنها مثل صفائح القمامة، ومكبات القمامة، ونباتات مزروعة في أوعية أو غرف أخرى، الخ، فأنه سوف يتم تصويرها كلما استمر التدرج. وسوف تحتوي جميع الصور على نقاط ممرات للتعرف على الموقع، وسوف يتم وضع ملاحظات على جميع الصور كما تم توضيحه في شرح تصوير تحديد معالم المكان أعلاه.

المنطقة المباشرة لوجود الضحية ومسرح الجريمة .3

فور دخول المحقق إلى المنطقة المباشرة للجريمة (الغرفة الرئيسية، أو منطقة بحجم الغرفة)، يتم التقاط صوراً مماثلة لهذه التي تم التقاطها في الخارج.

سوف تتدرج الصورة حول الغرفة باتجاه عقارب الساعة من زاوية الغرفة إلى الزاوية الأخرى لها. سوف يكون سلسلة بانورامية في كل موقعٍ للكاميرا يتم عملها عن طريق صوراً متداخلة (مع وجود نقاط ممرات وعدم وجود فجوات) باستخدام عدسة ذات زاوية عادية (إذا كان بالامكان). سوف يُظهر الاطار الأول من أي موقع تصوير جديد موقع التصوير السابق. سوف تقوم الصورة التالية في ذلك الموقع ببدأ السلسلة البانورامية. سوف يتم عمل هذه البانوراما من أقصى الجانب الأيمن للصورة أولاً إذا كان التدرج حول الغرفة حسب اتجاه عقارب الساعة.

يتم عمل هذا التدرج حتى يُظهر الترتيب أثناء عرض الصور أن "هذا الاطار الأول يُظهر أين كان موقعي الأخير، وهذا الاطار الأخير يُظهر أين سأذهب لموقع التصوير التالي." عادة، إذا كان التدرج بعكس عقارب الساعة، سيتم عمل الصور البانورامية من اليسار إلى اليمين. كما تم الذكر سابقاً، إنه من المفضل استخدام عدسة ذات زاوية عادية لهذا النوع من العمل. إن استخدام عدسة ذات طول عادي يساعد بتقليل التحريف المنظوري (المكاني) في الصورة، ولكن بالامكان استخدام طول بؤري أقصر من الطول العادي لالتقاط صور تبادلية في المشاهد الشاملة إذا تم أخذ الحيطة والحذر أثناء عمل ذلك.

مشاهد متوسطة المدى وقريبة المدى لضحية أو أدلة جريمة .4

بعد أخذ الصور البانورامية سوف يتم أخذ صور متوسطة المدى وأخرى قريبة المدى تقوم باظهار "تأثيرات" الجريمة على الجسم/المنطقة المعنية. يمكن أن تتراوح هذه التأثيرات من مواد الأدلة التي سوف يتم جمعها(كل شيء عملياً) إلى الجروح في جسد الضحية. سوف يتم استخدام عدسات ذات طول بؤري عادي لهذا العمل إذا كان هذا ممكناً.

بشكل عام، يتم أخذ هذه الأنواع من المشاهد بزوايا عامودية (أو تقريباً عامودية) للجسم/المنطقة المعنية. إن أخذ هذه المشاهد بزاوية عامودية يساعد في تقليل المشاكل المنظورية التي يمكن أن تحصل عندما يكون التصوير قريبا. ولهذا، يجب عدم استخدام عدسات ذات طول بؤري أقصر من الطول العادي للتصوير عن المدى القريب أو المتوسط إلا في حالات استثنائية قصوى. هذه الحالات الاستثنائية القصوى بشكل عام هي:

عدم توفر عدسة أخرى .1

انحصار مكان العمل بشكل كبير حيث يكون الاختيار الوحيد للتصوير هناك هو عدسة ذات طول بؤري قصير (تُنتج .2 زاوية أوسع للمشهد وظهور أكبر لمسافة العمل، ولكن أيضاً اختلاف في المنظور- أرجو مراجعة رقم 3 أعلاه.

إذا كان من اللازم استخدام عدسة ذات طول بؤري أقصر من الطول العادي، يجب أن يكون للفلاش المستخدم تغطية مزوية مناسبة للطول البؤري ذلك. عند التحقيق في جريمة قتل، سوف يتم تصوير الجثة من كِلا جانبيها بزوايا عامودية للتصوير على المدى القريب والمتوسط

ملاحظة توجيهية:

إذا كان بالامكان، لا تقم بالتصوير من الأقدام باتجاه الرأس ، أو من الرأس باتجاه الأقدام. عادةً ما يكون هذا النوع من التصوير مضلاً في المنظور وغالباً ما يكون قليل الفائدة. ولكن يجب أخذ الصور من هذه الاتجاهات إذا كان هنالك المزيد من الأدلة (جروح، أو آثار أدلة، الخ) التي سوف تتدرج من الموقع المعني.

ملاحظة سريعة:
يكفي استخدام فلاش على الكاميرا لكثير من المشاهد المتوسطة للمسافات البعيدة والشاملة. ولكن يُقترح أنه عند تصوير جسم على مسافة أقرب من عشر أقدام فيجب أن يتم استخدام الفلاش بطريقة متقدمة مثل استخدام الفلاش المرتد أو الفلاش المُوَزّع. يجب أيضاً أخذ اتجاه الفلاش بالاعتبار.

مثال على ذلك: عادةً ما يجب توجيه الضوء من الأعلى(أعلى رأس الضحية) باتجاه الأطراف السفلية. هكذا يظهر جسم الانسان "بشكله "الطبيعي.
أيضاً إذا كان يوجد أي أثار على السطح (علامات أدوات، أو جروح، أو نتوءات بصمات الأصابع، أو آثار اطارات أو أحذية، الخ) تساهم في التحقيق فيجب الانتباه إلى الاتجاه بشكلٍ خاص. في معظم الحالات، سيتم توجية الفلاش عبر اتجاه النمط السائد. يمكن اكتشاف زاوية الاتجاه والارتفاع الدقيقة اللازمة للفلاش عن طريق استخدام مصباح يدوي لزاوية الاتجاه والارتفاع. وبعد ذلك يتم استبدال المصباح اليدوي بفلاش الكاميرا الالكتروني. يتم استخدام هذا الاجراء في تكهن وجود وهج للضوء إذا كان هناك حاجة له أم لا. إذا كان يجب استخدام الوهج في الصورة (كما هو الحال في استخدام الوهج على علامات الأدوات، أو بصمات أصابع، أو نمط آثار حذاء) فإنه من الإجباري أن يتم الحكم على جودة الصورة الساطعة عن طريق مشاهدة الوهج من خلال فتحة المشاهدة في الكاميرا. إن زاوية وهج الاضاءة هي حساسة بشكل عام، وغالباً ما يكون الاختلاف بين النظر من خلال العدسة أو النظر بجانبها هو عدم الحصول على ما سوف يكون الأفضل للتحقيق.

5. تصوير وجهة نظر الشاهد
سوف يتم التقاط الصور تقريباً على مستوى عين الشاهد من موقع المراقبة التي يدعي الشاهد أنه كان فيه. سوف تكون هذه الصور على شكل سلسلة يتم التقاطها باستخدام عدسة ذات طول بؤري عادي، وسوف يتم ذلك بوضع الكاميرا على منصب (ثلاثي الأرجل (بوجود الرأس على مستوى متساوٍ.
سوف تُظهر أول صورة يتم التقاطها وجهة نظر الشاهد وتقوم بتحديدها بوضوح. سوف تكون الصور التالية عبارة عن صور سلسلة بانورامية بوجود نقاط ممر وبلا فجوات. سوف يتم اجراء هذا النوع من التصوير كي يُعطي مصداقية لافادة الشاهد بما يتعلق بالاشياء التي قد كان من الممكن مشاهدتها، والأشياء التي لم يكن من المستطاع مشاهدتها بشكلٍ قطعي.
حتى هذه اللحظة قام التصوير التمهيدي بتوثيق المكان الواضح للأدلة والتبادلية المكانية فيما بينهم. ولكن باستمرار التحقيق يمكن اكتشاف أدلة أخرى داخل خزائن، أو تحت الأثاث، أو تحت الجثث،الخ. يمكن تحميض أو رؤية أدلة بصمات الأصابع أو أي آثار أدلة أخرى عن طريق استخدام مساحيق مختلفة، أو مواد كاشفة، أو أشعة فوق البنفسجية، الخ). لأن هنالك اكتشاف (أو تحميض) أنواع جديدة من الأدلة الثانوية، يجب أيضاً أن يتم تحديدها في مكانها من خلال تصويرها. مرة أخرى، قُم بالتقاط صورة من مسافة متوسطة على الأقل، ومن ثم صورة نهائية وعن قرب (اطارها مُحَكم) محددة للمكان قبل رفع الأدلة. لا يترك هذا الاجراء مجال للشك بما يتعلق بمكان ونوع الأدلة، وبطبيعة الحال، يتم وضع الملاحظات والرسومات والسجلات على هذه الصور.
لا يقوم مقدار كبير من هذا النوع من التصوير بتحديد الموقع والتسجيل فقط بل يمكنه أن يصبح في كثيرٍ من الحالات الدليل التحقيقي الأولي أيضا. وأحياناً قد تضيع أو تتلف بصمات الأصابع وأدلة أخرى تم تحميضها عند رفعها أو أثناء استخدام أي تقنية لجمع الأدلة، لهذا يجب وضع اجراء لهذا النوع من تصوير الأدلة.

هدف التعلم # 5 : دراية بملاحظات ألتقاط صور المدى القريب

VIII. ملاحظات تصوير المدى القريب

⅛ إن مصطلح تصوير المدى القريب بما يخص هذه المقالة ينطبق على أي تصوير فوتوغرافي يتم أخذه بتكبير أكبر من

شرح استخدام شاشات استقطاب الضوء في تصوير مسرح الجريمة :6 #

شاشات استقطاب الضوء .VI
أ. ما هي شاشة استقطاب الضوء؟
تُسمى شاشة استقطاب الضوء غالباً بفلتر الاستقطاب، وهي أداة يمكن أن تُساعد غالباً مصور الحوادث في تصوير علامات انزلاق العجلات وغيرها. ويُمكن لعلامات الانزلاق هذه أن تُفقَد جراء وهج سطح الشارع.
ب. الاستقطاب المستوي أو الوهج
ينتج الوهج عندما يُصبح الضوء بما يسمى ضوء مستوي الاستقطاب عند انعكاسه عن سطح الشارع. وبكلمات أبسط، إذا تصور المرء كرة يخرج منها سهام تُشير إلى جميع الاتجاهات تسقط باتجاه الشارع، عندها يمكن للمرء أن يتصور ضوء غير مستقطب حيث تتجه الأشعة بعشوائية مثل السهام على الكرة. بعد الارتطام بالسطح المنبسط بزاوية صحيحة، إن كرة الأشعة سوف تنبسط وسوف تنزلق الأسهم بالتوازي مع سطح الشارع وتنحرف، ويحدث الأمر ذاته مع الأشعة الموجهة عشوائياً حيث عندما تنحرف عند ارتطامها بسطح الشارع فإنها أيضاً تتجه بالتوازي معه. يُسمى اتجاه الضوء هذا بالاستقطاب المستوي والذي يُعرف بالوهج.

ت. ما هو عمل شاشة الاستقطاب؟
لو تخيلت ستارة فينيسية (أباجور شرائح) ذات فتحات ضيقة ما بين الشرائح فانك سترى صورة لشاشة الاستقطاب. بالرجوع الآن إلى مثالنا عن كرة السهام المستوية مُضاف عليها ستارة أباجور الشرائح فأننا سنرى إذا تدحرجت أو اتجهت الستارة بتوازي الشرائح مع الشارع والسهام، فإن السهام سوف تمر من بين هذه الشرائح. إذا تدحرجت الستارة بمقدار 90 درجة باتجاه السهام، فعندها لن تمر السهام من خلال الستارة. شاشة الاستقطاب تعمل بنفس الطريقة. يمكن للمرء رؤية انخفاض وزيادة الوهج عند دوران شاشة الاستقطاب أثناء النظر من خلال عدسة كاميرا أحادية الانعكاس. تحدث أقصى مستويات الانخفاض عند زاوية 90 درجة مع السطح المسبب للوهج. قد لا تُزيل ستائر الاستقطاب الوهج بشكلٍ كامل لعدم استقامة سطح الشارع وأسباب أخرى، ولكن استخدامها قد يُساعد في التقاط صور ذات جودة أفضل.

ويمكن قياسها بمعظم الكاميرات. ولكن f/stops يجب زيادة التعرض للضوء، وعادة ما تكون هذه الزيادة في حدود ½ 1-½ 2 بعض الكاميرات تستخدم نظام قياس فاصل الأشعة، ويعتمد هذا النظام على استقطاب الضوء لينعكس على خلايا القياس في الكاميرا. لهذا إذا كان الضوء الذي يسقط على فاصل الأشعة قد تم استقطابه بزاوية مقدارها 90 درجة مع الفاصل باستخدام شاشة الاستقطاب، فهنالك احتمال أن يقوم عداد القياس بأخذ قياس خطأ أو عدم أخذ قياس البتة. لهذا تم تصميم نوع أخر مختلف وغالي الثمن من شاشات الاستقطاب تسمى شاشات الاستقطاب الدائرية لاستخدامها مع هذه الكاميرات.

هدف التعلم #7: شرح استخدام فلتر التباين للوثائق والبصمات

فلاتر التباين .VII
لشهر حزيران 1987 Log 911 تم تحرير هذه المعلومات من مقالة في مجلة.
لقد تم طرح أسئلة تتعلق باستخدام فلاتر التباين جراء وجود مقالات عديدة مؤخراً عن الفلاتر للاستخدامات المتخصصة. تتعلق مجالات الأسئلة بتصوير الوثائق للفحص وتصوير البصمات المستترة التي تم تحميضها تقليدياً بمساحيق سوداء وبيضاء وفضية (رمادية).
أ. فلاتر التباين
يتم استخدام فلاتر التباين من أجل تفتيح الألوان المختلفة أو تعتيمها. تقوم الفلاتر بتحسين الأداء الفني من خلال رفع أو خفض تباين لون غير مرغوب فيه. تتناول هذه المقالة استخدام هذه الفلاتر مع أفلام سوداء وبيضاء بانكروماتية (حساسة لجميع ألوان

الطيف) فقط، لأن حساسية الأفلام الأرثوكروماتية (حساسة لجميع الألوان ما عدا اللون الأحمر) ليست مماثلة لحساسية العين البشرية. يمكن للعين البشرية أن تُفسر الحدث عند استخدام فلاتر التباين مع الأفلام البانكروماتية. ببساطة، إذا أراد شخص أن يُزيل أو يُفتح لون معين للجسم المراد تصويره، يجب وضع فلتر بنفس اللون أمام الكاميرا. على سبيل المثال، من خلال استخدام رقم 5 لونه أحمر لتصوير علبة سجائر، فإن اللون الأحمر على علبة السجائر Kodak Wratten Filter فلتر كوداك راتن سوف يصبح فاتحاً أو سوف يختفي كلياً بالنسبة للمناطق البيضاء على العلبة. يُمكن رؤية هذا التأثير عن طريق النظر من خلال الفلتر على الجسم المراد تصويره.

قد لا يُترجِم التصوير الفوتوغرافي الصورة الفنية كما تُترجمها العين البشرية بالضبط إلا أن الفعالية تكون دائماً أفضل عند استخدام الفلتر من قِبل المصور.

عند تعتيم لون مرغوب فيه، يجب على المرء أن يستخدم فلتراً يكون عكس اللون الذي سيتم تعتيمه. فمثلاً توجد طبعة زرقاء بخطوط باهتة، فمن خلال استخدام فلتر برتقالي أو أصفر قاتم يمكن أن يتم تعتيم هذه الخطوط بفعالية. لو كانت على هذه الصورة نفسها بقعاً صفراء فإنه سيتم تفتيحها أو ازالتها تماماً باستخدام هذا الفلتر.

يوجد هنالك عوامل أخرى على المرء أن يأخذها بعين الاعتبار. تستخدم بعض أنواع الحبر الكربون الأسود من أجل الحصول على كثافة عالية، لهذا فإن مقدار ضئيل من المنطقة التي يوجد فيها الحبر سيبقى عند التفتيح أو محاولة ازالة الحبر. لسوء الحظ ليس هنالك فلتر يستطيع حل هذه المشكلة لأنها بالحقيقة اختلاف في الكثافة وليس

اختلاف في اللون.

قابلة للتعديل فإنه سيعطي عادة تعرض صحيح للضوء من خلال قياسه على بطاقة mm عند استخدام الفلتر مع كاميرا 35 18% رمادية. وسيكون من الأفضل للوقاية من ذلك استخدام أسلوب "البراكتنج" على أي من جانبي هذه القراءة للعداد لأن هنالك اختلاف في حساسية العداد.

ب. عناصر الفلتر

يجب استخدام عناصر الفلتر إذا لم يتم قياس التعرض للضوء من خلال العدسة بوجود الفلتر. ويجب أيضاً استخدام عناصر الفلتر عند استخدام الفلاش، أو عدادات القياس المحمولة أو الفلاتر الداكنة جدا.

يتم الاجراء كالآتي:

1. حدد عنصر الفلتر للفيلم الذي تقوم باستخدامه في جدول المعلومات.
2. للفيلم المستخدم ASO/ISO قُم بتقسيم عنصر الفلتر إلى سرعة.

ملاحظة: يمكن أن يكون هنالك سرعة ضوء فلزي في بعض الأفلام.

3. ضع الرقم التي تم الحصول عليه نتيجة هذا التقسيم على عداد الضوء أو ألة حساب الفلاش لكي يتم تبديل رقم ASO/ISO العادي.
4. قُم بقياس بطاقة 18% رمادية دون وجود الفلاش في مكانه وقُم بابقاء العيار الذي تم الحصول عليه.
5. ضع الفلتر على العدسة وقُم بالتعريض باستخدام العيار الذي تم الحصول عليه مسبقاً.

واحد بسبب تفاوت العدادات وانعكاسية الجسم المعني f/stop ملاحظة: يوصى بعمل البراكتنج بزيادة أو انقاص.

يمكن عمل التالي كبديل للتقسيم السابق:

حدد عنصر الفلتر للفيلم الذي تقوم باستخدامه في جدول المعلومات.

1. عادي باستخدام بطاقة 18% رمادية من ألة حساب الفلاش ASO/ISO قُم بعمل قياس رقم.
2. لعنصر الفلتر من الجدول أدناه وقُم بفتح العدسة حسب ذلك f/stop قُم بايجاد اختلاف ال.
3. واحد بسبب تفاوت العدادات وانعكاسية الجسم المعني f/stop مرة ثانية، يوصى بعمل البراكتنج بزيادة أو انقاص

تغير فتحة ال f/stop	عنصر الفلتر
+2/3	1.5
+1	2
+1-2/3	3
+2	4
+2-2/3	6
+3	8
+3-1/2	12
+4	16

ت. الاجراء المتبع عندما لا تتوفر معلومات عنصر الفلتر
.يتم اقتراح الآتي عندما لا يتوفر معلومات عنصر الفلتر. قُم بأخذ ملاحظات عن التعرض

1. .قُم بأخذ صورة عادية دون استخدام الفلتر لبطاقة رمادية أو جدول مقارنة أو أي جسم عادي
2. f/stop بعد أخذ التعرض العادي التي تم ذكره أعلاه، ضع فلتراً وقُم بأخذ سلسلة تعرضات (صور) بفتحات .من عيار التعرض العادي 4،3،2،1
3. .قُم باعادة الخطوة رقم 2 مع كل فلتر
4. قُم بتحميض الفيلم وقارن الصور العادية التي تم أخذها دون استخدام الفلتر مع سلسلة الصور التي تم أخذها باستخدام الفلاتر. سوف يُشير تطابق الكثافة الأقرب للعادي من سلسلة الصور على اختلاف ال f/stop عن العادي (غير المستخدم فيها فلتر) التي يجب عملها لتعرضات مستقبلية مع فلتر معين.

سوف يتم طرح السؤال التالي: ما هي الفلاتر التي يجب أن تكون بحوزتي للتأقلم مع الأنواع المختلفة للأجسام المراد تصويرها؟ وفقاً لذلك، قد تكون اللائحة أدناه طقم أولي من فلاتر كوداك راتن الفوتوغرافية:

اللون الذي يمتصه	لون الفلتر	رقم الفلتر
الأزرق والأخضر	أحمر	25
الأزرق	البرتقالي	23
الأزرق	الأصفر	15
الأحمر والأزرق	أخضر	58
الأحمر	الأزرق الذي يميل إلى الاخضرار	64
الأحمر والأخضر	أزرق	47
الأخضر	أرجواني	31

تقوم كوداك بتزويد معظم فلاترها بشكل الجيلاتين، والأكثر شيوعاً على شكل مربعات حجمها 3 انشات. تم تصميم هذه الفلاتر كي يتم استخدامها مع حامل الفلاتر والأخيرة تنزلق بدورها في أداة وصل حامل الفلتر. يتم تركيب أدوات الوصل أمام العدسة. وتسمح هذه العملية عادة بتغير الفلتر بشكل سريع دون التأثير على تركيز (فوكس) العدسة والذي يمكن حدوثه باستخدام فلتر زجاجي على حاضنة.

هدف التعلم 8: دراية في تصوير البصمات المُظهَرة بمادة النينهايدرن

VIII. تصوير البصمات المُظهرة بمادة النيناهايدرن

أ. الأفلام المستخدمة في تصوير البصمات المُظهرة بمادة النينهايدرن

غالباً ما يتم الطلب منا تقديم نصيحة بما يتعلق بتصوير البصمات المُظهرة بمادة النينهايدرن. وعندها نسأل بدورنا عن نوع الفيلم الذي سوف يتم استخدامه، وعادة ما يكون تصميم الكاميرا المستخدمة هو محدد العملية. إذا تم استخدام تصميم 4 X5 فنصحيتنا ستكون استخدام فيلم عملية التباين الحساس للألوان ما عدا اللون الأحمر

(Contrast Process Ortho Film). فإن استخدام أي فيلم حساس لجميع ألوان mmولو كان التصميم 120 أو 35 III سيكون جيداً. لا نوصي عادةً باستخدام نوع Kodak Technical Pan Film أو فيلم (T-Max Family)الطيف Ortho أو HC Slide بسبب مشاكل التباين الشديد ومشاكل لها علاقة بالتعرض والتحميض.

ب. الفلاتر التي يتم استخدامها في تصوير البصمات المُظهرة بمادة النينهايدرن

فأنه سيتم (Contrast Process Ortho Film) فيلم عملية التباين الحساس للألوان ما عدا اللون الأحمر (magenta) استخدام فلتر أصفر مثل فلتر كوداك راتن رقم 8. لو كان الفيلم المستخدم فيلم حساس لجميع ألوان الطيف فإنه يمكن استخدام فلتر أخضر مثل رقم 11 أو رقم 13 وأيضاً فلتر راتن رقم 58 أو فلتر رقم 61.

إن هدف استخدام الفلاتر هو زيادة التباين، والحجة المنطقية لهذا هي كالآتي:

- لا يُميز جزء الضوء (Contrast Process Ortho Film) فيلم عملية التباين الحساس للألوان ما عدا اللون الأحمر الأحمر من بصمة النينهايدرن. يتم استخدام فلتر أصفر حيث يتم امتصاص اللون الأزرق من بصمة النيهايدرن مما يجعل الفيلم غير مميزاً للضوء الأزرق أيضا. سوف تُظهر الطبعة الورقية النهائية تفاصيل نتوء داكن بشكل أكبر. ولقد أضاف استخدام الفلتر الأصفر أيضاً ميزة عندما يأخذ المرء بعين الاعتبار أن هذه الأنواع من الآثار توجد بشكل عام على المغلفات البنية (المانيلا) والأكياس. يقوم الفلتر وفقاً لذلك باضاءة الخلفية لزيادة التباين لدرجة أكبر.
- يجب على المرء الأخذ بعين الاعتبار عند استخدام الأفلام الحساسة لجميع ألوان الطيف أن هذا الفيلم يميز جميع الألوان ولهذا فإن على المصور أن يستخدم فلتر عكس اللون المطلوب تعتيمه في الطبعة النهائية. أن عكس لون الماجينتا هو اللون الأخضر. يتطلب استخدام الفلاتر تغيرا في التعرض من قراءة بطاقة رمادية عادية دون فلتر حيث يجب أن يتم تغير التعرض كي يتم التصوير إلى تحت على جسم على مدى داكن أو التصوير إلى فوق على جسم على مدى فاتح- (مفتاح منخفض ومفتاح مرتفع). سيكون التغير التقريبي من قراءة عادية من غير فلتر كالآتي:
- ½ f/stop. مع راتن فلتر رقم Contrast Process Ortho Film 8 يفتح تقريباً فيلم
- Technical Pan Film مع الفلاتر التالية:

1. 11 ½ 3 f/stop
2. f/stop رقم 13 (أصفر مُخضر فاتح) يفتح تقريباً 2
3. f/stop رقم 58 (أصفر مُخضر داكن) يفتح تقريباً ½ 2

Pan Contrast Process Ortho Film:

فإن التباين وسرعة الفيلم Technical Pan Film باستخدام (T-Max Family). % إنه يُوصى زيادة التحميض ل 15 تستندان على نوع المُظهر في عملية التحميض والوقت ودرجة الحرارة. يُنصح باستخدام مؤشر تباين من 1 إلى 1.80 (لمزيد من المعلومات. يُعطي فيلم P-255 بالاعتماد على الجسم الأصلي) لإنتاج صورة جيدة. أرجو استشارة جدول المعلومات Contrast Process Ortho Film الذي تم تحميضه في مُظهرات اعتيادية يُوصى باستخدامها مثل (D-8, D-11, HC مؤشر تباين عادة ما يكون مرغوب فيه. باستخدام مؤشر تعرض مقداره 50 بوقت تحميض فترته 10 دقائق على (110 B صهريج سعته ½ 3) D-76 درجة 68 في مُظهر كوداك

دراية في التصوير فوق البنفسجي الفلوريسنتي :9 #

لشهر كانون ثاني لعام 1987 Log 911 تم تحرير هذه المعلومات من مقالة في مجلة.

IX. التصوير فوق البنفسجي الفلوريسنتي

هنالك أسئلة كثيرة يتم طرحها بخصوص استخدام التصوير فوق البنفسجي في الطب العدلي. يوجد هنالك نوعان من التصوير فوق البنفسجي: التصوير فوق البنفسجي المنعكس حيث يضرب الضوء فوق البنفسجي فقط الفيلم منتجا صورة، والنوع الثاني هو التصوير فوق البنفسجي الفلوريسنتي. في التصوير فوق البنفسجي الفلوريسنتي يتم استخدام الضوء فوق البنفسجي لاضاءة مادة تسبب في توهجها أو اظهار ضوء فلوريسنتي. إن الفلوريسنت هو الشيء المرغوب فيه للصورة المقصودة. إن الفلوريسنت فوق البنفسجي هو من أكثر المواضيع التي يُسأل عنها في التصوير فوق البنفسجي.

يتم تطبيق هذه التقنية في اجراءات البصمات والوثائق والأسلحة النارية والمخدرات وعلم المصول، وأيضا في اجراءات الفحص الكيماوي. لا يمكن اعادة كثير من هذه الفحوص أو أنها مدمرة بطبيعتها، ويوجد هنالك حاجة لتصوير النتائج للحفاظ على ما تم رؤيته وتفسيره من قِبل الفاحص. أحيانا ما يكون الفلوريسنت حساس للون وأحيانا أخرى لا يكون كذلك. لهذا يمكن اجراء هذا النوع من التصوير باستخدام مواد سوداء وبيضاء أو ملونة، أو مواد شفافة أو سلبية (نيجاتيف).

أ. المعدات المطلوبة في التصوير فوق البنفسجي الفلوريسنتي:

1. فيلم
تحتاج فيلما كافيا لأخذ خمس سلاسل من الصور لكل منطقة معنية. يوصى بفيلم Kodak Tmax 400 Professional Film للصور بالأبيض والأسود. أما للصور الملونة فيوصى باستخدام ISO 400 Kodak VR-G 400 Film/CM (سلبي اللون)) وأيضا فيلم كوداك ذو سرعة أكبر Kodak VR 1000 film/CF (في النهار)/EL أو Kodak Ektachrome 400 Film (فيلم شفاف)، و Kodak Ektachrome P800/1600 Professional Film/EES (سلبي اللون).

2. مصدر ضوء فوق بنفسجي
يُمكن صُنع مصدر ضوء فوق بنفسجي من خلال وضع فلتر كوداك راتن فوق بنفسجي رقم 18 A أمام مصدر من الزجاج بخار زئبق عالي الكثافة أو مصدر اضاءة فلوريسنتي، أو من خلال استخدام أنبوب فلوريسنت ذو "ضوء أسود" المتوفر تجاريا. أيضا يمكن استخدام مصادر اضاءة فوق بنفسجية تُستخدم في المختبرات العلمية متوفرة تجاريا. لا يتم عادة استخدام معظم الفلاشات الالكتروني في هذا العمل.

3. منصب ثلاثي الأرجل وسلك اطلاق
4. فلتر جيلاتين رقم 2 A, 2B, 2C من نوع كوداك راتن.
يتم وضع هذه الفلاتر أمام عدسة الكاميرا، وتتوفر هذه الفلاتر فقط على شكل جيلاتين من شركة Eastman Kodak.

ب. تقنية اجراء التصوير فوق البنفسجي الفلوريسنتي
التقنية التي يتم اجراءها هي كالآتي:

1. ضع الجسم المعني كا ترغب أمام الكاميرا المثبتة على المنصب ثلاثي الأرجل وضع فيها الفيلم المرغوب في استخدامه.
2. ضع فلتر الجيلاتين رقم 2 A, 2B, 2C من نوع كوداك راتن أمام عدسة الكاميرا. إذا لم يتم استخدام أحد هذه الفلاتر فإنه يمكن توقع نتائج سلبية لأنه سوف يكون على الفيلم ضبابية كثيرة.
3. قم بتشغيل مصدر الضوء فوق البنفسجي وضعه قريبا جدا من الجسم المعني (12-18 انش).
4. قم بتعتيم الأضواء البيضاء في الغرفة بشكل كامل.
5. قُم بالتركيز على المنطقة المعنية إذا كانت فلوريسينتية. إبدأ سلسلة من الصور كالآتي:
- ضع رقم f/5.6 على عدسة الكاميرا

-وبوجود الفلتر رقم 2 في مكانه قُم بالتقاط سلسلة صور بفترة ثانية، ثانيتين، خمس ثواني، عشر ثواني، وعشرون - ثانية.

يتم التعامل مع المناطق المعنية الأخرى بنفس الطريقة.

تنبيه: من المحتمل أن يصيبك "سفعة شمس" من الضوء فوق البنفسجي المستخدم لمدة طويلة، ويجب دائما حماية العيون حيث قد يكون هنالك ترابط ما بين استخدام هذه الأضاءة واعتام عدسة العين. لهذا يُوصى باستخدام نظارات واقية ماصة لهذه الاضاءة.

من نوع كوداك راتن عند التصوير بفيلم أبيض وأسود. عندها سيتم زيادة وقت سلسلة تعرض A, 2B, 2Cفلاتر الجيلاتين 2 من نوع كوداك راتن بين الجسم A, 2B, 2Cالصور حسب عنصر الفلتر المستخدم. ملاحظة: يجب وضع فلاتر الجيلاتين 2 المعني وفلتر التباين المستخدم، حيث سوف يساعد هذا في التغلب على اشعاع فلتر التباين بضوء فلوريسنتي الذي يحدث أحيانا.

هدف التعلم # 10 وصف الطرق التي بواسطتها يصبح تصوير اضاءة الآثار أكثر سهولة

تصوير اضاءة الآثار .X

لطالما كان هنالك مشكلة في تصوير جسم مطبوع بجودة عالية، ولطالما تم اعتبار آثار الأحذية والاطارات، وعلامات الكتابة، وآثار البصمات في المواد البلاستيكية مثل المعجون والشحمة على أنها أدلة. أيضا لطالما أُعتبرت آثار الأدوات على أنها أدلة. ولكن لطالما كان هنالك مشكلة في التقاط صورا ذات قيمة أستدلالية عالية. قد يساعد الآتي في اضاءة ذات مستوى منخفض (عتمة متوفرة) لهذا النوع من التصوير.

من البديهي أنه يجب أخذ الصورة مع المقياس ودونه، وأنه يجب وضع الكاميرا عاموديا مع الجسم المعني. وأيضا من المفترض أن يملأ الجسم المعني الاطار، حيث يسمح هذا لقياس ذو جودة إذا ما تم أخذ صورة ذات جودة.

أ. تعرض صورة ذات جودة عالية

تكمن المشكلة في أخذ تعرض صورة ذات جودة عالية. ومن المشاكل العديدة الشائعة هي تعرض صورة منخفض ومن ثم تباين شديد في الاضاءة على الجسم المعني. يمكن أن تكون الصورة منخفضة التعرض بشكل شامل، ولكن جانب منها يكون مُفرط التعرض. قد نحصل على دليل كيفية الاستمرار من خلال استخدام مصباح يدوي لتخيل الصورة التي سوف تنتج. يتوجب أن يكون ارتفاع الاضاءة صحيحا كي يتم القاء الظلال من الأماكن المرتفعة. إذا كان الضوء عاليا جدا فلن نحصل على ظلال كاف لتخيل الصورة، أما إذا كان الضوء منخفضا جدا فسنحصل على ظلال كثير بحيث لا نستطيع رؤية الصورة. بالاضافة إلى ذلك، يتوجب علينا أن نحصل على الاتجاه الصحيح للضوء. ويتم هذا لاظهار النمط بشكل كامل والمساعدة في تحديد موضع أي انحرافات قد تُحدِث تفردا في الصورة. عادة ما يُوصى أخذ كل واحدة منها مع اتجاه مختلف للضوء. إن المحاولة من خلال تحريك الضوء سوف يُظهر الزوايا المطلوبة.

ب. التباين

حيث أننا قد انتهينا من استخدام المصباح اليدوي لتخيل زوايا الاتجاه والارتفاع، يمكننا الآن أن نتكلم عن جزء التباين. لقد سمعنا عن قانون المربع المقلوب. وقد كنت قد سمعتها بشكل أوضح: قريب يعني مُشع وبعيد تعني قاتم. ويمكن قولها بطريقة أخرى: قريب تعني تباين، وبعيد تعني خافت. بتحريك نفس المصباح اليدوي (بالحفاظ على زاويا الارتفاع والاتجاه صحيحة) إلى مكان أبعد (بدلا من أن يكون قريبا من الجسم المعني) فإننا نبدأ برؤية الضوء مستويا بشكل أكبر على الجسم المعني. يجب أن يجري هذا النمط بغض النظر اذا كان هناك استخدام لفلاش الكتروني أو مصباح يدوي للاضاءة أم لا. ولكن هنالك "سر" المهنة التي قد يصقل الاضاءة بالمصباح اليدوي والتي سوف نراه لاحقا في هذه المقالة.

ت. التعويض

نأمل أنه قد سيطرنا على مشكلة التباين والاتجاه، ولكن تُصبح المشكلة الآن في تعرض الصورة الفعلي. إذا تم استخدام فلاش الكتروني فيمكن للمرء أن يقوم بتشغيله يدويا أو أوتوماتيكيا أو عن طريق نظام من خلال العدسة ال (TTL).

يجب على المرء أن يأخذ بعين الاعتبار الانعكاس الأساسي للجسم المعني وأن يقوم بالتعويض عنه حسب ذلك. يتفق الجميع على أن الثلج يعكس ضوءا أكثر من التراب الأسود، لهذا يجب وضع تعويضات معيارية للضوء والظلام. عند تصوير جسم ذو درجة انعكاس عالية باستخدام الفلاش الأوتوماتيكي أو فلاش TTL، فإن على المرء دون شك أن يزيد من التعرض للضوء من خلال استخدام فتحة الكاميرا(في الفلاش الأوتوماتيكي) أو قيمة التعرض(في نظام ال TTL). من المحتمل أن ينطفيء الفلاش مبكرا دون هذا التعويض والنتيجة سوف تكون صورة بتعرض منخفض. تكون التعويضات عكسية مع الجسم الذي يعطي انعكاسا قليلا. ولكن إذا تم استخدام فلاش يدوي بدلا من الفلاش الأوتوماتيكي أو نظام TTL، فقد يكون هنالك حاجة لعكس التعويضات. قد يتطلب جسم فاتح بشكل كبير أقل تعرض للضوء عند استخدام فلاش يدوي، أما الجسم الداكن بشكل كبير قد يتطلب تعرض للضوء بشكل أكبر.

ولكن ماذا عن المصباح اليدوي؟ هل يمكن استخدامه للحصول على صورا ذات جودة عالية للآثار؟ نعم نستطيع إذا تم استخدامه بعناية. عادة ما تُسبِب الشعرة الكهربائية ونمط التركيز للمصباح الكهربائي نمط غير مرغوب فيه. كيف يمكن معالجة ذلك؟ أيضا كيفية حصول المرء على قراءة العداد للمستوى المنخفض للضوء التي توجد عادة في المصابيح اليدوية.

ث. قراءة عداد القياس والتحكم بالضوء

بايجاد الجواب لمسألة قراءة عداد القياس والتحكم بالضوء. فقط قُم بوضع الكاميرا على نظام mmتقوم معظم كاميرات ال 35 تشغيل أولوية استخدام فتحة الكاميرا، وقُم بتعديل التعرضات من خلال مفتاح قيمة التعرض حسب الحاجة. إذا تم استخدام ال f/stop (f/11 فإن سرعة الشاتر مع رقم ISO 400 على سبيل المثال) قد تكون تلقائيا حوالي 15 ثانية لهذه العملية. يقوم عداد الكاميرا بقراءة الضوء الكلي المتطلب ويُعدل الوقت حسب ذلك. يمكن للمرء مجرد وضع المصباح اليدوي في الموضع ويفتح الشاتر بسلك اطلاق (يمكن استخدام عداد اتوماتيكي اذا لم يكن هنالك سلك اطلاق) ومن ثم جعل الكاميرا تقوم بالباقي، بالأخذ بعين الاعتبار التحذيرات التي تم ذِكرها سابقا عن الانعكاسية وحدة الزوايا. إن لك الاختيار في وضع التعويضات. إن سر المهنة هو: قم بهز المصباح اليدوي بسرعة من جهة إلى أخرى. أنت الآن تقوم "برسم من خلال الضوء". من خلال هز المصباح اليدوي بسرعة فإن المرء يقوم بازالة البقع الحارة ونمط التركيز الذي تكون عند استخدام الضوء الثابت. يجب المحافظة على الزاوية والمسافة. إذا كان هنالك حاجة أن تكون سرعة الشاتر أكبر من أجل السماح لاهتزاز أفضل، قُم باستخدام فتحة أضيق أو قُم بزيادة مسافة الضوء عن الجسم المعني، وتذكر أنه كلما زاد البعد كان الضوء خافت، والضوء الخافت يعني سرعة شاتر أكبر.

ملاحظة: يمكن استخدام طريقة المصباح اليدوي هذه مع فيلم ومعظم الكاميرات الرقمية القابلة للتعديل والتي لها مفاتيح تحكم ضوء للشاتر وال f/stop. من المحتمل أن تسود مشكلة توازن اللون عند استخدام فيلم ملون،حيث قد تكون الصورة متقدة بشكل كبير. ولكن عند استخدام كاميرا رقمية، يمكن للمرء أن يقوم بتعديل توازن اللون بسهولة إما من خلال استخدام برمجية لاكتساب الصور أو برمجية لتعديل الصور. أحيانا ما يتم استخدام الطريقتين إذا كانت برمجية الحاسوب الخاص بك تسمح بذلك.

لدرس العاشر

أدلة الآثار

مدة الدرس

ساعات 4

المواد والمعدات والخدمات اللوجستية

لوح ورقي قلاب، وجهاز عرض الصورة الشفافة، وجهاز فيديو، وطباشير، ولوح أبيض

غاية الدرس
يهدف هذا الدرس إلى تعريف المشاركين بأنواع أدلة الآثار التي يمكن العثور عليها في مسرح الجريمة. سوف يقوم المشاركون بفحص الخصائص المتنوعة للشعر، والآلياف، والزجاج، والدهان، والتربة بالأضافة إلى نظرة شاملة لمكان وجود هذه المواد عادةً، وقيمتها الدلالية في التحقيق في الجريمة، وكيفية جمعها كأدلة وكعينات معايير للمقارنة.

أهداف التعلم
سوف يكون بإستطاعة المشاركين عمل الآتي في نهاية هذا الدرس:

1. تحديد خمسة أجزاء من شعر الانسان وقيمة هذا الشعر كدليل.
2. ذِكر على الأقل ثلاثة استنتاجات يمكن تحديدها من خلال الشعر التي تم العثور عليه في مسرح الجريمة.
3. تحديد ثلاثة أوجه مهمة للتفتيش عن عينات الشعر وجمعها ومقارنتها.
4. تحديد الفئات الأربعة للآلياف.
5. إجراءات التفتيش عن أدلة الآلياف وجمع هذه الأدلة.
6. دراية بعملية جمع أدلة الشعر والآلياف من المشتبه به.
7. ذِكر أربعة مميزات مرئية للزجاج والاشارة إلى ثلاثة استنتاجات على الأقل يمكن تحديدها من خلال فحص الزجاج.
8. الاشارة لثلاثة أشكال يمكن من خلالها جمع الدهان كأدلة، وتحديد نوع المعلومات التي يمكن الحصول عليها من خلال تطابق ناجح للدهان مع ملف دهان المركبات.
9. ذِكر على الأقل ثلاث مناطق يمكن العثور فيها على أدلة صخرية أو ترابية على المشتبه به.

مقدمة
واحدٌ من أكثر انواع الأدلة شيوعاً التي سوف يقابلها المحقق و/ أو خبير مسرح الجريمة هي أدلة الآثار. أدلة الآثار هو الأسم العام للمواد الصغيرة والتي غالباً ما تكون مجهرية. يمكن أن تشمل أدلة الآثار في مسرح الجريمة على أشياء واضحة كالدم أو الشعر أو قطع الزجاج أو الدهان.
يمكن أن تتضمن أدلة الآثار أيضاً على أشياء أقل وضوحاً أو لا يتم التفكير فيها كثيراً مثل الآلياف الدقيقة جداً أو التربة. سوف نقوم في هذا الدرس بمناقشة الخصائص العامة للشعر والآلياف والزجاج والدهان والتربة، والقاء نظرة على قيمة كل واحدة منها كأدلة، وكيفية جمعها بطريقة سليمة. سوف يتم مناقشة آثار الدم في درس منفصل.

هدف التعلم #1: تحديد خمسة أجزاء من شعر الانسان وقيمة هذا الشعر كدليل

قيمة الشعر كدليل .I

لطالما كان معروفاً بشكل جلي وواضح قيمة الشعر كدليل في القضايا الجنائية. نادراً ما يكون الشعر دليلاً قاطعاً، ولكن قد تم اثبات أنه مساعد هام وضروري للمحقق عند اقترانه مع تفاصيل أخرى. يجب على المحقق وخبير مسرح الجريمة أن يستفيدا من أهمية هذا النوع من الأدلة أثناء المرحلة الأولى من التحقيق.

أ. الشعر
إن الشعر هو واحدٌ من أكثر أدلة الآثار شيوعاً التي يتم العثور عليها في مسرح الجريمة، حيث يُعتبر الشعر واحد من أكثر العناصر البشرية المضادة للتعفن بعد لأسنان والعظام.

ب. بنية الشعر
يتركب الشعر من حافة الشعر والاهاب واللحاء والنخاع، والبصيلة أو الجذر، وتُوفِر مُرَكّبات الشعر هذه معلومات محددة لفني المختبر. إن فحص الاهاب واللحاء والنخاع قد يُظهر أي واحدةٍ من السمات الشخصية من مصدرها.

ت. الاهاب
إن الاهاب هو السطح الخارجي للشعر، ويظهر كحراشف السمك عند النظر عليه من خلال مجهر. تتداخل كل واحدة من هذه الحراشف في الأخرى كتداخل الألواح الخشبية أو القرميد على سطح بيت. تُعرف هذه االحراشف بالحراشف الاهابية.

ث. اللحاء
إن اللحاء هو الجزء الداخلي من الشعر ويحتوي على صبغة الشعر أو لونه.

ج. النخاع
إن النخاع هو الجزء المركزي لجسم الشعرة، وعند تكبيره يظهر كسلسلة فقرية غير منتظمة، أو كخطٍ داكن يتباين في سُمكه يتسلق في وسط جسم الشعرة. يمكن اكتساب معلومات مهمة أخرى من خلال فحصٍ مرئي ومجهري وكيميائي لجذر الشعرة أو البصيلة وجسم الشعرة وحافتها.

هدف التعلم #2: ذِكر على الأقل ثلاثة استنتاجات يمكن تحديدها من خلال الشعر التي تم العثور عليه في مسرح الجريمة.

فحص الشعر .II

أ. ماذا يمكن للخبراء أن يحددوا من خلال فحصهم للشعر

سمات الأعراق .1

(أ. منغولي (دائري يُنتج شعر مستقيم وطويل

(ب. قوقازي (بيضاوي

(ت. أسود (مسطح

سمات موقع الجسد .2

(أ. شعر الرأس (قطر موحد- لشعر الانسان

(ب. شعر الوجه، مثل اللحية والشوارب (مثلثي الشكل

(ت. شعر العانة (قطر غير منتظم

(ث. شعر الإبط (قطر غير منتظم

(المؤشر النخاعي (نسبة قطر النخاع بالمقارنة مع قطر الشعرة ككل .3
(أ. شعر الانسان (تقريباً 1/3
(ب. شعر الحيوان (قد تكون أكبر أو أصغر

المعالجة أو التغيرات المادية .4
أ. إذا تم نزع الشعر عنوة
(ب. إذا تم قص الشعر بآلةٍ غير حادة أو حادة (ويمكن معرفة متى حصل ذلك إذا استمر تعرض الشعر للاحتكاك والتمشيط
ت. إذا تم سحق الشعر أو حرقه
ث. إذا تم صبغ الشعر أو تبيضه

ب. ما الأمور التي لا يمكن تحديدها ايجابياً من خلال فحص الشعر
الجنس .1
السن .2
تحديد ايجابي للهوية الفردية .3

ت. استنتاجات محتملة تتعلق بتحليل عينة الشعر
:عادةً ما يستنتج المختبر الجنائي واحدة من ثلاث أشياء تتعلق بمقارنة الشعر
أن الشعر يتطابق من حيث سماته المجهرية، وأنها إما جاءت من نفس الشخص أو شخص آخر يُظهر شعره السمات .1 المجهرية ذاتها.
.أن الشعرات ليست متشابهة، وأنها لم تأتي من نفس الأشخاص .2
.أنه لا يمكن التوصل لأي استنتاج .3

هدف التعلم #3: تحديد ثلاثة أوجه مهمة للتفتيش عن عينات الشعر وجمعها ومقارنتها

تفتيش عن عينات الشعر وجمعها ومقارنتها .III

أ. التفتيش عن الشعر
إن أصعب مهمة يواجها خبير مسرح الجريمة بدايةً هو تحديد أدلة الشعر في مسرح الجريمة. قد تشمل المواقع الواضحة للبحث على غطاء الرأس والثياب، مع ايلاء اهتمام خاص للبطانات والجيوب والأصفاد. بالاضافة للموقع العام لمسرح الجريمة، يمكن البحث في مناطق أخرى كجثة الضحية(وخاصة في الجرائم الجنسية) وتحت الأظافر أو أي سطوح منجدة مثل الآثاث ومقاعد السيارة.

ب. جمع أدلة الشعر
يجب التقاط الشعر الذي تم العثور عليه في مسرح الجريمة بعناية بملقط صغير. ويجب وضع عينة الشعر في وعاء نظيف مثل الأوعية التي يوضع فيه الدواء، أو يمكن أن يتم وضعها في قطعة ورق نظيفة. إذا تم استخدام أوعية مثل أوعية الدواء، فإن على خبير مسرح الجريمة أن يضمن أن الوعاء يتسع للطول الكلي للشعرة وأنها لن تنسحق عند وضع الغطاء على الوعاء. إذا تم استخدام الورق، فيجب ايلاء اهتمام خاص لتجنب تجعيد الشعر من خلال طويه.
يتم كنس المبنى بمكنسة كهربائية مع فلتر متصل بها بعد جمع جميع مواد الأدلة المرئية في مسرح الجريمة. سوف يتم وضع محتويات المكنسة الكهربائية في كيس بلاستيك وترميزه بشكلٍ سليم.

ت. استنتاجات محتملة تتعلق بتحليل عينات الشعر

:عادةً ما يستنتج المختبر الجنائي واحدة من ثلاث أشياء تتعلق بمقارنة الشعر

1. أن الشعر يتطابق من حيث سماته المجهرية، وانها إما جاءت من نفس الشخص أو شخص آخر يُظهر شعره السمات المجهرية ذاتها.

2. أن الشعرات ليست متشابهة، وأنها لم تأتي من نفس الأشخاص.

3. أنه لا يمكن التوصل لأي استنتاج.

هدف التعلم #4: تحديد الفئات الأربعة للألياف. قيمة الآليات كأداة، واستنتاجات يتم تحديدها من خلال فحص الآليات

IV. الآلياف

إن الآلياف هي أصغر وحدة مفردة تُشكل أساس الخيوط النسيجية. يتكون الخيط من العديد من الآلياف التي تكون مغزولة أو ملتوية أو مجتمعة مع بعضها لصُنع نسيج أو حياكة.

أ. فئات الآلياف

:يُمكن تقسيم الآلياف للفئات التالية

1. الحيوانات

.يتم الحصول على العديد من الآلياف من الحيوانات، ومن أهم هذه الآلياف الصوف والحرير وشعر الجمل والفرو

2. النبات

.تتضمن هذه الفئة القطن والكتان والقنب والجوت والرامي(قنب سيام) والسيزال

3. المعادن

تُنتج المعادن آليافاً مثل الصوف الزجاجي أو الاسبست

4. المواد المُصنعة

.يمكن الحصول على آلياف عدة من خلال استخدام الكيمياء مثل حرير الرايون والنايلون والأورلون والداركون

تتفاوت تصنيفات أخرى للآلياف بشكل كبير من حيث اللون ونوع العملية وتركيب الخيوط والاستخدام النهائي. يمكن تعرض الأقمشة والأشرطة والحبال ومنتجات مماثلة لفحص الآلياف وتحليل وسيلي.

ب. قيمة الآلياف كدليل

لقد تم أيضاً الاعتراف بقيمة أدلة الآلياف على نطاق واسع. نادراً ما تكون أدلة الآلياف حاسمة لوحدها، ولكن غالباً ما أثبتت أنها مساعد هام وقيّم لخبير مسرح الجريمة عند اقترانها بتفاصيل أو أدلة أخرى.

يجب على خبير مسرح الجريمة أن يبذل كل جهدٍ ممكن من أجل مضاعفة احتمال استخدام الآلياف كدليل أثناء التحقيق. نادراً ما يمكن حدوث اتصال ما بين قطعتين من الأقمشة دون حدوث خلط للآلياف فيهما. في حالات تتعلق بالاتصال الجسدي، يمكن لثياب الضحية والمشتبه به على حدٍ سواء أن تتمازج وتتبادل الآلياف. يجب أن يؤخذ بعين الاعتبار في قضايا السطو أي اتصال بالاجسام عند فحص مسرح الجريمة وثياب المشتبه به عن امكانية وجود أدلة آلياف. قد تُظهر نقاط الدخول مثل الشبابيك ومداخل السقوف والسلالم ومواسير الصرف آثار آلياف ذات قيمة للتحقيق. قد تنتقل الآلياف أيضاً ما بين الثياب وتنجيد السيارات.

ت. ما الذي يمكن تحديده من خلال فحص الآلياف

يُمكن تحديد الآلياف من مصدرٍ مجهول من خلال مقارنتها مع عينات معروفة. يمكن فحص قطع الخيوط من حيث تركيبها ومحتوى الصبغة وعدد الطبقات والالتواءات. عندما تتوفر قطع القماش الفعلية، يمكن عمل المقارنة من حيث البُعد والشكل واللون ونوع القماش ونمط الصبغة وطريقة النسج وعدد الخيوط واتجاه التواء الخيوط. يتم تحديد الوتر بنفس الأسلوب الذي يتم فيه تحديد الخيط من الثياب أو أقمشة أخرى.

يمكن للأقمشة المركبة من خيوط منسوجة أو مُعقدة(الآلياف ملتوية مع بعضها البعض) أن تُفحص من حيث اللون والبنية. يمكن تحديد أن الأقمشة المجهولة هي مماثلة للأقمشة المعروفة. يمكن الحصول على تحديدٍ ايجابي عندما تتطابق أقمشة مجهولة مع أقمشة معروفة، ويعتمد هذا النوع من فحص الأقمشة على مطابقة الحواف المنكسرة مع الخيط.عادةً ما يكون فحص الأشرطة مثله مثل فحص الأقمشة حيث يشمل على مطابقة حواف قطع الشريط المستخدم في مسرح الجريمة مع حافة الشريط في ملف تم العثور عليه بحوزة المشتبه به. يتم فحص الحبال البحرية التي تأخذ شكل حبل أو وتر من حيث التركيب واللون والقطر والبنية. يُمكن تحديد الحبل من خلال الزاوية التي التوت عليها الجدلة والمحيط وعدد الجدلات وعدد الخيوط لكل جدلة وكمية الآلياف لكل خيط والعملية الكيميائية التي تتعلق بالحجم والزيوت والمواد الحافظة وطارد الحشرات. سوف يتم مقارنة المصدر المجهول مع المعروف، ويمكن أحياناً مطابقة الحواف أو تحديد المُصَنِّع.

هدف التعلم # 5: فهم اجراءات التفتيش عن وجمع أدلة الآلياف

V. إجراءات التفتبش عن أدلة الآلياف وجمع هذه الأدلة

أ. التفتيش عن أدلة الآلياف

يمكن أن يكون تحديد موقع أدلة الآلياف وجمعها في مسرح الجريمة مهمةً صعبة، وبسبب حجمها الدقيق وتركيبها فيجب أن يتم السعي وراءها بشكل دقيق ومتعمق ومفصل. يجب على خبير مسرح الجريمة أن يبحث في الثياب وغطاء الرأس، وأن يولي عناية خاصة للبطانات والجيوب والأصفاد. ويجب تفتيش مسرح الجريمة العام بعناية للبحث عن أدلة آلياف، وخاصة أي موقع لصراع أو اعتداء محتملَين.

كما تم ذِكرها في الحديث عن التفتيش عن الشعر، يوجد هنالك قاعدة أساسية مهمة جداً ألا وهي تجنب تلوث الأدلة. إن أدلة الآلياف مُعرضة بشكلٍ كبيرٍ أيضاً للتلوث، ويجب على خبير مسرح الجريمة أن يضمن أنه لن تتمازج الأدلة التي تم الحصول عليها من الضحية مع الأدلة التي تم الحصول عليها من المشتبه به. يجب أن يتم جمع كلٍ منها على حدة ووضع علامات عليها بشكلٍ سليم، ووضعها على ورقة نظيفة يتم طويها ووضعها في وعاء نظيف، وفصلها بشكل ملائم أثناء رزمها لنقلها إلى المختبر.

ب. جمع الآلياف كأدلة

يتم الحصول على الآلياف في المقام الأول من خلال كنس مسرح الجريمة وثياب الضحية والمشتبه به. ولأنه من السهل جدا انتقال الآلياف من قطعة قماش إلى قطعة أخرى فإن جمعها بشكلٍ سليم يتطلب عناية فائقة. بينما يتم كنس كل منطقة من مسرح الجريمة، يجب ازالة المواد من الفلتر مع الفلتر نفسه ووضعها في كيس مُخصص للأدلة. يجب تغيير الفلتر في المكنسة الكهربائية في كل مرة يتم فيها أخذ عينة جديدة. يجب مسح الأداة الملحقة بالفلتر بفوطةٍ ورقيةٍ نظيفة قبل ادخال الفلتر الجديد. يجب جمع نماذج من جميع المواد التي يمكن أن تكون قد تلامست مع المشتبه به في مسرح الجريمة كي يكون لفحص الآلياف قيمة قصوى لربط المشتبه به بالضحية أو بمسرح الجريمة. يجب الحصول على نماذج الآلياف من كل مصدر محتمل، وهذا يتضمن الثياب من كلٍ من الضحية والمشتبه به، والسجاد، والستائر، وستائر الحائط، والآثاث...الخ. يتوجب تقديم الجسم بأكمله إذا كان بالامكان، ولكن إذا لم يكن هذا عملياً فقُم بالحصول على عينة كبير بشكلٍ كافٍ لضمان مقارنة دقيقة.

هدف التعلم # 6: دراية بعملية جمع أدلة الشعر والآلياف من المشتبه به

جمع أدلة الشعر والآلياف من المشتبه به .VI

يتوجب أن يُطلب من المشتبه به أن ينزع ملابسه وهو واقفٌ على ورقة نظيفة عندما يتم القبض عليه بوقت قصير بعد ارتكاب الجريمة، وخاصة في حالة جريمة الاغتصاب أو الاعتداء الجنسي. يُفضل أن يكون لون الورق أبيض ولكن يمكن استخدام اللون البني أيضا. يجب أن تكون الورقة كبير بشكلٍ كافٍ من أجل التقاط أي شعر أو آلياف يمكن أن تسقط من المشتبه به عند نزعه للملابس. يجب رزم قطع الملابس كلٍ على حدا مع الورقة التي تم استخدامها في عملية الالتقاط.

عند تفتيش بيت المشتبه به أو سيارته، لا تتغاضى عن أشياء كالامشاط والفراشي وبطانات الأسِرة، والثياب الوسخة في سلة الغسيل لأن جميع هذه هي مواقع أدلة محتملة.

يجب فحص المركبات التي يُظن تورطها في حادث صدم بعناية من أجل رؤية ما إذا كان يوجد أدلة شعر أو آلياف فيها. مصدات المركبة وشبك مقدمتها ومقابض الأبواب وشرائط الكروم على المركبة هي جميعها مواقع رئيسية لهذا النوع من الأدلة التي يمكن أن يتركها الضحية. يجب وضع المركبة على رافعة هيدروليكية ووفحصها بضوء منحرف من أجل العثور على الشعر والآلياف الملتصقة في محمل السيارة.

هدف التعلم # 7: ذِكر أربعة مميزات مرئية للزجاج والاشارة إلى ثلاث استنتاجات على الأقل يمكن تحديدها من خلال فحص الزجاج.

الزجاج .VII

عادةً ما يكون الزجاج خليطاً منصهراً مكوناً من السيليكا التي عادةً ما تكون على شكل الرمل العادي وقواعد قلوية أو الكلس أو البوتاس. يحتوي الزجاج أيضاً على كميات من عناصر مختلفة ومعادن تكون موجودة كأوساخ عرضّية في المحتويات الأساسية، أو يتم اضافتها لاعطاء اللون أو لتحديد درجة الصلابة أو من أجل مقاومة الحرارة أو أي أغراض معينة أخرى.

يتم صهر المحتويات في بوتقة في درجة حرارة عالية جداً، ومن ثم يتم لف المواد المنصهرة ونفخها أو صبها بالحجم والشكل المطلوبين. ويمكن أن يتم صقلها بعد ذلك أو طحنها أو قطعها لاستخدامات مفيدة أو من أجل التزيين، أو من الممكن أن تُضاف مع مواد أخرى. على سبيل المثال، يتم صُنع الزجاج الواقي من خلال دمج ورقة من بلاستيك الفينيل بين قطعتي زجاج عادية، ويُضاف عنصر البورون من أجل زيادة مقاومة الزجاج للحرارة(زجاج البايركس).

أ. فوارق الزجاج

1. اللون
2. السُمك
3. (انحناءات(إن كان يوجد
4. ملمس السطح

إن الزجاج مادة متفردة حيث يمكن أن تكون هنالك آلاف الوصفات المختلفة في صناعته. ولكل نوع خصائصه المادية التي تجعل منه زجاجاً متفرداً، ابتداءاً من الألواح الزجاجية البسيطة وصولاً إلى أنواع كثيرة من الزجاج الملون. على سبيل المثال، يمكن اضافة المعادن التالية من أجل اظهار ألوان مختلفة:

1. الحديد= ضارب إلى الخضرة
2. النحاس= ضارب إلى الزرقة
3. المنغنيز= ضارب إلى البني
4. الذهب = ضارب إلى الياقوت الأحمر

يوجد لكل خليط من الزجاج كثافته الخاصة، لهذا يمكن للمختبر أن يُجري تحليلاً للزجاج باستخدام أنابيب مخبرية مائلة لقياس الكثافة من أجل مقارنة كثافة شظايا أخرى. يوجد نوع اخر من المقارنة غير التدميرية ألا وهي المقارنة ذات المؤشر

الانكساري. يقوم تحليل الطيف بتحديد عناصر تشكيل الزجاج، ولكن هذا التحليل هو تحليل مُدمر لأنه يحرق الشظية التي يُجرى عليها الفحص.

ب. قيمة أدلة الزجاج

يمكن أن يكون للزجاج قيمة كبيرة نسبياً كدليل جراء الاختلافات التي يمكن تحديدها في خصائصه المادية وطرق الصُنع. أيضاً ما يعزز قيمة الزجاج كدليل هو أنه كثيراً ما يمكن مطابقة الشظايا الكبيرة مادياً، وتكون هذه المطابقات المادية إيجابية أو مؤكدة. ولكن المختبر محدود من حيث استطاعته الاستنتاج فقط أن أدلة الزجاج المعينة التي تحتوي على حبيبات صغيرة لها نفس التركيب كالزجاج الأصلي. لا يمكن الوصول إلى استنتاجٍ مؤكد ما لم يكن بالامكان مطابقة شظية بشكل كامل مع قطعة زجاج أصلية.

ت. قوة الزجاج وكسوره

من المهم التذكر أن قوة الزجاج تكمن في سطحه، حيث بمجرد أن يتم اختراق أو خدش سطح الزجاج باستخدام رأس ماسي أو قلم على سبيل المثال فإنه يتم كسر الزجاج على طول هذا الاختراق أو الخدش، ويتم كسر أو انشقاق باقي المادة بسهولة بمجرد تحطيم السطح.

1. ينكسر الزجاج دائماً تحت تأثير الشد وليس الضغط، حيث سوف ينحني حتى يتم تجاوز قوة الشد وبعدها ينكسر.
2. سوف يُنتج اصطدام مُركز على الزجاج نمطاً متوقعاً للتهشم:
3. الكسور الشعاعية هي كسور أولية
4. الكسور اللولبية أو متحدة المركز هي كسور ثانوية

في حالة وجود حالتين من الاصطدام المُركز على سطح الزجاج فإن نمط الكسر أو التهشم يمكن أن يساعد في تحديد الاصطدام الذي حصل أولا. سوف تتوقف الكسور الشعاعية التي حصلت نتيجة الاصطدام الثاني عند نقطة الكسور التي سببها الاصطدام الأول.

إن أنماط الكسور متفردة، ويمكن أن يُعطي الفحص معلومات قيّمة بما يتعلق باتجاه القوة التي سببت الكسر. إن تطابقاً مادياً ما بين قطعتين من الزجاج يُظهر أنها قد جاءت من نفس المصدر واستثناء جميع المصادر الأخرى.

ث. جمع الزجاج كدليل

عندما تكون القطع كبيرة جداً لمطابقتها مع بعضها البعض، يجب تقديم جميع الزجاج المتوفر من أجل زيادة احتمالية العثور على حواف مطابقة.

يجب وضع القطع الكبيرة من الزجاج في أوعية كبيرة تمنع تهشمها بشكلٍ أكبر.

في حالة وجود لزوم لمعرفة اتجاه القوة التي سببت الكسر، يجب وضع علامات على القطع في الشباك التي لم يتم لمسها. ويتم وضع العلامات من داخلها ومن خارجها وفي أعلاها وفي أسفلها، ويجب أن يتم تقديم جميع الزجاج المتوفر من أجل امكانية تطابق قطع كافية مع بعضها البعض كي يتم تحديد الشقوق الشعاعية بجانب مركز الاصطدام وفي مركز الاصطدام ذاته.

غالباً ما تكون جسيمات الزجاج المتهشم من مركبة سببت حادث صدمٍ وهروب موجودة على ملابس الضحية. وفي كثيرٍ من الأحيان يقوم سائق المركبة التي سببت حادث الصدم بالخروج من المركبة ليحدد ما الذي قام بصدمه أو ما هي حالة الشخص التي تم دهسه، ونتيجة لذلك يمكن العثور على زجاج مكسور ملتصقة في حذاء السائق.

يجب الحصول على ثياب وأحذية المشتبه به بنفس الطريقة التي يتم فيها جمع أدلة الآلياف التي تمت مناقشتها سابقاً.
يجب وضع الأدوات والأحذية والأدلة الأخرى المرتبطة بالمشتبه به في رزم منفصلة واغلاقها باحكام.

ج. ما الذي يمكن تحديده من خلال فحص الزجاج
سوف تزود كسور الزجاج وقطعه معلومات يمكن من خلالها تحديد الآتي:

1. إن قطعة زجاج لم تأتي أو أتت من جسم زجاجي معين تم تهشمه (على سبيل المثال، قطعة من ضوء سيارة أمامي تم العثور عليها في موقع حادث سيارة لم تأتي أو أتت من الضوء الأمامي المكسور في سيارة المشتبه به).

2. إن قطعة زجاج أتت من نوع معين لجسم زجاجي مثل عدسة الضوء الأمامي لسيارة أو عدسة نظارة أو لوح زجاجي لشباك.

3. أصل واتجاه الشق أو الكسر، أي ما الذي سبب ذلك الكسر والاتجاه الذي أتت منه القوة المسببة للكسر.

4. ترتيب حدوث الكسور في حالة كسور متعددة، كثقوب الطلقات النارية.

5. الزاوية التي اصاب فيها عيار ناري جسم زجاجي.

يمكن تحديد جسيمات الزجاج أو مقارنتها مع زجاج من مصدرٍ معروف من خلال المقارنة المجهرية البصرية أو مقارنة الكثافة.

لا يستطيع فنيّ المختبر أن يحدد المصدر واستبعاد جميع المصادر الأخرى، ولكن يمكن القول واظهار أنه من المستبعد جداً أن الجسيمات أتت من مصدر غير المصدر المُطابِق المعروف. يكون الاستنتاج قوياً بشكل كبير إذا كان بالامكان تطابق مصدرين أو أكثر.

هدف التعلم #8: الاشارة إلى ثلاثة أشكال يمكن من خلالها جمع الدهان كأدلة، وتحديد نوع المعلومات التي يمكن الحصول عليها من خلال تطابق ناجح للدهان مع ملف دهان المركبات

VIII. الدهان

عندما يفكر المرء بالدهان، فإن أول خاصية تتبادر إلى الذهن عادةً هي اللون. يتم تحديد اللون من خلال استخدام أصباغ مختلفة أو حبيبات المواد الملونة. علاوة على اللون، للدهان أيضاً مجموعة واسعة من الخصائص المُمَيِّزة الأخرى، وتشمل هذه الخصائص على التركيب العام للدهان كالأساس الزيتي له، أو الأكريليك، أو دهان ذو أساس مائي(اللاتكس)، الخ. وأيضا نسيجها أو بنيتها وزخارفها مثل دهان مستوي، أو الدهان الذي يُعطي شبه لمعان أو لمعان كامل. إن كل هذه الخصائص مجتمعة تخلق توقيعاً متفرداً للدهان.

أ. قيمة الدهان كدليل
كما ذُكر سابقاً، يمكن للدهان أن يكون مميزاً من ناحية خصائصه، وبالمثل فإن الدهان في أي شكلٍ من أشكاله، يمكن أن يكون مفيداً كدليل في التحقيقات. يمكن أن يكون دليل الدهان هذا على شكل رقاقة من سطح دهان جاف، أو بقعة دهان جديد، أو دهان سليم على جسمٍ ما.
في كثيرٍ من الأحيان يرتبط الدهان كدليل في حوادث السطو وحوادث الصدم والهروب.
عندما يحاول مشتبه به أن يدخل عنوة إلى مبنى أو بيت، فمن الأرجح أنه سوف يستخدم نوع من الأدوات لعمل ذلك. إذا كان الجسم المراد كسره مطلياً بالدهان، فإن قطعاً من هذا الدهان قد تلتصق في الأداة التي تم استعمالها، وقد تلتصق أيضاً بثياب المشتبه به. وأيضاً إذا كانت الأداة المراد استخدامها في عملية الكسر والدخول مطلية بالدهان، فإن بعضاً من هذا الدهان قد ينتقل إلى الجسم الذي تم كسره وفتحه. إن انتقال رقائق الدهان أو آثاره تكون أيضاً محتملة في حوادث المركبات.

.قد يتم استخدام تسلسل طبقات الدهان وسمكها كمحددات أيضاً

ب. جمع الدهان كدليل

:يُمكن جمع الدهان كدليل في أحد الأشكال التالية

.رقائق صغيرة وقطع .1

(آثار دهان مؤكسد(متشقق .2

.بقع من دهان جديد .3

.مادة أو سطح سليم مطلي بالدهان .4

عادةً ما تكون رقائق الدهان ذات قيمة دلالية كبيرة لأن المشتبه به يكون غافلاً عنها عندما يحاول أن يتخلص من من الآثار التي يمكن أن تربطه مع الجريمة. ولكن لجميع أدلة الدهان قيمة دلالية كبيرة في التحقيق بغض النظر عن شكلها.

قد تنتج رقائق الدهان على الأرجح من محاولة لكسر شيء، أو نتيجة لأي تلامس عنيف ما بين الأجسام التي قد يكون احداها مطلياً بالدهان. يجب أن يتم جمع رقائق الدهان بعناية فائقة من أجل الحفاظ عليها سليمة. كلما كانت رقاقة الدهان أكبر، كلما زادت قيمتها الدلالية. ويمكن التقاط هذه الرقائق باستخدام ملقط صغير، ولكن الطريقة المفضلة هي من خلال التقاطها باستخدام قطعة ورق نظيفة.

ت. الحصول على عينات معايير الدهان

يجب استخدام معايير أو عينات دهان معروفة الأصل كي يقوم المختبر بعمل المقارنة. عندما يتم جمع العينات من أي سطح مطلي بالدهان، يجب قطعه على شكل رقاقات وليس كشطه، لأن هذا سيمنع تغيير بنية الطبقة، وسيمنع خسارة نقاط تحديد مهمة.

يجب أن يتم أخذ عينات معايير الدهان من مصدرين: المصدر الأول، من أي منطقة تم اتلافها أثناء ارتكاب الجريمة، والمصدر الاخر منطقة مجاورة لم يتم اتلافها. يوجد استثناء مهم لهذه العملية، ألا وهي إذا كانت المنطقة التي تم اتلافها هي علامة سببتها أداة، حيث لا يتم أخذ عينة دهان من الداخل حتى لا تتغير العلامة. فقط يجب أخذ عينة من منطقة مجاورة لم يتم اتلافها.

من المهم في تحقيقات حوادث الصدم والهروب أن يتم أخذ عينات معايير المنطقة المطلية غير التالفة لسيارة من المناطق المجاورة مباشرة لنقطة أو نقاط الصدم، ولكن ليس من المنطقة التي يكون فيها الدهان متآكل. يجب أن يتم وضع كل رقاقة أو قطعة دهان في رزم منفصلة، ومن ثم وضع علامات عليها من أجل الاشارة إلى الموقع الدقيق للعثور عليها.

ث. ما الذي يمكن تحديده من خلال فحص الدهان؟

غالباً ما يُمكن لقدرة المختبر الجنائي على اجراء تحليل على الدهان من خلال العمل على رقاقة دهان تم تركها في مسرح الجريمة، وبوجود ملف دهان المركبات لديه، أن توفر دلالات تحقيقية قيّمة لتحديد سنة صُنع المركبة وصُنعها ولونها.

غالباً ما يمكن تحديد أن الدهان الموجود على الأداة له نفس الخصائص المميزة أو التركيب لعينة معيار تم الحصول عليها من باب تم فتحه بعتلة أثناء عملية سطو.

عادةً ما يتم فحص الدهان من خلال مقارنة عينة تم الحصول عليها من عملية تفتيش مع عينة معيار دهان معروف. ويمكن أيضاً فحص رقائق الدهان لمطابقتها مادياً مع جزء لسطحٍ مطلي، ومحاولة مطابقة الحواف المكسورة، أو الخدوش أو الشوائب التي في السطح الأكبر حجماً مع أخرى يمكن تمييزها في العينات التي تم جمعها. تشمل المطابقة المادية أيضاً على عمل مقارنات ما بين البنية(النسيج) واللون، والتغير في اللون والطبقات، وأية خصائص أخرى قد تساعد في تحديد مصدر العينة. ويمكن للمختبر أيضاً أن يُجري فحوصات كيميائية معينة لعينات دهان تُثبت وجه التشابه أو الاختلاف فقط.

هدف التعلم # 9: ذِكر على الأقل ثلاث مناطق يمكن العثور فيها على أدلة صخرية أو ترابية على المشتبه به

IX. التربة والصخور

تتفاوت أنواع الصخور والتربة في مناطق مختلفة في العالم، ويمكن أن نجد هذه الاختلافات أيضاً داخل منطقة محلية صغيرة. يمكن ملاحظة الاختلاف ما بين نوعين من التربة مثل الرمل والصلصال بسهولة، ولكن يمكن كشف الاختلافات المفصلة والتشابهات ما بين عينات لتربة أو صخور متشابهة فقط من قِبل كيميائيٍ مؤهل.

لقد سبب الانسان تنوعات كثيرة في التربة والصخور، حيث يوجد هنالك خلط ونقل مستمرين تقريباً للتربة والصخور أثناء استخراج المعادن والزراعة وفي المناطق الصناعية. ويتم أيضاً اضافة واخذ المواد والمعادن من وإلى التربة، ويتم أيضا اضافة التربة أو الصخور إلى سطح معين، أو يتم أخذها من هذا السطح لجعلها مستوية مما يُغير في النمط الجيولوجي ويزيد من الاختلافات في أنواع التربة والصخور.

أ. قيمة التربة والصخور كأدلة

يمكن العثور على التربة والصخور والمعادن:

1. على المشتبه به
2. على حذاء المشتبه به
3. على ملابس المشتبه به
4. في مركبة المشتبه به
5. على الأدوات التي تم استخدامها في الجريمة
6. في مسرح الجريمة
7. على الضحية

يمكن لهذه المواد أن توفر أدلة ظرفية قيّمة، ولكن غالباً ما يتم اغفال أدلة مثل هذه لأن المحقق أو خبير مسرح الجريمة ليس على علم بقيمتها ولا بالخدمات المختبرية المتوفرة لعمل المقارنات.

لا يمكن أن يتم تحديد ما اذا كان مصدر التربة من مكان واحد واستبعاد جميع الأماكن الأخرى، ولكن يمكن لخبير المختبر أن يربط التربة المشكوك فيها مع المصدر الأكثر احتمالاً، أو استنتاج أنه لا يمكن استبعاد المصدر، أو أنه لا يمكن أن تكون بقعة ما أو منطقة ما هي مصدر التربة المشكوك فيها. ولقد أثبتت هذه الاستنتاجات بأنها ذات قيمة كبيرة في اثبات القضايا الجنائية.

ب. التفتيش عن أدلة التربة والصخور

على الأرجح أن يتم العثور على أدلة الصخور والتربة عندما يكون قد تم ارتكاب الجريمة في الخلاء، أو عندما مشى المشتبه به أو قاد مركبته على أرضٍ غير مرصوفة. يجب ضبط الملابس والأحذية وأغراض شخصية أخرى التي يظهر أنها تحتوي على تربة أو جسيمات صخرية أو أوساخ أو غبار أو طين أو أشياء مشابهة لهذه كأدلة ويجب وضعها في رزمٍ كلٍ على حدا.

يمكن الحصول على أدلة الصخور والتربة من خلال الطرق التالية:

1. يمكن أن يحمل المشتبه به أو يترك كميات صغيرة من الصخور أو التربة في مسرح الجريمة.
2. يمكن أن يلتقط المشتبه به مواد ترابية أو صخرية في مسرح الجريمة.
3. يمكن للمشتبه به أن يلتقط ويترك كلاً من أدلة ترابية وصخرية.

يمكن في حوادث الصدم والهروب أن يلتقط أو يترك المشتبه به أو مركبته أدلة ترابية أو صخرية. قد يُزيح تأثير الصدمة التربة والطين التي كانت قد تراكمت على محمل مركبة المشتبه به. يمكن العثور على هذه الجسيمات في الشارع أو على جسد أو ملابس الضحية التي صدمتها المركبة. ويمكن للمركبة أيضاً أن تنحرف عن الشارع وعندها يمكن أن يلتصق الطين والتراب في اطاراتها وفي محملها مما يثبت ان المركبة كانت في موقع الحادث.

ت. اختيار عينات معايير التربة والصخور

يتوجب دائماً على خبير مسرح الجريمة أن يحصل على عينات الصخور والتربة من مسرح الجريمة لاستخدامها كعينات معايير للمقارنة مع مواد مشابهة قد تأتي من المشتبه به.

يجب أن تكون كمية كل عينة من التربة بمقدار معلقتي طعام تقريباً. وليس من الضروري عادةً عند أخذ العينة أن تذهب أعمق من ½ إلى ¾ انش، ولكن إذا كانت آثار الأقدام أو الاطارات أو أي أثرٍ اخر تخترق طبقات تربة تختلف عن التربة العلوية، فقد يكون من الضروري الحصول على عينة من التربة العلوية والتربة السفلية على حدٍ سواء.

إذا تم العثور على أدلة ترابية أو صخرية على حذاء المشتبه به، يجب أخذ عينة مقارنة من جزء أثر الأقدام التي تم تركها في مسرح الجريمة الذي تقابل المكان على الحذاء حيث وُجِدت الأدلة. يجب أخذ عينات المقارنة من أثر القدم أو أثر الاطار أو أي تجويفٍ أخر فقط بعد صب قالب الجص.

خلاصة

إن احدى الأنواع الأكثر شيوعاً للأدلة المادية التي يتم العثور عليها في مسرح الجريمة هي أدلة الآثار، وهذا المصطلح هو مصطلحٌ عام يُشير إلى المواد الصغيرة والتي غالباً ما تكون مجهرية. ولقد بحثنا في هذا الدرس بعض أنواع أدلة الآثار التي قد يواجها خبير مسرح الجريمة في مسرح الجريمة. وتشمل هذه الآثار على الشعر والآلياف والزجاج والدهان والتربة.و لقد بحثنا الخصائص العامة لكلٍ من هذه الأنواع وقيمة كل واحد منها كدليل وكيفية جمع كلٍ منها. لقد تعلمنا من أول الدرس إلى أخره عن المشاكل المتفردة التي تواجها عمليتي الكشف وجمع الأنواع المختلفة لأدلة الآثار. ولقد تعلمنا أيضاً أنه يجب التعامل مع كل نوعٍ من الأدلة بعناية فائقة ودقيقة ليس من أجل ضمان جمع سليم لها فقط، بل وأيضاً الحفاظ عليها من أجل اجراءات جنائية لاحقة.

الدرس الرابع

بصمات الأصابع

مدة الدرس

ساعة- 3 ساعات محاضرة 14
ساعة عملي 11 -

المواد والمعدات والخدمات اللوجستية

لوح ورقي قلاب، أقلام(ماركر)، وحاسوب محمول مع جهاز عرض، ونشرات للتوزيع على الطلاب، وطقم أدوات لرفع البصمات، ومعدات، ووثائق.

غاية الدرس

إن غاية هذا الدرس هي تعريف المشاركين بقيمة بصمات الأصابع وأهميتها في التعرف على المشتبه به. سوف يتعلم المشاركون عن أنواع، وأنماط، وملامح، وتصنيفات متنوعة لبصمات الأصابع، وأيضاً عن التقنيات المستخدمة في تحميضها والمحافظة عليها.

أهداف التعلم

سوف يكون بإستطاعة المشاركين عمل الآتي في نهاية هذا الدرس:

1. ادراك قيمة بصمات الأصابع.
2. ذِكر 3 تسميات لتصنيفات نماذج بصمات الأصابع.
3. ذِكر 3 أنواع رئيسية لبصمات الأصابع، وأن يصبحوا على دراية بسجلات تحديد بصمات الأصابع.
4. تحديد 3 مجموعات من البصمات التي تحتويها بطاقة نموذجية لبصمات الأصابع.
5. تحديد وعرض 5 تقنيات يتم استخدامها لتحميض بصمات يد مستترة.
6. تحديد طريقتين تؤثر حالة الطقس من خلالهما على بصمات الأصابع المستترة، وأن يصبحوا على دراية باعتبارات عامة تتعلق بتحميض بصمات أصابع مستترة.
7. ذِكر وعرض 4 طرق للحفاظ على بصمات الأصابع.
8. تحديد 6 معلومات يتوجب وجودها على البطاقة التي تم نقل بصمات الأصابع إليها، واظهار العلامات على البطاقة.
9. شرح أهمية رفع بصمات الاستبعاد في مسرح الجريمة.

مقدمة

إن تحديد هوية المشتبه به أو الضحية هو من أكثر أهداف الأدلة المادية أهمية. إن أفضل طريقة لتحديد هوية الأشخاص هي من خلال بصمات الأصابع. تتكون بصمات الأصابع قبل الولادة، ولا يحدث عليها أي تغيير مدى الحياة. يوجد لكل شخص بصمات للأصابع باستثناء عدد قليل من الأشخاص. يشمل مصطلح بصمات الأصابع في هذا الدرس على جميع أنواع البصمات بما يتضمن الأصابع، والكف، وأصابع القدم، وباطن القدم. إن تحديد موقع البصمات والحفاظ عليها هو من أكثر المسؤوليات أهمية لخبير مسرح الجريمة أثناء تعامله مع الموقع.

هدف التعلم # 1: ادراك قيمة بصمات الأصابع

قيمة بصمات الأصابع .I

يوجد لكل شخص أنماط يمكن التعرف عليها بدرجة عالية بما أن نماذج الجلد ونتوءات البصمات هي متفردة لكل شخص. ويمكن فحص هذه الأنماط من أجل الحصول على تحديدٍ لا يقبل الجدل للهوية. لا يوجد شخصان في العالم أجمع لهما بصمات مماثلة. لا يحدث تغير على تفرد الملامح الفردية فقط، ولكن لا يحدث أيضاً هنالك تغير على النمط من الولادة حتى الموت. إن أي محاولة لتشويه، أو إزالة، أو التلاعب ببصمات الأصابع في أي طريقة من الطرق لن تحبط عملية التعرف على الهوية. إن دليل بصمات الأصابع يختلف عن معظم الأدلة الأخرى، حيث أن شخصاً واحداً فقط، باستبعاد جميع الأشخاص الأخرين في العالم، يمكنه أن يترك دمغة معينة متفردة. إن تفرد بصمة الاصبع هي التي تحدد دون أدنى شك أن شخصاً معيناً ترك هذه البصمة. لم يتم العثور حتى الآن على شخصين لهما نفس بصمات الأصابع(حتى ولو بصمة واحدة).

هدف التعلم # 2 : ذِكر 3 تسميات لتصنيفات نماذج بصمات الأصابع

تسميات لتصنيفات نماذج بصمات الأصابع .II

يوجد هناك ثلاث تسميات أساسية لتصنيفات نماذج بصمات الأصابع، وهي القوسية، والعُقدية، واللولبية، وكل واحد منها مُصنف لأنواع عديدة:

أ. القوسية

1.تدخل نتوءات عادية من جانب البصمة وتجري أو تميل أن تجري خارج الجانب الآخر بشكل ارتفاع أو موجة في الوسط.

2. الأقواس التي على شكل خيمة هي مثل الأقواس العادية باستثناء أن النتوءات في الوسط تُشكِلُ زاوية محددة، أو أن واحدة أو أكثر من النتوءات التي في الوسط ذات دفع علوي، أو أنها تقترب من النوع العقدي حيث أن بها إثنتين من ملامح البصمات العقدية ولكن ينقصها واحدٌ من هذه الملامح.

ب. العقدية

يوجد في العقدة واحدة أو أكثر من النتوءات التي تدخل من جانب البصمة، أو تتقوس للوراء أو تلمس، أو تمر من خطٍ وهمي ممتد من المثلث على شكل الدلتا إلى الوسط، وينتهي أو يميل إلى الانتهاء على أو باتجاه نفس إتجاه البصمة التي منه دخلت النتوءات.

يتوجب أن يكون للعقدة ثلاث ملامح رئيسية:

1. تقوس كاف، واستمراره على جانب المثلث على شكل الدلتا حتى الوصول إلى الخط الوهمي.
2. مثلث على شكل الدلتا.
3. عدد من النتوءات، على الأقل واحدة.

العقد الزندية

تتجه العقد في هذا النوع من النماذج باتجاه الأصابع الصغيرة.

ت.اللولبيات

شكل النتوءات في البصمات اللولبية يكون على شكل دوائر متحدة المركز، أو على شكلٍ حلزوني، أو بعض الأشكال الأخرى التي تشبه الشكل الدائري.

الشكل اللولبي العادي .1

يوجد فيه مثلثين على شكل الدلتا، وعلى الأقل نتوء واحد يُشكل دائرة كاملة قد تكون حلزونية أو بيضاوية أو أي شكل مختلف من أشكال الدائرة. يجب على خط وهمي ممتد بين المثلثين على شكل الدلتا أن يلمس أو يعبر من واحدةٍ على الأقل من النتوءات المتقوسة للوراء داخل منطقة نمط البصمة.

الشكل اللولبي ذو الجيب المركزي .2
يحتوي على واحدةٍ أو أكثر من النتوءات المتقوسة للوراء، أو عقبة على زوايا الجانب الأيمن لخط الجريان الداخلي، مع وجود مثلثين على شكل الدلتا بينها، حيث أن خطاً وهمياً لن يقطع أو يلمس أي نتوءات متقوسة للوراء داخل نمط البصمة. يتم تحديد خط الجريان الداخلي للشكل اللولبي ذو الجيب المركزي من خلال رسم خطٍ وهمي بين المثلث الداخلي على شكل الدلتا ومركز التقوس الداخلي أو النتوء العقدي.

الشكل اللولبي ذو العقدتين .3
يحتوي على تشكيلين عُقديين إثنين منفصلين مع مجموعتين منفصلتين ومختلفتين من الحواف ومثلثين على شكل الدلتا.

الشكل اللولبي العرَضِيّ
قالب يحتوي على مثلثين أو أكثر على شكل الدلتا، وتركيبة أو أكثر من أنواع نماذج البصمات مقصورة على القوس العادي. ويتضمن هذا التصنيف أيضاً على النماذج غير الاعتيادية بشكل كبير التي قد لا يتم وضعها مع التصنيفات الأخرى.

هدف التعلم # 3: ذِكر 3 أنواع رئيسية لبصمات الأصابع، وأن يصبحوا على دراية بسجلات تحديد بصمات الأصابع.

IIIثلاثة أنواع لبصمات الأصابع وسجلات تحديدها .

أ. الأنواع الثلاثة الرئيسية لبصمات الأصابع
بصمات الأصابع المستترة .1
إن البصمات المستترة هي بصمات غير مرئية يتم تركها من قِبل أشخاص ويمكن تركها على أنواعٍ مختلفةٍ من الأسطح. إنه من الضروري تحميض البصمات من أجل جعلها مرئية. ويجب تحميض البصمات المستترة من خلال ذر البصمات بمسحوق خاص، أو معالجتها كيميائياً، أو تبخيرها بأبخرة بلور اليود المحترق، أو أبخرة السيانوكريليت، أو باستخدام أي مادة تُظهر البصمات وتجعلها مرئية كي يتم أخذ صور لها، أو نقلها لشريطٍ شفاف أو لأي مادة مماثلة. تشمل البصمات المستترة أيضاً على بصمات ظاهرة أو يمكن تمييزها بأي شكلٍ من الأشكال، ولكن يجب تحميضها قبل إمكانية فحصها بشكل جيد. يتم العثور على البصمات المستترة في معظم الأحيان على الأسطح المصقولة أو الملساء وعلى الورق.

البصمات المرئية .2
إن البصمات المرئية هي البصمات التي تكون ملوثة بمادة غريبة ولا تحتاج للتحميض لكي تكون ظاهرة تماماً للناظر. قد يتم العثور على هذه البصمات على مواد مثل الغبار، أو الدم، أو أي سطحٍ أملس ومنبسط قد لمسه المشتبه به عندما كان عليه حبر أو أي مادة أخرى يمكنها أن تكون وسيط يساعد على طبع البصمات. يمكن أخذ بصمات مرئية عندما يتم وضع حبر على أيدي وأصابع الشخص ومن ثم دحرجتها على بطاقة بصمات الأصابع، ويتم عمل هذا لأغراض تحديد الهوية.

بصمات الأصابع البلاستيكية .3
تتشكل البصمات البلاستيكية جراء لمس أو ضغط الأصابع لمواد بلاستيكية حيث تظهر طبعة النتوءات الخارجية للبصمة. عادة ما يتم العثور على البصمات البلاستيكية على مواد طرية وطيّعة مثل المعجون، أو الشمع، أو الصابون، أو الزبدة، أو الشحمة. ويمكن أيضاً العثور على البصمات البلاستيكية على الأجسام التي تم دهنها حديثاً، أو العلكة، أو المغلفات أو الطوابع، أو الشرائط اللازقة، أو على المواد التي تذوب بسهولة أو تلين عندما يتم حملها في اليد.

ب. سجلات تحديد بصمات الأصابع

كيف يتم تسجيل بصمات الأصابع .1

يتم عمل سجلات تحديد بصمات الأصابع باستخدام البصمات الملفوفة التي يتم أخذها من خلال دحرجة الاصبع أو الابهام من احدى حواف الظفر إلى الحافة الأخرى له. يتم أخذ هذه الطبعات من أجل اظهار النتوء الكلي لسطح الاصبع أو الابهام من الرأس إلى ربع انش تحت المفصل الأول للاصبع، حيث سوف توفر هذه المنطقة الكبيرة جميع ملامح النتوءات المهمة لاجراء التصنيف الصحيح. يتم دحرجة أصابع الشخص أو ابهامه في الحبر باستخدام طريقة معينة، ومن ثم يتم دحرجتها على بطاقة بصمات الأصابع من أجل الحصول على بصمة جيدة. إن الافتراض الأساسي لدحرجة الأصابع أو الابهام هو من الصعب إلى المريح.

أخطاء تحدث باستمرار في تسجيل بصمات ملفوفة .2

يمكن لخبير مسرح الجريمة مع الممارسة القليلة أن يتعلم أخذ بصمات أصابع جيدة، ولكن هنالك بعض المشاكل التي تحدث بكثرة.

أمثلة على الأخطاء .3

:لم يتم وضع جميع المعلومات المطلوبة على البطاقة، وخاصةً

.الفشل في جعل الشخص الذي تم أخذ بصماته التوقيع على البطاقة

.فشل الشخص الذي أخذ البصمات في التوقيع على البطاقة

استخدام الكثير من الحبر أو القليل منه. يجب أن تظهر البصمات سوداء، ولكن يتوجب أن لا يكون الحبر ثقيلاً بحيث لا تتشابك طبعات النتوءات أو يتم تلطيخها.

.الفشل في دحرجة البصمة من حافة الظفر إلى الحافة الأخرى له، وهكذا نفقد مثلثات على شكل دلتا ومراكز بصمات مهمة

الفشل في وضع الحبر من رأس الظفر إلى المفصل الأول، وهكذا نفقد مثلثات على شكل الدلتا ومراكز بصمات مهمة، وأيضا نفقد خطوط مهمة للنتوءات في حالة البصمات اللولبية.

.وضع ضغط كبير، أو دحرجة الاصبع أو تحريكه عند الضغط عليه أو عند رفعه عن الورقة، وهذا يُنتج بصمات غير واضحة

تجنب هذه الأخطاء .4

يجب على الشخص الذي يأخذ البصمات التأني في البداية، لأن السرعة في العمل تأتي مع الممارسة. ومن المألوف للخبير الحديث في مسرح الجريمة أن يصنع ثلاثة أو أربع بطاقات بصمات كي يحصل على واحدة جيدة.

تصنيف البصمات الملفوفة .5

تم أخذ بصمات المجرمين والموظفين الحكوميين، والعسكريين، والأشخاص الاعتباريين في معظم الدول، وتوجد سجلات هذه البصمات في ملف لدى الشرطة. لهذا ستكون عادةً بصمات أي شخص له سجل جنائي(غالباً ما يكون المجرمون هم جناة معتادون) محفوظة في ملف.

عادةً ما تحتوي هذه السجلات على معلومات مُحدِدة مناسبة عن الشخص(الاسم، الهوية، الوصف الجسدي، معلومات الاتصال... الخ) وأيضا على بصمات قابلة للتصنيف للأصابع العشرة، ويجب أن تكون جميع البصمات قابلة للتصنيف، وهذا يعني توجب تحديد ملامح البصمات بسهولة، أو يجب اعادة أخذ البصمة.

هدف التعلم # 4: تحديد 3 مجموعات من البصمات التي تحتويها بطاقة نموذجية لبصمات الأصابع

بطاقة بصمات نموذجية .IV

عندما يتم أخذ بصمات ملفوفة لمشتبة به أو بصمات مقدم طلب لوظيفة، يتم وضع بصمات هذه الاصابع على بطاقة بصمات انش. ويتوجب وجود ملامح معينة لبطاقات البصمات كي تكون بطاقات ذات قيمة لوضعها في سجل أو بحجم 8 x 8 انش استخدامها للمقارنة.

يجب أن تكون جميع البصمات واضحة، ويجب أن تظهر خطوط النتوءات بشكلٍ واضح دون ضبابية أو تلطخ.

يجب أن تتضمن بطاقة تحديد بصمات نموذجية في ملف على البصمات التالية:

- بصمات منفردة لكل اصبع(من رأس الاصبع الى المفصل الأول للاصبع).
- بصمة واحدة للأربع أصابع في كل يد.
- بصمة واحدة لكل ابهام.

هدف التعلم #5 : تحديد وعرض 5 تقنيات يتم استخدامها لتحميض بصمات يد مستترة

V. تقنيات يتم استخدامها لتحميض بصمات يد مستترة.

أ. التحميض باستخدام المساحيق

يتم عمل هذا بنشر المسحوق فوق البصمات المستترة باستخدام فرشاة. يتم استخدام المساحيق للبصمات التي تم تركها على أسطح غير مسامية وغير ماصة وتكون ملساء كالزجاج والمعادن والبورسلان، حيث ستظهر البصمات بوضوح كامل عند عمل ذلك. ويوجد هنالك أنواع عديدة من مساحيق البصمات، ويعتمد استخدام نوع معين من المساحيق على لون خلفية السطح وطبيعته. إن مسحوق البصمات الأسود هو المُظهر الذي يتم استخدامه عالمياً على الأسطح الملساء وغير المسامية.

1. أنواع الفراشي التي يتم استخدامها في نشر المسحوق.

- فراشي مصنوعة من شعر الجمل أو شعر ناعم لحيوانات أخرى
- فيبر جلاس وسليك شعر من الكربون
- ريش
- فرشاة مغناطيسية

2. التقنيات التي يتم استخدامها مع المساحيق.

ضع المسحوق عن طريق ذره، أو رشه أو وضعه بخفة باستخدام الفرشاة. قم بوضعه بالتساوي وبنعومة تخلص من المسحوق الفائض بالفرشاة(قم بتتبع نمط البصمة). يجب حمل فرشاة البصمات بخفة. قم باستخدام رؤوس الشعرات بضربات قصيرة ورشيقة. تجنب تلامس البصمات المستترة مع جوانب الفرشاة.
قُم دائماً بالتصوير قبل رفع البصمات
قُم برفع البصمات باستخدام إما شريط لرفع البصمات أو لاصقات مطاطية. كن متأكداً أن تضع أو تسلخ الشريط بخفة وبنعومة لتجنب انحباس فقاعات الهواء.

ب. التبخير الكيماوي

1. التبخير باستخدام اليود

يتم استخدام تقنية التبخير باستخدام اليود لتحميض البصمات المستترة منذ 100 عام تقريباً. إنها واحدة من الطرق الأقدم والأسهل المستخدمة لاظهار البصمات المستترة على المواد المسامية وغير المسامية، مع العلم أن أبخرة اليود هي أبخرة سامة وآكالة، والتفاعل ليس باق على الدوام. يتم تبخر بلورات اليود بلون ارجواني عند تسخينها، وتنجذب إلى الشحمة والدهون. يتم عمل هذه الاجراءات:

- في خزانة في مختبر

• (في أنبوب (في الميدان

إن البصمات التي يتم اظهارها باستخدام اليود ستختفي بسرعة، ولكن يمكن أن يُعاد تحميضها مراراً وتكراراً. يمكن استخدام طبق فضي لاجراء نقل دائم، ولكن سوف يتم عكس البصمة.

2.التبخير باستخدام السيانوكريليت(سوبر جلو)
يتم استخدامه على أسطحٍ غير مسامية لاظهار البصمات التي تظهر بيضاء، ويمكن بعدها رش البصمات المرئية بالمسحوق وتصويرها ورفعها. لقد تم استخدام السوبر جلو بنجاح لتحميض البصمات المستترة على أسطح مختلفة مثل البلاستيك، أو الشريط الكهربائي، أو أكياس القمامة، أو الستايروفوم، أو رقاقات الألمنيوم، أو الخشب الخام و المُصنع، أو المطاط، أو النحاس، أو السيلوفان، أو الربطات المطاطية، أو الصخور الملساء. إن عقبة استخدام هذه الطريقة هي أنه لا يمكن ازالة الصمغ، مما سيغير السطح بشكل دائم. تتطلب هذه الطريقة أيضاً فترة أطول للتحميض، ومنطقة مغلقة ودافئة.

ت. عمليات كيماوية أخرى

1. النينهايدرن
يتم استخدامه على الأسطح المسامية مثل الورق، والكرتون المقوى، والألواح الجدارية، والألواح الخشبية.
يتفاعل مع الأحماض الأمينية لتشكيل مركب ذو لونٍ أرجواني. ويمكن وضع محلول النينهايدرن من خلال رشه، أو مسحه بالقطن، أو تغطيسه. يمكن استخدام الحرارة أثناء العملية كي تُسرع من عملية التفاعل.

2. الأميدو بلاك
إن الأميدو بلاك هي بقعة بروتينية تقوم بتحويل لون البروتينات في الدم إلى اللون الأسود المزرق. إن الأميدو بلاك لا يتفاعل مع العناصر الطبيعية لبصمات الأصابع، ويتوجب استخدامه مع تقنيات أخرى للتحميض.

3. DFO
هذا نظير للنينهايدرن ويتفاعل مع البروتينات منتجاً لوناً أحمراً مستشعع(فلوريسنت) أكثر حساسية من النينهايدرن.

4. صبغة الكريستال البنفسجية والصبغة بلون زهرة الجنطيانا
تصبغ هذه المواد المركبات الدهنية للبصمات المستترة، وهي فعالة بشكلٍ خاص عند استخدامها مع أسطح الشرائط اللاصقة.
تُنتج الصبغة لوناً بنفسجياً. يجب أخذ الحيطة والحذر أثناء التعامل مع هذه المواد لأنها مواد سامة.

ث. المركبات المعدنية

1. كاشف من نترات الفضة
لقم تم استخدام نترات الفضة ككاشف للبصمات المستترة منذ أواخر القرن التاسع عشر. إن المبدأ الأساسي لهذه التقنية هو تفاعل نترات الفضة مع الكلور الموجود في رواسب البصمة. يتحول كلورايد الفضة، وهو نتاج هذا التفاعل، إلى اللون الأسود عند تعرضه للضوء.

2. الكاشف المادي
هذه العملية هي عملية فوتوغرافية قائمة على تشَكُل الفضة مع أوكسيد الحديد، وترسبات أملاح المعادن على صورة بصمات مستترة.

3. ترسبات المعادن في حجرة مفرغة من الهواء

هذه العملية هي واحدة من التقنيات الفعالة باستخدامها على معظم الأسطح الملساء واللامسامية. وتقوم هذه العملية بتبخير الذهب أوالزنك في غرفة مفرغة من الهواء، ويتم وضع شريط معدني رقيق على البصمة المستترة لجعلها مرئية. ومن العقبات الرئيسية في هذه العملية هي ارتفاع ثمن المعدات، وصغر حجم حجرة العينات للأسطوانة المفرغة.

ج. مصادر ضوء بديلة

لقد أصبح استخدام مصادر بديلة مساعداً مهماً في تحديد واظهار موقع البصمات المستترة وأنواع أخرى من الأدلة المادية مثل أثار الأدلة وأنواع معينة من الأدلة البيولوجية.

إن المصابيح ذات الكثافة العالية، ومصادر الإضاءة فوق البنفسجية، وأشعة الليزر، والزينون هي أنواع مختلفة من المصابيح التي يتم استخدامها في تحميض واظهار البصمات المستترة. إن معظم الأجهزة المستخدمة غالية الثمن وتتطلب تدريباً خاصا وتوفر مواد مُصاحبة ومناطق للعمل فيها.

هدف التعلم # 6 : تحديد طريقتين تؤثر حالة الطقس من خلالهما على بصمات الأصابع المستترة، وأن يصبحوا على دراية باعتبارات عامة تتعلق بتحميض بصمات أصابع مستترة.

VI. ظروف تؤثر على البصمات المستترة، واعتبارات عامة لتحميض البصمات المستترة

إن طبيعة وحال السطح التي تم ترَّسُب البصمات المستترة عليه هي مهمة جداً. إن لم يكن السطح نظيفاً وأملساً فإنه سيتم فقْد تفاصيل نتوءات الاصبع. إن الأقمشة الخشنة، والخشب غير المصقول، والجلد خشن الملمس، الخ ليست أسطحاً تساعد على التقاط البصمات.

إن الطريقة التي تم لمس أو ترك الجسم فيها هي أمر مهم أخر يجب أخذه بعين الاعتبار. إن النتوءات على الأصابع هي نتوءات قريبة جداً من بعضها البعض، وإذا تحرك الإصبع مسافة ما بين نتوئين عند لمس أو ترك الجسم فإن معظم تفاصيل النتوء سوف تختفي. ولهذا السبب إن معظم البصمات التي يتم تحميضها تصبح ملطخة في داخل منطقة نمط البصمة، وفقط للنتوءات خارج منطقة قالب البصمة تفاصيل كافية لتحديدها.

أ. يمكن لحالة الطقس أن تؤثر في البصمات المستترة بعدة طرق

- يمكن أن تجف البصمات أو تُجرف.
- الرطوبة تسبب تلطخ البصمات المستترة على الورق أو اختفائها في بعض الحالات.

لأن الورق له خاصية اسفنجية، يمكن للرطوبة أن تتسرب من كل الاتجاهات وتسبب توزع تفاصيل النتوء لدرجة أنها لن تكون واضحة كبصمة.

كلما زادت كِمية الزيوت المترسبة مع التعرق كلما زادت مدة بقاء البصمة. لأن التعرق هو ماء بشكل رئيسي، فإن الزيوت المترسبة معها سوف تطفو على السطح وتقلل من نسبة تبخرها. عندما يتبخر الماء سيبقى الزيت ويصبح لزجاً إلى حدٍ بعيد، وسوف ينتج عن هذا تحميض أفضل لتفاصيل النتوء عند استخدام مسحوق لاظهار البصمات.

عندما لا يكون هنالك وجود للزيوت فإن محتوى الماء في الترسبات معرض لنفس درجة التبخر كأي كمية للماء تحت نفس الظروف، ولن تكون البصمة بنفس درجة اللزوجة.

ب. أمور عامة يجب أخذها بعين الاعتبار عند تحميض البصمات المستترة

يوجد هنالك فئتين واضحتين للأسطح التي يتم رفع البصمات المستترة عنها: الأولى هي الأسطح اللاماصة، والقاسية، والملساء، والثانية هي الأسطح الماصة والمسامية. يتوجب على خبير مسرح الجريمة أن يُفرق ما بين هذين السطحين لأن كل منهم يتطلب اجراءات مختلفة لتحميض البصمات. ومن أجل تحديد إلى أي فئة ينتمي سطح معين، فكر بما يمكن أن يحدث لو تم

وضع نقطة ماء عليه. إذا صارت قطرة الماء على شكل خرزة كما هو الحال على البلاستيك الصلب، فإن السطح هو غير ماص، وقاس، وأملس. أما إذا تم أمتصاص الماء، كما هو الحال على الورق، فإن السطح هو سطح ماص ومسامي.

هدف التعلم # 7: ذِكر وعرض 4 طرق للحفاظ على بصمات الأصابع.

VII. الحفاظ على البصمات

أ. الحفاظ على البصمات من خلال تصويرها

عندما يكون بالامكان، يجب الحفاظ على البصمات التي يتم العثور عليها في مسرح الجريمة عن طريق تصويرها قبل أي محاولة أخرى للحفاظ عليها. ينبغي على المصور أن يكون ماهراً بتقنيات التصوير الفوتوغرافي وأن يكون فاهماً لطريقة انتاج نسخ دقيقة وصحيحة للنسخة الأصلية بقدر الامكان. إن تصوير بصمات الأصابع يترك الجسم سليماً حيث يمكن تصوير المزيد من الصور إذا كانت المحاولة الأولى غير ناجحة، وأيضاً يجعل تقديم الأدلة إلى المحكمة أكثر سهولة. إذا تم رفع البصمات، فإنه يمكن رؤية الجسم التي وُجدت عليه في الصورة.

ب. الحفاظ على البصمات البلاستيكية

إذا تم ترك بصمات الأصابع في مادة قد تم تقسيتها، أو أنها قادرة على احتمال نقلها، وعندما تكون على جسمٍ صغير وسهل النقل، يمكن أن يتم ارسالها مباشرةً للمعمل الجنائي. إذا كان ازالة البصمة البلاستيكية يسبب مشكلة خاصة، يجب تصويرها باستخدام ضوءٍ مائل للحصول على أكبر عددٍ ممكن من التفاصيل، ومن ثم الحفاظ عليها من خلال مادة مناسبة لصب القوالب.

ت. الحفاظ على البصمات من خلال استخدام روافع هذه البصمات

أحياناً ما تُشكل الأسطح المتقوسة التي يوجد عليها بصمات أصابع مثل مقابض الأبواب مشكلة عند التصوير أو عند رفع البصمة بشريط السيلوفان. إن روافع البصمات المطاطية تعمل جيداً لهذه الأنواع من الأسطح. يتم صنع هذه الروافع من مادة مطاطية رقيقة مطلية بمادة لاصقة محمية بمادة السليولويد الشفاف التي يتم ازالتها قبل الاستخدام ومن ثم وضعها على رافع البصمات بعد الاستخدام. سوف يتم رش البصمة المستترة أولاً بمسحوق ملون مناسب، ويتم ضغط السطح اللزج للرافع على البصمة ومن ثم نزعها. يلتزق جزء من المسحوق بالرافع ويعطي صورة طبق الأصل للبصمة. بعد ذلك يتم اعادة وضع الغطاء الواقي على الرافع.

ث. الحفاظ على البصمات من خلال استخدام شرائط رافعة لهذه البصمات

إن استخدام شريط سيلوفان شفاف هو من أكثر الطرق شيوعاً لجمع أدلة البصمات المستترة. يأتي الشريط على شكل لفافات، وعادة ما يكون عرضه من أنشٍ إلى إنشين. يتم وضع الشريط فوق البصمة بعد رش السطح بمسحوق اظهار البصمات. ينبغي على خبير مسرح الجريمة أن يحرص على منع دخول أي فقاعات هواء تحت الشريط. يتم الضغط بخفة على الشريط عن طريق استخدام الاصابع ومن ثم سحبه. يلتزق مسحوق اظهار البصمات بالسطح اللزج وبهذا ينقل نمط البصمة. بعد ذلك يتم وضع الشريط على بطاقة بلون مناسب يتباين مع لون المسحوق المستخدم.

هدف التعلم # 8: تحديد 6 معلومات يتوجب وجودها على البطاقة التي تم نقل بصمات الأصابع إليها، واظهار العلامات على البطاقة.

VIII. البطاقة التي تم نقل بصمات الأصابع إليها

من الضروري بعد تحميض البصمات ورفعها ووضعها على بطاقة أن يتم تحديدها ووضع علامات عليها. يجب وضع علامات على البطاقة بالتفاصيل التالية:

- التاريخ

- رقم القضية
- عنوان مسرح الجريمة
- اسم خبير مسرح الجريمة الذي يرفع البصمات
- المكان التي تم رفع البصمات منه بالضبط
- نوع الجسم الذي تم رفع البصمة عنه

هدف التعلم # 9: شرح أهمية رفع بصمات الاستبعاد في مسرح الجريمة

بصمات الاستبعاد .IX
من الأرجح أن أغلبية البصمات التي تم العثور عليها وتحميضها في مسرح الجريمة قد تم تركها من قِبل أشخاص لهم حق الدخول للمكان. إنه من المهم جداً استبعاد هذه البصمات كي يتم التركيز على فحص البصمات الأخرى الباقية. ويتوجب على خبير مسرح الجريمة أن يأخذ بصمات الاستبعاد لجميع الأشخاص في المكان، ويجب أن يُعطيها لفاحص البصمات مع البصمات التي تم رفعها من مسرح الجريمة.

أ. تحديد الهوية من خلال المقارنة
يجب أن يتوفر عدد معين من نقاط المرجعية للحصول على تحديد ايجابي للهوية. يمكن أن تكون نقطة المرجعية أي نمط تم تحديده بسرعة مثل تشعبات، أو شكل جزيرة أو عدد من القمم من نقطة المرجعية إلى المركز أو النواة. يتضمن التحديد الايجابي على سبع نقاط مرجعية على الأقل(بعد البلدان تطلب 12 نقطة مرجعية). في حالة غير اعتيادية حيث يوجد قالب متفرد مثل "وجه مبتسم" يمكن استخدام نقطة مرجعية واحدة إذا كان هذا ضرورياً.

ب. نقاط المقارنة هي ليست نفسها ملامح التصنيف
نقاط المقارنة هي:
- النتوءات النهاية
- تشعبات
- نقاط/قطع
- جُزُر
- نتوءات قصيرة

(عرض تمرين عملي- تحميض البصمات والحفاظ عليها(تسع ساعات
قُم بعرض أساليب وتقنيات تحديد وتحميض وتصوير ورفع والحفاظ على بصمات الأصابع المستترة التي تم ذكرها في خطة الدرس. اشرح لهم أن التصوير هو جزء من الدروس القادمة، ولكن لا تنسى أن تُذكرهم بتسلسل الصور(بعد التحميض وقبل الحفاظ عليها(
قُم بانشاء عدة مسارح جريمة. يتوجب على المشاركين –" الفنيين الشرعيين" أن يمارسوا جميع الأساليب والتقنيات التي تم عرضها.

يجب على المشاركين أن يكونوا قادرين على عمل الأمور التالية في نهاية التمرين العملي:
- عرض 5 تقنيات يتم استخدامها لتحميض بصمات أصابع مستترة، وأربع طرق للحفاظ عليها ورفعها(إذا كان هناك احتياج لعمل ذلك)،
- أن يصبحوا على دراية بالأسلوب الصحيح لتصوير البصمات،
- وضع علامة على بطاقة تم نقل البصمات إليها.

خلاصة

لقد تعلمنا في هذا الدرس مدى قيمة البصمات للمحقق ولخبير مسرح الجريمة. إن البصمات هي من أكثر الطرق ايجابية لتحديد هوية الأشخاص. تتكون البصمات في الانسان قبل الولادة وتبقى نفسها بلا تغير مدى الحياة. يتوجب على خبير مسرح الجريمة أن يلاحظ الأنواع المختلفة للبصمات التي يمكن العثور عليها في مسرح الجريمة، وأن يكون قادراً على الحفاظ عليها وجمعها. إن هذه المهام هي أساسية لخبير مسرح الجريمة كي يكون ناجحاً، وبدوره يساعد في رفع القضايا المختلفة للقضاء وحلها بنجاح.

الدرس الخامس عشر

أثار الأدوات والأسلحة النارية

مدة الدرس
ساعات – 2 نظري 6
عملي 4 -

المواد والمعدات والخدمات اللوجستية

وكاميرا PowerPoint لوح ورقي قلاب وحاسوب محمول مع جهاز عرض ونشرات للتوزيع على الطلاب وعرض شرائح (ومواد مختلفة للشرح والتمارين العملية (أدوات، طلقات نارية، خراطيش فارغة وغيرها.

غاية الدرس
إن غاية هذا الدرس هو تعريف المشاركين بالقيمة الدلالية لأدلة اثار الأدوات والأسلحة النارية وخصائص كلٍ منها. سوف يتعلم المشاركون عن كيفية ترك اثار الأدوات في مسرح الجريمة وأيضاً عن معلومات مختلفة يمكن الحصول عليها من خلال فحص الأسلحة النارية والقذائف والخراطيش. وسوف يتعلم المشاركون أيضاً عن كيفية جمع هذه الأدلة بطريقة سليمة.

أهداف التعلم-الأداء
:سوف يكون باستطاعة المشاركين عمل الآتي في نهاية هذا الدرس

1. تعيين النوعيين العامين لأثار الأدوات.
2. ذِكر أربع طرق تتشكل من خلالها اثار الأدوات والالمام بالقيمة الدلالية لها.
3. تحديد ستة مناطق يتعين لخبير مسرح الجريمة أن يبحث فيها عن اثار الأدوات، وعرض اجراء بحث عن الأدوات واثارها.
4. تعيين ثلاث طرق على الأقل يتم استخدامها لجمع أدلة اثار الأدوات، وذِكر ثلاثة استنتاجات يمكن استخلاصها بعد فحص اثار الأدوات وعرض كيفية جمع أدلة هذه الاثار.
5. الالمام بمصطلحات الأسلحة النارية، وتعريف العيار الناري، وتعيين نوعين من الأسلحة الطويلة ونوعين من المسدسات.
6. الالمام بتأثير العيار الناري على نسيج ما والالمام بالتركيب الحيوي لجرحٍ سببه عيار ناري.
7. الالمام بالتعامل مع الأسلحة النارية والذخائر وبالقيمة الدلالية لها. تحديد ثلاثة أشياء يمكن لخرطوشة فارغة أن تحددها عندما يتم فحصها، وعرض كيفية التعامل مع الأسلحة والذخائر التي تم العثور عليها في مسرح الجريمة.

مقدمة

تُعتبر أدلة اثار الأدوات والأسلحة النارية على حدٍ سواء أنواع من الأدلة التي تشمل على المقارنة ما بين المعايير المعروفة والمعايير المجهولة. غالباً ما تكون الطريقة التي تتم فيها فحوص كلٍ منهما في المختبر مماثلة لحدٍ كبير. لا يجب على خبير مسرح الجريمة أن يعرف فقط عن المجموعة الواسعة لكلا النوعين من الأدلة، بل أيضاً أن يكون ملماً بالطرق السليمة والصحيحة لجمع هذه الأدلة من أجل اجراء مقارنة لاحقة. سوف يقوم هذا الدرس بفحص خصوصيات كل نوع من هذه الأدلة وقيمتها الدلالية وأخيراً كيفية جمعها.

هدف التعلم # 1: تعيين النوعين العامين لاثار الأدوات

اثار الأدوات .I

عادة ما يرتبط استخدام الأدوات في الجرائم التي تُرتكب ضد الممتلكات حيث يستخدمها الجاني للدخول إلى تلك الأماكن. عادة ما يحقق المجرم شيئين بارزين من خلال استخدام الأداة بقوة، ألا وهما الدخول إلى المبنى أو المكان والثاني ترك اثار الأداة التي استخدمها على نحوٍ عفوي. يمكن تحديد هذه الاثار بشكلٍ كبير ويمكن أن تكون ذات أهمية دلالية عالية. التعاريف التالية تتعلق بالأدوات واثارها:

أ. الأدوات

الأداة هي أي جسم قادر على ترك اثار على أي جسم اخر صلب. الفؤوس والسكاكين والمفكات والأزاميل والعتلات والزردية والقاطعات ولُقم (ريشة) المثاقب هي أمثلة على أنواع الأدوات. يمكن شراء الأدوات ويمكن أيضاً صناعتها بيتياً.

ب. أثار الأدوات

اثر الأدوات هو أي اثر أو كشط أو جرح أو نقر تم حدوثه بواسطة تلامس اداة بجسم ما. يوجد هنالك نوعين عامين لاثار الأدوات:

1. الطبعات – الطبعات هي اثار الأدوات التي يظهر فيها فقط الشكل والحجم العامين للأداة. عندما يتم ضغط أداة ما على نوع ما من المواد فانها تُنتج طبعة سلبية (نيجاتيف). قد لا تقوم هذه الطبعات السلبية أو الاثار بتحديد مؤكد للأداة، ولكن يمكنها أن تخدم كمرشد عندما يكون من الضروري القرار بشأن ما إذا كانت اداة المشتبه به هي التي أحدثت الاثار أم لا.

2. الشروخ– الشروخ هي اثار الأدوات التي يُعاد فيها انتاج خصائص وصفات مميزة أو علامات شاذة في الأداة على شكل تثليم أو شروخ. هذه الأثار هي الأكبر قيمة كدليل لأنها قادرة على تحديد أداة معينة بشكلٍ ايجابي واستثناء الأدوات الأخرى.

هدف التعلم # 2: ذِ◌َكر أربع طرق تتشكل من خلالها اثار الأدوات والالمام بالقيمة الدلالية لها

تشكُل أثار الأدوات والقيمة الدلالية لها .II

أ. كيف تتشكل أثار الأدوات

1. الانضغاط – الانضغاط هو تثليم ساكن يتم احداثه بواسطة ضربات بواسطةاستخدام اداة ما، مثل اثار المطرقة أو المطرقة الثقيلة أو قلم حبر أو كُلاب أو اثار العتلة أو علامات فك زرادية أو قاطعات أسلاك أو مفتاح ربط.
2. الاحتكاك - إن الاحتكاك هو اثار ديناميكية وغالباً ما يترك شروخاً أو شقوقاً تُنتجها شذوذيات حافة اداة معينة، مثل المقص والمفك والسكاكين والفؤوس وغيرها.
3. التكرار – إن التكرار هو الاثار الديناميكية المتكررة التي تنتجها أدوات مثل المبرد أو المنشار. من الصعب جداً تحديد هذه الاثار بسبب العدد الكبير من الأسنان واختلاط العلامات المتروكة.
4. المُرَكَّبة – يمكن غالباً أن تترك الأدوات مزيجاً من اثار الانضغاط والاحتكاك.

ب. القيمة الدلالية للأدوات

1. الخصائص الفئوية

سوف تُظهر عادةً اثار الأدوات المتروكة في مسرح الجريمة خصائص ميكروسكوبية يمكنها أن تُساعد في كشف الخصائص الفئوية للأداة المستخدمة. تُعتبر عادةً الخصائص الفئوية للأداة عنصراً مميزاً لوظيفة تلك الأداة عن وظائف غيرها من الأدوات. لهذا، يمكن اعتبار أن المفكات فئة منفصلة عن العتلات بما أن لها وظائف أو أعمال مختلفة. تكمن منفعة الخصائص الفئوية للأدوات في أنها تخدم كجهاز اختيار في التحقيقات الجنائية وتسمح للشخص بحصر مجال البحث الذي يعتبر قيماً في تحديد ايجابي للأداة التي قامت بترك الاثار.

2. الخصائص الفردية

إن الأدوات المتشابهة في خصائصها الفئوية غالباً ما تختلف في خصائصها الفردية. ويتم استمداد هذه الخصائص الفردية من العملية التي أُستخدمت لصناعة الأداة والطريقة التي تم استخدام الأداة بها. غالباً ما يتشكل عُقد أو شقوق على المفك منتجة الخصائص الفردية لتلك الأداة. إذا كانت المادة التي حدثت فيها الأثار لينة بشكلٍ كافٍ، فسوف تحتفظ باثار أو شروخ دقيقة تعكس هذه الخصائص الفردية.

3. ما الذي يمكن أن تظهره أثار الأدوات

ربما سيترك مفك، عند استخدامه لفتح نافذة أو باب، اثاراً تُظهر ليس فقط الخط الخارجي وعرض رأس الأداة فحسب، بل أيضا شكل عمود الأداة وكيفية اتصاله بالرأس. سوف يكون لدى خبير مسرح الجريمة فكرة جيدة عن فئة أو نوع الأداة التي أحدثت الاثار من خلال تجربته في قضايا سابقة.

عادةً ما تكون الأدوات المستخدمة من قِبل المجرمين ذات جودة ليست بجيدة وتتلف بسهولة، ويظهر هذا التلف في الاثار التي تتركها الأداة على شرط أن يكون الجسم صلباً بشكلٍ كافٍ ليحتفظ بهذه الاثار. تُوفر الأدلة المتروكة بواسطة هذا النوع من الأدوات "توقيعاً" للأداة التي تم استخدامها.

يمكن العثور على المواد التي يمكن تعقب اثارها مثل الدهان وقطع الخشب أو المعادن ملتصقة بالأداة نفسها. وبشكل مماثل، يمكن للأداة أن تترك جزيئات صغيرة من أدلة الاثار التي يمكن أن تكون قد التصقت بالأداة قبل استخدامها.

هدف الأداء # 3 : تحديد ستة مناطق يتعين لخبير مسرح الجريمة أن يبحث فيها عن أثار الأدوات، وعرض اجراء بحث عن الأدوات واثارها

III. البحث عن الأدوات وأثارها

أ. البحث عن أثار الأدوات

يتعين على خبير مسرح الجريمة أن يقوم بجهود يمليها عليه ضميره من أجل فحص مسرح الجريمة بطريقة متعمقة لتحديد ما إذا كان الجاني قد ترك وراءه اثاراً للأدوات التي يمكن أن يكون قد استخدمها. ومن المهم لخبير مسرح الجريمة أيضاً أن يبحث عن أي أدلة لأدوات مكسورة يمكن للجاني أن يكون قد تركها خلفه. وإذا تم تحديد موقع لقطعٍ ما فيجب أن يتم جمعها بما أنه يمكن أن تكون أدلة قيمة عندما يتم تحديد مكان الأداة والمشتبه به. يمكن ربط قطعاً دقيقة مع الأداة من خلال فحص ميروسكوبي. ويجب أن يحرص خبير مسرح الجريمة على البحث في المناطق التالية عن اثار أدوات محتملة:

1. الأبواب

يجب البحث حول القفل وايلاء اهتمام خاص باطار الباب وعضادته.

النوافذ .2
.على الحافة السفلية للشباك وعتبته واطار عضادته

القاصات .3
.حول الباب ومنطقة القفل والمفاصل

أدراج المكاتب وخزانات الملفات وأدراج مؤمنة أخرى .4
.قم بإيلاء اهتمام خاص للمنطقة حول الأقفال وأيضاً بالحواف المتصلة بها

الأسيجة التي يظهر فيها اثار قص .5
.غالباً ما تكون اثار انضغاط من اداة قص ظاهرة إلى حدٍ كبير

الأقفال التي تم قصها .6
الأقفال النحاسية جيدة بشكلٍ خاص في الحفاظ على اثار الانضغاط التي تُحدثها أداة قص بسبب الطبيعة اللينة لهذا المعدن. يجب البحث في مسرح الجريمة عن أي أدوات ظاهرة تم تركها هناك، وأيضاً الأدوات التي تم أخذها من المشتبه بهم. يتعين فحص كل أداة تم العثور عليها بعناية والتعامل معها وكأنها دليل محتمل. يمكن لهذه الأدوات أن تربط المشتبه به بمسرح الجريمة .اعتماداً على مكان العثور عليها

ب. الأدوات التي تكرر الاثار
يجب على خبراء مسرح الجريمة أن يولوا اهتماماً بالادوات التي تقوم بتكرار الاثار التي يمكن أن تكون قد تُركت في مسرح :الجريمة أو التي تم أخذها من المشتبه به. يجب أن يبحثو بعناية عن المواد التالية

المواد التي توجد بين أسنان المنشار أو ضروس المبرد .1
يمكن تحليل الأدوات مُكررة الاثار التي تحتوي على مواد وامكانية مطابقتها مع مسرح الجريمة. على سبيل المثال، يمكن ربط .هذه الجزيئات مع الأقفال التي تم قطعها بالمنشار أو بردها

انفصال الأسنان أو الضروس .2
يمكن للضروس أو الأسنان المفقودة من أداة قصٍ أن تُحدثُ نمطاً فريداً عندما يتم استخدامها ويمكن أن يتم ربطها لاحقاً بمسرح .الجريمة

هدف الأداء # 4: تعيين ثلاث طرق على الأقل يتم استخدامها لجمع أدلة اثار الأدوات، وذِكر ثلاثة استنتاجات يمكن .استخلاصها بعد فحص اثار الأدوات وعرض كيفية جمع أدلة هذه الاثار

جمع أدلة اثار الأدوات .IV
أ. التصوير الفوتوغرافي
يجب أولاً أن يتم تصوير أدلة الاثار في حالتها الأصلية قبل أية محاولة لرفعها. من المهم جداً أن يتم تسجيل اثار الأدوات بشكل .دائم قبل أية محاولة لنسخها أو رفعها

ب. الحالة الأصلية

يجب بذل كل مجهود كلما كان ذلك ممكناً لرفع أدلة اثار الأدوات في حالتها الأصلية. لا يوجد صعوبة كبيرة عند التعامل مع الأجسام المتحركة مثل الات تسجيل المدفوعات النقدية والقاصات الصغيرة وصناديق النقد بما أنه يمكن رفع الاثار من خلال الحصول على الجسم بأكملها. لا يمكن أحياناً الحصول على الجسم بأكمله بسبب حجمه أو بناءه. يمكن الحصول أحياناً على الاثار التي يتم العثور عليها على اطارات النوافذ وعضادات الأبواب من خلال ازالة الجزء التالف من الجسم، وخاصة عندما يكون بحاجة صاحب البيت أو صاحب العمل أن يقوم بتغيرها على أية حال.

ت. صب أثار الأدوات في قالب

عندما يكون من غير العملي رفع جسم بأكمله يحتوي على اثر اداة، يتعين على خبير مسرح الجريمة أن يأخذ بعين الاعتبار استخدام قوالب صب لنسخ اثار الأدوات. إن عمل قوالب لأدلة اثار الأدوات سيمنع وضع الأدوات التي تم رفعها مباشرة في اثار الأدوات لاثبات التطابق. يجب ايلاء عناية كبيرة من أجل التأكد من عدم تلف أو افساد الاثار الأصلية للأدوات بأية طريقة. يجب على خبير مسرح الجريمة أن لا يضع الأداة في الاثر، لأنها لن تقم بتلويث الأدلة فقط، بل هناك احتمالية افساد أو اتلاف الأثار الأصلية للأدوات وامكانية تلويث الأداة من خلال نقل أدلة اثار من اثار الأداة إلى أداة المشتبه به. قُم باستخدام مطاط السيليكون من أجل الحصول على أفضل النتائج (يمكن أن يكون السيليكون الذي يتم استخدامه في طب الأسنان ناجحاً في هذه العملية). يجب استخدام القوالب من أجل مقارنتها مع الأدوات واثار الفحص.

ث. أنواع فحوص أثار الأدوات

يمكن للمختبر الجنائي أن يقوم بمقارنات عديدة ما بين اداة واثار اداة . تشمل هذه المقارنات على التالي:

1. اثار الأداة بوجود الأداة

1. اثبات وجود أو عدم وجود خصائص فئوية.
2. فحص الأداة للبحث عن مخلفات غريبة مثل الدهان أو المعادن لمقارنتها مع الجسم الذي يوجد عليه الاثار.
3. مقارنة ميكروسكوبية مع اثار فحص عديدة أو خدوش انتجتها الأداة.

2. اثار الأداة دون وجود الأداة

1. حجم الأداة المستخدمة (فقط الخصائص الفئوية).
2. نوع الاداة المستخدمة (فقط الخصائص الفئوية).
3. ملامح غير اعتيادية للأداة (الخصائص الفئوية أو الخصائص الفردية).
4. العمل التي قامت به الأداة في وظيفتها العادية و/أو في حالتها الحالية.
5. إذا كانت اثار الأداة ذات قيمة لأغراض تحديدية

ج. فحوص ذات صلة

بالاضافة إلى اثار الأدوات، يمكن للمختبر الجنائي أن يُجري فحوص مماثلة لمواد ذات صلة. الطريقة التي يتم اجراء هذه الفحوص بها هي تقريباً مماثلة للطريقة التي تُجرى فيها فحوص اثار الأدوات. وتقوم هذه الفحوص على فرضية أنه عند تلامس جسمين مع بعضهما البعض، فإن الجسم الأكثر صلابة سوف يترك اثراً على الجسم الاكثر ليونة. وتشمل هذه الفحوص على:

- تحديد الأجسام التي اصطدمت ببعضها البعض بقوة، على سبيل المثال سلاح أو جسم ما أُستخدم لصدم سطحٍ ما.
- الأجسام التي التصقت ببعضها البعض جراء الضغط لفترة من الوقت ومن ثم تم فكها، مثل أجزاء أو قطع من المركبات أو الألات.
- أجسام كانت أصلاً جسماً واحداً قبل كسرها أو قطعها، مثل قطعة من أنبوب أو ماسورة بندقية تم تقصيرها.

ح. استنتاجات

:يمكن استخلاص الاستنتاجات التالية من هذه الفحوص

1. أن الأداة هي التي سببت الاثار
2. أن الأداة لم تُسبب تلك الاثار
3. أنه لا توجد هنالك خصائص فئوية كافية في الاثار لتمكننا من تحديد ما إذا كانت الأداة هي التي أحدثت الاثار أم لم تُحدثها.

:(عرض وتمرين عملي – البحث عن الأدوات واثارها وجمع أدلة الاثار (90 دقيقة

.قُم بانشاء مسرح جريمة سطو. قُم بعرض البحث عن الأدوات واثار الأدوات في مسرح الجريمة وجمع أدلة اثار الأدوات

المشاركون- يجب على "فنيّ الطب الشرعي" أن يقوموا بالبحث عن الأدوات واثارها، وبعد العثور عليها يجب عليهم أن يجمعوا أدلة اثار الأدوات أو الأدوات من خلال العملية الذي تم شرحها في غرفة الصف.

هدف التعلم # 5: الالمام بمصطلحات الأسلحة النارية، وتعريف العيار الناري، وتعيين نوعين من الأسلحة الطويلة ونوعين من المسدسات

V. الأسلحة النارية

لقد زادت ظاهرة أدلة الأسلحة النارية بشكل مُطرد في السنوات الأخيرة جراء الاستخدام المتكرر لهذه الأسلحة في جرائم مختلفة. وكثيراً ما يعثر خبير مسرح الجريمة على هذه الأسلحة النارية والذخيرة والخراطيش والعيارات النارية المستخدمة. وترتبط قيمة مواد الأدلة هذه بشكل مباشر مع كيفية العثور عليها والتعامل معها من قِبل خبير مسرح الجريمة.

المصطلحات والتعابير المتعلقة بالأسلحة النارية

:تُستخدم المصطلحات والتعابير التالية في تحديد والتعريف عن الأسلحة النارية

1. العيار

يُشير العيار إلى قطر فوهة ماسورة البندقية أو المسدس الذي يتم قياسه إما بجزء من المائة (.01) من الانش أو بالمليمترات. إن تعيين المعيار هو فقط قيمة تقريبية لقطر الفوهة وعادة يكون قريباً من قطر الثلم في ماسورة البندقية. يُوفر تعيين العيار هذا تصنيف أولي عن السلاح مثل تحديده بعيار .38 أو 9 ميليمتر.

2. تعيينات العيار

تتفرع هذه التعيينات في طرق مختلفة من تصنيف العيار الأساسي، وتقوم كل واحدة من هذه التعيينات بتحديد حجم وشكل خرطوشة معينة. في حين أنه يتم استخدام بعض الخراطيش تبادلياً إلا أن معظمها مُحدد لسلاح معين. ومن الأمثلة على هذه التعينات .38 خاص، .41 ماجنوم، و .38 ذاتي الحركة. يتم قياس فوهات بنادق الصيد بقياس القطر Gauge. كلما صغر العدد كلما كبر القطر. هذا يعني أن فوهة بندقية ذات قياس قطر Gauge قدره 12 يكون قطر فوهتها أكبر من قطر فوهة بندقية لها قياس قطر قدره 20. إن عدد كرات الرصاص التي كان وزنها باوند واحد (حوالي نصف كيلو) كان أصل مصطلح " قياس قطر" "Gauge".

3. الخراطيش

إن الخرطوشة الفارغة هي الغطاء التي يحتوي على ملح البارود وعلى الفتيل المستخدمين في دفع القذيفة. عادة ما تكون الخراطيش الفارغة للمسدسات وللبنادق مصنوعة من المعدن، بينما يكون لدى الخراطيش الفارغة لبنادق الصيد قاعدة معدنية ولكن الجوانب تكون مصنوعة من عادة من البلاستيك.

4. العيارات النارية

العيار الناري هو القذيفة التي تجلس على رأس الخرطوشة والتي يتم دفعها عند اشتعال ملح البارود بواسطة الفتيل. يوجد أشكالا وأنماطاً مختلفة بتعدد العيارات، كالمغلفة جزئيا semi-jacketed، وذات الرأس الأجوف hollow- point، وذات الرأس اللين soft-point، وغيرها.

5. خصائص الأخاديد: تشير كلمة أخاديد إلى الأثلام الحلزونية داخل ماسورة السلاح الناري. عندما يتم صُنع السلاح الناري يتم تحزيز أو دمغ الأثلام داخل الماسورة مما يُشكل خصائص عامة لهذه الأخاديد. عندما يتم اطلاق الرصاصة من خلال ماسورة "سلاح ناري، يقوم الجزء المسمى "بأراضي التجويف lands bore نتيجة بمسك الرصاصة ويجعلها تدور بشكلٍ لولبي. للضغط الهائل على الرصاصة فإن اثار أراضي التجويف تُدمغ على هذه الرصاصة. يمكن فحص الرصاصة لتحديد السلاح الناري المعين التي تم اطلاقها منه.

تختلف خصائص الأخاديد باختلاف المُصَنِع وتتألف من الأمور التالية:

- عدد "أراضي التجويف" والأثلام
- الأبعاد
- اتجاه والتواء الأخاديد
- العيار

6. أنواع الأسلحة النارية

أ. الأسلحة الطويلة (الأسلحة التي تُطلق النار بواسطة ارتكازها على الكتف) – البنادق

- ذات الطلقة الواحدة.القادرة على اطلاق قذيفة واحدة فقط.
- النصف أتوماتيكية

تتطلب ضغط منفصل على الزناد لكل عيار ناري وتستخدم طاقة الداسر لاداء جزء من العملية أو دورة اطلاق النار (عادة الجزء الذي يتم فيه التعبئة وافراغ الخراطيش الفارغة).

- الأتوماتيكية

سيقوم السلاح عند الضغط على الزناد باطلاق النار وافراغ الخراطيش الفارغة اتوماتيكياً حتى تنتهي الذخيرة من السلاح.

ب. بنادق الرش shotguns (تجويف أملس، ولا يوجد خصائص أخاديد)

تتوفر هذه البنادق على شكل بندقية ذات طلقة واحدة أو بنادق أتوماتيكية، وتقوم باطلاق قذيفة تحتوي إما على طلقة واحدة حلزونية مثلمة (rifled slug) أو أنواع مختلفة من أحجام الكريات المعدنية.

ت. المسدسات اليدوية

- المسدس (pistol)
- المسدس الدوار (revolver)

يكون المسدس الدوار مجهزاً باسطوانة دوارة مكونة من أعداد مختلفة من الحجرات، وتقوم الاسطوانة بالدوران عندما يتم الضغط على الزناد مما يجعل حجرة جديدة تصطف تحت الزناد.

هدف التعلم # 6: الالمام بتأثير العيار الناري على نسيج ما والالمام بالتركيب الحيوي لجرحٍ سببه عيار ناري

جروح العيارات النارية .VI

أ. تأثير العيار الناري على النسيج

من أجل توضيح تفاعل القذيفة المخترقة مع النسيج الجسدي، (wound profile) "لقد تم تطوير أسلوب " صورة الجرح ويُعتبر هذا الأسلوب بمثابة محاولة لعرض مقاربة مفيدة لبيانات ذات صلة وحقيقية من أجل توضيح تأثير العيارات النارية بشكلٍ يسهل فهمه. تقوم هذه الصورة بتصوير الخرق الأقصى الذي يُتوقع من عيار ناري محدد أن يُحدثه في النسيج اللدن والمرن للحيوان الحي. إن "التجويف الدائم (permanent cavity)" المشار إليه على صور الجرح هو " ثقب العيار الناري" المدى (temporary cavity) "الذي أحدثه هذا العيار من خلال اصطدامه بالنسيج الجسدي. يُظهر "التجويف المؤقت التقريبي التي تمططت فيه جدران هذا الثقب بعد اجزاء من الثانية من دخول العيار الناري (مماثل تماماً لطرطشة الماء). ينتج الضرر الكبير بسبب الحركة المندفعة والتجاويف في النسيج.

إن نوع النسيج يحدد نوع الجرح وأيضاً عمق الاختراق، حيث أن الثقل النوعي (الكثافة) والمرونة هم العوامل الرئيسية للنسيج.

كلما ازداد الثقل النوعي، كلما ازداد الضرر

كلما ازدادت المرونة، كلما قل الضرر

لهذا فإن الرئة ذات الكثافة المنخفضة والمرونة العالية تتضرر بشكلٍ أقل من العضلات ذات الكثافة العالية والتي لها بعض المرونة.

لا يوجد للكبد والطحال والمخ أية مرونة لهذا فإنها تتضرر بسهولة.

يمكن للأعضاء الممتلئة بالسوائل كالمثانة والقلب والشرايين الكبيرة والأمعاء أن تنفجر بسبب ضغط الأمواج الناتجة. يمكن للعيار الناري الذي يصيب العظام أن يسبب تهشماً فيها، ويمكن للعيار الناري أن يُنتج شظايا عديدة التي بدورها تقوم بانتاج المزيد من الجروح.

ب. التركيب الحيوي لجرح عيارٍ ناري

إن إحدى الأدوات التي يتم استخدامها لمقارنة تأثير الذخيرة هي "صورة الجروح". إن صورة الجروح ببساطة هي صور فوتوغرافية بأبعاد أو رسومات تم تحضيرها بعناية لفحص اطلاق النار على جيلاتين قذيفي تم تعييره.

عندما تقترب فوهة السلاح الناري من الهدف أو تلامسه، فإن الغازات الساخنة المنبعثة من هذه الفوهة بسرعة عالية سوف تقوم بتمزيق وشق مادة هذا الهدف، وسوف يتم العثور على طبقة من بقايا اطلاق النار حول هوامش التلامس مع ثقب الدخول أو القريبة منها.

كان هنالك حالات حيث كان فيها التلامس قريباً (فوهة السلاح الناري تكون مضغوطة على جسد الضحية) مما سبب الانفجار دخول الرواسب إلى داخل بقعة الجرح وترسبت حول الجزء الداخلي لثقب خروج العيار الناري في ثياب الضحية.

هدف الأداء # 7: الالمام بالتعامل مع الأسلحة النارية والذخائر وبالقيمة الدلالية لها. تحديد ثلاثة أشياء يمكن لخرطوشة فارغة أن تحددها عندما يتم فحصها، وعرض كيفية التعامل مع الأسلحة والذخائر التي تم العثور عليها في مسرح الجريمة

التعامل مع الأسلحة النارية والذخائر والقيمة الدلالية لهذه الأسلحة النارية والذخائر .VII

أ. التعامل مع الأسلحة النارية والذخائر

يجب ايلاء العناية القصوى عند التعامل مع الأسلحة النارية والذخائر في أي وقت يعثر فيه خبير مسرح الجريمة عليها. يتعين على خبير مسرح الجريمة قبل تحريك الأسلحة أو ازالتها من مكانها أن يُشير في ملاحظته إلى الوصف العام لمكانها وأن يقوم بالتقاط الصور الفوتوغرافية وأن يضمن أن هنالك معلومات كافية من أجل رسم مسرح الجريمة. يجب أن تشمل الملاحظات على الصنع والطراز والرقم التسلسلي والعيار وأيضاً المعلومات الوصفية.

يتعين على خبير مسرح الجريمة قبل التقاط أي سلاح ناري أن يلاحظ موضع ديك هذا السلاح إن كان يوجد، وأن يراقب ما إذا كانت مؤخرة البندقية مفتوحة، أو ما إذا كان يوجد مخزن للذخيرة في السلاح، وموضع صمام الأمان إن كان يوجد. يجب أن يكون التعامل الآمن للسلاح الناري ذا أهمية رئيسية. فقط عندما يُشكل السلاح الناري خطراً مباشراً، مثلاً وجود الديك إلى الوراء، يمكن عندها لخبير مسرح الجريمة أن يحاول أن يضعه بشكل آمن. هذه هي المرة الوحيدة التي يجب فيها رفع الأدلة فوراً طالما أنه لا يوجد أي خطر على السلامة.

يجب أن يتأكد خبير مسرح الجريمة دائماً أنه لن يتم لمس أو تدمير بصمات الأصابع أو أي أدلة أخرى على السلاح. يجب أن لا يتم رفع السلاح من السطح الأملس له كالماسورة أو الاطار لأن ذلك يسبب ترك بصمات للأصابع. يجب رفع السلاح من السطح الخشن كالتسنن على مقبض المسدس أو مقبض السلاح الطويل أو مقدمته.

ويتعين على خبير مسرح الجريمة أن لا يضع قلم رصاص أو أي جسم اخر داخل ماسورة السلاح بينما يقوم برفعه، لأن ذلك قد يسبب ازاحة أو تدمير أي اثار مثل الغبار أو الدم أو جزيئات الأنسجة أو الألياف. أيضاً يوجد احتمال أن يترك القلم بقايا دهان أو خشب في السلاح.

يجب دائماً أن يتم معالجة السلاح في بيئة مسيطر عليها بدلاً من مسرح الجريمة اذا كان هذا ممكناً. يمكن جمع أدلة الاثار بشكل أفضل في البيئة المسيطر عليها ويمكن أن يتم تفتيش السلاح بشكلٍ أدق. يمكن لخبير مسرح الجريمة بعد جمع أداة الاثار أن يفتح السلاح، ويلاحظ كمية الذخيرة الموجودة داخله، ويسجل موضع ومحتوى الاسطوانة والحجرات إذا كان المسدس دوارا.

ب. القيمة الدلالية للأسلحة النارية والذخيرة

1. العيارات النارية

تُحدِث الأخاديد في ماسورة السلاح الناري علامات على العيار الناري عندما يتم اطلاقه، حيث تُنتج الأخاديد (الأراضي والأثلام) شروخ دقيقة على العيار الناري عندما يندفع من ماسورة السلاح. وتُعتبر هذه الشروخ قيمة لأغراض تشخيصية يتم اجراءها لاحقا. ويوجد أيضاً احتمال قائم أن يتم احداث علامات على العيارات النارية أثناء تعبئة بعض أنواع الأسلحة، ويمكن أيضاً مقارنة هذه العلامات بسلاح المشتبه به على أمل أن يتم مطابقتها ايجابيا.

2. العيارات النارية التي تم رفعها من مكان الحادث

يمكن فحص العيارات النارية التي تم رفعها من قِبل المختبر لتحديد مُصنِع، وعيار، ونوع، وتصميم السلاح الذي تم اطلاق العيار منه. بالاضافة لهذه التحديدات العامة يمكن أيضاً استخدام العيار الناري نفسه لتشخيصٍ ايجابي إذا وُجِدَ علامات (شروخ) بشكلٍ كافٍ عليه.

3. العيارات النارية مقابل السلاح

يمكن للمختبر الجنائي أن يحدد ما إذا تم اطلاق عيار ناري معين من سلاح معين بشرط أن لا يكون العيار الناري قد أُتلف أو أُفسِدَ بدرجة كبيرة عند رفعه، وبشرط أن يكون عليه شروخ كافية لأغراض التحديد.

4. الخراطيش الفارغة وأغلفة قذيفة بندقية الرش

يمكن للعلامات على الخرطوشة أو على غلاف قذيفة بندقية الرش أن تحدث بواسطة مؤخرة البندقية أو الزناد أو الحجرة أو جهاز السحب أو القاذف. يوجد احتمالية ربط كل واحدة من هذه العلامات بسلاحٍ معين جراء الخصائص المتفردة لكل منها. يمكن استخدام الخراطيش الفارغة التي تم العثور عليها في مسرح الجريمة من أجل تحديد النوع لعيارٍ معين وتصميم السلاح التي تم اطلاق العيار الناري منه، وأيضاً ما إذا كان يوجد اثار كافية لغرض التحديد. ويمكن استخدام خراطيش بندقية الرش وتعبئة المصنع الأصلية، وما إذا كان هنالك علامات كافية على غلاف الخرطوشة لغرض (gauge) لتحديد قياس القطر التحديد. كما يمكن استخدام مواد الحشو أو العيارات النارية المأخوذة من الضحية أو مسرح الجريمة في تحديد قياس القطر ومُصنِع مادة الحشو. ويمكن فحص العيارات النارية لتحديد الحجم، ولكن لا يمكن ربطها بسلاح المشتبه به لأن (gauge) ماسورة بندقية الرش أملس ولا يسبب حدوث شروخ على القذيفة.

إذا كان هنالك وجود اثار كافية يمكن تحديدها للزناد أو وجه مؤخرة السلاح أو الحجرة فمن الممكن تحديد ما إذا كان قد تم اطلاقها من سلاحٍ معين. ويمكن استخدام اثار جهاز السحب والقاذف فقط من أجل تحديد ما إذا كان قد تم سحب الخرطوشة أو غلاف خرطوشة بندقية الرش أو تعبئتها من وفي سلاح معين.

:(عرض وتمرين عملي – البحث عن الاسلحة النارية والذخيرة والتعامل معها في مسرح الجريمة (90 دقيقية

قم بانشاء مسرح جريمة أو جريمة سطو بالتحديد تم استخدام أسلحة نارية أثناء ارتكابها. قُم بعرض كيفية البحث وما هي الأشياء التي يجب البحث عنها في مسرح الجريمة وكيفية التعامل مع الأسلحة النارية والذخائر.

المشاركون – يجب على " فنيّ الطب الشرعي" أن يقوموا بالبحث عن الأسلحة النارية والذخائر في مسرح الجريمة. يجب أن يقوموا بعرض كيفية معالجة الأسلحة النارية والذخائر بعد العثور عليها.

قُم باستخدام قطعة خشب كبيرة. أطلب من مدرب استخدام الأسلحة النارية أن يقوم باطلاق 25 عيار ناري على قطعة الخشب. قم بترقيم العيارات النارية على قطعة الخشب. سوف يكون لكل مشارك الرقم الخاص به. لا تنسى وضع خراطيش فارغة أيضا.

خلاصة

لقد بحثنا في هذا الدرس الأنواع المختلفة لأثار الأدوات التي يتم العثور عليها عادةً في مسرح الجريمة وفحصنا قيمتها الدلالية، وأيضاً الأماكن التي يجب على خبير مسرح الجريمة أن يبحث فيها عن هذه الأدلة القيمة. ولقد ناقشنا أيضاً الأنواع المختلفة للأسلحة النارية والذخيرة وقيمتها الدلالية. لقد تعلمنا بالاضافة لذلك أن الحل الناجح لجريمة أُستخدم فيها سلاح ناري يعتمد بشكلٍ كلي على الجمع الناجح للأدلة المتعلقة بالسلاح الناري وحفظها من قِبل خبير مسرح الجريمة وأيضا على الفحوصات اللاحقة لهذه الأدلة في المختبر الجنائي.

الدرس السابع

آثار الأحذية والاطارات

مدة الدرس

ساعات – 3 ساعات محاضرة 9
ساعات عملي 6 -

المواد والمعدات والخدمات اللوجستية
كاميرات فوتوغرافية، مواد لرفع الآثار وصبها في ،PowerPoint لوح ورقي قلاب، دفتر ملاحظات، جهاز عرض، شرائح قوالب، جهاز لرفع الآثار باستخدام الكهرباء الساكنة-إذا وجد، رذاذ مثبت السيليكون.

غاية الدرس
إن غاية هذا الدرس هي الاظهار للمشاركين قيمة أدلة آثار الأحذية والاطارات التي يمكن العثور عليها في مسارح الجريمة. سوف يتعلم المشاركون عن الأنواع المختلفة لأدلة الآثار الذي يمكن وجودها في مسرح الجريمة، وكيفية البحث عن أدلة الآثار وأين يمكن البحث عنها، وأيضاً كيفية رفع وتوثيق هذه الأدلة.

أهداف التعلم والأداء
سوف يكون بإستطاعة المشاركين عمل الآتي في نهاية هذا الدرس:

1. تحديد الاستنتاجين الاثنين اللذين يمكن الحصول عليهما من خلال الفحص المخبري لأدلة آثار الأحذية والاطارات.
2. تحديد المميزات الثلاث لأدلة الآثار التي تسمح لعمل تحليلٍ مقارن.
3. ذِكر النوعين لأدلة الآثار.
4. تحديد خمس مناطق على الأقل في مسرح الجريمة يتوجب أن يتم البحث عن أدلة آثار فيها.
5. شرح واظهار الخطوات التي تتعلق بأخذ صور فوتوغرافية ذات مدى قريب عالية الجودة لأدلة آثار الأحذية والاطارات.
6. تحديد واظهار الطريقتين المستخدمتين في رفع الآثار ثنائية الأبعاد.
7. شرح واظهار الاجراءات المتعلقة في صب قالب الآثار ثلاثية الأبعاد.

مقدمة
إن أدلة آثار الأحذية والاطارات هي شكل أخر من الأدلة المادية القيمة التي غالباً ما يتم مصادفتها في مسرح الجريمة، وبما أنه من المتوجب على المجرمين إما أن يمشوا أو يقودوا مركبة من وإلى مسرح الجريمة، فإنه من المنطقي افتراض أن يتم ترك أدلة أثار هناك. يمكن لتميز وجمع وفحص أدلة الآثار هذه أن تزود دليلاً لا يمكن دحضه لوجود شخص أو مركبة في مسرح الجريمة أو لها صلة بالضحية.

هدف التعلم # 1: تحديد الاستنتاجين الاثنين اللذين يمكن الحصول عليهما من خلال الفحص المخبري لأدلة آثار الأحذية والاطارات.

I. الفحص المخبري لأدلة آثار الأحذية والاطارات

بالرغم أنه غالباً ما يتم التغاضي عن قيمة أدلة آثار الأحذية والأطارات عند الأخذ بعين الاعتبار أشكال الأدلة المادية التي توفر للسوائل الفسيولوجية إلا أن المعلومات الاثباتية التي يمكن (DNA)تحديداً إيجابياً مثل البصمات وتحليل الحمض النووي اكتسابها نتيجة لفحص الطب الشرعي لهذه الأدلة تبرر البحث عنها ودراستها بتأني. يمكن ترك أدلة آثار في مسرح الجريمة في أي وقت يتم فيه ملامسة نعل حذاء أو إطار مركبة لسطح يحتفظ بِسمات هذه الملامسة. يمكن للآثار أن تكون إما ثنائية الأبعاد أو ثلاثية الأبعاد، وهذا يعتمد على نوع السطح وظروف الملامسة.

يمكن للفحص المخبري لأدلة آثار الأحذية والاطارات أن يقود لواحدٍ من استنتاجات عديدة تعتمد عادةً على نوعية ودرجة التفاصيل القابلة للتميز التي تم تركها مع الآثار . يمكن للفحوص أن تكون بطبيعتها إما مُقارِنة أو تحقيقية. يتم اجراء الفحوص المقارنة لتحديد ما إذا كان حذاء أو اطار معروف قد صنع هذه الآثار. يتم إجراء الفحوص التحقيقية للآثار من أجل توفير معلومات تتعلق بوصف المصنعية أو التصميم التي يمكن أن توفر ارشادات تحقيقية.

يمكن للفحوص أن تُسفر عن:

أ. دليل إيجابي لملامسة بين حذاء أو اطار مع السطح

هنالك امكانية إما أن تكون حدثت ملامسة أو لم تحدث ملامسة.

ب. تاريخ أدلة أثار الحذاء/الاطار

يمكن لآثار الأحذية أو الاطارات أن تساعد في تحديد نوع وحجم الحذاء أو الاطار، ولاحقاً أيضاً في تحديد الصنع الدقيق للحذاء أو الاطار. ويمكن لهذه المعلومات أن تكون مهمة عند اجراء مزيداً من التحقيقات.

هدف التعلم # 2: تحديد المميزات الثلاث لأدلة الآثار التي تسمح لاجراء تحليلٍ مقارن

II. قيمة أدلة آثار الأحذية والاطارات

تتكون بصور عامة ميزات آثار الأدلة التي تسمح لاجراء فحص مقارن من ثلاثة عناصر:

أ. ميزات التصميم

هذا هو النمط الأساسي لتصميم نعل الحذاء أو نتوء الاطار. عادةً ما يتم تسجيل براءة اختراع لهذه النتوءات (بالرغم أنه غالباً ما يتم انتاج نسخ غير أصلية) وهي نوعاً ما خاصة بالمُصنِع. عادة ما يتم انتاج كثير من الاحذية أو الاطارات التي لها تصميم النمط الأساسي هذا.

ب. أنماط التآكل

عندما يتم ارتداء الحذاء أو استخدام الاطار فإن منطقة النمط سوف تتآكل، حيث سوف يتم تآكل نتوء الاطار أو مادة نعل الحذاء، وعادةً ما يتم هذا التآكل بتدرج طبيعي نوعاً ما. ولكن هنالك عوامل أخرى سوف تؤثر على نمط التآكل مثل طريقة المشي للشخص الذي يرتدي الحذاء، أو اختلال توازن مقدمة الاطارات في المركبة أو النفخ المفرط أو القليل للاطارات. في حين أن نمط التآكل لوحده لن يوفر عادة أساس للتحديد الايجابي، إلا أنه يُعطي تفرداً أو توافقاً بين مقارنة الحذاء/الاطار المعروف وغير المعروف التي تم العثور عليه في مسرح الجريمة.

ت. الميزات العرضيّة

قد يحدث هنالك بعض التلف مثل قطْع أو شقوق في سطح النتوء أو النمط أثناء الاستعمال العادي للحذاء أو الاطار، وتُعرف هذه الميزات بالميزات العرضّية وتحدث بشكلٍ عشوائي في جميع تصاميم الاطارات والأحذية الشائعة الاستخدام. بالافتراض أن هنالك توافقاً لميزات التصميم ونمط التآكل، فإن مطابقة الميزات العرضّية قد تُحدد ايجابياً أن حذاء أو اطار معين هي التي أحدثت آثاراً معينة.

(نقاش – ميزات أدلة الآثار(10 دقائق
اسأل المشاركين هنا أن ينظروا في الاختلافات ما بين ميزات أدلة الآثار الثلاث التي تم ذِكرها أعلاه. قُم بتزويدهم بصور مختلفة أو شرائح صور. يجب أن يصبح المشاركين على دراية بتحديد الاختلافات.

هدف التعلم # 3 : ذِكر النوعين لأدلة الآثار

أنواع أدلة آثار الأحذية والاطارات .III

يتم العثور على أدلة الآثار بشكل عام إما بشكل ثنائي الأبعاد أو ثلاثي الأبعاد.

أ. ثنائية الأبعاد
يتم العثور عادة على هذه الآثار على سطح صلب تم ملامسته بنعل حذاء أو نتوء اطار ترك أو أزال رواسب أو مواد أخرى، ويمكن رؤية تفاصيل النعل أو نمط النتوء على السطح. تُعرف الآثار التي تحدث عندما يترك حذاء أو نتوء اطار رواسب أو بقايا مواد بالآثار الايجابية. تحدث الآثار السلبية عندما يتم إزالة رواسب أو بقايا مواد عند ملامستها لنعل حذاء أو نتوء اطار.

الآثار المرئية .1
تكون هذه الآثار بادية للعيان بسرعة وعادة ما يتم العثور عليها أثناء المراحل الأولية عند الوصول إلى مسرح الجريمة.عندما يتم تلامس حذاء أو اطار إما مع مادة سائلة كالدهان أو الشحمة أو الدم أو الماء، أو رواسب صلبة كمسحوق اخماد الحرائق أو الطحين أو مادة للعزل، وبعدها يتلامس هذا الحذاء مع سطح صلب، فإنه يترك آثار مرئية. عادة ما تكون هذه الآثار مستقرة إلى حدٍ ما، ويمكن العثور عليها أثناء المعالجة العادية لمسرح الجريمة طالما أنه يتم حمايتها بشكلٍ مناسب من تلف غير مقصود. قد يكون الاستثناء عندما تتألف المادة من ماء أو مادة متطايرة مثل البنزين التي يمكن أن تتبخر بسرعة، ولهذا يتوجب أن يكون الحصول عليها وتوثيقها سريعاً وذو أولوية. ويجب أن يتم جمع عينة من المادة التي تتألف منها الآثار من جزء مجاور وغير مُفَصَّل من الآثار. قد يوفر فحص مخبري نهائي لهذه المادة معلومات مهمة، ليس فقط أن آثار الحذاء مطابقة لآثار حذاء المشتبه به، بل أيضاً أنه تم صنع آثار الحذاء من خلال الدوس على دم المجني عليه.

الآثار المستترة .2
تحدث هذه الآثار عادةً عندما يترك أو يُزيل حذاء جاف ونظيف نسبياً طبقة رقيقة من الرواسب أو الغبار. ولأن هذه الرواسب تحدث بكميات ضئيلة، وغالباً تفتقر إلى التباين مع السطح، فإنها قد لا تكون مرئية بشكل جيد وغالباً ما يتم التغاضي عنها، وما قد يُظهر هذه الآثار تفتيش مسرح الجريمة من خلال استخدام ضوء مائل قوي أو اجراء تفتيش غير مرئي باستخدام جهاز كهرباء ساكنة لرفع الآثار (أرجو مراجعة القسم VII).
قد يكون أيضاً من الصعب العثور على الآثار الرطبة الناتجة عن الماء أو الندى أو الثلج، وغيرها التي جفت قبل العثور عليها بسبب عدم وجود تباين. وغالباً ما تكون هذه الآثار موجودة داخل نقطة الدخول حيث أن الرطوبة المتبقية ستنتج عادة أثناء الخطوات الأولى إلى مسرح الجريمة.

ب. ثلاثية الأبعاد

تنتج هذه الآثار عندما يتلامس نعل حذاء أو نتوء اطار مع سطح طري بقوة كافية تُحدث تغيراً في هذا السطح. إن الآثار الناجمة هي آثار سلبية لنعل الحذاء أو نتوء الاطار، وتُظهر طول وعرض وعمق ميزات هذه الآثار. بشكل عام، سوف يتم تصوير هذه الآثار، وسوف يتم تحضير (ترسيخ) السطح من أجل صب القالب، ومن ثم يعاد تصوير هذه الآثار، ويتم عمل قالب الجص.

هدف التعلم # 4: تحديد خمس مناطق على الأقل في مسرح الجريمة يتوجب أن يتم التفتيش عن أدلة آثار فيها.

تفتيش مسرح الجريمة .IV

يجب أن تُولى عناية خاصة للعثور على أدلة الآثار وتوثيقها أثناء التفتيش عن الأدلة المادية في مسرح الجريمة. غالباً ما تكون أدلة الآثار غير بادية للعيان، لهذا يجب فحص كل منطقة تلامس محتمل بين الجاني ومسرح الجريمة بشكل جيد مع توقع تام أن المنطقة سوف تحتوي على أدلة آثار.

أ. نقطة المراقبة

أحياناً ما يقوم الجناة بمراقبة الموقع عن بُعد قبل ارتكابهم للجريمة، أو أنهم يلاحقون الضحية خلسة لتحضير الاعتداء عليها. لهذا يتوجب تفتيش مواقع المراقبة التي تُعطي الجاني مكان مراقبة مستتر عن آثار أحذية أو اطارات.

ب. الطريق للموقع

لاحظ أي ملوثات مثل التراب والندى والثلج، وغيرها، التي يمكن أن يكون قد التقطها نعل الحذاء على طول الطريق إلى مسرح الجريمة، حيث يمكن أن يتم ترك هذه الملوثات في نقطة الدخول وداخل مسرح الجريمة. قد تحتوي الأسطح الخارجية الطرية على طول الطريق إلى الموقع على أدلة آثار يمكن جمعها، وقد تدل على عدد الجناة من خلال ملاحظة عدد أنماط نعال الأحذية الموجودة.

ت. نقطة الدخول

غالباً ما تكون نقطة الدخول موقعاً محتملاً للعثور على أدلة آثار، وغالباً ما تكون الملوثات التي التقطتها نعال الأحذية مترسبة على الأسطح الداخلية عند نقطة الدخول إلى الموقع. يتوجب ايلاء اهتمام خاص لعتبات الشبابيك والكراسي والمكاتب وأسطح الطاولات في نقطة الدخول أو بالقرب منها. بالاضافة إلى ذلك، قد يكون اقتحام المكان قد حدث نتيجة لركل الباب أو التسلق عن طريق النافذة، لهذا يجب البحث بتعمق عن أدلة الآثار على هذه الأسطح.

ث. الطريق عبر مسرح الجريمة

يجب اجراء تفتيش مرئي منهجي باستخدام الضوء الموجود في أي مكان يظهر فيه طريق الجاني أو يشار إليه. قُم بالبحث عن الآثار على الدم والشحمة والغبار ،الخ. لاحظ والتقط أي أجسام مبعجة قد تكون قد تبعجت من خلال الدوس عليها من قِبل الجاني. يتوجب التقاط وجمع الأوراق المتناثرة أو المتروكة مثل المغلفات والمجلات والصناديق، وغيرها من أسطح الأرضيات ليتم فحص ما إذا كان يوجد غبار أو رواسب آثار عليها.

بعد التفتيش باستخدام الضوء الموجود، يتوجب التفتيش باستخدام ضوء كشاف ساطع يتم حمله قبالة السطح لتوجيه ضوء مائل(زاوية منخفضة) عبر السطح. يتوجب عمل هذا في ظروف غرفة مظلمة، وقد يُظهر غبار أو رواسب آثار لم تكن ظاهرة من قبل.

ج. نقطة وقوع الحادثة

هذه هي المنطقة في مسرح الجريمة التي يظهر فيها مركز النشاط الاجرامي بشكلٍ واضح. يمكن أن تكون هذه المنطقة مكان حدوث السلب أو مكان حدوث نزاع مع الضحية، أو مكان وجود جثة الضحية. يمكن أن تكون الآثار مترسبة على الدم أو أي

سائل جسدي أخر، أو على أي جسم أُقتلع أو سقط من مكانه. إن جثة الضحية والثياب هي مصدر محتمل للآثار في قضايا القتل العمد.

ح. نقطة الخروج
قُم برفع الآثار من المنطقة المتاخمة لنقطة الخروج، وهذا يتضمن الآثار على الأسطح الأرضية الخارجية. يتوجب تفتيش أي سطح قد تم ملامسته أثناء الخروج.

خ. طريق الهروب من مسرح الجريمة
حاول أن تعيد بناء اتجاه الهرب من الموقع وطريقته. كن واعياً لأي أدلة أخرى لها صلة بالممرات من مسرح الجريمة مثل أسلحة متروكة وأي أغراض أخرى. قُم بالبحث عن مناطق كان من الممكن وقوف مركبة فيها، وقُم برفع أدلة آثار اطارات لها صلة.

(لعب الأدوار ومناقشة – نقطة الدخول ونقطة الخروج(20 دقيقة):
قُم بانشاء مسرح جريمة في غرفة الصف أو أي غرفة أخرى إن وُجِدت. قُم باختيار دورين لفنيّين إثنين في الطب الشرعي وضحية تم قتلها عن عمد من بين المشاركين. يتعين أن تكون الضحية ملقاة على الأرض. قُم بوضع نقطة الدخول ونقطة الخروج. راقب المشاركين- فنيّ الطب الشرعي. بعد نهاية مهامهم، ناقش مع المشاركين الأفعال التي قام بها لاعبي الأدوار. قُم بلفت عنايتهم لأهمية جميع مناطق مسرح الجريمة.

هدف الأداء# 5: شرح واظهار الخطوات التي تتعلق بأخذ صور فوتوغرافية ذات مدى قريب عالية الجودة لأدلة آثار الأحذية والاطارات.

V. التصوير الفوتوغرافي

أ. تصوير مسرح الجريمة
يتعين الحاق صور مسرح الجريمة بأي تقديم لأدلة آثار أحذية أو اطارات إلى المختبر لفحصها.
يجب الاشارة إلى موقع رفع أدلة الآثار من أجل توطيد العلاقة ما بين الموقع هذا والضحية، ومواد الأدلة، ونقاط مرجعية ثابتة، الخ.

ب. يتوجب على خبير مسرح الجريمة أن يلاحظ الآتي عند تصوير أدلة آثار الأحذية والاطارات:

- استخدم سرعة بطيئة وفيلم أسود وأبيض ذو حبيبات دقيقة (ISO 100).
- ضع الكاميرا على منصب ثلاثي الأرجل فوق الآثار مباشرة، وأن تكون الكاميرا موازية للسطح التي توجد عليه الآثار.
- يجب أخذ الصورة الأولى دون اضافة المقياس أو الترميز.
- ضع مسطرة أو مقياس(بالسنتيمترات) بجانب الآثار.
- عند تصوير آثار ثلاثية الأبعاد، يجب وضع المسطرة أو المقياس في داخل السطح المتاخم للآثار حتى تُصبح بِعُمق أسفل السطح لهذه الآثار.
- قُم بترميز المكان المتاخم للآثار. يتعين أن يتضمن هذا الترميز على المعلومات التالية:
  - رقم مُعرف للآثار التي يتم تسجيلها
  - سهم يُشير إلى الشمال و/أو مؤشر للموقع من أجل تحديد موقع الآثار بالنسبة للمناطق المحيطة بها.

- رقم القضية
- التاريخ والوقت
- إسم المصور والأحرف الأولى من إسمه

- قُم بشمل الآثار والمقياس والترميز داخل اطار عدسة الكاميرا. يجب أن لا تكون الكاميرا أعلى من 2-3 أقدام فوق الآثار.
- ركز عدسة الكاميرا على السطح السفلي للآثار حيث توجد التفاصيل
- ضع الفلاش بحيث يكون على بُعد 4-5 أقدام من الآثار بزاوية مائلة(درجة منخفضة). كلما زاد عمق الآثار كلما توجب وضع الفلاش بمكان أعلى من أجل منع الظلال المفرطة.
- قُم باستخدام سلكاً لإطلاق الشاتر أو ساعة توقيت تلقائية من أجل تجنب حركة الكاميرا.
- قُم بتصوير كل أثر بثلاثة اتجاهات مائلة للفلاش على الأقل منفصلة بِ 100 درجة على الأقل عن بعضها البعض.
- قم باجراء عملية (براكتينج) [أي أخذ ثلاثة صور لنفس المشهد بتعرضات ضوء مختلفة] وقُم بأخذ صوراً عديدة من كل إتجاه للفلاش. إذا كان ضرورياً، قُم بحجب الضوء المحيط للسماح لإنارة الفلاش دون التعرض المفرط للضوء.
- قُم بتسجيل آثار الاطارات الطويلة فوتوغرافياً من خلال التقاط صوراً متوالية ومتداخلة. إستمر طالما أن هنالك تفاصيل قابلة للتمييز موجودة في المسلك.
- لتصوير هذه الآثار أولاً قبل اجراء أيٍ من تقنيات رفع الآثار عندما تعثر VI قُم باتباع الخطوات الواردة في قسم على آثار ثنائية الأبعاد. إن استخدام انارة قوية مائلة كوضع الفلاش على الأرض بحيث يُضيء منطقة النمط سوف يعطي أكثر التفاصيل.
- يجب أيضاً اعادة تصوير الآثار بعد أي محاولة لتحسينها وقبل رفعها.

(عرض وتمرين عملي- صورة قريبة المدى عالية الجودة(90 دقيقة):
قُم بعرض جميع الخطوات المتعلقة بأخذ صور قريبة المدى عالية الجودة لأدلة آثار الأحذية أو الاطارات. قُم بتقسيم المشاركين لمجموعات صغيرة، ثم أعطهم كاميرات وقُم بارسالهم إلى مسرح الجريمة التي تم انشاءه مسبقا. يتعين على المشاركين أن يأخذوا صور قريبة المدى لآثار الأحذية أو الاطارات باستخدام الاجراء التي تم شرحه مسبقا.

هدف الأداء # 6: تحديد واظهار الطريقتين المستخدمتين في رفع الآثار ثنائية الأبعاد

VI. رفع الآثار

أ. رفع الأجسام
عادةً ما يجب الحصول على أي جسم يحتوي على آثارٍ ثنائية الأبعاد سليما إذا كان بالإمكان. يمكن اجراء التحسين ورفعه بعد ذلك في بيئة مخبرية مراقبة. يجب تصوير الجسم في المكان قبل محاولة رفعه. يمكن أن تحتوي هذه الأجسام على مغلفات أو ورق أو كرتون أو ألواح خشبية، الخ.

ب. روافع الجيلاتين
يمكن استخدام هذه الروافع لرفع الآثار عن الأسطح المسامية وغير المسامية. يمكن استخدام هذه الروافع لرفع كلاً من الآثار الرسوبية المرئية الأصلية مثل التراب والطين وأيضاً الآثار التي تم تحسينها بوضع مسحوق رفع البصمات عليها مثل الآثار التي كانت رطبة وجفت والتي سوف سيكون لها تبايناً سيئاً مع السطح المحيط بها إذا لم يتم معالجتها.

(عرض وتمرين عملي- رفع الآثار(90 دقيقة):
قُم بتصوير الآثار قبل وبعد محاولة اجراء أي تحسينات. قُم باظهار الوجه اللاصق للرافع. إبدأ من الطرف أو من الوسط واسمح للرافع بالتدرج على منطقة الآثار. حاول تجنب الفقاعات الهوائية من خلال العمل ببطئ، وتجنب الضغط المفرط الذي يمكن

أن يقوم بتشويه الآثار. قُم باستخدام مدحاة حبر أو جسم ناعم للدحرجة بحذر على الرافع كي يتم ازالة جميع الفقاعات الهوائية وضمان التلامس ما بين الرافع وسطح الآثار. قُم بتدوين معلومات تعريفية على خلف الرافع بعد ازالته وارجاع الوجه اللاصق على الجزء الخلفي المخصص له.

هدف الأداء # 7: شرح واظهار الاجراءات المتعلقة في صب قالب الآثار ثلاثية الأبعاد

VII. صب القالب

إن القالب المصبوب هو نسخة ثلاثية الأبعاد طبق الأصل ومصفوفة بشكل سليم وبنفس الحجم الطبيعي للصورة الايجابية للجسم الذي أحدث الآثار. يجب دائماً أن يتم عمل القوالب المصبوبة بدمغات ثلاثية الأبعاد كي تُكَمِل الصور.

أ. الآثار في الرمل والتراب

إن مادة حجر الأسنان هي المادة المفضلة في عمل القوالب المصبوبة، وسوف تُعطي تفاصيل ممتازة وقابلة للشد أكثر من مادة الجص أو أي وسائط صب أخرى.

قبل القيام بعملية الصب، قُم بازالة أوراق الأشجار والأغصان، أو أي أجسام أخرى كانت قد سقطت في موقع الآثار، أما الحطام المطمور في الآثار فيجب أن يبقى.

1. تحضير السطح

يتوجب رش الآثار بخفة برذاذ مثبت السيليكون (مثل مثبت الشعر) لجعل السطح منيع لسائل حجر الأسنان الذي سوف يُصب فيه. من المفضل رش الآثار بعدة طبقات خفيفة من الطلاء التمهيدي الرمادي أو شمع لآثار الثلج إذا كان محيط الآثار مصنوع من مادة مسامية أو رخوة جدا. كن حذراً وتجنب افساد سطح الآثار بقوة دافع الرذاذ.

قُم باعادة تصوير الآثار الآن حيث يمكن رؤية تفاصيل أكثر وضوح نتيجة اضافة العامل المثبت.

2. التحضير وسكب مادة صب القوالب

يجب أن تكون مادة الصب جاهزة للاستخدام في كيس بلاستيكي قابل للطرح بحجم 8 x 12 انش. يتوجب توزيع المادة على قسمين، بوزن رطلين انجليزيين في كل قسم ويوضع كل قسم في كيس منفصل.

قُم باضافة حوالي 12 أونصة من الماء في الكيس وأعد اغلاقه. قم بتدليك المزيج من خلال الكيس المغلق حتى يمتزج بشكل كامل دون بقاء كتل. يجب أن يصبح المزيج بلزوجة ناعمة كلزوجة عجينة الفطيرة.

يجب سكب مادة صب القوالب على الأرضية المتاخمة للأثر والسماح لها بالجريان إلى داخل الأثر. استمر باضافة مادة الصب بطريقة مستمرة حتى يمتلئ الأثر ويفيض.

يجب خلط عدة أكياس من مادة الصب أو كميات أكبر منها لمعظم آثار الاطارات. إن الكمية التي تم ذِكرها أعلاه هي كافية لمعظم آثار الأحذية.

يمكن نقش محددات الآثار والقضية على ظهر القالب عندما يبدأ بالجفاف.

أعطي فرصة 20 دقيقة للقالب كي يجف قبل رفعه بعناية. لا تحاول الآن أن تقوم بتنظيف أي أوساخ أو مواد أخرى التصقت أسفل القالب.

أعطي فرصة 48 ساعة على الأقل للقالب كي يجف قبل رزمه في الورق لتخزينه أو لشحنه إلى مختبر الطب الشرعي.

ب. الآثار الموجودة تحت الماء

قم بعناية بوضع اطار صب حول الأثر حيث تكون جوانب القالب فوق خط المياه.

قم بخفة برش طبقة من حجر الأسنان الجاف فوق الأثر حتى تُصبح مادة الصب بسماكة انش واحد تقريباً في أسفل الأثر.

قُم بتحضير كيس من مادة الصب تم خلطها مسبقاً كما تم شرحه أعلاه، باستثناء أنه يجب استخدام ماء أقل لجعل المادة أكثر كثافة عند صبها. قم بملئ المنطقة المحاطة باطار قدره انشين من حجر الأسنان على الأقل.

ت. الآثار في الثلج

قُم بتحضير الأثر من خلال وضع شمع آثار الثلج، وهي مادة شمعية رذاذة حمراء تُشكل قشرة شمعية تقوم بالحفاظ على تفاصيل الآثار.

تأكد أن تُعيد تصوير الأثر بعد وضع المادة. عادةً ما يتم تحسين التفاصيل بشكل كبير من خلال هذا الاجراء.

قُم بخلط حجر الأسنان بماء بارد جداً، أو قُم بخلط بعض الثلج من أجل تجنب تشوه الأثر من خلال تخفيض الحرارة الذي يولدها خليط حجر الأسنان. يجب أن يكون الخليط أكثف قليلاً من الطبيعي حتى لا تنفتق المناطق الضعيفة لقشرة الشمع.

أعطي فرصة 60 دقيقة للقالب أن يجف قبل ازالته.

عرض وتمرين عملي- عمل القوالب المصبوبة(90 دقيقة):

وضح للطلاب الاجراءات المتعلقة في صب قوالب الآثار ثلاثية الأبعاد(الآثار في الثلج إذا كان ممكناً). بعد التوضيح ، يجب على الطلاب التمرن على الاجراءات المتعلقة بصب هذه القوال

خلاصة

لقد تعلمنا في هذا الدرس عن أهمية ملاحظة أدلة آثار الأحذية والاطارات والرفع المناسب لها. غالباً ما يسعى المجرمون بجهد لتجنب كشفهم عن طريق تجنب ترك آثار مادية خلفهم واخفاء هويتهم، ولكن عادةً ما لا يتم أخذ الحيطة في عدم ترك أدلة الآثار فيتم تركها في الموقع سهوا. يجب على خبير مسرح الجريمة أن يستغل هذا السهو وأن يعمل بجِد لادراك أهمية هذا الدليل وضمان الحصول عليه.

الدرس الحادي عشر

السوائل الفسيولوجية

:مدة الدرس

ساعات 6 - ساعات نظري 8

ساعة عملي - 2

المواد والمعدات والخدمات اللوجستية

.ونشرات تُوزع على المشاركين PowerPoint لوح ورقي قلاب وجهاز حاسوب محمول مع جهاز عرض و شرائح

غاية الدرس

إن غاية هذا الدرس هي تعريف المشاركين بقيمة فحص السوائل الفسيولوجية في التحقيقات. وسوف يقوم هذا الدرس أيضا بمناقشة جمع هذه السوائل وتحليل أدلة بقع الدم.

أهداف التعلم والأداء

:سوف يكون باستطاعة المشاركين عمل الآتي في نهاية هذا الدرس

.تعريف مصطلح "علم الأمصال العدلي" وتحديد سبعة أنواع من الأدلة الفسيولوجية 1.

.(ABO) ودراية في تواتر أنواع ال ،(ABO) تحديد أربعة أنماط ظاهرية لنظام فئات الدم 2.

.شرح فحص الانزيمات والبروتينات باختصار، ودراية في محدوديات فحص الدم 3.

.تعريف مصطلح " المُفرز وغير المُفرز" وتحديد تواترها بين عامة السكان 4.

ذِكر نوعين من أنواع فحوص الأمصال المتوفرة لخبير مسرح الجريمة في مسرح الجريمة لتحليل الدم والسائل المنوي 5. واللعاب.

.الحمض النووي، وذِكر أربع قواعد له "DNA" تعريف مصطلح ال 6.

الاشارة إلى ثلاثة أنواع رئيسية من فحوص الحمض النووي وعلى الأقل أربعة أنواع من الأدلة التي يمكن فحصها من خلال 7. استخدام فحص ال RFLP DNA.

ذِكر وعرض أربع أساليب لجمع الأدلة الفسيولوجية في مسرح الجريمة، وتحديد ثلاثة معدات واقية يتم عادةً استخدامها، 8. ودراية في جمع عينات المعايير.

.ذِكر أربعة استنتاجات يمكن الحصول عليها من خلال فحص بقع الدم في مسرح الجريمة 9.

.تحديد أربع خصائص مادية للدم وفئات بقع الدم 10.

.تحديد الأسلوبين الرئيسيين في توثيق أدلة بقع الدم في مسرح الجريمة 11.

مقدمة

إن علم الأمصال العدلي هو العلم الذي يحدد سوائل الجسم التي عادةً ما تكون على شكل بقع على الملابس أو على أي دليل أخر في مسرح الجريمة. ويُعتبر الدم والسائل المنوي واللعاب من أكثر الأدلة قيمة والبقع الأكثر تحديداً. يجب أن يتم تحديد موقع البقع وفحصها لاظهار ما نوع سائل الجسم الموجود ولاثبات أن أصل هذا السائل هو سائل بشري. إن فحص الأدلة الخام هو جزءٌ ضروري في اجراءات مسرح الجريمة والمختبر، حيث لا يمكن أن تفحصها إذا لم تجدها.

بعد ذلك، يتم اجراء وصف للبقعة لادراج أو استبعاد أي عنصر مشارك في هذه البقعة. إن عمل المختبر العدلي بأكمله هو تحليل مقارن يقوم بمقارنة البقع المشكوك فيها من الأدلة مع عينات معيار معروفة من المشتبه بهم والمجني عليهم. لم يعد للدم ومعظم أنظمة أنواع الانزيمات. إن علم الأمصال العدلي اليوم يُطبق فحص ABO هنالك استخدام شائع لتصنيف ال الحمض النووي كطريقة لوصف أو تعريف الأشخاص بطريقة كيماوية حيوية.

هدف التعلم # 1: تعريف مصطلح "علم الأمصال العدلي" وتحديد سبعة أنواع من الأدلة الفسيولوجية

علم الأمصال العدلي و سبعة أنواع من الأدلة الفسيولوجية .I

أ. علم الأمصال العدلي

علم الأمصال هو العلم الذي يحدد سوائل الجسم التي عادة ما تكون على شكل بقع على الملابس أو على أي دليل اخر في مسرح الجريمة.

ب. أنواع الأدلة الفسيولوجية

إن معظم سوائل الجسم الأكثر قيمةً والأكثر تحديداً بشكل شائع التي يتم العثور عليها في مسرح الجريمة هي البقع التي سبّبها الدم والسائل المنوي واللعاب. عادةً ما تحمل الأدلة من الجرائم العنيفة كالقتل العمد والاغتصاب والسطو والاعتداء بعضاً من سوائل الجسم هذه. ويجب على خبير مسرح الجريمة أن لا يتغاضى أبداً عن أهمية هذه السوائل أو البقع التي أحدثتها، بل بالحري، يجب جمعها دائماً وتقديمها من أجل اجراء تحليلٍ مصليٍ لاحق عليها.

الدم .1

إن الدم هو الدليل الأكثر شيوعاً الذي يُعثر عليه في مسرح الجريمة، ويمكن أن يتم تركه على شكل آثار أو قطرات أو لطخات أو أنقوعة.

السائل المنوي والافرازات المهبلية .2

إن السائل المنوي والافرازات المهبلية هي ثاني أكثر سائل فسيولوجي شيوعاً يتم مواجهته أثناء التحقيق في الجريمة، خاصة في جرائم الاعتداء الجنسي والاغتصاب. عندما يكون السائل المنوي رطباً فإنه يكون ذو لونٍ أبيض ضاربٌ إلى الرمادي ورائحته تشبه رائحة الكلور، أما عندما يكون جافاً فإنه يكون صلباً وشبيه بالنشاء من حيث تماسكه.

اللعاب .3

يكون اللعاب مهماً كدليل عندما يتم أخذ عينات من المشتبه بهم والمجني عليهم. ويمكن العثور على اللعاب في مسرح الجريمة على أعقاب السجائر والفناجين والكؤوس وعيدان الأسنان وأجسام أخرى يتم وضعها في الفم.

البول .4

عادةً ما يكون البول مرتبطاً مع بعض الاعتداءات الجنسية وجرائم الخلع والكسر. وإذا تم العثور على كميات كافية منه، فمن الامكان عندها أن يتم التمييز ما إذا كان الأصل حيوانياً أو بشرياً، وأيضاً محتوى الكحول فيه.

البراز .5

عادة ما يتم العثور على البراز في بعض مسارح الجريمة، ويوجد أراء مختلفة حول ذلك. يعتقد بعض الأشخاص أن الأمر قد يتعلق بالتوتر العصبي، ويعتقد البعض الآخر أن الأمر يتعلق باظهار الاحتقار نحو أملاك صاحب العقار أو نحو الشرطة.

القيء .6

إن العثور على القيء في مسرح الجريمة ليس شائعاً، ولكنه يمكن أن يوفر بعض المعلومات المحدودة للمحقق وخبير مسرح الجريمة. بالاضافة إلى الفحص المختبري، فانها قد تُظهر بعض الدلائل بما يتعلق بوقت ومحتوى الوجبة الأخيرة للشخص الذي تقيأ، وقد يُظهر أيضاً دلائل عن حالة الشخص الطبية.

العرق والدموع .7

قد يكون العرق والدموع دليلاً مادياً أيضاً يتم العثور عليه في مسرح الجريمة. ويمكن أن يتم ترك العرق على الملابس أو داخل القبعات. من الصعب العثور على الدموع في مسرح الجريمة، ولكن يمكن أن تحتوي المناديل العادية أو المناديل الورقية عليها.

(ABO) ودراية في تواتر أنواع ال ،(ABO) هدف التعلم # 2: تحديد أربعة أنماط ظاهرية لنظام فئات الدم

نظام فئات الدم .II

كانت البدايات المبكرة لطب الأمصال العدلي مقتصرةً على أنواع فئات الدم. يُشار إلى أنواع فئات الدم للجنس البشري بفئات ال ABO، ويتم استخدام هذا النظام في جميع بنوك الدم في كافة أرجاء العالم. لا يتم استخدام نظام فئات الدم اليوم فقط من أجل تصنيف الدم أو أي سائلٍ من سوائل الجسم كما كان يُستخدم سابقاً، بل لطالما تم استخدام نظام فئات الدم لسنين طويلة وإلى يومنا هذا في القضايا الجنائية. بالرغم من هذا الاستخدام في القضايا الجنائية إلا أن له محدودياته وعيوبه.

أ. الأنماط الظاهرية

1. A
2. B
3. O
4. AB

ABO ب. تواتر أنواع ال

إن الجدول التالي يُبين تصنيف الأنماط الأربعة الظاهرية للدم لعامة السكان

النسبة المئوية من السكان	النوع
35%	A
10%	B
40%	O
5%	AB

هدف التعلم # 3: شرح فحص الانزيمات والبروتينات باختصار، ودراية في محدوديات فحص الدم

فحص الانزيمات والبروتينات .III

على الرغم من أن معظم الأشخاص غير العِلميين قد يشعرون بالخوف قليلاً من مصطلحات علم الأمصال، إلا أنه من المهم أن يكون خبير مسرح الجريمة على دراية على الأقل بالوسائل المتعددة لتحديد الدم التي تتجاوز نظام ال ABO البسيط. معظم مجموعات الدم التي يتم استخدامها للتحديد الإضافي هذا تُشير إلى الانزيمات أو البروتينات التي تؤدي وظيفةً حيوية في الجسم.

لها اختلافات هيكلية صغيرة ولكنها) ABOإن الانزيمات والبروتينات هي متعددة الأشكال مثلها مثل المُحدِدات في نظام ال .ملحوظة بالرغم من أنها تؤدي الوظيفة ذاتها)، ويتم تحديد هذه الاختلافات جينياً من أحد الأبوين

.ABO يُصبح التحديد المتميز للدم أكثر تفصيلاً وشخصياً من خلال دمج مُحددات الانزيمات مع تصنيف ال

إن الأهمية الاحصائية لأي نتيجة تتعلق بنتيجة علم الأمصال لعامة السكان هي التي تساعد في تحديد تواتر تلك التركيبة المماثلة التي يتم العثور عليها في عامة السكان. يمكن تشخيص تركيبات محددة مما يسمح للمختبر أن ينسب عامل احتمالية لشخص من مختلفة كي تكون مفيدة في استخدامات (phenotypes) يجب أن يكون للانزيمات والبروتينات أنماط ظاهرية .O نوع دم .الطب العدلي

محدوديات فحص الدم

يجب أن يكون نظام تصنيف الدم ثابتاً نسبياً كي يكون مفيداً في استخدامات الطب العدلي. يجب على خبير مسرح الجريمة أخذ :عوامل كثيرة بعين الاعتبار عند التعامل مع الدم وسوائل أخرى في الجسم كدليل، وهذه العوامل هي كالآتي

1. يتم تغير أو اتلاف بعض المواد الكيماوية الحيوية في الدم جراء الحرارة أو التجفيف، والأخرى هي حساسة للضوء.

2. لا تتلاءم بعض البروتينات والانزيمات لتطبيقات الطب العدلي لأن الدليل قد يكون موجوداً في ظروف بيئية قاسية.

هدف التعلم # 4 تعريف مصطلح " المُفرز وغير المُفرز" وتحديد تواترها بين عامة السكان

IV. المُفرِز وغير المُفرِز

ويُعتبر هذا أمرٌ مهم لعالم .ABOيوجد هنالك تقنيات مخبرية لتحديد أي إنزيمات أو بروتينات موجودة بالاضافة إلى تصنيف ال الأمصال العدلي حيث أنها تُمكن المختبر من التفريق على نحو أفضل ما بين مجموعات الدم المأخوذة من شخصين أو أكثر. إذا تم تلوث عينة دم عُثر عليها في مسرح الجريمة مما يجعلها غير مناسبة لاجراء التحليل، يمكن عندها محاولة استخدام تصنيف من خلال استخدام بقعة أو عينة أخرى لسائل من الجسم. بالرغم أنه يوجد احتمالية لتصنيفٍ أقل نجاحاً من تصنيف ABO ال الدم، إلا أن المختبر قد يكون قادراً على تحديد مجموعة الصنف. بينما يمكن تصنيف دم الجنس البشري بأكمله في واحدة من والانزيمات، إلا أنه ليس لجميع الاشخاص مواد معينة بكميات كافية كي تسمح لتصنيف سوائل ABOمجموعات تصنيفات ال جسمهم الأخرى في مجموعات. بعض الأشخاص هم مُفْرِزين والأخرين غير مُفْرِزين

أ. المُفْرِزين

في دمهم وفي سوائل الجسم الأخرى كاللعاب والحيوانات المنوية والافرازات ABO يُظهر المُفْرِزين دليلاً على نوع ال من خلال عضة أو عُقب سيجارة أو سائل منوي في قضية اعتداء ABO المهبلية والعرق). وهكذا يمكن تحديد فئة دم ال جنسي. لقد أثبت البحث أن تركيز عوامل التصنيف في اللعاب والافرازات المنوية هي عالية نسبياً، وتركيزها في الدموع والبول والعرق هو منخفض جدا. إن اللعاب هو المادة الأنسب للتمييز ما بين المُفْرِز وغير المُفْرِز. تقدر نسبة المُفْرِزين ما بين .65%-80% من عدد السكان

ب. غير المُفْرِزين

لا يُظهر الاشخاص غير المُفْرِزين دليلاً لنوع دمهم في سوائل جسمهم. يمكن تصنيف دمهم ولكن لا يمكن تصنيف سوائل .جسمهم الأخرى

هدف التعلم # 5: ذِكر نوعين من أنواع فحوص الأمصال المتوفرة لخبير مسرح الجريمة في مسرح الجريمة لتحليل الدم .والسائل المنوي واللعاب

V. أنواع فحوص الأمصال المتوفرة

أ. الدم

1. الهوية الايجابية

يمكن تحديد أصل الأنواع من خلال الفحص المخبري، وكمية الدم التي يتطلبها هذا الفحص هي كمية قليلة جداً، ولكن من المهم وجود عينة مقارنة من أجل استبعاد الفحوص الخاطئة. يتوفر تجارياً أكثر من عشرين مصلاً مضاداً حيوانياً لاستخدامها في فحص أصل الأنواع. وتشمل معظم القضايا الجنائية على مضادات مصلية لحيوانات أليفة مثل القطط والكلاب والغزلان والبقر والخيول وغيرها. ويمكن تحديد دم الحيوانات عن طريق استخدام مضاد المصل المناسب، وقد يكون من الصعب أحياناً التمييز ما بين أنواع الحيوانات المرتبطة ارتباطاً قريبا.

2. الهوية الافتراضية

في مسرح الجريمة وحيث يوجد كميات صغيرة من الدم، يمكن لخبير مسرح الجريمة أن يقوم باستخدام فحوص التغيرات الافتراضية للون مثل الفينوفثالين أو الليكومالاكايت. تُعتبر هذه الفحوص مفيدة جداً في المواقع التي قام فيها المشتبه به بغسل أو تنظيف المكان، ويمكن تحديد مواقع الكميات الصغيرة من الدم من خلال استخدام هذه الفحوص. وعلى نحو مماثل، يمكن لخبير مسرح الجريمة أن يقوم بمعالجة مناطق كبيرة في مسرح الجريمة لتحديد ما إذا كان هنالك وجوداً للدم أم تمت ازالته أو غسله قبل قدومه. إن كل فحصٍ من هذه الفحوصات الافتراضية هو فحصٌ حساس بشكل كبير، وتكون النتائج واضحة نسبياً مما يجعلها مفيدة لخبير مسرح الجريمة.

3. تصنيف فئات ال ABO للدم

يمكن تحديد فئات دم ال ABO من خلال استخدام الفحوصات المخبرية المختلفة من الانزيمات والبروتينات.

4. المراقبات

يجب جمع عينات الدم من الضحية والمشتبه به على حدٍ سواء كي تحصل على قيمة دلالية قصوى من الدم وبقع الدم. يجب جمع هذه العينات فقط من قِبل طبيب أو تقنيّ طبيّ مؤهل. يجب أن يكون هنالك تسلسل صارم للعهدة كما هو الحال مع أي دليل أخر.

ب. السائل المنوي

إن السائل المنوي هو السائل التناسلي والذي يحتوي على سائل ومركبات خليوية (المني).

1. الهوية

يمكن تعريض بقع السائل المنوي المشكوك فيها التي تم العثور عليها في مسرح الجريمة إلى فحص تغير اللون الافتراضي الذي يُظهر حامض الفوسفاتاسيه وهو مُركب من مركبات السائل المنوي.

2. تحديد الأصل البشري

يمكن للمختبر أن يفحص السائل المنوي التي تم العثور عليها لرؤية ما إذا كان يوجد منيّ مجهري، ويمكن أيضاً تعريضها لفحص مولدات المضادات البروستاتية وفحص الأمصال المضادة لتحديد ما إذا كان أصلها بشريا. يمكن اجراء هذا الفحص حتى بعد عملية قطع القناة الدافقة.

3. تصنيف فئات ال ABO للدم

ثمانون بالمائة من السكان يفرزون فئات ال ABO لدمهم في سوائل الجسم الأخرى غير الدم. يمكن تحديد ذلك إذا كان الشخص مُفْرِزاً.

4. فحص الانزيمات

يوجد فحوص أخرى تُجرى مثل فحص تعدد أشكال الانزيمات، ويُظهر هذا الفحص ما إذا كان هنالك وجود للبقع أو العينات والتي يحتويها السائل المنوي بغض النظر عن حالة المُفْرِز GLO I و PEP A التي تحتوي على الفوسفوجلوكوميوتاسيه و.

المراقبات .5
إن البقع المنوية هي مقاومة إلى حدٍ ما للعملية الكميائية، ولكنها يمكن أن تكون هشة عندما تكون جافة. يجب على خبير مسرح الجريمة أن يتوخى الحذر عند جمع أيٍ من المواد الجافة، ويجب التعامل مع البقع المنوية الرطبة بنفس درجة الحذر التي يتم بها التعامل مع الدم. يجب أن لا تلمس البقع بعضها البعض أو أي منطقة من الأدلة غير الملطخة بهذه البقع.

ب. اللعاب

الهوية .1
يتم تحديد وجود الاميليس (أي مجموعة من البروتينات الموجودة في اللعاب والبنكرياس-انزيم هاضم) عن طريق استخدام فحص تغير اللون، والذي أيضاً يحدد ما إذا كان الأصل بشريا.

للدم ABO تصنيف فئات ال .2
يمكن تحديد هذا إذا كان الشخص مُفْرِزا

الحمض النووي، وذِكر أربع قواعد له "DNA" هدف التعلم # 6: تعريف مصطلح ال

(DNA) الحمض النووي .VI
أ. تصنيف الطب العدلي للحمض النووي

إن الحمض النووي هو الجزيء الذي يُكوِّن الشيفرة الموجودة في نواة كل خلية انسان، وهي التي تجعل الشخص متفرداً. حوالي 98% من حمضنا النووي هو متشابه بين البشر، أما الإثنان بالمائة المتبقيان فهي تحتوي على المعلومات التي تجعل الفرد نفسه متفردا.

:(دراسة حالة – جريمة قتل عمد(5 دقائق
تم ارتكاب جريمتي قتل عمد، الأولى في 1983 والأخرى في 1986. في كلا الجريمتين، تم اغتصاب امرأتين وخنقهما عندما كانتا تمشيان في منطقة معزولة. بعد ارتكاب الجريمة الثانية، اعتقلت الشرطة رجلاً عمره 17 عاماً كان يعمل عتالاً في أحد المطابخ لمستشفى أمراضٍ عقلية. قام جيفريز بتحليل عينات السائل المنوي من كلا الضحيتين واستنتج أن السائل المنوي يرجع لمصدرٍ واحد، وتم استبعاد عتال المطبخ كمصدرٍ للسائل المنوي. قامت الشرطة بجمع عينات دم من 5512 رجلاً من سكان المنطقة من أجل العثور على تطابق. دارت الشبهات حول أحد هؤلاء الرجال كان يدعى كولين بيتشفورك عندما سأل صديقاً له باعطاء العينة وأن يدعي بأنه هو بيتشفورك. تم اعتقال بيتشفورك وتم أخذ عينة من دمه ومطابقتها مع بقعة السائل المنوي. هذه كانت بداية اعتماد الشرطة على فحص الحمض النووي لاثبات هوية المشتبه به.

هدف التعلم # 7: الاشارة إلى ثلاثة أنواع رئيسية من فحوص الحمض النووي وعلى الأقل أربعة أنواع من الأدلة التي يمكن فحصها من خلال استخدام فحص ال RFLP DNA.

فحص الحمض النووي .VII

أ. أنواع فحص الحمض النووي

إن تحليل الحمض النووي هو الملف الكيميائي الحيوي للشخص. كلما زادت النقاط المميزة في شيفرة الحمض النووي، كلما كان الوصف متفرداً للشخص. لا تستطيع معظم فحوص الحمض النووي حالياً تحديد الهوية بشكلٍ مُطلق. هنالك قاعدة بيانات تُدرج قائمة نسبة حدوث علامات معينة للحمض النووي، حيث يُمكن تقييم نسبة تقريبية للحدوث في عامة السكان عندما يتم مقارنة ملفٍ معين مع قاعدة بيانات كهذه. لهذا، دائما ما يأتي تطابق ملف الحمض النووي مع بعض النصائح الاحصائية عن عدد المرات الذي يظهر فيها هذا الملف. يوجد هنالك ثلاثة أنواع رئيسية لفحص الحمض النووي التي يمكن اجراءها للمساعدة في تحديد عينة أو بقعة.

هذه الفحوص هي:

- فحص ال RFLP (تعدد أشكال الرقائق المحددة)
- فحص ال PCR (التفاعل المتسلسل لانزيم البوليميراس)
- فحص الحمض النووي الميتوكوندري

ب. أنواع الأدلة التي يمكن فحصها من خلال فحص ال RFLP

يمكن فحص الخلايا المتنوّية، وهذا يتضمن معظم خلايا الجسم البشري باستثناء خلايا الدم الحمراء(إن الحمض النووي غير منظم في نواة خلايا الدم الحمراء)، ويشمل:

1. الدم – يتم تحليل خلايا الدم البيضاء
2. خلايا الحيوان المنوي
3. الأنسجة- وتشمل الجلد والعضلات
4. مادة المخ
5. الأسنان – الجزء الداخلي في السن
6. الشعر مع انسجة الجذور المتصلة
7. العظام- نخاع العظام

هدف الأداء # 8: ذِكر وعرض أربع أساليب لجمع الأدلة الفسيولوجية في مسرح الجريمة، وتحديد ثلاثة معدات واقية يتم عادة استخدامها، ودراية في جمع عينات المعايير.

VIII. جمع الأدلة الفسيولوجية

يجب جمع أي سائل فسيولوجي أو أي بقعة قد تتعرض لتحليلٍ للحمض النووي أو تحليلٍ مصليّ بطريقةٍ تحافظ على نوعية وسلامة هذه الأدلة.

أ. الأساليب التقنية للجمع

يجب جمع البقع البيولوجية بشكل عام بالأسلوب الأكثر تركيزاً وكمالاً:

1. جمع الأجسام
إذا كان من السهل جمع مادة تحتوي أو قد تحتوي على أدلة بيولوجية، يجب جمع هذه المادة بأكملها.

2. ازالة البقع والمواد المحيطة
يجب الحصول على الجزء الذي يحتوي على البقعة إن لم يكن بالامكان الحصول على الجسم بأكمله.

الكشط .3
إذا كان بالامكان كشط البقع عن سطحٍ بسهولة(كسطح منضدة مغلف أو سطح لأداة مطبخ)، فيجب كشط البقعة ووضعها في وعاء خاص واغلاقه.

أخذ العينة عن طريق المسح .4
يجب استخدام من 1-4 عيدان قطن معقمة ومعلبة مسبقاً لجمع البقع عن معظم الأسطح. سوف يتم استخدام العدد الأدنى من البقع اللازمة لجمع البقعة بأكملها.

- البقع الجافة

إذا كانت البقعة جافة، يجب أولاً ترطيب القطن بقطرتين من ماءٍ مُقطر بواسطة قطارة(لا تغمس عود القطن بالقطارة). سوف يتم استخدام عود قطن أخير لازالة الرطوبة الباقية.

- البقع المبتلة

يجب وضع عود القطن مباشرةً على البقع المبتلة من أجل الحصول عليها. يمكن عادةً أن يكون للبقع الكبيرة جداً عينات صغيرة تقوم بتمثيلها، ويتم جمعها بواسطة أربع عيدان قطن تكون ملائمة لأية احتياجات لفحصٍ عدلي.

يجب على خبير مسرح الجريمة أن يتذكر أنه يجب تجفيف أي جسم يتم الحصول عليه مبتلاً أو أي سائل فسيولوجي بواسطة الهواء قبل وضعه في رزمة وتخزينه، حيث سوف يمنع هذا الاجراء أي تلوث بكتيري أو انتقال غير مقصود لبقعة مبتلة إلى سطح ليس عليه بقع. يمكن تجفيف عيدان القطن التي تم استخدامها في مسرح الجريمة بواسطة الهواء إذا كانت محصنة في منطقة غير ملوثة وآمنة. يمكن تثبيت عود القطن من خلال ادخاله في كأس ستايروفوم نظيف مقلوب. يجب ايلاء عناية للتأكد أن عيدان القطن منفصلة عن بعضها بحيث أن الواحدة لا تلمس الأخرى أو أي سطح أخر لتجنب التلوث.

- عود القطن التي يُستخدم للمراقبة والتحقق

سوف يتم أيضاً جمع عيدان قطن نظيفة للمراقبة والتحقق، ورزمها منفصلة عن عيدان القطن الأخرى التي تم استخدامها للحصول على البقعة. سوف تتعرض هذه العيدان أيضاً لنفس أساليب التعامل التي تعرضت لها العيدان التي تم استخدامها للحصول على البقع (وضع الماء المُقطر والتجفيف بواسطة الهواء والرزم).

عرض وتمرين عملي - أساليب جمع الأدلة الفسيولوجية في مسرح الجريمة (90 دقيقة):
قُم بعرض الأساليب الأربعة الشائعة لجمع الأدلة الفسيولوجية في مسرح الجريمة.
يجب على المشاركين أن يتمرنوا على الأساليب، ويجب عليهم أن يكونوا قادرين على عرض الأساليب الأربعة لجمع الأدلة الفسيولوجية في مسرح الجريمة في نهاية التمرين العملي.

ب. استخدام المعدات الشخصية الواقية
إن استخدام المعدات الشخصية الواقية أمر ضروري لحماية خبير مسرح الجريمة من المواد البيولوجية الخطيرة المسببة للأمراض التي يمكن لمسها، وأيضا لضمان سلامة الأدلة أو مسرح الجريمة من التلوثات غير المقصودة من قِبل الشخص الذي يقوم بجمع الأشياء أو أي شخصٍ اخر. إنه لأمرٌ حاسم أن ينتقل خبراء مسرح الجريمة بين مناطق حساسة إذا تم ازالة تلوث خبير مسرح الجريمة ومعداته فقط، واستخدام معدات شخصية واقية جديدة للدخول إلى منطقة أخرى. تشمل حركة خبير مسرح الجريمة هذه الانتقال من مسرح الجريمة إلى مسكن المشتبه به، ومن الضحية إلى المشتبه به، الخ. إن استخدام التدابير الوقائية هذه تمنع من انتقال التلوث بين مواد الأدلة. أنواع المعدات الواقية هي كالآتي:

قفازات مطاطية .1

يجب أن تتغير القفازات باستمرار من أجل تجنب انتقالٍ غير مقصود للسوائل والبقع الفسيولوجية. تذكر أن اليد التي ترتدي القفاز هي سطح ثانوي يمكنه أن يوفر وسيلة لانتقال الحمض النووي أو أية أدلة أخرى لجسمٍ أخر، لهذا يجب أن يتم تغيير القفازات في كل مرة يتم القيام فيها بمهمة جديدة.

2. معاطف تيفك(إسم الشركة المصنعة) الواقية

يجب ارتداء معاطف مصنوعة من مواد منيعة عندما يكون هنالك ظروف تسبب تلوث ثياب خبير مسرح الجريمة أو ظروف تسبب تلوثاً لمحيط مسرح الجريمة. يجب وضع هذه المعاطف في أكياس مصممة لوضع المواد الخطرة بيولوجياً قبل ترك المكان.

3. أغطية الأحذية

يجب دائماً ارتداء أغطية للأحذية إذا كانت هنالك ظروف خطرة بيولوجيا. ويجب تغيير أغطية الأحذية هذه عند الدخول مرة ثانية إلى مسرح الجريمة أو أثناء الانتقال ما بين المناطق الملوثة وغير الملوثة أو مناطق حساسة في حدود مسرح الجريمة.

ت. جمع عينات معايير

إن جمع عينات المعايير من المجني عليهم والمشتبه بهم أو من أي شخص اخر ذو صلة (على سبيل المثال، زوج جامع زوجته رضائياً قبل الاعتداء عليها جنسياً من قِبل شخصٍ مجهول الهوية) هو أمر ضروري لضمان تفسير صحيح لنتائج الفحص المصليّ أو فحص الحمض النووي. يمكن الشك دائماً في مصداقية النتائج المفسرة دون تقديم المختبر لعينات المعايير المطلوبة. يمكن الحصول على معايير العينات بأشكال عديدة، وعادةً ما تقبل معظم المختبرات الطبية العدلية عينات المعايير التالية:

1. عينات الدم

من المُفضل جمع الدم من الوريد في أنبوبة مفرغة من الهواء(عادةً ما تكون هذه الأنبوبة ذات غطاء أرجواني اللون وفيها مادة EDTV) حافظة للدم. يجب وضع الأنبوبة في ثلاجة (ليس تجميدها) حتى يتم تقديمها للمختبر.

2. عينات اللعاب

يمكن استخدام عود قطن معقم واشباعه باللعاب بواسطة تمسيده بالوجنة الداخلية للشخص. عادةً ما يكون مقبولاً كعينة معيار يجب أن يتم تجفيفها بواسطة الهواء مثلها مثل أية RFLP-DNA. ولكن قد لا يكون مقبولاً لفحص PCR- DNA، لفحص بقعة مبتلة قبل أن يتم رزمها.

3. الشعر المنزوع(من الرأس أو من العانة)

عادةً ما سوف تحتوي 10-25 شعرة منزوعة على أنسجة كافية (جذور الشعر) للسماح لفحصها كعينة معيار.

هدف التعلم # 9: ذِكر أربع استنتاجات يمكن الحصول عليها من خلال فحص بقع الدم في مسرح الجريمة

IX. أدلة نمط بقع الدم

كثيراً ما يتم العثور على الدم في مسارح الجريمة، وخاصة تلك الجرائم التي تكون عنيفة. من خلال التحليل الدقيق لنمط بقع الدم التي تم تركها في مسرح الجريمة يمكن اكتساب معلومات تتجاوز التحاليل المصلية المختلفة التي تمت مناقشتها سابقا. يقوم الدم عندما يتم تركه بتشكيل نمطٍ ويقوم بتوفير أساساً للدراسة والتفسير.

إن الاستنتاجات الآتية هي استنتاجات محتملة تم استخلاصها من تحليل أدلة بقع الدم:

- مسار وتسلسل الأحداث التي وقعت أثناء ارتكاب الجريمة
- طبيعة القوة المستخدمة ويشمل ذلك عدد الضربات وقوتها، ونقطة أصل لطلقة نارية أو ضربة
- موقع الشخص والمسافة ما بين الأشخاص
- تحليل داعم أو غير داعم لأقوال المجني عليهم والمشتبه بهم والشهود، أو تحليل للظروف التي تم العثور عليها في مسرح الجريمة(مثل موقع جثة المجني عليه أو (اشارات إلى جرح سببته طلقة نارية أطلقها الشخص على نفسه
- المعلومات التي يتعين استخدامها في مقابلة أو استجواب الشهود أو المشتبه بهم
- استنتاجات منطقية لمواقع جمع عينات الدم من أجل اجراء الفحوص المصلية.

هدف التعلم # 10: تحديد أربع خصائص مادية للدم وفئات بقع الدم

خصائص بقع الدم .X

أ. الخصائص المادية للدم

التماسك .1

للدم تماسكٍ منتظم عند تعرضه للجاذبية أو قوى أخرى بصرف النظر عن درجة حرارة الهواء أو سن وجنس وحجم الشخص.

اللزوجة .2

(اللزوجة هي خاصية السائل التي تقاوم القوة التي تسبب في تدفقه. للدم لزوجة بنسبة 5.4-3.6 (درجة لزوجة الماء هي 1.0

قطرة الدم .3

أ. الحجم

كلما صغر حجم فتحة الجسم التي تقذف الدم، كلما صغرت قطرة الدم (إلى حدٍ ما). وعلى العكس، فكلما كبر سطح الجسم التي تتشكل عليه قطرة الدم، كلما كبرت هذه القطرة (إلى حدٍ ما). يؤدي سقوط قطرة الدم على سطحٍ مبتل أو متقوس إلى الحصول على قطرة كبيرة. وسوف تسقط قطرة الدم عندما تتغلب الجاذبية على القوى اللاصقة التي تحافظ على تماسكها ما لم يتم التأثير عليها من قوى خارجية.

ب. الشكل

تقع كمية قطرة الدم في نطاق يعتمد على متغيرات لها صلة، ومعدل الكمية هو 0.05 ملم. سوف تسقط قطرة الدم ككرة دائرية وليس كالدمعة جراء القوى المتماسكة لديناميكيات السائل.

ت. الكمية

كلما كبرت القطرة، كلما ازدادت كميتها. كلما ازدادت مسافة السقوط، كلما ازدادت السرعة وكانت القطرة أكبر حجماً.

وقت التخثر .4

الوقت الذي يستغرقه الدم للبدء بالتخثر هو من 3-5 دقائق. يُبطئ التخثر على الأسطح العادية وفي درجات الحرارة الباردة.

5. مدة جفاف الدم

تخضع مدة جفاف الدم لعوامل كثيرة مثل درجة الحرارة والرطوبة وحركة الهواء وكمية الدم وحجم البقعة والسطح الذي سقط عليه. يتراوح وقت جفاف الدم من 40 دقيقة إلى 10 ساعات.

ب. فئات بقع الدم

1. السقوط/التنقيط

يسقط الدم أو ينقط عندما تتغلب عليه قوى الجاذبية، وتتميز البقع الناتجة عن السقوط أو التنقيط بأنها بقع كبيرة ودائرية.

2. المقذوفة

ويحصل هذا عندما يتم قذف الدم ودفعه بواسطة قوة أكبرمن قوة الجاذبية مثل:

أ. اندفاع الدم قبل انطلاقه على شكل قوسٍ منحرف من جسمٍ ملطخٍ بالدم وعادةً من مصدر متحرك.

ب. يتم ضخ الدم من خلال ثقب في شريان بواسطة عمل القلب(نزيف شرياني).

3. الاتصال

أ. ضربة عنيفة

جسم ملطخ بالدم يتلامس مع جسمٍ غير ملطخ.

ب. مسحة

جسمٌ يقوم بتعكير الدم الموجود

ت. التفصيل

خصائص يمكن أن تتفاوت من مخطط تقريبي للجسم إلى تفاصيل دقيقة (كبصمات أصابع مرئية دامية) و/أو خيوط دقيقة تُشير إلى اتجاه حركة الاتصال أو التلامس.

4. التصادم

يتم الضغط على الدم من قِبل قوة ما مما يؤدي إلى انقسامه لقطرات أصغر، وتتميز هذه البقع بأحجامٍ مختلفة وانتشارٍ عشوائي.

أ. بقع تصادم السرعة المنخفضة

يبلغ قطر البقعة 5 ملم أو أكثر، وما يسبب هذا التصنيف عادةً هو الدم المرشوش على السطح، أو عندما يتعرض الدم لتأثير خفيف مثل الدوس أو سقوط جسم عليه.

ب. بقعة تصادم السرعة المتوسطة

عادةً ما يبلغ حجم البقعة من 1-4 ملم، وعادةً ما يكون الدم في هذا التصنيف قد تعرض لقوة تبلغ ما بين 5-25 قدم في الثانية. من الشائع أن تكون بقعة تصادم السرعة المتوسطة مرتبطة بصدمة قوة قاسية.

ت. بقع تصادم السرعة العالية

يبلغ حجم البقعة 1ملم أو أقل. يتعرض الدم لقوة مقدارها 100 قدم أو أكثر في الثانية. يبلغ حجمُ كثيرٍ من هذه البقع 0.01 أو أصغر، و يتم حدوثها من خلال انتشار يشبه السديم، وغالباً ما يكون هذا السديمُ مرتبط باطلاق النار أو المتفجرات. سوف يتحرك هذا السديم عادةً لمسافة قصيرة، أقل من مترٍ واحد، بسبب الكتلة المنخفضة للقطرات قبل أن يتم التغلب عليه من قوة

الجاذبية. غالباً ما يكون هذا الانتشار على شكل مخروط، ويكون سقوط السديم سريعاً وتتحرك القطرات الكبيرة إلى مسافة تصل إلى 6 أقدام.

ث. تحديد زاوية التصادم- شكل البقعة

- ينتج بقع مستديرة إذا صدم الدم سطحاً عمودياً لخط انطلاقه.
- ينتج بقع ممدودة إذا صدم الدم سطحاً بزاوية لخط انطلاقه.
- تتناسب درجة التمدد مع زاوية التصادم، زاوية التصادم= قوس جيب (عرض/طول).
يكون هذا مفيداً في تحديد نقطة أصل ثلاثية الأبعاد.
- تحديد الاتجاه- تُشير الحواف الضيقة للبقع الممدودة إلى اتجاه الحركة.

هدف التعلم # 11: تحديد الأسلوبين الرئيسيين في توثيق أدلة بقع الدم في مسرح الجريمة

XI. التوثيق

إن التوثيق الدقيق لأنماط بقع الدم الموجودة في مسرح الجريمة ضروري جداً للسماح لفحوصٍ لاحقة وتفسير لآلية حدوث هذه البقع. يجب التقاط سلسلة من الصور الشاملة التي لا تزود تفاصيل حجم وشكل البقع فقط، بل أيضاً تُمكن الفاحص من اعادة تشكيل العلاقة المكانية بين الاجسام والأسطح الملطخة وغير الملطخة بالبقع.

أ. ملاحظات/رسومات

يجب أن يتضمن رسم(سكتش) مسرح الجريمة التي تم رسمه بمقياس الرسم على قياسات وأماكن بقع الدم. يجب أن يتضمن الرسم قياسات عمودية وأفقية على حدٍ سواء. قُم بوضع سجل يصف فئة أنماط بقع الدم.

ب. صور فوتوغرافية لمسرح الجريمة

1. الصور بعيدة المدى

تُظهر هذه الصور مجمل العلاقات بين الصور والجدران والأجسام،الخ من حيث صلتها بانماط بقع الدم.
يجب التقاط الصور أولاً دون اضافة أي أجهزة قياس أو أجهزة تحديد، ومن ثم التقاط الصور مع وجود هذه الأجهزة. يجب وضع أجهزة القياس هذه أفقياً وعمودياً على حدٍ سواء كي لا يكونوا عائقاً للأجزاء المهمة لبقعة الدم. يجب وضع الكاميرا عمودياً لسطح بقعة الدم عندما يكون ممكناً عمل ذلك.

2. الصور متوسطة المدى

يجب التقاط هذه الصور بتثبيت الكاميرا على منصب ثلاثي الأرجل تم وضعه بطريقة تكون فيها حجرة الفيلم موجهة عموديا للسطح الملطخ ببقع الدم. سوف تقوم أجهزة القياس وأجهزة التحديد بتحديد مكان البقعة ومكان العناصر الفردية لهذه البقعة التي سوف يتم التقاطها بطريقة التصوير قريب المدى. يجب أن تقوم هذه الصور بتزويد نظرة شاملة للبقعة أو لسلسلة البقع التي تظهر بأن لها أصل مشترك. ويمكن أيضاً تحديد العلاقة بين مناطق منفصلة ملطخة بالدم بواسطة هذه الصور. إن أفضل توثيق للمعالم القياسية الاجمالية لنمط بقعة الدم يكون باستخدام طريقة تصوير المدى المتوسط. يتم توضيح علو البقع بوضع جهاز قياس بشكل عمودي على البقعة.

3. الصور قريبة المدى

يتم التقاط صور لحجم وشكل العناصر الفردية لبقع الدم(الطرطشة، القطرات، الضربات العنيفة، المسحات، الخ) بطريقة التصوير قريب المدى. يجب تصوير العناصر الفردية التي تمثل الأغلبية الموجودة داخل نمط البقع وتلك التي تختلف بوضوح عن الأغلبية. يجب أن يكون وضع الكاميرا بالطريقة التي تم وصفها في الصور متوسطة المدى. عندما يكون بالامكان، يجب استخدام نموذج لطرطشة بقعة الدم لتطويق السمات التي سوف يتم تصويرها. يجب تحديد الموضع والعلاقة بوضوح للعناصر المصورة داخل البقعة بمجملها.

4. الأجسام المتحركة

يمكن أن تحتوي هذه الأجسام على أدلة طرطشات دم قيّمة، وهذه الأجسام والمواد هي ثياب وأحذية المجني عليهم والمشتبه بهم والمجوهرات ونظارات وأحزمة وساعات يد وغيرها. يجب أن تتضمن الصور منظراً عاماً وشاملاً لهذه الأجسام والمواد وصوراً قريبة المدى لتفاصيل بقع الدم. يجب أن تُحيط أدوات القياس الجسم ومجموعات بقع الدم على حدٍ سواء.

خلاصة

لقد تعلمنا في هذا الدرس أن علم الأمصال العدلي هو الطريقة التي عادةً ما يتم بواسطتها تحديد سوائل الجسم على شكل بقع على ثياب أوعلى أي دليل أخر في مسرح الجريمة. إن الدم والسائل المنوي واللعاب هم أكثر الأدلة قيمة والبقع الأكثر تحديداً. لقد تعلمنا أيضاً أنه يجب تحديد موقع هذه البقع وفحصها لاظهار ماهية السائل الموجود واثبات رجوعه إلى أصلٍ بشري. لقد تم أيضاً مناقشة الأنواع المختلفة لفحوص الحمض النووي مع الاستخدام الخاص لكل واحدٍ منها. وأخيراً لقد اطلعنا على أدلة نمط بقع الدم في مسرح الجريمة، وماذا يمكن أن تُخبر خبير مسرح الجريمة والمحقق. لقد أولى العالم اهتمام واسع باستخدام فحص الحمض النووي في حل القضايا الجنائية. وبما أن القضاة والمحلفين يتوقعون قبول فحص الحمض النووي في المحكمة، فإنه قد يكون من الضار لتحقيقٍ ومقاضاة ناجحين في القضايا الجنائية أن يرتكب أو يفشل خبير مسرح الجريمة في ادراة مسرح الجريمة بشكلٍ سليم أثناء جمع جميع الأدلة، أو فشل في ادراك امكانية استخدام فحص الحمض النووي كدليل مادي.

الدرس التاسع

الحريق المتعمد وأدلة المتفجرات

مدة الدرس

ساعات 3

المواد والمعدات والخدمات اللوجستية

.نشرات للتوزيع على الطلاب ،PowerPoint لوح قلاب ورقي، حاسوب محمول مع جهاز عرض، عرض شرائح

غاية الدرس

إن هدف هذا الدرس هو تزويد المشاركين بمقدمة عن مسارح الجريمة التي تحتوي على أدلة حريق متعمد أو أدلة متفجرات. سوف يتعلم المشاركون عن ماهية الأدلة التي يمكن العثور عليها في مسارح الجريمة هذه والتي تُستخدم لتحديد أصل الحريق أو التفجير، وأيضاً الأدلة التي تساعد في تحديد المشتبه به.

أهداف التعلم-الأداء

:سيكون بإستطاعة المشاركين عمل الأتي بنهاية هذا الدرس

1. تعريف مصطلح " الحريق المتعمد" وذِكر خمسة دوافع تتعلق بشكلٍ متكرر في جريمة الحريق المتعمد.
2. دراية في أصل الحريق وتحديد ثمانية أنواع نموذجية للأدلة التي يتم العثور عليها في موقع الحريق المتعمد.
3. تعريف مصطلح "متفجرات". ذِكر مجموعتين من المتفجرات وتحديد طريقتين يتم بهما اشعال كبسولات التفجير.
4. ذِكر سبعة أساليب متوفرة لتفجير عبوة ناسفة من صنع بيتي.
5. دراية في اجراء تفتيش موقع جريمة تفجير، وذِكر تسع أدوات قد تكون مطلوبة عند تفتيش موقع هذه الجريمة.
6. التمييز بين الأدلة الواضحة والأدلة القيمة الأخرى في موقع جريمة تفجير.
7. تحديد أربع أشياء قد يتم تحديدها من قِبل فنيّ المختبر عند تحليل الأدلة التي تم الحصول عليها من مسرح الجريمة.

مُقدمة

إن التحقيقات التي تتعلق بالحريق المتعمد والمتفجرات هي تحقيقيات مميزة حيث أنها تتطلب علاقة عمل مُقربة مع رجال الاطفاء في كل لحظة عملياً إن أردنا أن يكون التحقيق ناجحا. يجب أن يعترف خبير مسرح الجريمة بحقيقة وجود هذا المجهود المشترك وأن يكون قادراً أن يعمل بطريقة تُشير إلى روح تعاونية ومهنية.

بالاضافة إلى ذلك، تتطلب كلا الجريمتين هاتين معرفة محدودة بميكانكيات كلٍ منهن كي يكون خبير مسرح الجريمة ناجحاً في مساعيه.

تشمل جريمة الحريق المتعمد وجرائم المتفجرات على حدٍ سواء على تفاعلات كيميائية معقدة يمكن أن يتم التأثير عليها من قِبل المشتبه بهم قبل وأثناء الحدث.

يمكن تحديد موقع أنواع عديدة من آثار الأدلة في مسارح الجريمة هذه، ولكن يجب على خبير مسرح الجريمة أن يكون على دراية أولاً بميكانكيات كلٍ من الحدثين وبالأدلة المحتملة التي يمكن أن تكون موجودة.

هدف التعلم # 1: تعريف مصطلح " الحريق المتعمد" وذِكر خمسة دوافع تتعلق بشكلٍ متكرر في جريمة الحريق المتعمد

I. الحريق المتعمد

إن الحريق المتعمد هو حرق أو اشعال نار مقصود وكيدِي بمنزل، أو بناء، أو مركبة.

أ. المواد التي تُسرّع من الاشتعال
يمكن أن تشمل هذه المواد على البنزين، أو الكاز، أو التنر، أو التربنتين، أو وقود الولاعات، أو الأسيتون، أو سوائل أخرى شديدة الاشتعال.

ب. ما هوالحريق؟
يجب أن يكون هنالك عنصرين أساسيين من أجل حدوث الحريق: الأول هو الحرارة، والثاني هي المادة القابلة للاشتعال. إن الحريق هو أكسدة سريعة للمواد يصاحبها الحرارة والضوء. يمكن فقط حدوث النار عند وجود ثلاثة عناصر ضرورية، ألا وهي: الوقود، والأوكسجين، وحرارة عالية بشكل كافٍ كي تحافظ على عملية الاحتراق. سوف يقود عدم وجود أحد هذه العناصر إلى اطفاء الحريق.

ت. دوافع الحريق المتعمد
يوجد هنالك عدد من الدوافع ترتبط بشكلٍ متكرر بجريمة الحريق المتعمد:

1. اخفاء جرائم أخرى
قد يقوم المجرم بمحاولة اخفاء أو تدمير أدلة جريمة أخرى كجريمة القتل العمد، أو السرقة، أو الاختلاس عن طريق اشعال نار تكون مصممة كي تظهر أنها عرضية. إن القصد من ارتكاب جريمة الحريق المتعمد في هذه الحالات هو تدمير سجلات أو أدلة لجريمة يمكنها أن تقوم بتحديد هوية المشتبه به، أو جعل من المستحيل تحديد هوية ضحية قتل عمد.

2. احتيال على شركات التأمين
قد يكون المشتبه به في كثيرٍ من حالات الاحتيال على شركات التأمين قد خسر خسارة كبيرة في عمله أو كان عليه دين كبير، فيقوم المشتبه به عندها باشعال حريق بقصد تقديم طلب تعويض مزور لشركة التأمين من أجل اعادة خسارته المالية.

3. الانتقام
تُسبب الحرائق عادة خسائر جسدية ومالية، لهذا فإن الشخص الذي يريد الانتقام قد يلجأ إلى الحريق المتعمد كوسيلة لهذا الانتقام، ويكون هذا الانتقام على شكل تخريب أو الحاق أذى.

إن الحريق المتعمد هو شكل فعال للتخريب، فقد يقوم موظف ناقم باشعال نارٍ عن قصد من أجل جلب الأذى على العمل أو صاحب العمل.

4. هوَس اضرام الحرائق
إن المصاب بهوس اضرام الحرائق يقوم باشعال النار من أجل اشباع رغبة جنسية أو أي نزوة أخرى. إن هذا الشخص المهووس لا يسعى عادة لطلب تعويض من شركة تأمين إذا كانت المواد المحروقة ملكه، ولا يسعى إلى الكسب المادي أيضا. عادة ما يقول هذا المهووس أنه قام باضرام الحرائق ببساطة من أجل الاثارة والانفعال.
عندما تشتعل سلسلة من الحرائق من مصدر مجهول تحت ظروف مماثلة في نفس المنطقة، وخاصة في المباني المهجورة، فإن الفاعل قد يكون مهووساً باضرام الحرائق.

عادةً ما يريد هؤلاء المهووسين رؤية النار مشتعلة، وأحياناً يُمكن رؤيتهم يتصرفون بارتياب حيث ليس هناك سبب واضح على وجودهم في منطقة الحريق. كثيراً ما يكون عليهم دليلاً على الجريمة كآثار سائل مشتعل، أو مواد لاشعال النار، أو أدوات يستخدموها للدخول إلى المبنى.

5. انتحار أو مكيدة جريمة قتل

أحياناً ما يقوم المرء باستخدام النار كوسيلة انتحار أو تنفيذ مكيدة جريمة قتل.

هدف التعلم #2 : دراية في أصل الحريق وتحديد ثمانية أنواع نموذجية للأدلة التي يتم العثور عليها في موقع الحريق المتعمد.

II. أنواع الأدلة التي يتم العثور عليها في مسرح جريمة حريق متعمد

أ. أصل الحريق

يجب على خبير مسرح الجريمة أن يكون قادراً على فهم بعض أساسيات الحريق كي يُدرك قيمة وجود مؤشرات معينة يمكن أن يتم استخدامها لاثبات جريمة الحريق المتعمد.

إن المهمة الأولية فور اخماد الحريق هي البدء بفحص بقايا المبنى للعثور على أدلة مادية للدلالة على كيفية بدء الحريق. يمكن لموقع أصل الحريق أن يكون دليلاً على حريق متعمد محتمل. على سبيل المثال، إذا تم العثور على موقعين مختلفين أو أكثر لأصل الحريق، فيعني هذا أنه قد تم اضرام حريقين منفصلين أو أكثر عن قصد. أيضاً إذا اشتعلت النار في وسط غرفة كبيرة أو خزانة دون وجود أي أدلة لأجهزة كهربائية، أو إبريز، أو أي مصدر أخر يسبب الاشتعال، فيمكن الاشتباه أن الحريق متعمد. يمكن اقصاء احتمالية تسبب أي أجهزة تدفئة معطوبة أو أسلاك بالحريق إذا كانت بقعة أصل الحريق في وسط أرضية اسمنتية خالية.

يمكن انشاء بُقع أصل الحريق أحياناً من خلال اعادة ترتيب الآثاث وبناء الجدران. يمكن للشهود والسكان أيضاً أن يساعدوا في تحديد الأصل من خلال مشاهداتهم عند اكتشاف الحريق. يمكن أن تتبع مجرى اتجاه الحرارة شقوق لأعمق التفحمات، ومؤشرات لأعلى درجات الحرارة، ومدة وجود هذه الحرارة. يمكن تخمين درجات الحرارة من خلال حالة المعادن، أو الزجاج، أو الخشب، أو البلاستيك، أو أية مواد أخرى. يجب اعتبار أكثر نقطة منخفضة للتفحم العميق كموقع أصل الحريق لأن الحرارة ترتفع إلى الأعلى، ولكن يوجد هنالك كثير من الاستثناءات لهذه القاعدة. يتأثر اتجاه امتداد الحريق باتجاه تيار الريح، وسوف تُشير أنماط المنطقة المحترقة عادةً على هذا الاتجاه. بما أن اللهب يتجه في اتجاه تيار الريح، عادةً ما يكون أصل الحريق على جانب المنطقة المحترقة التي في مهب الريح.

يحمل سطح الخشب المتفحم نمطاً لشقوقٍ تشبه نمط جلد التمساح، وعادةً ما توجد بقعة أصل الحريق في مكان العثور على الشقوق التي تشبه جلد التمساح والتفحم العميق.

ب. الأدلة المادية

سيكون من المتوقع أن يقوم خبير مسرح الجريمة في المساعدة في جمع الأدلة المادية لاثبات جريمة الحريق المتعمد.

الأنواع التالية هي بعض الأنواع النموذجية للأدلة المادية التي يتم العثور عليها في مسرح الجريمة:

1. السوائل سريعة الاشتعال

عادةً ما يكون من أكثر الأدلة المادية شيوعاً للدلالة على جريمة حريق متعمد هو وجود سوائل سريعة الاشتعال. حتى في الحالات التي يكون فيها الخراب كبيراً بشكل خاص ومنطقة الحريق مليئة بالماء بشكل كامل، فأنه لا يزال وجود احتمال قوي للعثور على هذه السوائل سريعة الاشتعال. يجب تركيز البحث عن سوائل سريعة الاشتعال في منطقة أصل الحريق. إذا تم العثور على قطع سجاد متفحمة فيجب جمعها وارسالها إلى المختبر ليتم فحصها. يجب جمع الاثاث، والسجاد، والأرضيات

الخشبية التي يمكن أن تكون قد امتصت السائل شديد الاشتعال. إن السوائل سريعة الاشتعال هي مواد شديدة التطاير وتتبخر بسهولة، لهذا يجب استخدام طريقة تغليف فعالة لهذه القطع للحفاظ عليها من أجل الفحص. إن استخدام أكياس أو أوعية ورقية أو بلاستيكية لن يحافظ عليها، لأن كثير من هذه المواد قد تتفاعل مع البلاستيك وتقوم باتلاف الوعاء. يجب استخدام أوعية معدنية مشابهة لعبوات الدهان واغلاقها باحكام بغطاء معدني. الجِرار الزجاجية مع أغطية معدنية هي من الوسائل الأخرى للاستخدام، حيث ستحافظ هذه الأوعية على السوائل وأبخرتها من أجل فحصها في المختبر الجنائي. عادةً ما تكون الكمية المطلوبة للفحص قليلة بسبب المعدات الحساسة المستخدمة. يقوم تحليل المختبر بالتمييز ما بين الأنواع الكثيرة للسوائل سريعة الاشتعال.

2. أوعية بنزين فارغة أو جِرار مكسورة

يجب أيضاً جمع أي أوعية وقود فارغة أو زجاج مكسور أو جِرار يتم العثور عليها في مسرح الجريمة.

3. علامات على وجود دخول قسري

يجب أن يتم تفتيش دقيق لجميع الأبواب والشبابيك من أجل تحديد ما إذا كان قد تم الدخول قسرياً إلى المبنى. إذا تم العثور على علامات لأدوات أُستخدمت في الدخول، يجب أن يتم قطع المنطقة التي عليها هذه العلامات أو يُؤخذ طبعة لها وتُرسل إلى المختبر لفحصها.

4. مواد آثار من مسرح الجريمة

يجب على خبير مسرح الجريمة أن يجمع عينات من مواد البناء مثل الزجاج، والدهان، والاسمنت التي قد تكون قد علقت على ثياب المشتبه به. يجب جمع هذه العينات لأهداف العينات المعروفة أو عينات الفحص(عينات تكون معروفة بشكل جيد من قِبل مختبرات الطب العدلي).

5. التراب

إذا كان الحريق قد بدأ خارجاً، يجب جمع تراب من المكان الذي يُظن أن الحريق ابتدأ فيه وفحصه للتأكد ما إذا كان فيه سوائل سريعة الاشتعال.

6. مواد آثار تركها المشتبه به

يجب جمع والحفاظ على المواد التي تركها المشتبه به في المكان. يمكن للآثار كقطع الثياب، أو الشعر، أو الدم، أو الأدوات أن تكون مهمة في اثبات هوية المشتبه به.

7. مواد آثار على المشتبه به

إذا تم تحديد المشتبه به، فيجب أن يتم تفتيشه بدقة لتحديد ما إذا كان عليه أي شيء يربطه مع الجريمة أو مسرح الجريمة. يجب جمع ثياب المشتبه به مع أي أشياء أخرى كعيدان الثقاب وعبواتها، وأجهزة حارقة.

8. مواد آثار في مركبة المشتبه به

إذا تم العثور على على مركبة المشتبه به، فيجب تفتيشها للبحث عن أدلة يمكن أن يكون لها صلة مع الجريمة أو مسرح الجريمة. يجب جمع أي مادة سريعة الاشتعال مثل البنزين أو الكاز وتقديمها لمقارنتها مع سوائل سريعة الاشتعال تم العثور عليها في موقع الحريق. يجب أيضاً جمع مواد مثل أدوات، أو عيدان ثقاب، الخ. وإذا تم العثور على هذه المواد في مسرح الجريمة، فإن هنالك امكانية المقارنة بين عيدان الثقاب وعبوتها لتحديد ما إذا كانت مرتبطة ببعضها البعض في نفس البقعة.

هدف التعلم # 3: تعريف مصطلح "متفجرات". ذِكر مجموعتين من المتفجرات وتحديد طريقتين يتم بهما اشعال كبسولات التفجير.

III. المتفجرات

أ. تعريف المتفجرات

المادة المتفجرة هي مادة قابلة لتحول سريع إما من مادة صلبة أو سائلة إلى مادة غازية منتجةً حرارة، وضغط، وصوت ضوضائي.

ب. أنواع المتفجرات

يوجد هنالك مجموعتين أساسيتين من المتفجرات:

1. المتفجرات ذات الاحتراق المنخفض (Low Explosives)

تقوم المتفجرات ذات الاحتراق المنخفض بالاحتراق بدلاً من الانفجار. إن تدمير المتفجرات ذات الاحتراق المنخفض تسببه القوة التي ينتجها التمدد السريع لغازات الاحتراق، ويجب حصر هذه المتفجرات كي يتم انفجارها.

- ملح البارود

إن ملح البارود هو من أكثر أنواع المتفجرات ذات الاحتراق المنخفض شيوعاً وتتشكل من البوتاسيوم أو نترات الصوديوم، والكبريت، والفحم. إن ملح البارود هو مادة حساسة للحرارة، والصدمات، والاحتكاك، والشرارات النارية. يُمكن أن يكون ملح البارود من المتفجرات المدمرة إذا ما تم وضعه في أماكن محصورة مثل القنابل الأنبوبية. يمكن تفجيرها ببساطة من خلال فتيل يُستخدم للتفجير بطريقة غير كهربائية أو الكترونية.

إذا تم العثور على قنبلة أنبوبية فمن المهم التعامل معها بحذر شديد حيث أنه بالامكان انفجارها جراء الاحتكاك.

- بارود عديم الدخان

البارود عديم الدخان هو نوع آخر من المتفجرات ذات الاحتراق المنخفض التي يتم التحقيق بشأنها، والذي يتم استخدامها بشكل أساسي في ذخيرة الأسلحة الصغيرة. عادةً ما يتم استخدامه أيضاً في صناعة القنابل الأنبوبية. يوجد هنالك نوعان من البارود عديم الدخان في الأسواق:

1. قاعدة أحادية – يحتوي على مادة النايتروسيليلوز
2. قاعدة ثنائية – تتركب من مادة النايتروسيليلوز ومادة النايتروجليسيرين.

إن البارود عديم الدخان ليس حساساً للاحتكاك كملح البارود العادي، ولكن يجب التعامل معه بنفس الحذر الذي يتم أخذه عند التعامل مع ملح البارود العادي.

2. المتفجرات شديدة الانفجار (High Explosives)

بشكلٍ عام، تنفجر المتفجرات شديدة الانفجار عن طريق صدمة، وانفجارها يكون بسرعة أكبر بكثير، ولا يجب أن تكون محصورة كي تنفجر.

ت. المتفجرات الأولية والثانوية

1. المتفجرات الأولية

تنفجر المتفجرات الأولية عند تعرضها للحرارة والصدمة، وعادةً ما يتم استخدامها كمحرضات للمتفجرات شديدة الانفجار، ولاشعال الشحنات الرئيسية، وفي كبسولات الانفجار، وفي فتيل الأسلحة النارية. بما يخص التحقيقات بشأن القنابل، فإن الاهتمام الأول في هذا النوع من المتفجرات هو كبسولات الانفجار.

أ. كبسولات الانفجار

يوجد نوعان من كبسولات الانفجار وهما الكبسولات الكهربائية وغير الكهربائية. إن كبسولات الانفجار هي عبوات ناسفة صغيرة يبلغ قطرها ربع انش ويبلغ طولها من 1-3 انشات. يمكن أن يكون الغلاف الخارجي مصنوعاً من مادة الألمنيوم، أو النحاس، أو البرونز، ويوجد للكبسولات الكهربائية أسلاك ملونة خارجة منها.

يمكن اشعال الكبسولات بأحدى الطريقيتن التاليتين:

- اشعالها باستخدام فتيل الأمان

يجب استخدام كاشطة أسلاك من أجل تثبيت المُفجِر بالفتيل. يُمكن للعلامات التي تركتها كاشطة السلك على الغلاف الخارجي للمُفجِر التي تم العثور عليه في موقع التفجير أن يساعد في تحديد أداة المشتبه به.

- الاشعال الكهربائي

يتم ربط المُفجِرات بمصدر كهربائي باسلاك كهربائية، وسيسبب اقفال الدائرة الكهربائية في انفجار فوري أو موقوت. تبقى عادة الأسلاك سليمة بعد الانفجار، ويمكن أن تكون أدلة آثار قيّمة.

2. المتفجرات الثانوية

تنفجر المتفجرات الثانوية من خلال صدمة تسببها متفجرات أولية ملائمة. يبلغ مدى سرعة الانفجار من 3300 قدم في الثانية إلى 29000 قدم في الثانية. يتم استخدام العبوات الناسفة شديدة الانفجار لتحطيم أو تدمير الأجسام.

- سلك التفجير

متفجرات على شكل سلك تشبه فتيل الأمان، وتكون المتفجرات مغلفة بغطاء واقي مما يجعلها مضادة للصدمات. يتفجر السلك بسرعة تتراوح ما بين 18000 إلى 23000 قدم في الثانية. إن السلك غير حساس للصدمات والحرارة، ولا يُشكل مشاكل عند التعامل معه.

يتم استخدام سلك التفجير كي يُطلق شحنات متفجرات شديدة الانفجار بنفس الطريقة التي يُستخدم فيها فتيل الأمان لتفجير عبوات ناسفة متعددة. يمكن ادخال السلك هذا أو ربطه أو عقده داخل عبوات ناسفة شديدة الانفجار من أجل تفجيرها. يتم استخدامه لاطلاق شحنات متزامنة، وهو نفسه يُفَجر من خلال كبسولة تفجير.

- أجهزة لزيادة القوة أو المتفجرات الأولية

وهي (Very insensitive explosives)يتم استخدامها لاطلاق عبوات ناسفة شديدة الانفجار وغير الحساسة بشكلٍ كبير نفسها تنفجر من خلال كبسولة تفجير. يتم استخدام شحنة متفجرة أحياناً من أجل تضخيم أو زيادة قوة الصدمة التي تُزودها المُفَجرات أو كبسولات الانفجار كي تقوم باطلاق الشحنة الرئيسية للمتفجرات. عادةً ما تكون أجهزة زيادة القوة اسطوانية الشكل ولها فتحة صغيرة للسماح في ادخال كبسولة التفجير.

هدف التعلم # 4: ذِكر سبعة أساليب متوفرة لتفجير قنبلة من صنع بيتي

IV. العبوات الناسفة المصنوعة بيتياً

يمكن انتاج عبوات ناسفة شديدة التدمير من خلال خلط عدد كبير من المواد الكيماوية، ويتوجب على خبير مسرح الجريمة أن يميز على الأقل بعض المواد الأكثر شيوعاً التي غالباً ما يُصنع بها عبوات ناسفة بيتية. يمكن معالجة المواد مثل النشاء، والطحين، والسكر، والسليلوز، الخ بحيث تُصبح متفجرات فعالة. أيضاً يمكن أن يتم استخدام المسحوق المستخدم في ذخائر الأسلحة، والمسحوق المستخدم في الألعاب النارية، والثقاب، ونترات الأمونيا المستخدمة في الأسمدة في صناعة العبوات الناسفة.

:يوجد طرق عديدة متوفرة لتفجير عبوات ناسفة بدائية

أ. كبسولات متفجرة
تتلاءم الكبسولات المتفجرة وخاصة الكبسولات المتفجرة الكهربائية مع صناعة القنابل البيتية. يُمكن اطلاق الكبسولات المتفجرة من خلال آلية للتوقيت، أو من خلال الحركة، أو من خلال وصلها بنظام اشعال ذاتي الحركة، الخ.

ب. فتائل القدح
.يمكن أحياناً استخدام الفتائل من البنادق، أو بنادق الرش، أو ذخائر المسدسات لتفجير العبوات الناسفة الحساسة للحرارة

ت. مصباح الفلاش
يمكن استخدامها لاشعال عبوات ناسفة حساسة للحرارة مثل البارود. إذا لامس المصباح المتفجرات فإن الحرارة الناتجة عنه سوف تُشعل المواد مثل البارود، أو البارود عديم الدخان، أو مخاليط حارقة، الخ.

ث. رؤوس عيدان الثقاب
عادة ما يتم العثور عليها في القنابل الأنبوبية. إن رؤوس عيدان الثقاب حساسة للحرارة، والاحتكاك، والصدمات، ويمكنها أن تُنتج تفجيراً فعالاً عندما تكون محصورة في هذا النوع من العبوات.

ج. البارود عديم الرائحة
.يُستخدم عادةً بارود الذخائر كشحنة رئيسية في القنابل الأنبوبية

ح. سماد نترات الأمونيا
.يصبح سماد نترات الأمونيا عند مزجه بالوقود وجهاز مناسب لزيادة القوة عبوة ناسفة بيتية شديدة الفعالية

خ. كلوريد الصوديوم أو البوتاسيوم
.تستخدم هذه المواد عند خلطها في السكر كمواد حارقة ومتفجرة

.هدف التعلم # 5: دراية في اجراء تفتيش موقع جريمة تفجير، وذِكر تسع أدوات قد يتم طلبها عند تفتيش موقع هذه الجريمة

اجراء تفتيش لمسرح جريمة تفجير.V

أ. مبادىء
تنطبق المبادىء الأساسية لاجراء تفتيش مسرح جريمة على تفتيش مسرح جريمة تفجير. يجب معالجة مسرح جريمة تفجير، بالرغم من الدمار الكبير الذي يحدث غالباً، بناءاً على نظرية أن جميع الأشياء في مسرح الجريمة التي كانت قبل الانفجار ما تزال موجودة، إلا إذا كانت قد تبخرت جراء الانفجار. يمكن العثور على أدلة ذات قيمة في مسرح الجريمة يمكن أن تُساعد في ربط المشتبه بهم المحتملين بالجريمة. يجب أجراء معالجة متعمقة لموقع التفجير بأسرع وقت ممكن بعد الحادثة. إن الأهداف الأساسية لتفتيش مسرح الجريمة هي تحديد موقع الأدلة وتأمينها بما يتعلق بالمشتبه بهم وطريقة بناءهم للقنبلة، والعثور على بقايا القنبلة.

ب. أمور تتعلق بالسلامة
إن سلامة خبير مسرح الجريمة هي مسألة ذات شأن رئيسي. عادةً ما يكون موقع التفجير غير آمن، ولهذا يجب أن يقوم فني التخلص من المتفجرات بالبحث في المنطقة المدمرة قبل معالجتها عن عبوات لم تتفجر، وأيضاً يجب على المهندسين أن يقوموا بفحص حالات خطرة في هيكلية تلك المنطقة. يجب تحديد جميع المرافق المدمرة واقفالها قبل البدء بالمعالجة للموقع، ويجب تقييم جميع شروط السلامة باستمرار طوال عملية التفتيش.

ت. التعامل مع المتفجرات

يجب التعامل مع العبوات الناسفة والمتفجرات من قِبل أشخاص مؤهلين في التخلص من هذه المتفجرات فقط. يجب عدم لمس البقايا غير المتفجرة للقنابل، أو تسرب للمتفجرات، أو متفجرات تركها المشتبه به، حيث يمكن حتى لكمية صغيرة من بقايا العبوات الناسفة أن تنطلق وتُحدث انفجاراً خطيرا.

ث. حماية مسرح الجريمة

يجب اتخاذ تدابير وقائية مناسبة من أجل حماية مسرح الجريمة. خلافاً لمعظم مسارح الجريمة، إن موقع الانفجار عادةً ما يجذب عدد كبير من الناس مثل الشرطة، ورجال الاطفاء، والفرق الطبية، وشركات المرافق، وأصحاب الممتلكات، والصحافة، والمتفرجين. يجب اخراج أي أشخاص ليس لهم عمل في مسرح الجريمة. لأن معظم المواد المتبقية بعد التفجير هي مواد قابلة للذوبان في الماء، فيجب حماية مسرح الجريمة قدر الامكان من التعرض للرطوبة مثل المطر والثلج وأنابيب المياه المحطمة، ....الخ

ج. نطاق مسرح الجريمة

يجب تحديد نطاق مسرح الجريمة. يمكن أن يكون موقع الانفجار هو النقطة المركزية، ويمكن أن يُحدِد المكان الأبعد من موقع الانفجار حيث توجد الشظايا التي تتطايرت المحيط الخارجي لمسرح الجريمة. يجب أيضاً وضع منطقة عازلة، ويجب أن تُساوي تقريباً نصف المسافة من الموقع إلى أبعد منطقة تم العثور فيها على أدلة. لقد تم العثور على أدلة في أماكن تبعد عدة أحياء من انفجار ضخم.

يبدأ التفتيش عادةً من موقع الانفجار ويمتد إلى الخارج. قُم بالحصول على عينة من التراب من محيط وجوانب وقُعر الفوهة إذا كانت فوهة الانفجار في الأرض. يجب أيضاً أخذ عينات من التراب من الموقع لأغراض المقارنة.

ح. تصوير مسرح الجريمة

يجب التقاط الصور بطريقة مناسبة من أجل الحصول على تمثيل جيد لمسرح الجريمة. يجب التقاط هذه الصور قبل عملية معالجة مسرح الجريمة مباشرة، ودورياً أثناء هذه العملية، وفي نهاية عملية المعالجة. يجب أن يتم تحديد كل صورة بشكل ملائم من حيث الموقع والاتجاه، ويجب أن يتم تنسيقها باستخدام الرسوم البيانية، والخرائط، والمخططات. يمكن أيضاً الأخذ بعين الاعتبار استخدام الصور الجوية.

يجب أن يتم أخذ الصور أيضاً لأي أدلة تم العثور عليها قبل جمعها.

خ. المعدات

إنه من الضروري أن تكون هنالك معدات مناسبة عند تفتيش مسرح الجريمة. قد تتطلب عملية التفتيش استخدام المعدات التالية:

3. ملابس واقية
4. قفازات
5. قبعات ونظارات واقية
6. أحذية عمل
7. مجارف، مدمة(مشط أرض) ومكانس
8. أدوات قطع مختلفة
9. مناخل بأحجام مختلفة
10. عربات اليد وصفائح قمامة
11. مصابيح يدوية ومحمولة وسلالم

هدف التعلم #6: التمييز بين الأدلة الواضحة والأدلة القيمة الأخرى في موقع جريمة تفجير

VI. تفتيش مسرح الجريمة للعثور على أدلة

إنه من المهم جداً والضروري التفتيش عن أدلة في موقع الانفجار. يحتوي مسرح الجريمة على أدلة مهمة لتحديد المشتبه به تُساعد في ادانه ناجحة لهذه الجريمة. سوف تعتمد الطريقة المثلى للبحث على عوامل كثيرة لا يمكن التحكم فيها. إن التحقيق في جريمة انفجار هي مهمة تستغرق وقتاً طويلاً وتتطلب جهداً جسدياً كبيراً وانتباهاً للأدلة الدقيقة والصغيرة. إن التفتيش أيضاً هو عمل يسبب الاتساخ ويتطلب من خبير مسرح الجريمة أن يقوم بغربلة كميات كبيرة من الحطام من أجل تحديد أمكنة الأدلة.

يجب تكليف شخص واحد بالاشراف على عملية الحصول على الأدلة من جامعيها. قد لا يتم قبول أدلة قيّمة في المحكمة إذا لم يتم عمل تسلسل جيد وملائم للعهدة. يجب توثيق المكان التي تم العثور فيه على أية أدلة.

يجب أن لا يتم التركيز فقط عند التفتيش عن أدلة على الأدلة المادية التي لها علاقة بالمتفجرات مثل فتيل الأمان، كبسولات متفجرة، آليات توقيت، قطع أسلاك، بطاريات، وبقايا متفجرات، لأن هذا قد يسبب التغاضي عن أي أدلة قيمة أخرى. قد تتضمن البحث عن أدلة المواد التالية:

● بصمات الأصابع
● الشعر والألياف
● تراب، ودم، ودهان، وبلاستيك، وشريط لاصق
● معادن
● ورق كتابة، وورق للطباعة، وكرتون، وجلود، وخشب
● آثار اطارات وأحذية

يجب أن لا يتوقف تفتيش مسرح الجريمة بعد العثور على مواد أدلة قليلة، بل يجب أن يكون التفيش منظماً تنظيماً جيداً ومتعمقا من أجل الاحالة دون اجراء تفتيش ثانٍ لمسرح الجريمة.

يجب تحديد مسار انطلاق مكونات القنبلة للاحالة دون اجراء تفتيشات ليست بالضرورية. يجب أن يتم تفتيش الأشجار، والشجيرات الصغيرة، وأعمدة الهواتف، والأسطح، والحواف، ومزاريب المباني القريبة. يجب تحديد نمط تفتيش للمناطق الكبيرة، ومن الطرق الجيدة هو مجموعة من الباحثين يقومون بالتحرك إلى الأمام. يجب وضع رسماً تخطيطياً للمنطقة المراد تفتيشها لضمان نمطاً متعمقاً للبحث.

يجب الاحتفاظ بأي مادة أو جسم غريب عن مسرح الجريمة لا يستطيع الباحثون تحديده. يجب أن يتم غربلة الحطام باستخدام غربال مصنوع من أسلاك سمكها ¼ انش على منخل يشبه شاشة البعوض. عادة ما يتم وضع هذه المناخل على اطارات خشبية مربعة مساحتها قدمين X4 انش تم صنعها من قطعة خشبية مساحتها 2.

هدف التعلم #7: تحديد أربع أشياء قد يتم تحديدها من قِبل فنيّ المختبر عند تحليل الأدلة التي تم الحصول عليها من مسرح الجريمة.

VII. الفحوص المخبرية

أ. تحليل الأدلة التي تم العثور عليها في مسرح الجريمة

من خلال فحص الأدلة التي تم العثور عليها في مسرح الجريمة، يُمكن لفنيي المختبر أن يحددوا سبب الانفجار، ومن المحتمل ربط مشتبه به مع الجريمة التي قد تم ارتكابها.

بالاعتماد على كمية الأدلة التي تم العثور والحفاظ عليها من قِبل خبير مسرح الجريمة، يُمكن لفنيي المختبر أن يقوموا ببناء القنبلة جزئياً أو كلياً.

:يُمكن لفنيي مسرح الجريمة أن يحددوا الآتي من الأدلة المقدمة

- .نوع المتفجرات، أداة المُفجر، الفتيل، وجهاز التوقيت التي تم استخدامها ودرجة المهارة المتطلبة لتحضير الجهاز
- .طبيعة وخصائص التثبيت، والتغليف، ومواد التمويه التي تم استخدامها
- .المعلومات البريدية التي تحتويها رزمة القنبلة المحترقة أو المتلفة
- .نوع المواد التي تم استخدامها في القنبلة والمُصنِع المحتمل لها

ب. تحليل الأدلة التي تم الحصول عليها من المشتبه به

إذا تم تحديد هوية المشتبه بهم فإن تفتيشًا لأغراضهم ومركباتهم وبيوتهم ومكان عملهم قد يقوم بإظهار مواد يمكن مقارنتها مع .الأدلة التي تم العثور عليها في مسرح الجريمة

:من خلال هذه المقارنات، يُمكن لفنيي المختبر أن يحددوا ما إذا كانت

- .المتفجرات التي تم الحصول عليها من المشتبه به مماثلة لهذه التي تم استخدامها في الجريمة
- .الأدوات التي تم الحصول عليها من المشتبه به هي التي صنعت العلامات التي تم العثور عليها في مسرح الجريمة
- شظايا الخشب والمعادن، والمسامير والبراغي التي تم العثور عليها من مسرح الجريمة مطابقة للمواد التي تم ضبطها .من المشتبه به
- أسلاك أو أشرطة لاصقة أو خيط تم العثور عليها في مسرح الجريمة قد تم أخذها من لفافة أو قطعة من مواد مماثلة تم .ضبطها من المشتبه به
- أثار متفجرات أو مواد حامضية أو مواد كيماوية من العبوة الناسفة، أو غبار أو طين أو سخام من مسرح الجريمة، أو :شظايا أو غبار معدني من القنبلة، أو دم أو جلد أو شعر من الضحية موجودة في

12. .كشط أظافر الأصابع أو شمع أُذن المشتبه به
13. .ثياب المشتبه به
14. .القمامة والغبار من مركبة المشتبه به
15. .الغبار التي تم الحصول عليه من مقاعد العمل أو الأدوات التي يملكها المشتبه به

1. .خط اليد أو نسخ ألة طابعة من المشتبه به تطابق الكتابة على غطاء رزمة العبوة الناسفة
2. ثقوب خط الشقوق على الطوابع التي توجد على رزمة العبوة الناسفة تطابق تلك الطوابع التي يملكها .المشتبه به

خلاصة

يُعالج هذا الدرس الطبيعة المتفردة للحريق والمتفجرات. إن كلاهما قد يكون مدمراً جداً، ومن المعروف أنه يمكن تحديد موقع الكثير من آثار الأدلة المادية في مسرح جريمة حريق متعمد أو تفجير. يمكن لهذه الأدلة عادةً أن تُظهر معلومات كثيرة عن .الجريمة ذاتها من حيث كيفية ارتكابها وأحيانا الشخص الذي ارتكبها

كي يكون خبير مسرح الجريمة قادراً أن يُعالج مسرح الجريمة بطريقة سليمة ومناسبة للعثور على أدلة محتملة، فإنه من الضروري أن يكون له معرفة عملية أساسية عن ميكانيكيات هاذين الحادثين، أي التفجير والحريق المتعمد. من خلال فهم كيفية ارتكاب جريمة الحريق المتعمد وكيفية عمل العبوات الناسفة وكيفية استخدامها في ارتكاب الجرائم، يمكن لخبير مسرح .الجريمة أن يفهم بشكلً أفضل الأدلة المادية المحتملة التي يمكن تحديد مكانها في مواقع هذه الجرائم

الدرس الثاني عشر

تحليل نمط بقع الدم

مدة الدرس

ساعات 4

المواد والمعدات والخدمات اللوجستية
ونشرات PowerPoint لوح وحاسوب محمول مع جهاز عرض وشرائح

غاية الدرس
إن هدف هذا الدرس هو تعريف المشاركين بقيمة أنماط بقع الدم في مسرح الجريمة وعلى مواد وأجسام الأدلة. سوف يتعلم المشاركون عن تركيب الدم والقوى المادية التي تؤثر على انطلاقه الحر والأنماط الناتجة أثناء النزيف، وقابلية نسخ انماط بقع الدم، والعوامل التي تؤثر في أنماط بقع الدم ومصطلحات بقع الدم وأنماطها، وكيفية قياس بقع الدم حسابياً، وكيف أن حجم وشكل وعدد أنماط بقع الدم ترتبط ارتباطاً مباشراً مع الأحداث التي وقعت، وحركة الأشخاص الذين كانوا هناك عندما وقعت الجريمة، والتوثيق السليم لنمط بقع الدم وجمع بقع الدم في مسرح الجريمة.

أهداف التعلم
سوف يكون بإستطاعة المشاركين عمل الآتي في نهاية هذا الدرس:

1. وصف طبيعة وحركة الدم خارج وداخل الجسم على حدٍ سواء.
2. ذِكر القوى المادية والتأثيرات الأخرى التي ترتبط بانتشار طرطشات الدم وانتاج أنماط بقع الدم.
3. شرح أهمية اعادة النسخ لتحليل بقع الدم.
4. وصف أنواع مختلفة لانماط بقع الدم باستخدام المصطلحات المناسبة.
5. قياس طرطشة بقعة الدم حسابياً وبشكلٍ سليم. ادراك مفهوم نسبة المحور الثانوي والمحور الرئيسي للطرطشة الفردية، وكيفية ارتباط هذه النسبة مثلثياً لزاوية تصادم الطرطشة. استخدام آلة حاسبة أو جدول علم المثلثات لتحديد زوايا التصادم وخطوط الانطلاق من قياسات الطرطشة.
6. استخدام طرطشات بقع دم متعددة وذات صلة من نمط من أجل تحديد أصل الحادث الذي سُفك فيه الدم.
7. وصف محدوديات مهمة لتحليل نمط بقع الدم.
8. فهم كيفية عمل توثيق سليم لأنماط بقع الدم في مسارح الجريمة.
9. الاختيار والجمع السليم لبقع الدم من أنماط بقع الدم في مسرح الجريمة.

مقدمة
بالرغم أنه لطالما كان مفهوم القبض على الجاني متلبساً (بالانجليزية red handed، حيث أن كلمة red أي بلون أحمر تعني الدم) مستخدماً لمئات السنين، إلا أن تحليل نمط الدم غالباً ما يكون أكثر أنواع الأدلة المتوفرة للمحققين المعاصرين في تحقيقات مسرح الجريمة التي يتم تجاهلها أو عدم توثيقها. كثيرٌ من المحققين وضباط الشرطة وفنييّ مسرح الجريمة لا يدركون قيمة تحليل نمط بقع الدم المهمة التي يمكن أن تساهم في التحقيق، أو ببساطة أن يفكروا بها على أنها عملية معقدة جداً وعملية تستغرق وقتاً طويلاً أو أن لها محدوديات كثيرة. في حين يمكن تطبيق هذه الملاحظات على تحليل أي نوعٍ من الأدلة المادية

لدرجة ما، إلا أن العمل في مسرح الجريمة يجب أن يكون عملاً متقناً ويستغرق وقتاً طويلاً ويتطلب انتباه المحقق الكامل، ولكن لا يُنتج عادةً تحديداً لسيناريو واحد أو تسلسل أحداث.

لا يمكنك أن تُصبح خبيراً في تحليل بقع الدم في يومٍ أو يومين أو بفحص مسرح جريمةٍ واحد أو اثنين. بل لكي يُصبح المرء خبيراً، يحتاج على الأقل الى قاعدة علمية وحسابية تكون نتاجاً لاسابيع من التدريب الرسمي، والحاجة إلى عمل تجارب مكثفة على الدم والتطبيق المنتظم لمفاهيم مكتسبة علمياً على عشرات مسارح الجريمة التي ترتبط بسفك الدم، ويجب أن يكون المرء على دراية بالمقالات التقنية االقديمة والحديثة ونشرات تتعلق بتحليل نمط بقع الدم. يتعين على الخبير أن يكون قادراً على النجاح، على أساس سنوي على الأقل، في امتحان مهارة خارجي في مجال تحليل نمط الدم. هذا لا يعني أنه لا يمكن للمحققين وضباط الشرطة وفنييّ مسرح الجريمة، وفي نهاية المطاف وكلاء النيابة والقضاة والمحلفين أن يظهروا تقديراً هاماً لأهمية تحليل نمط بقع الدم، ولكنه يؤكد على أهمية الدور الذي يلعبه الخبير في جلب تلك الأهمية إلى فاحص الوقائع.

هدف التعلم #1: وصف طبيعة وحركة الدم خارج وداخل الجسم على حدٍ سواء

I. طبيعة وحركة الدم

أ. الدم داخل نظام الدورة الدموية

يمكن القول أن نظام الدورة الدموية في الانسان هو نظام مغلق يتكون من شرايين أو ممرات مرتبطة ببعضها البعض وتحتوي على دم سائل يتحرك من خلال هذا النظام بفعل الضغط الناجم عن عمل القلب. تقترن كمية الدم في الجسم مباشرة بحجمهم(الطول والوزن) ويمكن أن تتراوح الكمية في الأشخاص البالغين من 2-6 ليتر.

يتألف تقريباً الدم الجاري في جسد شخص يتمتع بصحة جيدة على نسبٍ متساوية من المركبات الخليوية والمواد السائلة، وإن هذا التركيب هو تركيب موحد نسبياً من شخص إلى شخص، وهذا هو العمود الأساسي في عملية تحليل بقع الدم. تحتوي المركبات الخليوية على كريات الدم الحمراء وكريات الدم البيضاء والصفائح. وتحتوي كريات الدم الحمراء الناضجة على الهيموغلوبين الذي يحمل الأوكسجين المذاب وجزيئات ثاني أوكسيد الكربون داخل الجسم، أما كريات الدم البيضاء فعملها هو محاربة الالتهابات وتحتوي على النواة أو الحمض النووي. تكمن أهمية الصفائح في أنها تقوم بانتاج التخثرات عندما يتم اتلاف سلامة نظام الدورة الدموية عن طريق جرح أو طعنة. في حين أن كريات الدم الحمراء في الدورة الدموية يفوق عددها كريات الدم البيضاء(تقريباً 650:1)، إلا أنه لا يوجد في كرية الدم الحمراء الطبيعية الجارية حمض نووي. يحتوي المركب السائل بدرجة كبيرة في الدم على الماء ولكنه يحتوي أيضاً على محتويات أخرى مثل المنحلات بالكهرباء والمغذيات ومنتجات عملية الأيض والهرمونات وعناصر التخثر.

ب. الدم خارج نظام الدورة الدموية

تتعرض سلامة ضغط الدم الذي يقوم القلب بالحفاظ عليها للخطر عندما يحدث جرحٌ في سطح الجسم يخترق الأوعية الدموية كشريان أو وريد أو أنبوب شعري. يقوم الضغط داخل الدورة الدموية بدفع الدم إلى خارج الجسم من مكان الجرح، وهو الموقع الأقل مقاومة في داخل النظام. سوف ينزف معظم الأشخاص لمدة تقل عن 8 دقائق عندما يكون الجرح طفيفاً وصغيراً، أما الجروح الأكثر عمقاً مثل جروح الطعنات، فهي تشكل خطراً كبيراً على سلامة الجسم وحتى أنه قد يصل الأمر إلى مسألة حياة أو موت، حيث يبدأ الدم بزيادة ضخه(الكمية والمنسوب) مما يؤدي إلى زيادة ضغط الجريان وغالباً ما يكون هذا بشكلٍ كبير. يستمر نزيف الدم حتى يتم توقف الخرق بشكل طبيعي(التخثر) أو باستخدام طرقاً خارجية مثل الضغط على مكان الجرح ورفعه إلى الأعلى، أو نقل الدم أو عملية جراحية لاقفال الجرح. ويمكن أيضاً الوصول إلى النقطة المميتة، حيث يتم فقد الدم ومن ثم يكون الضغط منخفضاً بشكل كبير حيث أن الجسم لا يستطيع نشر الدم في أعضاءه بطريقة كافية للحفاظ عليها. ولا يستطيع الجسم في هذه المرحلة المحافظة بشكل مستقل على ما يسمى بحالة التوازن الأيضي وتبدأ عندها عملية الاحتضار.

هدف التعلم # 2: ذِكر القوى المادية والتأثيرات الأخرى التي ترتبط بانتشار طرطشات الدم وانتاج أنماط بقع الدم

القوى المادية والتأثيرات الأخرى التي ترتبط بانتشار طرطشات الدم وأنماط بقع الدم .II

إن العمود الثاني في عملية تحليل بقع الدم هو أن طرطشات الدم تخضع لنفس قوانين وقوى العالم المادي التي تخضع لها الأجسام الأخرى.

أ. قانون الجاذبية

تتأثر حركة جميع الأجسام على سطح الأرض أو القريبة منه بما فيها الدم المسفوك بقانون الجاذبية.

إن الجاذبية هي القوة غير المرئية التي تقوم بجذب أي جسم ذو كتلة نحو مركز الأرض. على سبيل المثال، سوف يلاحظ شخص إذا وقف وكانت يديه بشكلٍ مستقيم على جانبيه وكان اصبعه مجروحاً أن الدم يسقط من الجرح ويتم جذبه بخطٍ مستقيم نحو مركز الأرض حيث يضرب سطح الأرض، ويكون هذا السطح هو الجسم المعترض ما بين الجرح ومركز الأرض. ويمكن أن يلاحظ أن قطرة الدم تكون دائرية أو شبه دائرية إذا سقطت على أرضٍ مستوية وممهدة. يمكن التفكير بالجاذبية بطريقةٍ أخرى ألا وهي أن الجاذبية تستخدم قوة عمودية بشكل تام(من ارتفاع عال إلى ارتفاع منخفض) على دم وأجسام أخرى تسقط بحرية. ولقوة الجاذبية مقدار متواصل نسبياً للدم المسفوك.

ب. القوى الأفقية

ليس بالضرورة أن تكون القوة العمودية هي القوة الوحيدة التي تؤثر على حركة السقوط الحر لقطرات الدم والطرطشات، حيث يمكن التأثير عليها أيضاً من قِبل قوى أفقية، وقد يكون ذلك نتيجة شخص نازف يقوم بالحركة أفقياً داخل مسرح الجريمة حيث يخرج الدم من جسمه نتيجة لهذه الحركة، أو إذا تم ضرب شخص نازف على سطح من جسده ملطخ بالدماء بقوة كبيرة لتجاوز التوتر السطحي للدم على سطح الجسم، أو عندما يتم اصطدام الدم على سطح جسم غير الجسم البشري مثل الأرض أو الطاولة أو المنضدة أو أي قطعة أثاث بقوة تتجاوز التوتر السطحي للدم على ذلك الجسم، أو حتى عندما يسقط الدم على الدم. لدى جميع الطرطشات الناتجة قوة أفقية تسمح لها بالتحرك إلى حد كبير بخطٍ أفقيٍ مستقيم بعيدةً عن مصدرها الأصلي. تتأثر المسافة التي تقطعها الطرطشات بشكلٍ مباشر بحجم القوة المُحررة التي تُنتج حركة الطرطشات في المقام الأول.

من النادر عملياً أن تجد أنه تم التأثير على طرطشات في مواقع جرت فيها جرائم عنيفة حيث تم سفك الدم بقوة أفقية فقط لأن كثير من الطرطشات تتأثر من قوى عمودية وقوة أفقية على حدٍ سواء. وتكون النتيجة أن يكون لهذه الطرطشات خط انطلاق قطري أو خط موجه من المصدر الأصلي لها باتجاه السطح الذي تسقط عليه.

ت. قانون القصور الذاتي

يقول قانون القصور الذاتي أن هنالك ميل لجسم ساكن أن يبقى ساكناً وجسم متحرك أن يبقى متحركا. إن هذا أمر مهم في تحليل نمط بقع الدم لأنه يرتبط مباشرة بشكل طرطشة الدم عندما تصطدم بسطحٍ ما. عندما يسقط الدم من الجسد كقطرة باتجاه سطحٍ ما فإن هذه القطرة تشبه لحدٍ كبير كرة دائرية(بالرغم أنها تترنح قليلاً). كما ذكرنا سابقاً، يوجد لدى الكثير من الطرطشات خط قطري موجه أو خط انطلاق من المصدر الأصلي باتجاه السطح التي تسقط عليه.

عندما تبدأ كرة الدم الدائرية بالاصطدام بالسطح، تبدأ هذه الكرة أولاً بزيادة تلامسها ومن ثم تقليص تلامسها مع السطح(من حيث مساحة السطح)، وهذا كله يحصل بطريقة مستمرة حيث يصبح تأثير التوتر السطحي للجسم أكبر على الدم من ميل القصور الذاتي للدم الذي يجعله يريد الحفاظ على حركته مستمرة. تصبح الكرة الدائرية للدم نتيجة لذلك طرطشة بيضاوية الشكل على السطح. أيضاً وجراء القصور الذاتي، يميل مركز القطرة بيضاوية الشكل على السطح إلى البقاء على حركته مستمرة بالاتجاه الذي كان يتحرك فيه، وبالحقيقة إن أجزاء صغيرة مثل قفزات أو وثبات بمحاذاة خط الانطلاق تصنع نقطة مستمرة أو ذيل مستمر أو شكل صدفة مستمرة بمحاذاة المحور الرئيسي للشكل البيضاوي. هذا الأمر مهم بشكلٍ خاص، لأن لدى جميع هذه الطرطشات ذات الذيل، باستثناء الطرطشات المتكسرة(الطرطشات التي تنكسر عن الطرطشة الرئيسية جراء اصطدام هذه الطرطشة بالسطح)، طريقة ذاتية لتحديد اتجاه حركتها: يكون اتجاه الذيل أو النقطة أو الصدفة نحو الاتجاه الذي

كانت تتحرك فيه الطرطشة عندما اصطدمت بالسطح. والوجه الثاني لهذه القاعدة والذي لا يقل أهمية هو أن الاتجاه المعاكس للذيل يشير إلى الاتجاه الذي تحركت فيه الطرطشة من مصدرها الأصلي.

إضافة إلى ذلك، عندما يتم قياس طول وعرض الطرطشة بطريقة دقيقة بمحاذاة محورها الطويل أو الرئيسي ومحورها القصير أو الثانوي تباعاً فإنه يمكن أن يتم استخدام هذا القياس حسابياً لتحديد الزاوية المحتملة التي اصطدمت فيها الطرطشة على السطح، وتسمى هذه الزاوية أحياناً بزاوية الاصطدام.

ث. تأثيرات أخرى على الانطلاق الحر لطرطشة الدم وأنماط بقعه

1. حجم القوة

سوف يؤثر حجم القوة المستخدمة عمداً على الدم في جريمة اعتداء بشكلٍ مباشر على حجم الطرطشات وعددها، والمسافة التي يمكن لأي طرطشة أن تقطعها، ومنطقة الانتشار للنمط الناتج.

بشكل عام، كلما زادت القوة المستخدمة، كلما صغرت الطرطشات وكثر عددها وبعدت مسافة حركتها وكبرت مساحة الانتشار التي سوف يحتلها النمط، مع التسليم أن المتغيرات الأخرى هي نفسها.

يتم عادةً وصف أنماط الطرطشة المستخدم عليها أحجام مختلفة من القوة من حيث سرعة قوة الاصطدام، حيث تكون هذه السرعة منخفضة، أو متوسطة، أو عالية. إن طرطاشات الاصطدام ذو السرعة المنخفضة هي التي تكون قوتها الموجهة (Vector) جراء الجاذبية بشكلٍ خاص والتي يبلغ 1.5/ثانية، وتكون هذه الطرطشات أو النقط كبيرة نسبياً حيث يبلغ قطرها عادةً 4 مم أو أكثر. أما طرطشات الاصطدام ذو السرعة المتوسطة فهي التي غالباً ما ترتبط بسفك الدم الذي يكون ناتجا عن اعتداء باليد أو بسلاح محمول باليد مثل سكين أو عصا أو أنبوب، أو اعتداء بالقدمين. يكون قطر هذه الطرطشات عادة ما بين 1-4 مم، وتنتج جراء قوة قدرها ما بين 1.8-9 متر/ثانية. أما طرطشات الاصطدام ذو السرعة العالية هي التي عادةً ما ترتبط بسفك الدماء الناتج عن اطلاق نار (ونادراً من المرواح أو المحركات)، ويكون قطر الطرطشة في هذه الحالات أقل من 1 مم. يكون مقدار القوة التي يتم احتياجه لانتاج هذا النوع من الطرطشات بشكلٍ عام 31 متر/ثانية، ويمكن عادةً رؤية عدد كبير من الطرطشات.

2. خصائص السطح التي تسقط عليه الطرطشات

تقوم خصائص السطح أيضاً بالتأثير على شكل طرطشة الدم عندما يتم اصطدام الطرطشة بها. وكقاعدة عامة، كلما ازدادت نعومة وقساوة السطح كلما ازدادت نعومة حافة الطرطشة وكلما ازداد توقعها. سوف تقوم عادةً المواد كالزجاج والبلاستيك أو البوليمر أو الورق المصقول أو اللامع، والخشب المصقول والبلاط والمعادن بانتاج طرطشات ذات حواف ملساء ومتوقع بشكل أكبر من المواد غير المصقولة وغير الملساء والمنسوجة بشكلٍ غير جيد أوالمطلية بطريقة غير اعتيادية.

وينطبق الشيء نفسه على الأسطح غير المسامية وغير الماصة، حيث تقوم هذه الأسطح بانتاج طرطشات ذات حواف ملساء ومتوقعة بشكلٍ أكبر من الأسطح المسامية والماصة. لهذا يجب أن يتضمن تدريب تحليل نمط الدم على تجارب يتم اجراءها على انواعٍ مختلفة من الأجسام بملامح أسطحٍ مختلفة كي يمكن رؤية المجموعة الواسعة من الطرطشات الناتجة على هذه الأسطح. وأيضاً يجب على المحلل عندما يشمل الموقع على أسطح غير اعتيادية وغير معروفة أن يحصل على نماذج من السطح كي يتم اجراء التجربة عليها لتعريف المرء على الطرطشة التي سوف تنتج عنه.

3. الريح

إن الرياح هي قوة من قوى الطبيعة التي يمكنها أن تؤثر على الانطلاق الحر لأي جسم يتحرك من خلالها، ويشمل ذلك طرطشات الدم. ويمكن للرياح أن تكون صناعية كتلك التي يتم انتاجها من قِبل المحركات والمراوح الكهربائية. كلما ازدادت قوة الرياح كلما قلت صحة مسار الخط المستقيم للطرطشة، وعندها يجب اجراء تحليل وتفسير حذرين بشكلٍ أكبر. في االحقيقة، إن الرياح القوية وقت الحدث يمكنها أن تمنع تفسير طرطشة الدم، ولهذا يجب ايلاء العناية عند التعامل مع المواقع الخارجية التي تؤثر فيها الرياح أو تلك المناطق التي تؤثر فيها حركة المحركات والمراوح.

الضغط الجوي .4
إن الجيوب المحلية واللامرئية للضغط الجوي هي من القوى الأخرى التي يمكنها أن تؤثر على خطة انطلاق الطرطشة. يمكن أن تكون هنالك اختلافات خفيفة في الضغط داخل غرفة أو مكان يمكنه أن يؤثر على حركة جسم كروي متحرك. ولأن هذه الاختلافات في الضغط عادةً ما تكون خفيفة، وأن المسافات التي تقطعها طرطشات الدم أفقياً محدودة نسبياً (عادة ما تكون أقل من 4.5 متر)، فيُعتبر عادةً أن تأثير هذا النوع من القوة على طرطشات الدم لا أهمية له.

فترة الجفاف .5
إن فترة جفاف الدم هي من الاعتبارات الهامة الأخرى، ففي حين أنه من الصعب تحديد فترة جفاف الدم إلا أنه يمكن تحديدها بشكلٍ تقريبي من خلال التجارب. تُعتبر فترة جفاف الدم مفهوماً مختلفاً عن فترة تخثر الدم. وبشكل عام، كلما كانت بقعة الدم أقل سماكة كلما كان جفاف البقة أسرع. لهذا فإن الطرطشات والبقع الرقيقة المنتقلة سوف تجف عادةً بشكلٍ أسرع من الكميات الكبيرة من الدم مثل تلك التي تكون على شكل أنقوعات، ففي الحالة الأولى يستغرق الجفاف دقائق معدودة أما في الحالة الثانية ساعات. وبالرغم من هذا، يمكن لانقوعات الدم أن تتجلط أو تأخذ شكلاً شبيهاً بالهلام في غضون دقائق أيضاً. يمكن أيضا أن تُظهر انقوعة كبيرة من الدم انفصال مركباتها السائلة عن مركباتها الخليوية إذا ما بدأ حدوث تخثر في هذه الانقوعة. ولهذا يُعتبر هذا الأمر مهم بشكلٍ خاص عندما تكون هناك بصمات أصابع أو أثار اطارات أو أحذية في الموقع وتم حدوثها عندما ما كان الدم رطبا. دون أن يكون شخصاً قد تلامس مع أنقوعة دمٍ رطب أو بقع دمٍ كبيرة، فإن البصمات واطارات الأحذية التي تكون ملطخة بالدم تكون موحية بشكلٍ كبير أن الشخص الذي قد تركها كان في موقع الحدث في الوقت الذي تم فيه سفك الدماء أو مباشرة بعد سفكه.

هدف التعلم # 3: شرح أهمية اعادة النسخ لتحليل بقع الدم

اعادة النسخ في تحليل أنماط بقع الدم .III

أ. اعادة النسخ في التجربة
يعالج المعتقد الثالث المهم والذي يوفر أساساً للفحص العلمي لتحليل نمط بقعة الدم نوعية قدرتنا على أخذ القياسات واجراء المراقبات لأنماط بقع الدم وطرطشات الدم. ولأن للدم تركيب متماسك ولأنه يجب أن يمتثل لنفس قوانين الفيزياء التي تم ذكرها أعلاه عند سفكه والتي يمتثل أي جسم اخر لها، فإنه يمكننا الرؤية في التجربة أنه يتم بانتظام تحديد الأحجام والأشكال التي تنتجها طرطشات الدم بواسطة القوى الفيزيولوجية وموضع الأجسام التي أانتجتها. وبعبارة أخرى، عندما نقوم بنسخ المتغيرات المرتبطة بانتاج نمط بقعة الدم أو الطرطشة(مثال على ذلك، مقدار الدم، ومواضع الاجسام المرتبطة، وأصل الدم، وزاوية التصادم، وخصائص السطح، ومقدار القوة المستخدمة في سفك الدم وغيرها) نلاحظ أنه يمكننا أن ننتج النمط ذاته أو الطرطشات المرة تلو الأخرى، أو يمكننا أن نلاحظ على أنها قابلة للنسخ. وبسبب قابلية النسخ هذه يمكننا أن نطبق الذي قد تعلمناه في التجارب على ملاحظات أنماط بقع الدم بالرغم أننا لم نكن موجودين أثناء ارتكاب الجريمة.

وفي هذا السياق، إن قابلية النسخ في تحليل نمط بقعة الدم هي مهمة كلٍ من دقة وصحة القياسات والتوثيق التي نقوم بها في مسرح الجريمة. إن كلاً من الدقة والصحة مرتبطتان بشكلٍ مباشر بنوعية قدرتنا على قياس الطرطشات، وبالتالي سوف تؤثر بشكلٍ مباشر على قدرتنا على تقديم رأي عام أو محدود عن ملاحظتنا لمسرح الجريمة.

ب. الصحة
على وجه التحديد، فإن الصحة هي مدى اقتراب أو ابتعاد قياسنا للطرطشة في مسرح الجريمة عن المقياس الحقيقي أو الواقعي لأبعاد طرطشة الدم. إذا كنا مُدَرَبين بشكل صحيح ويمكننا أن نأخذ قياسات قريبة جداً من الأبعاد الحقيقية للطرطشة، فإن قياساتنا سوف تُعتبر صحيحة أو موثوقة. يمكن أن يحدث الخطأ أو عدم الصحة عندما يكون تدريبنا غير كافٍ، أو بسبب عدم قدرتنا على استخدام وتطبيق الأمور التي قمنا بالتدرب عليها كي ننتج مستوى مقبول من المهنية والثقة في عملنا، أوعندما لا

نستطيع ببساطة أن نأخذ قياسات جيدة كحالات وجود طرطشات على أسطح منحنية أو غير اعتيادية، أو عندما يكون رأينا محدود جداً عن ملاحظاتنا لمسرح الجريمة.

ت. الدقة

إن الدقة هي مدى قابلية النسخ لمقاييس الطرطشة ذاتها. لو كنت تُريد أن تقيس المحاور الرئيسية أو الثانوية لعدة طرطشات دم لعدة مرات ووجدت أن جميع قياساتك لكل طرطشة هي نفس القياسات الأخرى أو قريبة منها، عندها سوف يتم اعتبار قياساتك دقيقة أو لها قابلية نسخ جيدة. يمكن أن يكون هنالك عدم دقة جراء الأسباب ذاتها التي تؤدي إلى عدم الصحة سابقة الذِكر.

هدف التعلم # 4: وصف أنواع مختلفة لانماط بقع الدم باستخدام المصطلحات المناسبة

IV. مصطلحات نمط بقع الدم

بقدر أهمية وجود مصطلحات وكلمات مختارة لنقل مفاهيم معقدة للأشخاص في مجالات كثيرة كالطب أو القانون، فإن الشيء نفسه ينطبق على تحليل أنماط بقع الدم. ولإنه قد يكون تحليل نمط بقع الدم معقداً ويتم ممارسته من قِبل مجموعة صغيرة نسبيا من المحللين في جميع أرجاء العالم، فإنه يجب علينا نحن كمحققين ومحللين إذا كنا نريد أن نقوم بالتسجيل والوصف بطريقة صحيحة أن نكون على الأقل على دراية بمصطلحات تحليل نمط الدم حتى نتمكن من نقل ما شاهدناه بفعالية وبطريقة قياسية إلى الأخرين.

بالرغم أنه لا يوجد حالياً تصنيف لمجموعة واحدة ومعترف بها لمصطلحات ومعاني تحليل نمط بقع الدم يتم استخدامها في كافة أرجاء العالم، إلا أنه توجد بدائل عديدة للاختيار منها. يمكن العثور على هذه البدائل في الكتب الدراسية عن الموضوع أو من المنظمات العدلية كثيرة الأعضاء. إن الأمر المهم الذي علينا تأكيده هنا هو أنه لا يتعلق الأمر فقط باختيار مسردٍ مفضل لمصطلحات تحليل نمط الدم لاستخدامك الخاص، ولكن أن تكون مرناً ومتقبلاً بشكلٍ كافٍ لفهم الشيء الذي يقوم الآخرون بوصفه حتى ولو أنهم لم يستخدموا نفس المصطلحات التي تستخدمها أنت.

تقوم واحدة من المنظمات العدلية، ألا وهي المنظمة الدولية لتحليل نمط بقع الدم، بتوفير تصنيفٍ أو قائمة لمجموعة المصطلحات ومعانيها، والتي قامت لجنة المصطلحات في هذه المنظمة بوضعها، ويتم استخدامها بشكلٍ شائع. في حين أنه لا يوجد هنالك قائمة مصطلحات شاملة لجميع الحالات، إلا أن مصطلحات المنظمة الدولية لتحليل نمط بقع الدم هي قائمة جيدة كنقطة انطلاق. قائمة المصطلحات هي:

زاوية الاصطدام- الزاوية الحادة التي تتكون بين اتجاه قطرة الدم ومستوى السطح التي تسقط عليه القطرة.

نمط التدفق الوريدي- أنماط بقع الدم التي تحدث نتيجة تدفق الدم من الجسم بواسطة ضغط وريدٍ فرعي.

الطرطشة الخلفية - طرطشة موجهة إلى الخلف نحو مصدر الطاقة أو القوة التي سببت هذه الطرطشة.

بقعة الدم- دليل تلامس الدم السائل بسطح ما.

الحلقات الفقاعية - تنتج حلقات الدم هذه عندما يجف دم يحتوي على فقاعات هوائية مبقياً شكل دائرة الفقاعة كمحيط جاف.

نمط القذف - يحدث هذا النمط من بقع الدم عندما يتم انطلاق أو قذف الدم من جسم متحرك ملطخ بالدم.

.اتجاه الانطلاق – مسار قطرة الدم التي يمكن تحديده من خلال زاوية الاصطدام وزاوية الاتجاه

الاتجاه – اتجاه بقعة الدم أو النمط الذي يشير إلى الاتجاه الذي كان يتحرك فيه الدم عندما اصطدم بالسطح. يمكن عادةً تحديد اتجاه انطلاق قطرة الدم من الشكل الهندسي لبقعة الدم.

.زاوية الاتجاه - الزاوية ما بين المحور الرئيسي لبقعة الدم والخط المحدد مسبقاً لمستوى السطح والذي مقداره صفر درجة

.أثر السحب إلى الوراء – دم في ماسورة سلاح ناري تم سحبه إلى داخل فوهة هذا السلاح

.نمط التنقيط – بقع الدم التي تحدث نتيجة سقوط الدم على الدم الموجود على سطح ما

الدم المنبعث – الدم الذي ينبعث من الأنف أو الفم أو جرح نتيجة لضغط الهواء أو جريانه الذي يكون القوة الدافعة لهذا الدم المنبعث.

.مسار الانطلاق – مسار قطرة الدم وهي تتحرك خلال الفضاء من موقع الاصطدام إلى الهدف

.نمط الجريان – تغير في شكل واتجاه بقعة الدم جراء تأثير الجاذبية و/أو حركة الجسم

.القطرة المتجهة إلى الأمام - الدم الذي يتحرك في نفس اتجاه حركة مصدر الطاقة أو القوة التي أحدثت الطرطشة

طرطشة الاصطدام ذو السرعة العالية - نمط بقعة دم يُحدثه اصطدام عالي السرعة أو قوة عالية السرعة على مصدرٍ للدم مثل تلك الذي يسببها اطلاق نار أو آلات ذات سرعة عالية.

طرطشة الاصطدام ذو السرعة المنخفضة- نمط بقعة دم يُحدثه اصطدام منخفض السرعة أو قوة منخفضة السرعة على مصدر للدم.

طرطشة الاصطدام ذو السرعة المتوسطة - نمط بقعة دم يحدثه اصطدام متوسط السرعة أو قوة متوسط السرعة على مصدر للدم. يحدث هذا النوع من الطرطشة نتيجة الضرب.

نمط الاصطدام – نمط لبقع الدم ينتج عندما يقوم شخصٌ أو شيء بضرب الدم مما يُحدثُ انتشاراً عشوائياً لقطرات صغيرة من الدم.

.موضع الاصطدام – الموضع الذي التقت فيها القوة مع مصدر الدم

.السديم – دم تحول إلى رذاذ دقيق نتيجة لطاقة أو قوة أثرت عليه

.القطرة الأصل – قطرة من الدم كانت أصل طرطشة مموجة أو مقذوفة أو تابعة

.القطرة السلبية(النزيف) - بقع دم تشكلت من خلال قوة الجاذبية لوحدها

البقعة ذات المحيط الخارجي – بقعة دم تحتوي فقط على المحيط الخارجي حيث تم مسح مركز البقعة أو تقشر بعد جفاف سائل الدم جزئياً أو كليا.

نقطة (منطقة) الالتقاء – النقطة أو المنطقة المشتركة على سطحٍ ثنائي الأبعاد الذي يمكن أن يتم تعقب اتجاه عدة قطرات دم أو/وطرطشات فوقه.

نقطة(منطقة) الالتقاء – النقطة أو المنطقة المشتركة في فضاء ثلاثي الأبعاد الذي يمكن تعقب مسارات عدة قطارات دم إليه.

نمط الدم المُسقَط – نمط بقعة دم حدث نتيجة دم انطلق جراء الضغط (تدفق وريدي) وليس جراء اصطدام.

الدم المرتد – انحراف الدم بعد الاصطدام بالسطح مما ينتج عنه تلطيخ لسطح أخر.

الطرطشة التابعة- قطرات صغيرة من الدم تكون موزعة حول قطرة أو أنقوعة من الدم نتيجة لاصطدام الدم بالسطح.

الطرطشة – الدم الذي انتشر نتيجة قوة أثرت على مصدره. غالباً ما تكون الأنماط الناتجة هي سمات طبيعة القوة التي أحدثتها.

الشوكة - البقع المدببة أو الممدودة التي تتشعب من المنطقة المركزية لبقعة الدم.

نمط الضربة - إنتقال الدم من مصدرٍ متحرك إلى سطحٍ ما، ويمكن تحديد اتجاه حركة الانتقال من خلال الحواف المتقاطعة.

السطح الهدف - السطح الذي سقطت عليه قطرة الدم.

نمط انتقال التلامس - نمط يحدث عندما يتلامس سطح رطب ملطخ بالدم مع سطحٍ آخر. يمكن ملاحظة صورة للسطح الأصلي بأكمله أو لجزءٍ منه في النمط.

المنطقة الفارغة- عدم وجود بقع دم خلافاً لنمطٍ مستمر للبقع.

القطرة المتبقية من وراء الموجة - قطرة صغيرة تنتنج عن قطرة أصلية جراء النشاط التموجي للسائل بالاقتران مع الاصطدام مع السطح.

نمط المسحة - نمط لبقع الدم ينتج عندما يتحرك جسم ما من خلال بقعة موجودة بالأصل، مما يقوم بازالة أو تغير شكل البقعة.

يتعين على فنيي مسرح الجريمة والطواقم الشرطية الذين يريدون أن يكونوا محققين فعالين أن يكونوا على دراية بهذه المصطلحات أو بمصطلحات شبيهة لبقع الدم ومصطلحات القوى التي تنتجها. يتعين عليهم أيضاً أن يقوموا بتطبيق مبادىء تحليل الدم على عملهم باستمرار من أجل إبقاء وتطوير مستوى مقبول أو مهارة مقبولة في عملهم في مجال بقع الدم.

هدف التعلم # 5: قياس طرطشة بقعة الدم حسابياً وبشكلٍ سليم. ادراك مفهوم نسبة المحور الثانوي والمحور الرئيسي للطرطشة الفردية، وكيفية ارتباط هذه النسبة مثلثياً لزاوية تصادم الطرطشة. استخدام آلة حاسبة أو جدول علم المثلثات لتحديد زوايا التصادم وخطوط الانطلاق من قياسات الطرطشة.

V. قياس طرطشة بقع الدم وتحديد زوايا التصادم وخطوط الانطلاق

أ. قياس طرطشات بقع الدم

تعتمد بشكلٍ عام التقديرات الصحيحة لزوايا الاصطدام وخطوط الانطلاق وبالنهاية أصول سفك الدم على حساب صحيح ودقيق لبقع الدم. يمكن أن تكون الاستنتاجات والاراء عن كيفية سفك الدم في مسرح جريمة ما أكثر تحديداً عندما يتم أخذ قياسات صحيحة ودقيقة وتوثيقها بشكل سليم من قِبل أفراد الشرطة، مما يحد من مجال وعدد السيناريوهات الأخرى للأحداث. لهذا، لا يمكن المغالاة في أهمية فهم وأخذ قياسات دقيقة وصحيحة للطرطشات.

أجهزة التكبير والقياس .1
يتطلب القياس الصحيح والدقيق لطرطشات بقع الدم جهاز تكبير منخفض الطاقة وجهاز قياس دقيق. يمكن أن يكون جهاز التكبير هذا عدسة مكبرة بسيطة، أو أفضل من ذلك، عدسة مكبرة يستخدمها الصاغة أوعدسة تستخدم لتكبير الأقمشة أو أجهزة مُقارنة مكبرة أو ميكروسكوب تشريح. يتعين أن يكون لهذه الأجهزة قدرة تكبير تفوق قدرة العين المجردة بثلاث مرات ولكن أقل من 12 مرة. يجب أن تكون أجهزة القياس مقياساً مع معيار له فواصل 0.1مم أو 0.01مم. إن العدسات المكبرة التي يستخدمها الصاغة والاجهزة المقارنة المكبرة هي مثالية للاستخدام لأنه يمكن شراءها مع مسطرة أو أجهزة قياس مدمجة معه، ولأنه يتم صنعها عادةً مع منصب، فإنه يجعل مسافاتها المركزية ثابتة دائما مما يسمح للعمل دون استخدام الأيدي.

من الجيد أيضاً أن يكون هنالك فرجار وأدوات للقص والقطع والقدرة على التقاط صوراً فورية. يمكن رسم خطوط المحور الحقيقي على الصور الفورية، ويمكن قياس صور البقع أكثر من مرة دون الاهتمام بخسارة أو اتلاف الطرطشة الفعلية ذاتها.

اتجاهات المحاور .2
يتم انجاز قياس الطرطشة أولاً من خلال تحديد اتجاه المحور الرئيسي والمحور الثانوي للطرطشة. في حين أنه يكون من السهل تحديد ذلك في الطرطشات الممدودة التي لها ذيول محددة بشكلٍ جيد، إلا أنه يكون أكثر صعوبة في الطرطشات أو القطرات التي نتجت بزاوية 90 درجة تقريباً مع الاصطدام بالسطح. لهذا إذا كان لك حرية اختيار أي طرطشة تريد أن تقيسها في نمط بقع الدم، فإن تفسيراً أكثر دقة قد ينتج إذا قمت باختيار الطرطشات الممدودة بشكلٍ أكبر بدلاً من الطرطشات التي يكون امتدادها أقصر أو الطرطشات الدائرية، وخاص هذه التي تكون على أسطحٍ غير اعتيادية. يكون كلا المحورين متجهين في نفس مستوى الطرطشة بالضبط، ويتقاطعوا على درجة 90 واحدٌ مع الاخر.

يُعرف المحور الثانوي بعرض الطرطشة، ويمكن قياسه بدقة من خلال ايجاد أعرض قياس بمحاذاة خط، من جانبٍ واحد إلى الجانب الاخر للطرطشة، يتقاطع مع المحور الرئيسي على 90 درجة بالضبط. هذا القياس هو دائماً أصغر من أو يساوي قياس المحور الرئيسي. إن العدسة المكبرة التي يستخدمها الصاغة أو الأجهزة المقارنة المكبرة مع أجهزة القياس المدمجة معها هي مفيدة بشكلٍ خاص في تحديد هذا البُعد.

يُعَّرَف المحور الرئيسي عموماً بطول الطرطشة. إن هذا المحور هو أصعب المحورين للقياس لأن الذيل أو (شكل الصدفة) بحد ذاته يمكن أن يتدخل بقدرة الشخص على تمييز مكان قياس النقطة التي ينتهي عليها هذا المحور. يوجد هنالك طريقتين يمكنك أن تختار منهما لعمل هذا القياس:

طريقة الشكل البيضاوي التام- إن الطرطشة هي في الحقيقة قريبة جداً من الشكل البيضاوي، باستثناء أن الحافة مع الذيل لا تجعلها شكلاً بيضاوياً وتسحب الشكل البيضاوي أو تُطيله باتجاه الذيل بالضبط(أيضاً منطقة الانتقال الأخير للطرطشة أو منطقة تحديدها). يمكن للمرء من خلال تقدير النقطة التي سوف ينتهي بها الشكل البيضاوي التام في منطقة الذيل إذا كان قد تم تداخلها على حافة الطرطشة أن يقوم بالقياس إلى الوراء بمحاذاة المحور الرئيسي وصولاً إلى النقطة التي بدأت منها الطرطشة بالاصطدام بالسطح. إن المحور الرئيسي هو المسافة التي تم قياسها ما بين هاتين النقطتين. يمكن مساعدة المرء في الطرطشات

الأكبر حجماً من خلال استخدام غطاءات بيضاوية أو نماذج للرسم(مسطرة أشكال هندسية) من أجل تقدير بشكلٍ أدق النقطتين اللتان سوف يتم قياسها في المسافة التي تحدد المحور الرئيسي.

طريقة ضعف النصف – يتم استخدام الطريقة بتحديد الخط الذي هو المحور الثانوي أولاً. إن المسافة من نصف المحور الثانوي إلى النقطة التي بدات فيها الطرطشة أولاً بالاصطدام بالسطح هي مساوية لنصف طول المحور الرئيسي. لهذا، إذا تم مضاعفة هذا البعد، فإنه سوف يساوي طول المحور الرئيسي. لتحديد أيٍ من الطريقتين هي الأفضل بالنسبة لك، حاول استخدام كلتاهما لقياس طرطشات اختبارية لزوايا اصطدام معروفة. إن الطريقة التي تسمح لك باستمرار الحصول على أكثر القياسات دقة هي الطريقة التي يتعين عليك استخدامها.

ب. مفهوم المحور الثانوي:المحور الرئيسي للطرطشة الفردية(نسبة العرض/الطول)

فور قياس المحور الثانوي والمحور الرئيسي للطرطشة الفردية بشكل دقيق، يمكن بسهولة تحديد زاوية اصطدامها بواسطة علم المثلثات. هذا يرجع لسبب وجود علاقة متوقعة ما بين نسبة عرض/طول وزاوية اصطدام طرطشة دم معينة. لذلك نقول أنه عندما تزيد نسبة العرض/الطول، تزيد زاوية الاصطدام تناسبياً وبالعكس. يمكن التعبير عن هذه العلاقة بواسطة علم المثلثات بالشكل التالي:

قسمة عرض الطرطشة على طولها يساوي جيب زاوية الاصطدام، أو عرض/الطول=جيب زاوية الاصطدام

هذه المعادلة هي معادلة صحيحة لأي وحدة قياس يتم استخدامها لتحديد عرض وطول الطرطشة(كسور بالمليمترات أو السنتيمترات أو الانشات، الخ) طالما أنه يتم عمل كلا القياسين بنفس وحدات القياس.

ت. تحديد زوايا الاصطدام

يمكن تحديد زاوية الاصطدام فور تحديد نسبة عرض/الطول، من خلال: 1) استخدام آلة حاسبة تعمل بوظائف علم المثلثات (الجيب المعكوس لنسبة عرض/طول تساوي زاوية اصطدام الطرطشة بالدرجات). 2) من خلال البحث عن نسبة عرض/الطول في جداول علم المثلثات التي تُدرج قيم الجيب للزوايا 0-90 (يمكن العثور على هذه الجداول في الكتب المدرسية). 3) من خلال تحديد زاوية الاصطدام من جدول طرطشة الدم الذي يُعين زاوية الاصطدام كوظيفة نسبة العرض/الطول. يوجد طريقة سريعة أخرى لاستخدامها بشكلٍ أولي، ألا وهي تذكر بعض النسب، فمثلاً يتم احداث نسبة 0.5 عرض/طول بواسطة طرطشة يبلغ مقدار زاوية اصطدامها 30 درجة، أو يتم احداث نسبة 0.87 عرض/طول بواسطة طرطشة يبلغ مقدار زاوية اصطدامها 60 درجة. في معظم الحالات، يمكن جعل مقدار زاوية الاصطدام لطرطشة رقما صحيحاً أو تخفيضه ليصل إلى أقرب درجة كاملة.

ث. تحديد خطوط انطلاق الطرطشات

يمكن اعادة رسم خط انطلاق طرطشة الدم فور تحديد زاوية الاصطدام لهذه الطرطشة. يمكن انجاز ذلك من خلال استخدام منقلة، وشريط خيطي وشريط لاصق ودبابيس ومسامير خشبية ومنصب حلقي(كتلك التي تُثبت عليها أنابيب الاختبار أو أي شيء أخر). يتم عقد خيط في أحد النهايات ويتم لصقها جيداً أو تثبيتها بالدبابيس على السطح على الطرطشة حيث يتقاطع المحور الرئيسي مع المحور الثانوي. يجب أن يتم مد الخيط إلى الوراء من الطرطشة بمحاذاة محورها الرئيسي باتجاه اتجاها الأصلي، باتجاه مقداره 180 درجة من الاتجاه الذي يشير إليه الذيل. يتم أيضاً وضع المنقلة على السطح أعلى الطرطشة، حيث تكون الحافة المستوية للمنقلة موازية للخيط وأيضاً بمحاذاة طول المحور الرئيسي للطرطشة، وأيضاً بوجود أصل المنقلة مباشرة على تقاطع المحور الثانوي والمحور الرئيسي للطرطشة.

يتعين أن تكون المنقلة موجهة إلى الأعلى بحيث تكون جوانبها عامودية مع السطح. بينما تكون المنقلة ثابتة في مكانها، يتم رفع الخيط بمحاذاة جانب المنقلة حتى يصل زاوية الاصطدام التي تم حسابها كما تم تحديدها من نسبة العرض/الطول. عندما يتقاطع الخيط مع زاوية الاصطدام على المنقلة، يجب ابقاء الخيط مشدوداً جداً، وعادة ما يتم تثبيته بشريطٍ لاصق أو بدبابيس بسطح اخر قريب كجدار أو أرضية أو سقف أو بمنصب حلقي أو أي نقطة أو عمود اخر. يُشير الخيط الثابت إلى خط الانطلاق الذي يمكن أن تكون الطرطشه قد أخذته. من الأفضل عملياً أن تقوم بمد أو ببسط الخط لمسافة أبعد من المسافة التي تتوقع أن تكون الطرطشة قد قطعتها، ولكن بسبب ذلك يجب أن نضع في اعتبارنا أنه من الممكن أن تكون الطرطشة قد قطعت فقط مسارا أقصر أو جزءاً من الذي يُشير إليه الخيط. يمكن ازالة المنقلة فور تثبيت الخيط في مكانه. يمكن اعادة هذه العملية لأي عدد ضروري للطرطشات في الموقع.

هدف التعلم # 6: استخدام طرطشات بقع دم متعددة وذات صلة من نمط من أجل تحديد أصل الحادث الذي سُفك فيه الدم

VI. استخدام طرطشات بقع دم متعددة وذات صلة من نمط من أجل تحديد أصل الحادث الذي سُفك فيه الدم

أ. تحديد ما إذا كان هنالك ارتباط بين طرطشات دم متعددة ونمطٍ واحد

عندما يتم اسقاط ضربة أو أي قوة أخرى على مصدرٍ للدم بقوة كافية لانتاج انطلاقٍ لطرطشات، فإنه ينتج عادة طرطشات متعددة تنتشر كأشعة أو خطوط انطلاق لها اتجاهات كثيرة من نقطة اصطدام الدم مع القوة المؤثرة. من أجل تبسيط هذا المفهوم لحادث ذو بُعدين، يمكن القول أنه إذا كان مصدر الدم انقوعة صغيرة على سطح مستوٍ، ونتجت الضربة عن لوحٍ خشبيٍ مستو أيضاً، فستكون خيوط انطلاق الطرطشة الناتجة إلى حدٍ كبير شبيهة باسلاك العجلات المسطحة أو الرقيقة(أسلاك عجلات الدرجات النارية أو الهوائية): لدى كلاهما أصل مشترك تنتشران منه.
هذا أيضاً صحيح عندما يكون أصل سفك الدماء مرفوع فوق السطح أو بجانبه أو في أسفله، ولكن بسبب أن العلو أو اتجاه أخر هو اعتبار يتعلق بالابعاد، فإن الشكل الناتج من اعادة رسم خطوط الانطلاق بواسطة الخيوط سيكون شكلاً مخروطياً وليس منبسطا.
هنالك ملاحظة اضافية يجب طرحها هنا ألا وهي أن الطرطشات التي تتحرك في نفس الاتجاه بعيداً عن الأصل يكون لها أشكال ونسب عرض/طول مماثلة تقريبا، حيث تبقى المتغيرات نفسها.

على ضوء ما ورد أعلاه، عندما تتم معاينة الموقع، يجب أن يكون اتجاه الطرطشات ذات الأصل الواحد مشتركاً حيث تظهر أنها منتشرة من المصدر الأصل. إذا لم يكن هنالك خط انطلاق لاتجاه الطرطشة يقوم بالتقاطع مع خط انطلاق طرطشة أخرى، فإنه من الأرجح أن لا يكون مصدر نمط الطرطشتين مشترك بل من حادثين أو نمطين مختلفين. وبهذه الطريقة يمكن تقدير عدد الأنماط المختلفة أو الحوادث المختلفة بالرغم أنه يمكن لحادثين في نفس المكان أو تقريباً في نفس المكان أن يُنتجوا نمط واحد.

ب. تحديد عدد الضربات أو حوادث سفك الدم
إن مسألة عدد الضربات التي تلقاها شخص أثناء اعتداء نتج عنه سفك دماء هو أيضاً أمر متعلق بهذه المشاهدات. إن القاعدة العامة هنا هي وجوب حدوث ضربة تقوم باخراج الدم إلى سطح الجسم قبل امكانية وجود الدم على السطح بكميات كافية بحيث يمكن صدمه مرة ثانية لانتاج أنماط تتألف من طرطشات ذات انطلاق حر. يجب أن تأخذ بعين الاعتبار أنه من الممكن من حيث الأنماط المقذوفة (أنماط الطرطشات الأمامية والخلفية)، أنه قد تم صد بعض ضربات المعتدي أو ببساطة أخطأت الهدف ألا وهو الضحية، لهذا يجب أخذ الحيطة أثناء ابداء الرأي فيما يتعلق بهذه الطرطشات والسؤال إذا ما كانت حقاً ضربات ما هي التي سببت هذه الطرطشات.

هدف التعلم # 7: وصف محدوديات مهمة لتحليل نمط بقع الدم

محدوديات تحليل نمط بقع الدم .VII

أ. المتغيرات وأصول الأنماط

لا ينتهي عادةً تحليل نمط بقع الدم إلى الاستنتاج الصحيح. هنالك متغيرات عديدة تؤثر في انتاج أنماط بقع الدم في مسارح الجريمة، وبعضها يكون واضحاً والبعض الاخر لا يكون بهذا الوضوح. على سبيل المثال، يمكن أن تتغير قوة انفجار البارود في خرطوشة على مر الوقت، لهذا إذا كان باستطاعتنا رؤية حالتين شبيهتين تقريباً من سفك الدماء حيث تم اطلاق النار على شخصين مختلفين مع تشابه جميع الاحوال باستثناء أن الحادثة الثانية حصلت في فترة مختلفة تفصلها عدة سنين عن الأخرى(بسبب ذلك تكون أعمار الخراطيش في السلاح الناري مختلفة)، فإننا على الأرجح سوف نلاحظ اختلافات في انماط بقع الدم بسبب الاختلافات في حجم قوى الانفجار التي تم انتاجها من كلا الخرطوشتين. يجب بشكل عام بسبب متغيرات مثل هذه أن تكون الأراء والاستنتاجات التي يمكن تميزها من تحليل نمط بقع الدم حذرة. القصد من ذلك هو أنه يتم عادةً تقديم التقرير عن أصل أنتج نمطاً معيناً لبقع دم كمجموعة من الاحتمالات بدلاً من نقطةٍ واحدة ودقيقة.

في الحقيقة، غالباً ما يمكن أن يكون حجم أصل نمط بقعة الدم التي تم اعادة بناءه أقل من 15 سم أو أكثر من 15 سم من الأصل الحقيقي، أو ما يقارب على المساحة التي تأخذها كرة بحجم كرة السلة إذا تم تخيل الأصل المُعاد بناءه في مركز كرة السلة.

يمكن أن لا يكون التفسير دقيقاً عندما يكون الأصل أكبر حجماً من حجم دائرة كرة السلة. ويجب أن يتم اعادة فحص البيانات من التحليل بدقة لرؤية ما إذا كانت القياسات والحسابات والتحديدات السابقة صحيحة.

ب. تسلسل الأحداث

يمكن أحياناً تحديد تسلسل بعض أحداث سفك الدماء من خلال فحص متأني ودقيق للأنماط. يمكن أحياناً ملاحظة وجود طرطشات نمط أو طرطشات حدث معين فوق طرطشات أخرى تم سفكها وجفافها أولا. ولكن من الصعب جداً أحياناً تحديد سلسلة أحداث سفك الدماء من الحدث الأول إلى الحدث الاخير في المواقع التي تم سفك دماء كثيرة فيها. التشديد هنا هو ليس اطالة تفسير التحليل، لأنه من الأفضل أن نكون متحفظين بارائنا على أن نتجاوز في تحليلنا مما قد يسبب في تضليل التحقيق.

ت. يجب جمع البقع

من المهم أيضاً بعد الانتهاء من التوثيق جمع على الأقل طرطشة واحدة من كل نمط تم الاستنتاج بشأنه وفحصها من قبل المختبر الشرعي من أجل اثبات أن الطرطشة هي في الحقيقية بقعة دم بشريةً. يمكن أن يكون لبعض المواد الأخرى مظهر الدم البشري ويمكنها أن تنتج أنماطاً تشبه الدم البشري مثل بعض انواع دماء الحيوانات والدهان والطعام والمشروبات. سوف يكون من المخجل أن تُقدم نتائج مبكرة لتحليل بقع الدم من جريمة ما لتكتشف لاحقاً أن هذه البقع المستخدمة ليست ببساطة دماءا بشرية. لهذا السبب، يجب عدم تقديم رأي أو تقرير رسمي إلا إذا تم اجراء تحليل مصّلي يُثبت أن البقع هي بُقع دماء بشرية بالفعل. ويجب أن يُشار إلى هذه البقع قبل اجراء التحليل المصّلي هذا "بالبقع البنية الضاربة إلى الاحمرار" أو "بقع دم ظاهرية" أو " بقع دم مشتبه بها" أو بأي كلمات مشابهة ذات صياغة تصغيرية.

يجب على تحليل نمط بقع الدم لموقع تم تصويره فوتوغرافياً بدقة (مثل هذه في التحقيقات القديمة أو في التحقيقات التي لم يُجرى فيها تحليل لبقع الدم بصورة متزامنة مع جمع عادي للأدلة) أن يستخدم هذه المصطلحات أو التعابير أيضاً إذا لم يكن هناك فحص مصّلي أو لم يتم اجراءه على أنماط بقع الدم المعنية.

هدف التعلم # 8: فهم كيفية عمل توثيق سليم لأنماط بقع الدم في مسارح الجريمة

التوثيق السليم لأنماط بقع الدم في مسارح الجريمة .VIII

يشتمل التوثيق السليم لأنماط بقع الدم في مسارح الجريمة على أخذ الملاحظات وعمل الرسومات التقريبية(سكتش) أو الرسوم البيانية وعديد من الصور الفوتوغرافية. يجب أن يكون التوثيق متعمقاً بشكلً كافً بحيث يمكن، إذا كان ضرورياًً، للأفراد الأخرين المتمرسين في تحليل مسرح الجريمة أن يأخذوا التوثيق ويعيدوا بناء مسرحاً صورياً للجريمة يشبه بشكل قريب جدا مسرح الجريمة الأصلي الذي تم توثيقه بشكل ابتدائي.

من الأفضل عادةً أن يتم توظيف شخصين على الأقل للقيام بهذه المهمة لأن هذا جانب هام للتحقيق ويتطلب وقتاً كبيراً ولا يمكن عمله من قِبل شخصٍ واحد فقط.

أ. أخذ الملاحظات

يجب أن تكون الملاحظات التي يتم أخذها في مسرح الجريمة حيث تم سفك الدماء عامة ومحددة على حدٍ سواء. يجب أن تتضمن هذه الملاحظات على سرد أو على الأقل عدة جُمل تصف بمصطلحات مناسبة عدد ونوع وموقع النمط. بما أنه سيتم قياس بعض البقع، يجب تدوين القياسات الرقمية الحقيقية والزوايا والنسب التي تم حسابها وموقع أي أصول لنمط محدد. لأنه سوف يتم في نهاية المطاف جمع بعض البقع لاجراء التحليل المصّلي لها، يجب أن تشتمل الملاحظات على سجلٍ للأدلة يُدرج كل بقعة سوف يتم جمعها على انفراد ومن قام بجمع هذه البقع ومتى تم جمعها، بالاضافة إلى بيانات القياس التي تم ذِكرها أعلاه. لن يقوم هذا النوع من التوثيق بتكملة الصور الفوتوغرافية فقط، ولكن يمكنه أيضاً أن يكون بديلاً لها إذا لم يتم التقاط الصور بطريقة جيدة.

ب. الرسومات التقريبية(سكتش) والرسوم البيانية

إن الرسومات التقريبية(سكتش) والرسوم البيانية هي أيضاً مهمة في عملية تحليل نمط بقع الدم لأنها تساهم بنوع من التناسب للتوثيق. يجب عمل رسم تقريبي واحد أو رسم بياني واحد على الأقل، ويجب أن يكون حسب مقياس الأبعاد الأصلية قدر الامكان.

من الأساليب الفعالة هو رسم خريطة رأسية عامة للمنزل أو لمكان العمل أو للمكان الذي تم ارتكاب الجريمة فيه، ولكن يجب وضع خريطة محددة ومفصلة للمكان التي حصل فيه سفك أكثر للدماء (كغرفة معينة على سبيل المثال). إذا كانت أنماط بقع الدم التي سيتم توثيقها موجودةً في غرفةٍ واحدة، فسيكون غالباً من المفيد أن ترسم أيضاً رسماً تقريبياً (سكتش) لكل جدار بطريقة مكبرة. وبما يتعلق بذلك، يمكن للبقع التي تُجمع أن يتم تضمينها في الرسومات التقريبية (سكتش) أو الرسومات البيانية إذا خُصص لها أرقام أو حروف أدلة.

ت. الصور الفوتوغرافية

للصور الفوتوغرافية نفس القدر من الأهمية في توثيق نمط بقع الدم. غالباً ما توفر هذه الصور احساس لنطاق سفك الدماء لأنه عادة ما يتم قياس وجمع كميات صغيرة من العدد الكلي من البقع في مسرح الجريمة، بينما يمكن توثيق معظم أو الكثير من بقع الدم لدرجة ما من خلال التصوير الفوتوغرافي لها. يمكن التقاط الصور في مسرح الجريمة من خلال استخدام شريط فيلم تقليدي أو بولارويد أو فيلم الكتروني.

يجب أن تكون الصور الفوتوغرافية ذات طبيعة عامة وتوجيهية ومحددة. يمكن للمرء أن يعطي بشكلٍ تقريبي سرد مستمر عن سفك الدماء في مسرح الجريمة من خلال التقاط صور فوتوغرافية بطريقة سليمة.

تُعطي الصور العامة نظرة شاملة أو ملخص للغرف والجدران والطوابق والسقوف والمناطق المماثلة، ويمكن لواحدة من تلك الصور الفوتوغرافية أن ترسم عدة انماط من بقع الدم. يمكن أن تكون رؤية الطرطشات الدقيقة صعبة في هذه المشاهد الواسعة، ولكن يجب أن تظهر المركبات والجدران والسقوف والأرضيات والأثاث والجثة(إن وُجدت) والأجسام الكبير الأخرى بشكل واضح في هذه الصور.

سوف تكون الصور الفوتوغرافية التوجيهية قريبة على الجسم بشكلٍ أكبر من الصور العامة، وسوف تحتوي على القليل من الأجسام فقط. تكون عادةً هذه الصور قريبة بشكل كافٍ بحيث ترسم نمط بقعة دم واحد في صورة واحدة. يجب أن يكون سطح ظهر الكاميرا مستقيما مع سطح الهدف المراد تصويره أو متوازيا مع سطح الهدف. يوجد عادة مسطرة أو شريط قياس بمحاذاة جانب نمط بقعة الدم التي يتم تصويره، ويجب أيضاً التقاط صور مطابقة تقريباً للنمط بوجود اداة القياس ودون وجود اداة قياس. يجب أن تمتد أدوات القياس التي يجب تصويرها في معظم الحالات بشكل دقيق عمودياً وأفقياً على الجدران والأرضيات والسقوف والأهداف الأخرى من أجل تبسيط عملية اعادة البناء ومن أجل وضوح التوثيق.

الصور الفوتوغرافية المحددة تكون أقرب للهدف من الصور الفوتوغرافية التوجيهية، وغالباً ما تحتوي الصورة الجيدة منها تكون مقبولة هنا. غالباً ما يكون (X أو 4 X على طرطشة واحدة فقط أو بعض الطرطشات القليلة. الصور منخفضة التكبير (2 هناك في هذه الصور بطاقة ومقياس مرتبطين مع كل طرطشة أو بقعة يتم جمعها. وفي بعض الأحيان يوجد ترميز بخصوص الاتجاه (أسهم تشير إلى الأعلى أو الأسفل أو أحرف أبجدية تشير إلى الاتجاه)، واحيانا يوجد أيضاً جهاز استواء (ميزان ماء أو أي جهاز أخر لقياس الاستواء).

هدف التعلم # 9: الاختيار والجمع السليم لبقع الدم من أنماط بقع في مسرح الجريمة

IX. اختيار وجمع بقع الدم من أنماط بقع الدم في مسرح الجريمة

إن جانب اختيار وجمع انماط بقع الدم له أهمية مثل أهمية أي جانب اخر من جوانب التحليل. وبما أنه تم تغطية اختيار وجمع الأنماط في قسم اخر من هذه الدورة، سيتم تلخيصها هنا مرة ثانية من دافع التكرار.

أ. اختيار البقع من النمط

يتعين جمع بقعة واحدة على الأقل من كل نمط للفحص المصلي بعد قياسها وتوثيقها. وإذا كان يجب أيضاً تحديد أصل النمط، فبالطبع يجب تحليل بقعتين أو أكثر إذا كان يمكن تحديد تقاطع خطوط الانطلاق لهذه البقع لحدث سفك الدماء. يتم في العادة قياس وتوثيق وجمع خمس أوعشر طرطشات مختلفة في عملية تحديد أصل الأنماط الرئيسية.

يجب ايلاء أهمية اضافية لبقع التنقيط أو ذيول من الدماء عندما يكون الاعتداء الذي سبب سفك الدماء واسعاً واستخدمت فيه سكين أو أية اداة حادة أخرى، وعندما يُظهر الضحية جروح دفاعية عديدة و/أو عندما يُعرف أن المشتبه به أيضاً قد أصيب بجراح سببت سفك للدماء. هذا ينطبق بشكلٍ خاص عندما يشمل الاعتداء على استخدامِ السكين دون مقبض حيث تنزلق يد أو يدي المعتدي إلى الأسفل باتجاه النصل أثناء الاعتداء مما قد يؤدي إلى جرح المعتدي في هذه الحالة أيضاً بسبب طبيعة الدم المسببة للانزلاق.

يجب فحص ممرات الخروج من مسرح الجريمة (الأبواب، ومقابض الأبواب والشبابيك والأرصفة والممرات والمركبات) التي يمكن أن يكون قد استخدمها المشتبه به، وأيضاً جمع البقع إن وُجدت. عندما يتم القاء القبض على المتهم بوقت قصير بعد الحادث في نفس الملابس التي كان يرتديها في وقت ارتكاب الجريمة يجب فحص الملابس الداخلية وبطانة جيوب السراويل والأحذية، بالاضافة إلى ملابس أخرى بشكلٍ دقيق للبحث عن أدلة دماء أو من أجل تصفيتها من المواد الغريبة. ويجب فحص سلامة يدي المشتبه به والجلد المكشوف للبحث عن الجروح.

ب. جمع بقع الدم

أخيراً، يمكن إتمام جمع بقع الدم بواسطة أساليب مختلفة. يمكن كشط البقع الجافة ووضعها في كيس أو مغلف ورقي، أو يمكن اعادة بناءها باستخدام ماء مقطر أو محلول ملحي على قطعة قطن أو خيوط قطنية نظيفة. وننصح هنا تقليل كمية الماء أو المحلول الملحي المستخدم لاسترداد البقعة كي تبقى البقع مركزة وتجف بسرعة مرة ثانية. يجب جمع مراقبة سلبية (negative control) عندما يكون ملائماً عمل ذلك.

يجب عادة أن يتم ترك الخيوط والقطع القطنية المبتلة لتجف بشكلً كامل قبل وضعها في مغلفات لمدة 20-30 دقيقة على الأقل. ويمكن تسريع عملية التجفيف باستخدام مروحة صغيرة، ولكن يجب أن لا تتضمن هذه الطريقة وجود الحرارة.

عندما تكون البقع موجودة على الملابس أو شراشف سرير سوف يتم جمعها، يجب أن يتم وضع هذه المواد في أكياس ورقية ولكن ليس بأكياس بلاستيكية على الأطلاق. يجب أن تُعلق الملابس وشراشف السرير التي تحتوي على بقع كبيرة نسبياً لتجف في منطقة آمنة وخالية من الحشرات قبل تقديمها لمختبر الطب الشرعي من أجل تحليلها، لأن احتمالية نقل الدم الجاف بغير قصد هي أقل من نقل الدم الرطب، وإن هذا أكثر أماناً لجميع الأشخاص في تسلسل العهدة. يجب نقل البقع والملابس إلى المختبر بأسرع وقتٍ ممكن بعد جفافها ورزمها.

خلاصة

غالباً ما يُوفر التحليل السليم لنمط الدم في مسرح الجريمة للمحققين سيناريوهات مرجحة ومحتملة عن ما الذي حدث في مسرح الجريمة، وغالباً ما يُوفر أيضاً تسلسلاً جزئياً على الأقل للأحداث التي تم سفك الدماء فيها. ويمكن أن يتضمن ذلك موقع وعدد الأفراد والأجسام(كقطع الأثاث والمركبات على سبيل المثال) في مسرح الجريمة، ونوع السلاح أو الأسلحة المستخدمة، وعدد الضربات التي قام بها المعتدي، واليد التي استخدمها المعتدي، ومن الذي اشترك في الحادث وإلى أي مدى كان هذا الاشتراك، وحركة الضحية أو الممر الذي سلكه، والمعتدي والشهود في داخل مسرح الجريمة ووقت الخروج منه، وحتى إذا كانت الأجسام قد نُظفت أو تحركت في مسرح الجريمة أو حتى إذا تم نقلها من مسرح الجريمة.

بالاضافة إلى ذلك، يمكن أن يقوم تحليل بقع الدم بتوجيه المحققين إلى الأماكن التي يجب أن يبحثوا فيها عن أدلة مادية اضافية أو أفراد بعيداً عن مسرح الجريمة الأولي الذي له قيمة تحقيقية كتلك القضايا التي يكون فيها المعتدي نازفاً أيضا. أخيراً، غالبا ما يكون الدم المسفوك في مسرح الجريمة مؤشراً واضحاً جداً على أنه حدثت أعمال عنف في مسرح الجريمة. وأيضاً يُنصح بسبب أن الدم بحد ذاته قابل للفساد بشكل كبير أن يُجرى تحليل نمط بقعة الدم وجمع بقع الدم من قِبل الشرطة في مسرح الجريمة بأسرع وقتٍ ممكن بعد ارتكاب الجريمة، لأنه إذا لم يتم عمل ذلك سوف يخاطر المحقق بأن يتم ازالة الأدلة أو افسادها من قِبل الأفراد أو من قِبل عوامل بيئية.

الدرس الرابع عشر

علم الحشرات المتعلق بالطب الشرعي

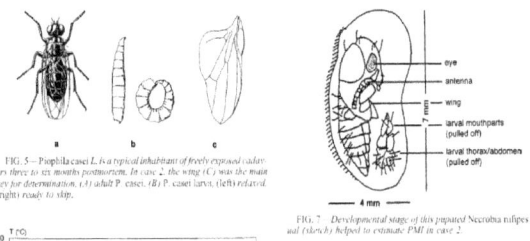

FIG. 5—Piophila casei L. is a typical inhabitant of freely exposed cadavers three to six months postmortem. In case 2, the wing (C) was the main key for determination. (A) adult P. casei. (B) P. casei larva, (left) relaxed, (right) ready to skip.

20 T (°C)

FIG. 7—Developmental stage of this pupated Necrobia rufipes individual (sketch) helped to estimate PMI in case 2.

مدة الدرس

درس طويل الأمد تم شمله ضمن دورة تدريبية في الطب الشرعي. يتألف هذا الدرس من درسٍ أولي لمدة ساعتين بالاضافة إلى ساعة كل يوم.

المواد والمعدات والخدمات اللوجستية

لوح أبيض، وحاسوب محمول مع جهاز عرض، وكاميرة فيديو، وحقيبة معدات مسرح الجريمة، وثلاجات محمولة، ومعدات للعمل في الخارج.

غاية الدرس

إن غاية هذا الدرس هو اعطاء الطلاب المعرفة الأساسية لفحوص علم الحشرات في الطب الشرعي. سوف يتم الشرح عن الأشكال المختلفة لحشرات الجثث وكيفية تأمين هذا النوع من الأدلة وكيفية معالجة هذه الأدلة والتعامل معها من قِبل الطلاب من خلال تمارين عملية سوف يقومون بها.

سوف يتعلم الطلاب عن حساسية مسرح الجريمة حول الجثة وما الأشياء التي يتوجب البحث عنها إذا كان وقت الوفاة مجهولا.

أهداف التعلم

سوف يكون باستطاعة المشاركين عمل الآتي بعد مشاركة ناجحة بهذا الدرس:

1. ذِكر ثمانية موجات مختلفة من الحشرات على البقايا الانسانية.
2. شرح كيفية جمع الأدلة الحشرية.
3. شرح كيفية معالجة الأدلة الحشرية.
4. التعامل مع مسرح جريمة قديم.
5. الالمام بالمنطقة المحيطة لمسرح الجريمة.
6. دراية بالحشرات مفصلية الأرجل(المفصليات) في مسرح الجريمة.

مقدمة

إن المفصليات هي أكبر وأهم فصيلة بيولوجية على سطح الأرض، ويقال أنها أيضاً أقدم الفصائل على وجه الأرض حيث يُقال أن عمرها أكثر من 250,000,000 سنة. ولهذا السبب فإنه من الطبيعي أن تجدها أيضاً في مسارح الجريمة، وخاصة في تلك التي يوجد فيها جثث.

إن فصيلة المفصليات وأيضاً البراغيث والقشريات وأنواع من اللافقاريات وأنواع الديدان هي من المواضيع التي تستحق الدراسة في علم الأحياء. لهذا يمكن فقط لهذا الدرس أن يقدم المعرفة الأساسية ويزيد الوعي بشأنها.

ينسى الكثير من المحققين هذا النوع من الأدلة لمعرفة وقت ومكان أو أصل وقوع الجريمة عند القدوم إلى مسرح الجريمة.

ويوجد هنالك فرصة جيدة أن يقوم علم الحشرات في الطب الشرعي بحل الغاز الجريمة إذا تم رفع الأدلة، أي الحشرات بطريقة سليمة.

عندما تفشل الطرق الأخرى في تحديد فترات ما بعد الوفاة مثل درجة الحرارة، وتصلب الجثة ، والفحوص الكيماوية والكهربائية، هنالك فرصة لمعرفة القياسات الصحيحة لوقت ومكان الوفاة بعد بضعة أيام في معظم الوقت من خلال أدلة علم الحشرات. يكون أيضاً علم الحشرات في الطب الشرعي دليلاً على الكثير من أنواع الجرائم مثل المعاملة السيئة لكبار السن والأطفال، حيث يكون دائماً لمكان المفصليات على جسم الانسان التي تمت الاساءة إليه علاقة بالجريمة. يُعتبر العثور على المفصليات على الأعضاء الجنسية، والأذن، وبيوض في العينين دليلاً على الاهمال أثناء الاساءة.

لا يُعتبر علم الحشرات في الطب الشرعي أسلوباً جديداً في التحقيق، ففي القرن الثالث الميلادي تم العثور على مشتبه به في جريمة قتل من خلال الذباب. وتدور القصة حول مقتل مزارعٍ في حقله، مما الزم ابلاغ جميع المزارعين بالحضور واحضار مناجلهم معهم ووضعها أمامهم. وفوراً تجمع الذباب على المنجل الذي كان يحتوي على طرطشات الدم وبقايا لحم بشري. ولقد قام المشتبه به بالاعتراف لارتكابه الجريمة.

وفي القرنين الخامس عشر والسادس عشر تم بناء شواهد للأضرحة وعليها صوراً تُظهر حشراتٍ على الجثة. ومن الخطوات الكبيرة التي تم أخذها في هذا المجال هو استخراج الجثث والذي بدأ في القرن التاسع عشر. ولقد ساهم العلماء وخاصة الفرنسيون والألمان مثل بيرغيريت وبرورادیل ومينين ورينهارد وبراور بمساهمات مهمة.

ولقد وضع العالمين الكنديين جونستون وجيفري أسلوباً حساساً بشكلٍ أكبر من خلال شمل قياس درجة الحرارة وقياسات لأشعة الشمس في بحوثهما.

ويتعين علينا أن لا ننسى فرصة العثور على أي نوعٍ من المخدرات أو السموم الذي استخدمها الشخص المتوفى أو التي كانت سبباً للوفاة. ويمكن العثور على هذه المواد الكيماوية في اليرقات التي تأكل اللحم مسبقاً إذا كان تحلل الجثة في مراحله المتقدمة يمكن للعلوم الكيماوية المتقدمة أن تعرف عن المخدرات من خلال استخدام مختبرات ومعدات خاصة.

إنه من الأرجح أن تكتشف أصل الجريمة إذا تم نقل الجثة بعد الوفاة بسبب وجود أكثر من 100000 نوع معروف من فصيلة (Diptera) ذوات الأجنحة، وبسبب وجود هذه الأنواع في موئلٍ خاص.

يكون معظم المحققين مخطئين عندما يظنون أنه لن يتم العثور على الحشرات فور دفن الجثة، وخاصة الذبابة المسماة بذبابة الكفن، حيث يمكن العثور عليها على الجثة التي تم دفنها قبل سنة. يمكن لهذه الذبابة أن تنزل 50 سم في غضون ثلاثة أيام بسبب أن تغير درجات الحرارة على عمق 1-2 متر يكون طفيفاً، يمكن العثور على هذه الذبابة، مع بيوضها ويرقاتها، في جميع أوقات السنة. يستغرق التطور من بويضة إلى حشرة وقتاً أكبر بسبب الحرارة المنخفضة التي تبلغ 5 درجات مئوية بشكل متواصل.

عادة ما يتم العثور على حشرات كاملة أكثر من العثور على بيوض في مرحلة التحلل المتأخرة، ويرجع السبب في ذلك إلى جفاف الجثة وقدرة الحشرة على أكل اللحم الجاف.إن فم المفصليات ليس قوياً بشكلٍ كافٍ ليقطع اللحم الجاف وبالتالي يقوم بترك الجثة.

من الخنافس اللحم الجاف وتظهر في مراحل متأخرة من تحلل الجثة. بالاضافة إلى ذلك (Coleoptera) عادة ما تُفضل نوع يمكنك أن تجد مجموعات صغيرة من الخنافس مثل الخنافس العنقودية والخنافس الطوافة من أول مرحلة من عملية تحلل الجثة. تفترس هذه الخنافس يرقات الذباب وتبقى عادة خلال عملية التحلل بأكملها.

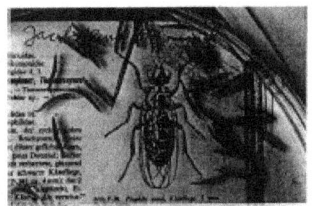

Abb. 2: Madenansammlung einer Faulleiche: Die Tiere lösen mit Verdauungsflüssigkeit und winzigen Mundhaken das Gewebe auf; die Größe der Tiere kann Hinweise auf die Leichenliegezeit liefern (Foto: Benecke).

Abb. 3: Die springenden Larven der Käsefliege (Piophila casei) besiedeln Leichen, deren Weichteile sich bereits in einem breiigen Zustand befinden (Foto: Wolfram Schäble).

lische Untersuchungen immer häufiger nicht nur als Ermittlungshilfe, sondern auch als Schlüsselbeweise vor Gericht zum Einsatz. Das Spektrum der bearbeiteten Fragen reicht dabei weit:

- Zuordnung von Tatorten zu Tätern,
- Liegezeitbestimmung von Frischtoten,
- Liegezeitbestimmung skelettierter Leichen.

هدف التعلم # 1: ذِكر ثمانية موجات مختلفة من الحشرات على البقايا الانسانية

I. تقوم أنواع مختلفة من الحشرات بالعيش على البقايا الانسانية جراء الاوضاع المختلفة لهذه البقايا. يقوم اللحم البشري بتوفير الطعام والمكان من أجل التبيض.

1. حديث الوفاة
2. بداية التعفن
3. الشحم
4. افرازات تُشبه الجبن
5. تعفن اموني
6. جلد أسود
7. بداية الجفاف
8. جفاف كامل
9. الهيكل العظمي

يمكن لذبابة الشحم أن تشم الجثة من مسافة 100 متر تقريباً، ويبدأ التبويض حتى بعد 15 دقيقة من الوفاة، وهذا وقت قصير. ويظهر دائماً هذا الوقت القصير في الريف حيث يوجد نشاط زراعي وحيث تكون نسبة الذباب عالية.

أما في الشقق حيث تكون جميع الأبواب والنوافذ مغلقة، يكون الاستيطان الحشري أبطىء بكثير. ولكن سوف تجد المفصليات على الجثة بعد مدة معينة حتى عندما تكون جميع الأبواب والنوافذ مغلقة. و لكن عادة ما تكون هذه المدة المعينة أطول بكثير جراء اغلاق النوافذ والابواب. إن استيطان المفصليات في المناطق المنزلية يختلف عنه في المناطق الزراعية أو المناطق المهجورة، ولهذا قد يختلف نوع المفصليات الموجودة على الجثة.

لأشعة الشمس والحرارة الأثر الكبير على الاستيطان الحشري وعلى التبويض، فمثلاً تُفضِل الذبابة الزرقاء الكبيرة الظل لوضع بيوضها.

عادة ما تكون الذبابة الزرقاء الكبيرة هي من أول المستوطنين للجثة وتتبعها ذبابة اللحم، وبوقت قصير بعد ذلك تأتي الخنافس العنقودية ذات الأجنحة القصيرة. عادة ما يستغرق الوقت للتحول من بيضة إلى يرقة يوماً واحداً، ويعتمد هذا على حالة الطقس والشمس. لا يمكن لليرقات أن تُعدل حرارة جسمها لوحدها بل تعتمد على الأحوال التي تُحيط بها.

يستغرق عادة الوقت من التبويض إلى مرحلة الخادرة (Pupa Stage) للحشرة 6-7 أيام، ويمكن أن يستغرق الوقت 12 يوما جراء أحوال الطقس السيئة وحالة الجثة.

للحشرة هي مرحلة مهمة جداً لعالم الحشرات في الطب الشرعي، ويجب اجراء بحث (Pupa Stage) إن المرحلة الخادرة معمق في مكان الوفاة للعثور على الحشرات في هذه المرحلة الانتقالية لها. إذا لم يتم ظهور الحشرة البالغة فسوف تظهر .دون ملامح ومستديرة من الجانبين (Pupa Stage) الحشرة في مرحلة الخادرة

لن تبيض الحشرات الأوروبية تحت درجة حرارة 10 مئوي، حيث تتوقف عملية التطور بشكلٍ كامل وحتى أنه قد يموت .بعضها

FIG. 4—*Corpse of a 38-year-old known heroin user which was found under foliage in shrubbery near the rails which run through the city. Organs of the abdominal cavity and the chest were completely disintegrated. Within the decomposed mush, but also on the uncovered bones, masses of piophilid larvae could be observed (case 2).*

هدف التعلم #2 : كيفية جمع الأدلة الحشرية

أ. التصوير الفوتوغرافي

.إن التقاط الصور هو طريقة سهلة وبسيطة لجمع الأدلة من أجل اجراء فحوص أخرى من قِبل عالم الأحياء

عادة ما يقوم ضباط الشرطة بارتكاب غلطة التركيز على وضوح خلفية الصور ألا وهي الجثة وعدم التركيز على اليرقة أو .الخادرة

يجب أن يتم التقاط الصور لليرقات وللخادرة بنفس طريقة الصور الفوتوغرافية التي يتم التقاطها أثناء عملية التشريح، مع ربطها بقياس بالمللمترات، حيث أنه من المستحيل على عالم الأحياء أن يعرف عمر اليرقة والخادرة دون استخدام هذه .القياسات. لا تنسى أن تلتقط الصور لغلاف الخادرة بالاضافة إلى جمعه

لأن هنالك أنواع مختلفة من اليرقات والخادرة للمفصليات، فإنه من الممكن أحياناً العثور على نوعٍ مميز من خلال التصوير، .ويمكن أن يكون هذا الأمر ناجعاً أثناء التعامل مع البقايا العظمية القديمة حيث لا يتم العثور على حشرات حية

ب. جمع اليرقات والخادرة والحشرات الحية والميتة

إن الخطأ الأكثر شيوعاً الذي يُرتكب أثناء جمع الأدلة البيولوجية الحية هو أن المحققين وفني مسرح الجريمة يقومون بجمع 3-4 يرقات فقط ويبقونها حية في صندوقٍ بلاستيكي أو في زجاجات كاشف ابيندورف (Eppendorf-reagence glasses)، .مما ينتج عن ذلك عدم وجود أدلة كافية أو تلف هذه الأدلة

.كقاعدة عامة، يجب ابقاء 50% من جميع المفصليات التي تم جمعها حية ويجب تخزين 50% منها بطريقة سليمة

يمكن أن يتم جمع الأدلة بواسطة الأصابع، ويجب الانتباه لعدم الضغط كثيراً وعدم استخدام اصابع مغطاة بقفازات طبية وعدم .استخدام الملقط

يتوجب أن يتم تخزين المفصليات المستخدمة في الفحوص المباشرة في سائل يتكون من 70% من الكحول، ويجب أن يكون هذا السائل في متناول اليد، ولكن إن لم يوجد هذا السائل فيمكن الاستعاضة عنه بمشروب كحولي كالفودكا أو الرم بنسبة كحول .كبيرة حيث يكون جيداً بالنسبة لأول مرة

إن لم يكن هنالك زجاجات جيدة فيمكن لغشاء بلاستيكي شفاف أن يُعطي نتائج جيدة لبضع ساعات أو أيام.
واستخدام الكحول هنا يرجع لسبب بسيط ألا وهو جفاف أو تقلص الجسم في السوائل العادية كالماء أو السوائل التي لا يوجد فيها كحول كثيرة، ويمكن لهذا الجفاف والتقلص أن يعطي نتائج فحوصٍ سيئة عن عمر الجسم. لهذا يجب تجنب ذلك التقلص والجفاف.
وإذا كان مفضلاً فيمكن قتل اليرقات قبل حفظها بواسطة ماء درجة حرارته 80 درجة مئوية. إن هذا الاجراء لا يؤثر على الأدلة. انتبه لجمع العينات من جميع أجزاء الجثة وأيضاً من المناطق المحيطة بها.
يمكن القول بشكلٍ عام أن نطاق مساحته ثلاثة أمتار حول الجثة هو منطقة جيدة للعثور على كل نوعٍ من الأدلة البيولوجية والحشرية المتعلقة بالطب الشرعي.
انتبه لوجود جروح على الجثة، حيث تُفضل اليرقات هذه المناطق من الجثة لأنه لا يوجد احتياج لاتلاف الجلد من أجل الوصول إلى اللحم. لا تقوم اليرقات عادةً بالتهام الجلد.
يجب أيضاً جمع غطاء أو بيت الخادرة. وتكون هذه المادة حساسة جداً وتنكسر بسهولة. لا يجب فقط جمع غطاء الاسطوانة البني، ولكن أيضاً الرأس الذي يُقفل الغطاء. لا تقوم أبداً بتخزين الحشرة في صندوق جاف، لأنه من الضروري حرية حركة الأرجل والأجنحة.
يجب أيضاً جمع الحشرات البالغة الميتة، وتنطبق على جمع هذه الحشرات القواعد التي تم ذكرها أعلاه. غالباً ما تُشير أجنحة الذبابة على نوعها.

جمع والحفاظ على المفصليات الحية:
كما تم ذكره سابقاً، يمكن العثور على التبويض في كل ثقبٍ طبيعي في الجثة وأيضاً في الجروح، وتذكر دائماً أن الذبابة تشم الجرح أولاً وتُفضل اللحم دون الجلد.
عادة ما يشمل التبويض على مئات البيوض ويمكن جمعه بسهولة، ولكن أحياناً ما تكون هذه البيوض صغيرة جداً ويجب أن تبحث عنها بعناية حتى باستخدام العدسات المكبرة.
يجب حفظ البيوض في وعاء بلاستيكيٍ واسع، وتعتبر الثلاجة المحمولة ممتازة لذلك، وعلى الأقل يجب أن تكون سعتها ليترين ومع غطاء. يجب ايلاء الاهتمام لصنع ثقوب صغيرة لدخول الهواء وإلا ستموت البيوض. يمكن للخادرة واليرقة أن تعيشا بلا أوكسجين لمدة 5 أيام فقط كحد أقصى.
يتوجب عادة أن يتم وضع جزء صغير من الجثة أو قطعة جبن صغيرة كطعام داخل مكان الحفظ.
ويوجد أمر اخر مهم وينطبق ذلك على جميع المفصليات الحية ألا وهو وضع قطعة قطن صغيرة مع القليل من الماء. يجب الانتباه لعدم وضع الكثير من الماء حيث يمكن للبيوض أن تتعفن. يجب أن لا يكون هنالك اتصال ما بين البيوض والماء.

تقوم أشعة الشمس المباشرة برفع حرارة الغطاء وبالتالي تُدمر المفصليات والبيوض واليرقات، وقد تُتلف بناء الحشرات البالغة أو اليرقات.
ويجب أيضاً اضافة بعض اوراق الشجر الجافة في الصندوق، حيث عندما تتطور اليرقة إلى خادرة تقوم بالبحث عن ظل للاختباء فيه.

الحشرات:
هو واحد من أكبر مجموعات الحيوانات وهذا النوع أيضاً يجتاز عملية التحول الكامل. (Coleoptera) إن نوع الخنافس ال بسبب تطورها أو تحولها تظهر اليرقة بشكلٍ مختلف عن الشكل البالغ. في حين أن يرقات عدد كبير من أنواع الذباب الأزرق الكبير قد تظهر مماثلة لبعضها البعض تقريباً، إلا أن يرقة الخنفساء قد تظهر مختلفة من نوعٍ لأخر. يمكن تمييز يرقات الخنافس التي تم التقاطها من الجثة بسهولة عن تلك من اليرقات الأخرى، حيث أن ليرقات الخنفساء ثلاثة أزواج من الأرجل، أما اليرقات الأخرى التي يتم العثور عليها في البقايا المتحللة فلا يوجد لها أية أرجل. فور تشخيص أن اليرقة هي يرقة خنفساء يباشر في تشخيصات أخرى بسبب التنوع الكبير لأشكال اليرقة. يمكن أن يتراوح جسم اليرقة من لونٍ أبيض كامل وغليظ وبلا شعر إلى لون بني غامق ونحيل وكثير الشعر. وقد تظهر أنواعٌ أخرى بلون أسود تقريباً ولها رقاقات مدرعة على ظهرها.

يتم العثور عليها عادة تحت الجثة أو الأماكن التي يوجد بها ظل، وغالباً توجد على شعر الجثة إذا قمت بتفحص هذا الشعر.
.العملية التي تم ذكرها أعلاه تنطبق هنا أيضاً

:كيفية وضع علامات على صناديق الأدلة والزجاجات أو زجاجات الكاشف
يجب وضع بطاقة خارج صندوق الأدلة، ويتوجب وضع علامات بواسطة قلم رصاص، حيث أن الكحول والمواد الأخرى قد تقوم باتلاف الحبر المستخدم في أقلام الحبر.
:يجب أن تتضمن كل بطاقة على

- التاريخ واليوم والساعة التي تم فيها جمع الأدلة
- درجة الحرارة الخارجية ومن أين تم أخذ الأدلة مباشرةً
- المنطقة التي وجدت فيها الجثة، ويجب تحديد هذه المنطقة بطريقة دقيقة. أرجو الأخذ بعين الاعتبار أن قطر المساحة حول بيت النملة العاملة يبلغ 15 سم كحدٍ أقصى.
- الأسم والتوقيع لضابط الشرطة الذي يقوم بجمع الأدلة.

هدف التعلم # 3: شرح كيفية معالجة الأدلة الحشرية

عادة ما يتم المعالجة من قِبل عالم أحياء أو في مختبر للفحوص، ولهذا السبب فإنه يتم ذِكر المعالجة كتمرين فقط ويتم اجراءها في أكاديمية الشرطة. سوف تتمكن من رؤية موجات الحشرات على الجثة أثناء التدريب العملي.

من أجل رؤية التطور أو التحول الكامل للمفصليات، يجب علينا أن نُحضر جثة حيوانية ونضعها خارجاً حيث يمكن للحشرات أن تستوطن. لهذا يمكن أن نضع دجاجة بلا ريش ونغطيها بقفص معدني ونتركها لساعة. سوف نرى لاحقاً ان الذباب سوف يأتي سريعا. وبعد مضي الوقت المحدد سوف يتم فحص الجثة لأخذ البيوض منها. لا تختار جثة مجمدة أو مبهرة عندما تريد أن تماثل جثة حقيقية طبيعية لأن رائحة الجثة المبهرة ستتسبب في ابعاد المفصليات.
تحتاج البيضة يوم واحد للتحول إلى يرقة بالاعتماد على درجة الحرارة. أرجو أخذ درجة حرارة على الجثة وفي داخلها وتحتها كل يوم، وقُم بوضع لائحة لدرجة الحرارة أثناء التمرين بأكمله.
.واستثناء على ذلك ذبابة اللحم لأنها تضع يرقات حية

تُفضل الذبابة الزرقاء الكبيرة الظل ودرجة معينة من الرطوبة لوضع بيوضها، لهذا قُم بوضع البيوض في الثلاجة المحمولة مع بعض أوراق الشجر لتوفير الظل ومنديل مبلل. أرجو أن تتجنب الاتصال ما بين البيوض والماء حيث يمكن للماء أن يُفسد البيوض. وتجنب أيضاً أشعة الشمس المباشرة لأنها سوف تُسبب زيادة في حرارة الثلاجة المحمولة. وقُم بوضع قطعة دجاج أو قطعة قديمة من الجبن ولكن ليس جافة لتوفير الطعام.
كما قلنا مسبقاً، سوف تجد بعد يومٍ تقريباً أول يرقة. يتوجب وضع ثقوب في الثلاجة المحمولة لتزويد الأوكسجين، حيث ستموت اليرقة بعد 5 أيام على الأكثر إذا كانت الثلاجة المحمولة مغلقة.
وكما فعلنا بالجثة يجب علينا أن نقيس درجة الحرارة في الصندوق كل يوم. يستغرق الوقت لتحول البيضة إلى خادرة حوالي 5-7 أيام، وفي أثناء هذا الوقت سوف تستطيع أن ترى الأحجام المختلفة لليرقة.
تكوت اليرقة شفافة تقريباً وسوف يتمكن الطلاب من رؤية خيط أسود داخلها وهذا الخيط هو عبارة عن الأمعاء. سوف تقوم اليرقة أثناء تحولها إلى خادرة بتفريغ أمعائها وسوف تصبح شفافة بالكامل. إن لم تفعل اليرقة ذلك سوف تُصبح متعفنة عندما تُصبح خادرة.
إن مرحلة الخادرة هي مرحلة مهمة جداً لعالم الحشرات، ويجب عمل بحث مُعمق للعثور على الخادرة في موقع الوفاة. إن لم تخرج الحشرة البالغة ستظهر الخادرة بلا ملامح ومستديرة من الجانبين.
في الوقت التي تكون فيه الحشرة خادرة فإنها تُفضل الظل. تأكد أنه يوجد أوراق شجرٍ كافية أو أغطية أخرى داخل الصندوق لتوفير هذا الظل.

تحتاج الذبابة وقتاً للراحة ولتقوية أجنحتها بعض أن تفقس وتخرج من البيضة. سوف يكون لديك الان يوميات كاملة عن درجات الحرارة ابتداءاً من اليرقة مروراً بالخادرة وصولاً إلى الحشرة الكاملة التطور.

لنعود الان لموضوع الجثة. سوف تقوم بمراقبة الجثة كل يوم، وسوف يتمكن الطلاب من رؤية جيلٍ جديد من الذباب وحتى الخنافس على الجثة. يجب اعادة نفس العملية التي ذُكرت سابقا بعد ثلاثة أسابيع بوجود البيوض واليرقات. إن هذا يُمّكِن الطلاب من رؤية نوع مختلف من الاستيطان في الجثة.

من أجل تشخيص الأنواع المختلفة من المفصليات والحشرات يمكنك أن تأخذ دائماً كل أسبوع واحدة أو اثنتين من زجاجات الكاشف المحتوية على سائلٍ يتكون من 70% من الكحول.
أرجو ان تكون منتبهاً للتطور السريع في الأيام الخمسة الأولى. سوف تكون قادراً على تحديد الأنواع المختلفة من الذباب والخنافس واليرقات إذا توفر المجهر. وإذا لم يتوفر المجهر، قُم باستخدام عدسة مكبرة، ولكن عندها سوف يكون من الصعب مقارنة اليرقات المختلفة حسب أشكال أفواهها.
يتوفر لدى مؤلف الدرس جدول استيطان المفصليات والحشرات.

هدف التعلم # 4: التعامل مع مسرح جريمة قديم

لقد تعلمت كيفية جمع المفصليات والحشرات الحية والميتة. خُذ بعين الاعتبار أن هنالك أنواع مختلفة من اليرقات والخادرة، وأيضاً أنه يوجد بقايا مختلفة أخرى.
يجب فحص المنطقة المحيطة بمسرح الجريمة إذا أخذنا بعين الاعتبار أن يرقة الذبابة القافزة قادرة على القفز لمسافة 50 سم. تقوم بعض الحشرات المعينة، بالاعتماد على منطقة مسرح الجريمة، بجعل اليرقة تتحرك في الأرض لتتحول إلى خادرة. لهذا السبب يجب على محققي مسرح الجريمة أن يجلبوا معهم مجرفة إلى مسرح الجريمة ويقوموا بالحفر لمسافة 30 سم تقريبا وارسال التراب أيضاً للفحص. أرجو أن لا تقوموا بالفحص لوحدكم لأنه ليس لديكم المعدات لعمل ذلك. خُذ التراب من أماكن متعددة حول الجثة.

هدف التعلم # 5: الالمام بالمنطقة المحيطة لمسرح الجريمة

تسكن في بعض المناطق أنواع معينة من الحشرات ويجب أخذ هذا بعين الاعتبار من قِبل عالم الأحياء أو أي دوائر فحص أخرى. فقد يسكن أنواع معينة من النمل أو العناكب أو الذباب أو الخنافس التي تكون وجودها في مناطق أخرى غير طبيعي.
إذا كان المكان التي وُجدت فيه الجثة مختلف عن المكان التي قتل به الشخص فيمكن العثور على حشرات لا تنتمي لذلك المكان. وبهذه الطريقة تم تحديد جريمة في المانيا من خلال وجود نملة تحت حذاء الشخص المقتول.
حاول العثور على معلومات عن الحشرات في المنطقة القريبة من مسرح الجريمة أو حاول الحصول على إسم شخص له دراية بالمنطقة وقدمه للفاحص المسؤول.

هدف التعلم #6 : دراية بالحشرات مفصلية الأرجل(المفصليات) في مسرح الجريمة

كما ذكرنا في المقدمة، لا يمكن لهذا الدرس أن يُعطي معرفة كاملة عن علم الحشرات المتعلق بالطب الشرعي، ولكن الهدف هو تنبيه الطلاب لهذا الموضوع ولشمله في التحقيقات لمعرفة وقت ومكان الجريمة.
يتوجب على الطلاب والمحققين والمرشدين أن لا يخافوا من المفصليات والحشرات، بل أن يروها على أنها أداة مفيدة في حل الجرائم.
يوجد كثيرٌ من الاشارات المختلفة لمقارنة المفصليات، حيث يمكن مقارنة شعرها وأقواهها وأجنحتها وأرجلها، وغيرها. سوف يكون من الصعب تقديم هذه المعلومات وتحتاج إلى دراسة بيولوجية كاملة، ولكن طاقم الفحص يحتاج لهذه المعلومات.

من الجدير بالذكر أن الحشرات سوف تستخدم الجثة حتى لو تحولت هذه الجثة لهيكلٍ عظمي. فعلى سبيل المثال، يستخدم النحل العظم كبيت له، وفي هذه الحالة يتم ارسال العظام كالعادة لفحصها من قِبل عالم علم الانسان وعالم الاحياء وعالم الأمراض.

Entomologie, forensische

Abb. 1: Larvalformen leichenbewohnender Gliedertiere (Montage: Benecke, nach Peterson [3])

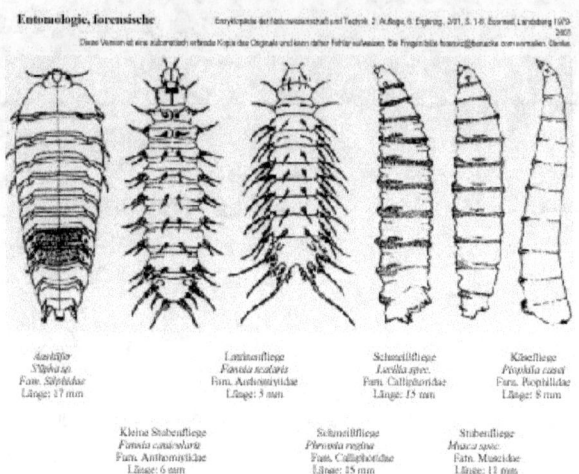

الدرس الثاني

حماية وتفتيش مسرح الجريمة

مدة الدرس

12 ساعة منها 6 ساعات نظري و6 ساعات عملي

المواد والمعدات والخدمات اللوجستية

لوح ورقي قلاب، وحاسوب محمول مع جهاز عرض، وشرائح PowerPoint ونشرات للتوزيع على الطلاب.

أهداف الدرس

إن هدف هذا الدرس هو تعريف المشتركين على الطرق المناسبة والصحيحة لحماية وتفتيش مسرح الجريمة. سوف يقوم المشتركين بفحص التأثيرات المحتملة لجميع الأشخاص الذين يمكن أن يكون لهم أي إتصال بمسرح الجريمة، وسوف يتعلمون كيفية إبقاء مسرح الجريمة محمياً بالشكل الأفضل. سوف يتعلمون أيضاً الطرق المختلفة التي يمكن استخدامها لتفتيش مسرح الجريمة، وأيضاً الطرق المقبولة لجمع الدلائل ووضع علامات عليها وتغليفها.

أهداف التعلم والأداء

سوف يكون باستطاعة المشاركين عمل الآتي في نهاية هذا الدرس:

تعريف مصطلح "مسرح الجريمة".

تحديد خمسة أعمال على الأقل يتعين على الضابط الأول أن يعملها في مسرح الجربمة.

تحديد مهام الضباط الثانويين الذين يصلون إلى مسرح الجريمة.

تحديد البروتوكول الذي يقرر من هو المسؤول في مسرح الجريمة.

تحديد قانونين أساسيين يتعين على خبراء مسرح الجريمة والمحققين أن يتقيدوا بهما من أجل الحصول على علاقة عمل جيدة.

تحديد ستة اعتبارات يتعين أخذها قبل الدخول لمسرح الجريمة.

ذِكر ثلاثة أهداف لعملية تفتيش مسرح الجريمة.

تحديد خمسة انواع لأساليب تفتيش مسرح الجريمة.

تحديد ثلاثة إفتراضات منطقية أساسية يجب أخذها بعين الإعتبار أثناء عملية التفتيش.

تحديد الإعتبارات التي يجب على خبراء مسرح الجريمة أن يأخذوها بعين الإعتبار من أجل تحضير مناسب لمعالجة مسرح الجريمة.

تحديد أربع مواقع سوف يكون متوقعاً من خبراء مسرح الجريمة جمع الأدلة منها.

ذِكر مسؤوليتين من مسؤوليات خبير مسرح الجريمة قبل وضع علامات على الأدلة.
أن يصبحوا على عِلمٍ بوضع علامات وتحديد والصاق بطاقات على الخراطيش الفارغة وعلى الطلقات النارية.
أن يُصبحوا على عِلمٍ بمحتوى سجل الأدلة والتغليف والتخزين الجيدين.
ذِكر خمسة أسئلة على الأقل يتعين على خبير مسرح الجريمة أخذها بعين الإعتبار عندما يقوم بإنهاء التفتيش.

مقدمة

إن حماية مسرح الجريمة هو من الاهتمامات الضرورية جدًا لخبير مسرح الجريمة، لأنه يوجد أحداث يمكن حدوثها قبل بدأ عملية التفتيش بمدة طويلة لها نتائج بعيدة المدى لخبير مسرح الجريمة. يعرف خبير مسرح الجريمة بسرعة أن هنالك عوامل وأشخاص كثيرين جدًا يمكن أن يكون لهم إما تأثير إيجابي أو سلبي على مسرح الجريمة غالبًا قبل الوصول إلى المكان للعمل بمدة طويلة. يمكن لهذه التأثيرات الخارجية أن تقوم بتدمير الأدلة المحتملة، أو تُبقي هذه الأدلة مجهولة، وبشكل عام تقوم بإفساد مسرح الجريمة. حتى بعد تأمين مسرح الجريمة وبدأ عملية التفتيش، يمكن للأخرين التأثير على نجاح أو فشل التفتيش. يجب على خبير مسرح الجريمة أيضًا أن يكون على معرفة متعمقة بالبروتوكول المناسب لجمع ووضع علامات وتغليف الأدلة التي تم العثور عليها من أجل رفع القيمة المحتملة للأدلة التي تم العثور عليها في مسرح الجريمة.

هدف التعلم # 1 : عرِّف مصطلح "مسرح الجريمة".

مسرح الجريمة

تعريف مسرح الجريمة
يمكن تعريف مسرح الجريمة بأنه المكان التي تم فيه إرتكاب جريمة ما، والذي يمكن العثور فيه على دليل محتمل لهذه الجريمة. يمكن أن يكون مسرح الجريمة بيتًا أو سيارةً أو مكانًا بعيدًا في الغابة.

ب. مسارح الجريمة بشكلٍ عام
سوف يكون كل مسرحٍ لجريمة مُحَدَّدًا بطبيعة الجريمة والضحايا والمشتبه بهم. كل مسرح جريمة سوف يكون فريدًا من حيث الموقع وأيضًا من حيث التفاصيل المتعلقة بالجريمة. ولهذه الأسباب، لن يكون هناك خطة مفصلة طويلة المدى أو صيغة عامة يمكن تطبيقها لتأمين أن كل وجميع مسارح الجريمة ستُعامل بشكل مناسب، والعثور على أية أدلة ذات صلة وجمعها. ولكن هنالك قواعد أساسية تتعلق بمسارح الجريمة والتفتيش تتشارك فيها جميع مسارح الجريمة بغض النظر عن موقع وطبيعة الجريمة. هذه القواعد الأساسية ستساعد تقني مسرح الجريمة في زيادة جهوده في البحث والعثور على الأدلة في مسرح الجريمة بغض النظر عن جريمة معينة.

ت. الحفاظ وحماية مسرح الجريمة
إن الحفاظ وحماية مسارح الجريمة هي واحدةٌ من القواعد الأساسية في عمل الشرطة. الحفاظ على مسرح الجريمة وحمايته يعني إبقاءه في نفس الحالة المادية التي تركها عليه مرتكب الجرم. على كل شخص يأتي

إلى مسرح الجريمة أن يمنع محو أو اتلاف الدلائل الملموسة. إن لمس أو تحريك أي غرض أو بعثرة أثار الأقدام أو أدلة سوف يقوم بإتلاف قيمة ومصداقية البينة في مسرح الجريمة.

تبدأ حماية مسرح الجريمة من قِبل الضابط الذي إستجاب للنداء في البداية، ويجب أن تستمر هذه الحماية طوال الوقت الذي يكون فيه مسرح الجريمة تحت سيطرة الشرطة، ويشمل ذلك كل فردٍ من أفراد إدارة الشرطة وأخرين يمكنهم أن يتلامسوا مع مسرح الجريمة. بعد فحص جميع التأثيرات الداخلية والخارجية المحتملة، سوف يكون خبير مسرح الجريمة قادراً على تقدير الإمكانيات واسعة النطاق التي يمكنها أن تغير أو تمحو أو تُزيل الأدلة المحتملة من مسرح الجريمة.

التحضير

ضابط الشرطة الذي يستجيب للنداء أولاً هو الذي يضع التحضيرات للحفاظ على مسرح الجريمة.

بعد التأكد أن الجاني قد غادر المكان وفحص سلامة المجني عليه، يجب على الضابط الذي تلقى النداء أولا أن يبدأ في الحال المعايير الأمنية التي يمكنها أن تكون قيمة لحل القضية وملاحقتها قضائيًا.

تبدأ حماية مسرح الجريمة من النقطة المركزية للحدث وتمتد خارجًا نحو المحيط.

الدخول إلى مسرح الجريمة

يتعين على الضابط الأول في مسرح الجريمة أن لا يدخل مسرح الجريمة، ويتعين الدخول إليه

من أجل الغايات المحدودة التالية:

لتحديد ما إن كان قد تم إرتكاب جريمة.

مساعدة المجني عليهم- إن مساعدة المجني عليهم تتقدم على إعتبارات الأدلة.

القبض على الجاني.

تأمين مسرح الجريمة.

هدف التعلم # 2: تحديد خمسة أعمال على الأقل يتعين على الضابط الأول أن يعملها في مسرح الجريمة.

مهام وواجبات الضابط الأول في مسرح الجريمة

2. المسؤوليات التالية هي بعض المسؤوليات الأساسية للضابط الذي يصل أولاً إلى مسرح الجريمة:

تحديد الشخص الذي أبلغ الشرطة وإبقائه من أجل إستجوابه.

تحديد الجاني من خلال تحقيق مباشر أو من خلال المشاهدة إن لم تكن هويته ظاهرة على الفور.

توقيف جميع الأشخاص في المكان.

فصل جميع الشهود عن بعضهم من أجل الحصول على إفادات مستقلة لاحقًا.

منع الأشخاص غير المخولين من الدخول إلى مسرح الجريمة لكي لا يقوموا بتخريبه بأي شكلٍ من الأشكال.

يجب إستثناء الأشخاص غير المخولين و الطواقم غير الضروري وجودهم من مسرح الجريمة.

إغلاق مسرح الجريمة بإستخدام حاجزاً مصنوع من الحبال أو شريط الشرطة أو إشارات.

يجب تحديد نقطة دخول ونقطة خروج لجميع الأشخاص المخولين أن يكونوا في مسرح الجريمة.

وضع جدول يُبين التلف الذي حصل في مسرح الجريمة

يتعين تحضير جدول يُبين التلف الذي حصل في مسرح الجريمة على الفور، يظهر فيه أسماء ورُتب ووقت وصول وخروج كل شخص يدخل مسرح الجريمة. أنه من المهم توثيق كل شخص تلامس مع مسرح الجريمة، وتقديم قاعدة لتحديد من يمكنه قد أتلف مسرح الجريمة بأي شكلٍ من الأشكال.

3.إعتبارات أخرى للضابط الأول في مسرح الجريمة

تسجيل المعلومات ذات الصلة

يتعين على الضابط الذي سمع النداء أولاً أن يقوم بتسجيل المعلومات ذات الصلة في دفتر ملاحظات بعد أن يقوم بتأمين مسرح الجريمة. يمكن للمعلومات أن تكون مختصرة، ويجب أن تشمل التاريخ والوقت وأية ملاحظات غير إعتيادية. يجب أن يتم نقل هذه المعلومات لاحقًا إلى التقرير الأولي للشرطة. سوف يستفيد خبير مسرح الجريمة والمحقق على حدٍ سواء من هذه المعلومات.

الأحوال الجوية

يمكن للأحوال الجوية أن تُصبح عاملاً مهمًا إذا ما حصل تطور في أحداث قضيةٍ خطيرة. ويمكن لدرجة الحرارة أن تُحدث تغييرًا في تحلل جثة ما، ويجب أن تتم ملاحظتها في مسرح الجريمة الخارجي والداخلي على حدٍ سواء. يمكن لوضوح الرؤية أن يكون مهمًا أيضًا ويجب ملاحظته. هذه المعلومات ليست دائمًا ضرورية لنداءٍ بسيط، ولكن يجب جمع هذه المعلومات فور وضوح أنه يمكن أن يصبح هذا النداء البسيط قضية خطيرة.

4.التصوير

إذا كان هناك وقت، وإذا توفرت كاميرا، يمكن للضابط أن يأخذ صورًا للأشياء التالية قبل وصول المحققين وخبير مسرح الجريمة، دون جعل مسرح الجريمة عرضةً للخطر:

الجمهور

يمكن للشهود أن يتركوا المكان ولا يمكن التعرف عليهم لاحقًا، ويمكن أن يحملوا معهم دليلاً سيبحث عنه خبير مسرح الجريمة لاحقًا. إن الصور تساعد في التعرف على الأشخاص الذين كانوا موجودين، وخاصة في حالة المشتبه بهم الذين يُنكرون وجودهم في مسرح الجريمة لاحقًا.

السيارات المتوقفة على طول الشارع

تغادر السيارات المتوقفة المكان قبل وصول المحقق وخبير مسرح الجريمة حاملةً معها الأدلة.

المنظر العام خارج المبنى كما كان ظاهرًا وقت وصول الضابط الأول

حالة الطقس وإعتبارات أخرى يمكنها ان تُغير حالة مسرح الجريمة قبل رؤيته من قِبل المحقق وخبير مسرح الجريمة.

الضحايا والشهود

إن أصحاب الأعمال غالبًا ما يريدون أن يقوموا بتنظيف محلاتهم من أجل العودة إلى العمل المعتاد بأسرع وقت ممكن. إن إنتباههم لأي دليلٍ محتمل عادة ما يكون ضعيفًا وتغلب عليه رغبتهم في إعادة فتح محلات عملهم. ولكن يتعين على الضابط الأول أن يقوم بالتأكد أن أحدًا لن يأخذ أو يقوم بتحريك أغراض تظهر بأنها مبعثرة كي يتأكد أن البصمات لن تُمحى أو يتم اتلافها سهوًا من قِبل الضحية أو الشهود.

هدف التعلم # 3: تحديد مهام الضباط الثانويين الذين يصلون إلى مسرح الجريمة.

III. مهام الضباط الثانويين الذين يصلون إلى مسرح الجريمة.

أ. تفريق الحشد

يتعين تفريق الأشخاص الغير ضروي وجودهم والمتفرجين من مسرح الجريمة والمناطق المجاورة بشكل فوري من أجل منع اتلاف مسرح الجريمة. عادة ما تُفكر الشرطة في إرسال الحشد بعيدًا عن مسرح الجريمة.

ب. لا تقم بإبعاد الشهود

رغم أنه يجب تفريق الحشد وإبعاد الطواقم غير الضروري وجودهم من المنطقة المجاورة، إلا أنه يجب أن تنتبه الشرطة أن لا تقوم بإبعاد الشهود. عادة ما يقول ضباط الشرطة لجميع القريبين من مسرح الجريمة أن الكل تحت السيطرة، وعليهم أن يذهبوا إلى بيوتهم وأعمالهم، ولكن لسوء الحظ قد يتم إبعاد شاهدًا قيمًا دون أخذ معلومات ذات صلة، وفي نفس الوقت يمكن أن يتم حمل دليل من مسرح الجريمة قد لا تتم رؤيته ثانية. يجب أن يُعطى الشهود شيئًا ليعملوه أثناء إنتظارهم لحضور طاقم التحقيق. لا تقوم بإبعادهم ولا تسمح لهم بالذهاب دون وعدٍ منهم بالرجوع، لأنه هناك إمكانية عدم رجوعهم أبدًا. يمكن للضابط الأول أن يعمل الأتي أثناء إنتظار وصول طواقم أخرى إلى مسرح الجريمة:

الطلب من شاهد أن يراقب الساحة الخلفية لمسكن خاص كي لا يمر أحد من هناك.

الطلب من شاهدٍ أخر أن يذهب ويوجه المحققين إلى المبنى الصحيح، البيت، إلخ.

ت. المساعدة في سد الموقع المجاور

يجب أن يبقى مسرح الجريمة مسدودًا حتى وصول المحقق وخبير مسرح الجريمة إلى المكان. يتعين على الضباط الثانويين الذين يصلون إلى المكان أن يساعدوا في التأكد أن مسرح الجريمة مسدود بشكلٍ جيد.

ث. المساعدة في تحديد محيط مسرح الجريمة

يمكن استخدام الضباط الثانويين بالمساعدة في عمل تحديدٍ أفضل لحدود مسرح الجريمة من خلال تحديد محيط المكان بشكلٍ واضح:

1. المحيط الداخلي

المنطقة التي تشمل جميع المواقع التي يمكن العثور فيها على أدلة على الأرجح.

2. المحيط الخارجي

هذه منطقة تكون مجاورة مباشرةً مع المحيط الداخلي لمسرح الجريمة، ولا يوجد إحتمال كبير أن تكون مرتبطة بالجريمة بشكلٍ مباشر. يمكن أن تجتمع الصحافة في هذا المكان لكي يقوموا بكتابة تقاريرهم عن الجريمة، وأيضًا يُسمح للعامة أن تجتمع في هذا المكان. إن الفضولية شيءٌ طبيعي، وتقريبًا من المستحيل إستثناء العامة من منطقة إرتكبت فيها جريمة بارزة. يتم تأسيس مركز القيادة في هذا المكان أيضًا من أجل تنسيق جميع جهود الأجهزة.

ج. تأسيس مركز القيادة

من المهم تأسيس مركز للقيادة عندما تُرتكب جريمة بارزة ويظهر أن التفتيش في مسرح الجريمة سيكون مُطولا.

1. مواصفات مركز القيادة

يجب أن تكون المنطقة منفصلة وقريبة (من الممكن أن تكون شاحنة كبيرة) خارج المحيط الداخلي. يمكن استخدام مركز القيادة لتنسيق الجهود المختلفة التي يقوم بها طواقم الطوارئ والإطفائية ومحقق أسباب الوفيات، وأيضًا أجهزة أخرى لتنفيذ القانون لها علاقة بطبيعة مسرح الجريمة. يجب أن يتضمن مركز القيادة على كبير المشرفين المسؤول عن مسرح الجريمة. (هنالك مثل قديم يجب عليك تذكره، هذا المثل يقول "يمكن أن تحتاج مشرف في مكان مسرح الجريمة ولكن ليس من الضروري أن تحتاجه داخل مسرح الجريمة." إن مركز القيادة هو موقع ممتاز للمشرف).

2. مزايا مركز القيادة

تُجنب وقوع نزاع في مسرح الجريمة وتقوم بتوفير موقعًا منفصلاً لمناقشة التقنيات أو تكتيكات سوف يتم إستخدامها.

إذا كان هنالك إحتياجٌ إضافي لمعدات إضافية، يتم جلبها إلى هذا المركز ويتم ترميزها حتى يتم الحاجة لها.

تُوفر "منطقة أمنة" للمحققين وخبراء مسرح الجريمة من أجل أخذ إستراحة أو شرب القهوة على سبيل المثال.

هدف التعلم # 4: تحديد البروتوكول الذي يقرر من هو المسؤول في مسرح الجريمة

IV. تحديد من هو المسؤول

أ. الهرم القيادي

إنه من المهم تحديد من هو المسؤول عن مسرح الجريمة. يمكن أن تنشأ خلافات ما بين ضباط الشرطة الذين يقومون بحماية مسرح الجريمة وبين الطواقم الطبية.

يجب أن يكون دخول الطواقم الطبية مسموحًا من أجل تقديم خدمة طبية ملحة وطارئة فقط، ويجب أن يكون هذا الدخول مراقبًا قدر الإمكان من أجل منع أو تقليص العبث بمسرح الجريمة.

كقاعدة عامة، إن الهرم القيادي في فلسطين هو كالأتي:
يكون الضابط الأول في مسرح الجريمة هو المسؤول حتى
يصل المشرف، حتى
يصل كبير الضباط المحققين ، حتى
يصل قاضي التحقيق.
إن تقني مسرح الجريمة سوف يقوم بالعمل جنبًا إلى جنب مع زملائه بتوجيهٍ من كبير الضباط المحققين وقاضي التحقيق من أجل معالجة مسرح الجريمة.

ب. الهرم القيادي داخل دائرة كبيرة
إن مسؤولاً كبيراً كنقيب على سبيل المثال هو الذي يقوم بالإستجابة للنداء للذهاب إلى مسرح جريمة خطيرة. غالبًا ما يرى المحققين وخبراء مسرح الجريمة أن المشرفين هم عائق لمعالجة جيدة لمسرح الجريمة، ولكن يتعين رؤية هؤلاء المشرفين على أنهم فائدة للعمل في مسرح الجريمة. يتعين على المحققين وخبراء مسرح الجريمة عدم الإستخفاف بقيمة كبير المسؤولين في مسرح لجريمة كبيرة للأسباب التالية:
يمكن لكبير المسؤولين أن يكون ذو فائدة في مسرح لجريمة خطيرة، حيث يوجد لهذا المسؤول إحترامًا وسلطة من خلالها يمكنه عمل الأشياء بسرعة للمحققين وخبراء مسرح الجريمة.
يمكنه الحصول على موارد وطاقة بشرية إضافية قد يتم الحاجة لها.
يمكنه أيضًا عمل تنسيقٍ لجهود الأجهزة الأخرى بشكل أفضل من المحققين وخبراء مسرح الجريمة.
من الأرجح أن يتم الأمر بسرعة إذا طلب نقيبٌ في الشرطة من نقيبٍ في خدمات الإطفائية أن يقوم بإحضار إنارة للموقع من أجل تفتيشه. أما هذه الإستجابة تكون أقل سرعة إذا ما طلب المحققين أو خبراء مسرح الجريمة هذا الأمر.
يمكنه أن يقوم بإبعاد الصحافة عن المحققين العاملين أو خبراء مسرح الجريمة.
يمكن لكبير المسؤولين أن يقوم بتجهيز منطقة ومركز قيادة آمن بسرعة، حيث سيكون مفيداً لكافة الطواقم في مسرح لجريمة خطيرة.
يمكنه أن يقوم بترتيب إحضار مرطبات ووجبات طعام خفيفة للمحققين وخبراء مسرح الجريمة في حالة تم التأخر في معالجة مسرح الجريمة.

5.المؤثرات الخارجية

الطواقم الإعلامية
سوف يقوم ممثلين عن الإعلام المرئي والإعلام المقروء عادة بالقدوم إلى مسرح الجريمة، وسوف يحاولوا بإستمرار أن يقتربوا من الموقع قدر المستطاع من أجل أن يكتشفوا جميع الأشياء التي يستطيعوا أن يكتشفوها.
مسؤول الإعلام

يتعين على مسؤول الإعلام من الدائرة أن يذهب إلى مسرح الجريمة ويقوم بتجهيز مكانًا للإجتماع خارج المحيط الخارجي لأغراض تقديم البيانات. يتعين أن يُوفر لمسؤول الإعلام الحقائق المناسب نشرها للصحافة، مثل نوع الجريمة وأسماء الضحايا على شرط أن يكون قد تم إبلاغ أقرباء الضحايا. عادة ما ترغب وسائل الإعلام بالحديث مع كبير المسؤولين بدلاً من التكلم مع المحققين وخبراء مسرح الجريمة. هذا يمكن أن يعمل لمصلحة دائرة الشرطة حيث أن وجود كبير المسؤولين سيريح المحققين و/أو خبراء مسرح الجريمة من تدخلٍ غير ضروري.

المحققين وخبراء مسرح الجريمة

يتعين على المحققين وخبراء مسرح الجريمة أن لا يقوموا بتقديم بيانات صحفية أو تعليقات، وغالبًا سوف تقوم وسائل الإعلام الذين يعتقدون أن مسؤول الإعلام لم يُعطهم المعلومات الصحيحة بطرح الأسئلة على المحققين وخبراء مسرح الجريمة. يتعين على مسؤول الإعلام تقديم جميع البيانات الصحفية.

هدف التعلم # 5 : تحديد قاعدتين أساسيتين يتعين على خبراء مسرح الجريمة والمحققين أن يتقيدوا بهما من أجل الحصول على علاقة عمل جيدة

V. العلاقة بين المحقق وخبير مسرح الجريمة

يتعين على المحقق وخبير مسرح الجريمة أن يسعوا من أجل أن يكون فيما بينهم علاقة عمل جيدة. كلاهما جيد في عمله مما قد يسمحوا لغرورهم أن يؤثر على سير عملهم. يجب عمل كل الجهود من أجل العمل كفريق. يمكن للتعاون من خلال دمج معلوماتهم وخبراتهم أن يُسرع من معالجة مسرح الجريمة وحل الجريمة.

أ. المشاركة بالمعلومات

على كلٍ منهم أن يشارك بمعلوماته مع الطرف الأخر من أجل إبقائهم مطلعين على الأحداث والمعلومات المتعلقة بالقضية. هذا لا يختص فقط بالتفتيش الأولي ومعالجة مسرح الجريمة، ولكن في خلال المراحل المتعددة للقضية أيضًا، وخاصةً أثناء معالجة المختبر الجنائي للأدلة وتوفير النتائج والإستنتاجات.

ب. تحديد القواعد

يتعين تحديد وإتباع قواعد أساسية أثناء تفتيش ومعالجة مسرح الجريمة:

يجب إخبار خبير مسرح الجريمة ما إذا قد لمس أو حرك أو عبث المحقق أو ضابط الشرطة بالأدلة في مسرح الجريمة. يجب تذكير جميع المحققين بهذا قبل الدخول إلى مسرح الجريمة. يمكن حدوث إستنتاجات وإفتراضات غير صحيحة بدون هذه المعلومات المهمة.

عندما يتم معرفة أن مسؤولاً قد دخل إلى مسرح الجريمة تحت مراقبة المحقق وخبير مسرح الجريمة، يجب أن تظهر هوية هذا المسؤول في الجدول الذي يُبين الإتلاف في مسرح الجريمة. يجب تسجيل كتابةً جميع نشاطات هذا الشخص أثناء وجوده في مسرح الجريمة. يجب أن تتضمن هذه المعلومات على الأقل هوية الشخص وأين مشى وماذا كان لابسًا وماذا لمس ووراقب وسمع وشم أثناء وجوده في مسرح الجريمة.

هدف التعلم # 6: تحديد ستة إعتبارات يتعين أخذها قبل الدخول لمسرح الجريمة

VI. الدخول إلى مسرح الجريمة

لا يتعين فقط على الضابط الذي يستجيب للنداء أولاً أن يتردد في الدخول إلى مسرح الجريمة، ولكن يتعين على الجميع التردد في الدخول هناك. أثناء وصول ضابط الدعم والمحققين وخبراء مسرح الجريمة والمشرفين إلى مسرح الجريمة، يجب ملاحظة التالي من قِبل الجميع:

أ. قف: لا تسرع بالدخول

تأكد من معرفتك لحدود مسرح الجريمة والأدلة المحتملة التي يمكن وجودها في المكان. تذكر الأتي:

الحركات المتسرعة تقوم بتدمير الأدلة. تأنى وفكر قبل أن تعمل شيئًا.

إن الوقت في صالح المحقق وخبير مسرح الجريمة فور تأمين الموقع. تأنى وكن منتبهًا، ومتأن، ومتعمق.

قُم بإختيار نقطة دخول.

قُم بإختيار أفضل نقطة دخول إن لم يكن الضابط الأول الذي إستجاب للنداء قد دخل إلى مسرح الجريمة.

إن إختيار نقطة دخول واحدة يقلص من تدمير الأدلة. يجب أن لا تكون نقطة الدخول هذه مستخدمة من الجاني، إذا كان ظاهرًا الآن أنه سوف يكون مسرحًا لجريمة خطيرة.

قُم بإختيار نقطة دخول تكون مناسبة للمحققين وخبراء مسرح الجريمة.

أطلب من الجميع أن يدخلوا من نقطة الدخول هذه.

ب. أنظر: ماذا ترى؟ وما الذي لا تراه؟

دائمًا ما يكون أكثر صعوبة ملاحظة الأشياء غير الموجودة أو الظاهرة من ملاحظة الأشياء الموجودة

ماذا يجب أن يكون هناك؟

هل الأشياء الواضح رؤيتها مفقودة من المكان؟

هل يوجد شيء فريد في مسرح الجريمة قد يتطلب إستشارة من خبراء كمحلل بقع الدم أو طبيبٍ شرعي على سبيل المثال؟

ت. إستمع

ما الذي تسمعه؟

ما الذي لا تسمعه؟

نادرًا ما يحدث هذا لأن معظم الطواقم يكون لها رؤية نفقية حيث تقوم بتجاهل الأشياء الصغيرة التي تثبت لاحقًا أنها كانت معلومات ذات أهمية.

ث. راقب أدلة البعد الزمني

يتعين على المحقق أن يبحث عن مؤشرات يمكنها أن تقوم بإظهار كم من الوقت قد مضى منذ إرتكاب الجريمة.

ث. الرائحة

ما الذي تشمه أو لا تشمه؟ نادراً ما يحدث هذا. يمكن أن يكون هذا مهماً للضابط الذي يستجيب للنداء أولاً، (على سبيل المثال، هل كان هنالك رائحة تدخين سيجارة أو رائحة طعام أو غاز؟) نادراً ما يلاحظ الضابط الذي يستجيب للنداء أولاً ما إن كانت هنالك رائحة نفط عندما يصل لمسرح جريمة حريق. إذا لم يتم ملاحظتها من قِبل الضابط الأول، فإنها تختفي غالباً بوقت قصير، ولهذا لا يستفيد خبير مسرح الجريمة من هذه الملاحظة عندما يصل إلى المكان.

ج. نظرية الإنتقال

قبل الدخول لمسرح الجريمة، يتعين على خبير مسرح الجريمة أن يُفكر في نظرية الإنتقال. هذه النظرية هي مهمة جداً في تحقيقات مسرح الجريمة. كما تعرف من درسٍ سابق، هذه هي قاعدة معظم فحوصات الطب الشرعي.

هدف التعلم # 7: ذِكر ثلاثة أهداف لعملية تفتيش مسرح الجريمة

VII. تفتيش مسرح الجريمة

إن كل مسرح جريمة مختلف عن الأخر بإختلاف طبيعته المادية والجريمة المرتكبة. وهكذا يتم تفتيش المكان بتعمق من أجل الوصول إلى حقائق عن أدلة مهمة متعلقة بالجريمة. لا يجب إقتصار التفتيش على منطقة معينة، بل أن يمتد على طول مسار الإقتراب إلى المكان، ويتبع خط هروب الجاني. غالباً ما يكشف عمل تفتيش كهذا غرضاً متروكاً أو غرضاً قد وقع من الجاني. يمكن لهذا الغرض أن يكون لاحقاً أداةً لمعرفة هوية الجاني أو إدانته في المحكمة.

هدف التفتيش

يتم تفتيش مسرح الجريمة من أجل الكشف عن أدلةٍ مادية قد تقوم بالأتي:

1. تحديد حقائق الجريمة
2. تحديد هوية المجرم
3. المساعدة في القبض على المجرم وإدانته

هدف التعلم # 8: تحديد خمسة انواع لأساليب تفتيش مسرح الجريمة

VIII. أساليب التفتيش

يوجد ثلاثة أنواع تفتيش تقليدية لمسرح الجريمة: التفتيش اللولبي، والتفتيش التقاطعي، والتفيش القطاعي. إن أسلوب التفتيش المستخدم ليس بأهمية عمل التفتيش بطريقة منظمة ونظامية. يوجد هنالك خمسة أساليب تفتيش نظامية يتم استخدامها لتفتيش مسارح الجريمة، وتشمل هذه الأساليب التفتيش اللولبي، والتفتيش الشقي، والتفتيش التقاطعي، وتفتيش المنطقة أوالتفتيش القطاعي، والتفتيش العجلي أو الفطيري. هيا ننظر على كلٍ من هذه الأساليب ونرى كيفية عملها.

أ. التفتيش اللولبي

يقوم الضابط الذي يقوم بالتفتيش بإستخدام أسلوب الدائرة اللولبية مبتدئاً من النقطة المركزية لمسرح الجريمة أو مركز المنطقة متجهاً إلى الخارج من خلال الدوران بشكل لولبي مع أو ضد عقارب الساعة ليصل إلى الحواف الخارجية لمسرح الجريمة. أسلوب التفتيش اللولبي هو أسلوب جيد في تفتيش منطقة ضيقة إلى حدٍ ما. هذا الأسلوب يعمل جيداً في الغرف الصغيرة. بالإضافة لإستخدام الأسلوب اللولبي في غرفة، إنه من المفيد أيضاً أن تقوم بتطبيقه في طبقات، ويمكن عمل ذلك كالآتي:

1. قُم بتفتيش الثلث الأعلى من الغرف والسقف عن طريق النظر.

غالباً ما لا يقوم ضباط الشرطة بالنظر إلى أعلى، ولكن يتعين عليهم فعل ذلك في حال وجود مسرح لجريمة. يمكن أن يكون هناك ثقوب عيارات نارية في السقف أو بقع دم أو أشياء مخفية.

2. قُم بتفتيش الثلث الأوسط للغرف بما يتضمن الجوارير والخزائن.

3. قُم بتفتيش الثلث السفلي باستخدام الأسلوب اللولبي.

إن الأرضية والخزائن السفلى هي مكان وجود معظم الأدلة.

ب. التفتيش الشقي

يُستخدم عادة البحث الشقي في مناطق الخلاء من أجل تغطية مناطق كبيرة التي فيها يكون الفحص التفصيلي ضرورياً. يستخدم علماء الآثار هذا الأسلوب تكراراً عندما يقومون بالتفتيش في منطقة محددة. يستخدم هذا النوع من التفتيش سلسلة من الصفوف عبر مسرح الجريمة. يمكن استخدام هذا الأسلوب من قِبل شخص أو مجموعة من الباحثين، ويتم عمله بالشكل التالي:

1. يتضمن كل صفٍ من الصفوف على باحثٍ يمشي من أعلى إلى أسفل الصف بموازاة الباحثين الأخرين.
2. فور وصول الباحثين إلى نهاية الصف، يقومون بعكس إتجاههم ويرجعون إلى الخلف بمجاورة الصف الذي قد إنتهوا من تفتيشه.
3. تستمر هذه العملية حتى الإنتهاء من تفتيش منطقة مسرح الجريمة.
4. إذا وجد واحدٌ من الباحثين دليلاً، يتعين على جميع الباحثين التوقف حتى تتم معالجة هذا الدليل بطريقة مناسبة ويحصلون على معلومات إضافية.

ت. التفتيش المقطعي

إن التفتيش المقطعي هو شكل أخر للتفتيش الشقي، ومفيدٌ في عمليات تفتيش المسارح الكبيرة للجريمة، وخاصة مناطق الخلاء. بعد الإنتهاء من التفتيش الشقي ، يعاود الباحثين عملهم بالرجوع بشكلٍ عمودي في نفس الطريق الذين قاموا بالتفتيش فيها. يأخذ هذا الكثير من الوقت، ولكن ينتج عنه بحثاً متعمقاً ومنهجياً للمنطقة. ويوجد ميزة لهذا التفتيش، ألا وهي السماح للباحثين النظر لمسرح الجريمة وتفتيشه من وجهتي نظر مختلفتين، وبهذا الطريقة تزداد الإحتمالية للكشف عن أدلة لم يتم ملاحظتها من قبل.

ث. بحث المنطقة أو البحث القطاعي

يتم العمل بهذا الأسلوب عندما تكون المنطقة المراد تفتيشها كبيرة ومرهقة. يتطلب هذا الأسلوب من التفتيش أن ينقسم مسرح الجريمة إلى أربعة أرباع كبيرة(يمكن تقسيم الأربع أرباع الكبيرة أيضًا إلى أربع أرباع فرعية أصغر). ومن ثم يتم تفتيش كل ربع أو قطاع بشكل منفصل كوحدة فردية بإستخدام التفتيش اللولبي أو الشقي أو/و التفتيش المقطعي.

ج. التفتيش العجلي أو الفطيري

يقوم التفتيش العجلي أو الفطيري على وضع دائرة تحيط بمسرح الجريمة، ومن ثم تُقسم هذه الدائرة إلى ستة أجزاء على شكل فطيرة.

هدف التعلم # 9 : تحديد ثلاثة إفتراضات منطقية أساسية يجب أخذها بعين الإعتبار أثناء عملية التفتيش

IX. ثلاثة افتراضات منطقية أساسية يجب أخذها بعين الاعتبار أثناء عملية التفتيش

إن أفضل اساليب التفتيش غالبًا ما تكون الأساليب الأكثر صعوبة والتي تستغرق وقتًا طويلاً.
قُم بتوثيق الدليل المادي بأكبر قدرٍ مستطاع.
يوجد هنالك فرصة واحدة فقط لإجراء العمل بشكلٍ مناسب.

هدف التعلم # 10: تحديد الإعتبارات التي يجب على خبراء مسرح الجريمة أن يأخذوها بعين الإعتبار من أجل تحضير مناسب لمعالجة مسرح الجريمة.

X. التحضير لمعالجة مسرح الجريمة

يجب جمع الأدلة المادية بعد التفتيش المبدئي والتصوير ورسم مسرح الجريمة. من المفيد أن يضع خبير مسرح الجريمة أولويات في ما يتعلق بالأدلة التي يجب جمعها أولا. يجب أن تكون الأولوية الكبرى للأدلة الاكثر هشاشةً، على سبيل المثال، أخذ البصمات يجب أن يكون من أول الأدلة التي يجب جمعها. يجب على خبير مسرح الجريمة أن يكون جاهزًا بشكل جيد كي يقوم بعمله في مسرح الجريمة بشكل مناسب. يجب أن تكون هذه الجاهزية مستمرة من قِبل الخبير كي يقوم بالإستجابة في أسرع وقت ممكن للعمل في مسرح الجريمة.
يجب أخذ الإعتبارات التالية بعين الإعتبار كي يكون خبير مسرح الجريمة جاهزًا بشكلٍ مناسب:
جمع وترتيب كمية كافية ومتنوعة من مواد التغليف الضرورية لمسرح جريمة نموذجي.
التأكد من وجود ورق ملاحظات، وورق رسم، واستمارات تسلسل عهدة الأدلة في متناول اليد.
التأكد من توفر كميات وأنواع كافية من الأفلام والمعدات الفوتوغرافية.
التأكد من توفر كميات كافية من الملابس الواقية مثل قفازات واقية، وأقنعة واقية، ولباس واقي للجسم.

هدف التعلم #11: تحديد أربع مواقع سوف يكون متوقعًا من خبراء مسرح الجريمة جمع الأدلة منها.

XI. جمع الأدلة في مسرح الجريمة

إن الأدلة المادية هي واحدة من أكثر الأمور قيمةً من أجل نهاية ناجحة لتحقيقٍ جنائي، حيث أن الأدلة تقوم بإرشاد المحقق خلال التحقيق وتساعده في قراره بتبرئة المتهم أو بإدانته. من أجل الحصول على فائدة قصوى من الأدلة المادية، يجب على خبير مسرح الجريمة أن لا يكون ماهراً في ملاحظة وتحديد أدلة فقط، بل يجب عليه أيضًا أن يعرف كيف يتعامل ويعتني بشكلٍ جيد بالإدلة التي يتم جمعها. يجب على خبير مسرح الجريمة أن يعرف كيفية وضع العلامات على مواد الأدلة وجمع هذه المواد وتصنفيها والحفاظ عليها من أجل فحوص مخبرية لاحقة وعرضها في المحكمة. يمكن لخبير مسرح الجريمة توقع جمع الأدلة من أماكن مختلفة بالإعتماد على طبيعة الجريمة.

أ. مواقع مسرح الجريمة

يمكن لمسرح الجريمة في حد ذاته أن يكون موقعًا داخليًا أو في الخلاء أو حتى مركبة، ويمكن أن يتم إجراء التفتيش في النهار أو في الليل.

1. مسارح الجريمة الداخلية

تقوم مسارح الجريمة الداخلية بتوفير حماية من الأحوال الجوية وتسمح لخبراء مسارح الجريمة أن يأخذوا الوقت الكافي للعمل في مسرح الجريمة بطريق منهجية بدون الإهتمام لتأثيرات الطقس.

2. مسارح الجريمة في الخلاء

إن مسارح الجريمة في الخلاء هي من أكثر الأماكن تأثرًا بالأحوال الجوية، حيث أن الرياح، والمطر، والبرد والثلج، وأيضًا الحرارة والرطوبة يمكنها أن تؤثر بالأدلة المتروكة في مسرح الجريمة. يجب أخذ تدابير إضافية من أجل حماية الموقع ومنع تدمير والعبث وتخريب الأدلة.

3. مسارح الجريمة في الخلاء أثناء الليل

إن مسارح الجريمة في الخلاء أثناء الليل تشكل معظم المشاكل. إذا كان ممكنًا، يجب تأخير التفتيش إلى ساعات النهار، ولكن إن لم يكن هذا ممكنًا فأفضل حل عندها هو استخدام إنارة قوية بإستخدام مولدات كهربائية محمولة يتم جلبها إلى مسرح الجريمة. عادة ما تكون هذه المعدات ملكًا للمطافئ وسوف يقوموا بتقديم المساعدة إذا طُلب منهم ذلك.

ب. مسارح الجريمة في المركبات

يتطلب تفتيش المركبات نفس درجة العناية التي تتطلبها عمليات البحث في مسارح الجريمة الأخرى. إن نوع الجريمة يُملي مدى التفتيش والمكان الذي يجب تفتيشه. فمثلاً تحقيقات حوادث السير التي يقوم بها الجاني بالفرار تركز تفتيشها في خارج المركبة وفي محملها، بينما في حالة تحقيقات القتل العمد أو الإغتصاب، يكون التركيز على داخل المركبة بشكلٍ خاص.

ت. تفتيش المجني عليهم و/أو المشتبه بهم الأحياء

يجب إجراء تفتيش الأشخاص الأحياء وفقًا للقوانين المطبقة واللوائح الإدارية. يجب التقيد بهذه الإرشادات التالية أثناء إجراء تفتيش ضحية أو مشتبه به يُعتقد أن يكون لديه أثار أدلة يمكن استخدامها لربط الشخص بمسرح الجريمة أو شخص آخر متورط في الجريمة:

استخدم قطع ورق كبيرة أو قطعة قماش توضع على الأرض من أجل التقاط أي اثارٍ لأدلة قد تسقط من الشخص أثناء تفتيشه.

يتعين إستعادة الثياب والأحذية وتغليفها بشكلٍ منفصل.

يتعين فحص جسد الشخص عن كثب للعثور على مواد أدلة كشعر أو ألياف أو دهان أو جزيئات زجاج.

يتعين جمع عينات الشعر وفقًا للبروتوكول القائم.

ث. تفتيش المجني عليهم و/أو المشتبه بهم المتوفين

عندما تكون الضحية أو المشتبه به متوفي، يتعين فحص الجثة عن كثب للعثور على أثار أدلة، ويجب إتخاذ الإجراء التالي:

استخدام قطع قماش نظيفة او قطعة قماش توضع على الأرض من أجل التقاط أي أثار أدلة يمكنها أن تسقط من الجثة أثناء نقلها للمشرحة.

يتعين فحص جسد الشخص عن كثب للعثور على مواد أدلة كشعر أو ألياف أو دهان أو جزيئات زجاج. يتعين على خبير مسرح الجريمة أثناء اجراء عملية التفتيش بالبدء من أعلى الرأس ويستمر نزولاً على جانبٍ واحد للجثة وصولاً إلى القدمين، ومن ثم إعادة العملية على الجانب الأخر من الجثة. يجب أيضًا اعادة هذه العملية في المشرحة بينما يتم نزع الثياب عن الجثة.

يجب جمع كل قطعة ملابس منفردة وتغليفها كلٍ على حدة من أجل تجنب اتلافها عن طريق الإختلاط.

إفحص الأظافر ولكن لا تكشطها في مسرح الجريمة.

يمكن عمل ذلك في المشرحة. قُم بحماية اليدين من الإفساد عن طريق وضعها في أكياس ورقية قبل نقل الجثة إلى المشرحة. يجب أن لا يتم استخدام أكياس بلاستيكية لهذا الغرض أبدًا.

يتعين أخذ بصمات مقارنة في المشرحة بعد الحصول على عينات مكشوطة من الأظافر.

اذا ما تم إستخدام سلاح ناري في الجريمة، يجب اجراء فحص اثار الإطلاق على اليدين.

يجب أخذ عينات من الشعر والدم قبل تحرير الجثة.

من اجل الإبقاء على تسلسل العهدة، يتعين على المحقق أو خبير مسرح الجريمة مرافقة الجثة إلى المشرحة.

ج. تفتيش مركبة المجني عليه/المشتبه به

يجب تفتيش المركبة التي تخص المجني عليه أو المشتبه به بعناية من أجل جمع أي أثار أدلة يمكنها إثبات وجود شخص. بعد تصوير المركبة، يجب أولاً إجراء أخذ البصمات قبل جمع أثار الأدلة.

هدف التعلم # 12 : ذِكر مسؤوليتين من مسؤوليات خبير مسرح الجريمة قبل وضع علامات على الأدلة

XII. جمع الأدلة ووضع علامات عليها

إن خبير مسرح الجريمة مسؤول عن جمع الأدلة المادية التي تم العثور عليها في مسرح الجريمة وفي مناطق أخرى والحفاظ عليها بشكلٍ مناسب. لا يجب التعامل مع مواد الأدلة التي تم جمعها بإفراط بعد العثور عليها، ولا يجب أن يتم جمعها وتغليفها بشكل غير مناسب.

أ. تقييم الأدلة

يجب التعامل مع مهمة جمع الأدلة بطريقة منهجية ومنطقية. حتماً سيتم طرح سؤال أثناء تفتيش مسرح الجريمة وهو ما إذا كان يتم إعتبار غرضاً ما دليلاً أم لا. يقوم خبير مسرح الجريمة بحل هذه المشكلة عن طريق تقييم ودراسة قيمة الغرض والملابسات والأحوال في مسرح الجريمة. يجب أن يأخذ خبير الجريمة قرارته وفقاً لأحكامٍ سليمة، ومنطقٍ سليم، وخبرات سابقة. في حالة وجود شك، يجب تأمين الغرض ومعالجته على أنه دليل. سيتم تحديد قيمة هذا الدليل للقضية ووضعه النهائي من خلال تقييمات لاحقة.

ب. تحديد الأدلة

يجب على خبير مسرح الجريمة أو المحقق الذي إستلم أو إستعاد أو إكتشف الأدلة المادية أولاً أن يكون قادراً على تحديد هذه الأدلة بشكل إيجابي في وقت لاحق. يجب على خبير مسرح الجريمة أن يكون قادراً على تحديد بشكل إيجابي في وقت لاحق الأشياء أو المواد المعينة التي قد تم جمعها. يقوم خبير مسرح الجريمة بإنجاز ذلك من خلال وضع علامات على كل قطعة من قطع الأدلة، ولصق بطاقات عليها أثناء الحصول عليها أو جمعها وتسجيلها في سِجل الأدلة. يجب أن يعتاد خبير مسرح الجريمة على وضع علامات والصاق بطاقات على الأدلة من غير إبطاء.

هدف التعلم # 13 : أن يصبحوا على عِلمٍ بوضع علامات وتحديد والصاق بطاقات على الخراطيش النارية وظروفها وعلى الطلقات النارية.

XII. وضع العلامات والصاق البطاقات

يجب على خبير مسرح الجريمة أو المحقق الذين يستلم عهدة مواد الأدلة أن يقوم بوضع علامة عليها من خلال كتابة أحرف إسمه الأولى على كل مادة. يجب أخذ الحيطة والحذر أن لا تضع هذه العلامة بطريقة تُتلف من خلالها أي خصائص مستترة للأدلة أو تنقص القيمة الجوهرية لها. يجب أن يأخذ خبير مسرح الجريمة أحكاماً سليمة ومنطقٍ سليم عند تحديد مكان وضع العلامة. *إن هدف وضع علامات على مواد الأدلة هو تمكين خبير مسرح الجريمة من تحديد المادة إيجابيًا في وقتٍ لاحق.*

يمكن وضع علامات مستترة على مواد الأدلة إذا كان بالإمكان عمل ذلك، أو على العبوة التي تم وضع المادة فيها. يتم تجنب اتلاف غير ضروري لخصائص المادة من خلال وضع علامات مستترة. يُوصى بإستخدام قلم رصاص ذو رأس ماسي أو قلم معدن لوضع علامات على أسطحٍ صلبة، بينما يكفي قلم الحبر للكتابة على معظم المواد الأخرى. يتعين على خبير مسرح الجريمة أن يقوم بتسجيل وضع العلامات وموقعها في دفتر ملاحظات.

أ. أمثلة على وضع علامات على الأدلة

1. الأسلحة النارية

يتعين على كل خبير مسرح جريمة أن يضع معياراً لوضع علامات عليها في مكانٍ مستتر(داخل صمام أمان الزناد على سبيل المثال).

2. الخراطيش الفارغة والطلقات النارية

الخرطوش- يتم وضع علامة على طرف حافة الطلقة النارية

الخرطوش الفارغ- يتم وضع علامة داخل فوهة الإطار

الطلقات النارية – يتم وضع علامة على القاعدة

3. المفكات

يتم وضع علامة على العمود بجانب المقبض، إلا إذا كان يوجد أدلة في هذه المنطقة كالبصمات أو الدم على سبيل المثال.

4. السكاكين

يتم وضع علامة على المقبض أو على النصل بجانب المقبض، إلا إذا كان يوجد أدلة في هذه المنطقة كالبصمات أو الدم على سبيل المثال.

5. قالب أثار الأحذية

أكتب معلومات القضية على القالب بينما لا تزال دبقة.

6. أوراق عليها أثار أقدام

قُم بحمايتها بالبلاستيك. لا تطويها وضع علامات في أماكن مستترة كزاوية الورقة أو خلفها على سبيل المثال.

ب. بطاقات الأدلة

يجب ترميز كل مواد الأدلة بإستخدام بطاقات أدلة من أجل تمييزها عن مواد مماثلة، وربطها في قضية معينة. إذا كانت هذه المواد صغيرة بحيث لا يمكن ترميزها ببطاقات أدلة، يجب ترميز العبوة الخاصة بها. يجب أن تكون البطاقات مصنوعة من كرتون أو ورقٍ ثقيل. يجب أن تتضمن بطاقات الأدلة أو الترميز المعلومات التالية:

رقم القضية

التاريخ والوقت ومكان الحصول على الأدلة

إسم خبير مسرح الجريمة أو المحقق الذي قام بجمع الأدلة

وصفٌ للأدلة التي يتم وضع بطاقات عليها وترميزها.

هدف التعلم # 14: أن يُصبحوا على عِلمٍ بمحتوى سجل الأدلة والتغليف والتخزين الجيدين.

XIV. عمل سجل للأدلة وتغليف وتخزين مناسبين

أ. عمل سجل للأدلة

يجب عمل سجل للأدلة من أجل الإشارة إلى العثور على كل قطع الأدلة حسب الترتيب الزمني والترتيب التسلسلي. سوف يتم إستخدام سجل الأدلة أيضًا لتحديد أرقام فردية مخصصة لكل مادة من الأدلة. سيتضمن السجل على الأقل على المعلومات التالية:

رقم القضية ونوع الجريمة

رقم الدليل
وصف المادة التي تم العثور عليها
تاريخ ووقت العثور على المادة
إسم الشخص الذي عثر على المادة
موقع المادة (هل تم تخزينها في خزنة، أو تم ارسالها للتحليل المخبري وما إلى ذلك). يجب أن تُشير كل مادة إلى موقعها وترتيبها في كل الأوقات.
لاحظة على عملية الانتقال
يجب وضع ملاحظة على سجل الأدلة في أي وقت يتم نقل الأدلة من شخصٍ إلى أخر لأي سبب من الأسباب. يجب توثيق التاريخ المحض الكامل للأدلة من وقت العثور عليها وجمعها حتى الوقت التي يتم تقديمها إلى المحكمة. أي شيءٍ أقل من ذلك سيكون أساسًا لعدم قبولها في المحكمة.

ب. التغليف والتخزين المناسبين
1. أمور متعلقة بالتغليف
تقليل الإحتكاك والتحرك
يجب تغليف الأدلة من أجل تقليل الإحتكاك أو الحركة أوالكسر أوالتسرب أو ملامسة مواد أدلة أخرى. إن مواد الأدلة كالزجاج، وطبعات، وقوالب، وطلقات نارية، وما إلى ذلك هي معرضة بشكل خاص للكسر والإتلاف أو أي تغيرات مدمرة أخرى، لهذا يجب تغليف هذه المواد بعناية في ورق ناعم او أي وسيلة حماية مناسبة أخرى.
تقليل تلف الآثار
عندما يتم فحص وجود بصمات على الأدلة، يجب تغليف الأدلة بطريقة تمنع حدوث تلف لهذه البصمات. يجب ان لا تتحرك المادة أو تُلامس أي مادة أخرى.
كن حذرًا في التعامل مع البقع
إن المواد التي تحمل البقع، كالثياب على سبيل المثال يجب أن لا يتم وضعها في عبوات محكمة الإغلاق، حيث قد يحدث تعرق ورطوبة في مثل هذه العبوات وقد تتعفن السوائل البيولوجية، وعندها يمكن لتكاثف الرطوبة أن يسبب في افساد الأدلة. يجب تجفيف مثل هذه الدلة قبل تغليفها. ينطبق هذا التحذير على أدلة البصمات أيضًا.
2. التغليف المؤقت
عادة ما سيقوم خبير مسرح الجريمة بتغليف مواد الأدلة التي تم العثور عليها في مسرح الجريمة، وهذا التغليف هو تغليف مؤقت يسمح لخبير مسرح الجريمة أن يأخذ المواد إلى منطقة عمل آمنة حيث يتم تقييمها و تغليفها بشكل مناسب لنقلها إلى المعمل الجنائي أو المخزن حتى موعد المحاكمة.
3. قواعد عامة للتغليف
القواعد التالية هي قواعد عامة لتغليف الأدلة:
إذا كان بالإمكان، إستخدم ورقًا أو كرتونًا للتغليف.

تجنب البلاستيك أو عبوات عديمة المسام في تغليف المواد المبتلة أو الرطبة(إن النقل المؤقت في البلاستك مقبول، على شرط أن تكون العبوة ليست مغلقة).

يجب تغليف المواد الجافة في أكياس بلاستيكية وإغلاقها.

يجب التعامل بعناية مع المواد التي تحتوي على أثار الأدلة كشعر، وألياف، وبصمات من أجل تجنب اتلاف دليل محتمل أو افساد المادة ذاتها.

يجب وضع المواد الرطبة في أكياسٍ ورقية من أجل نقلها، ومن ثم إخراجها وتجفيفها بشكل تام وكامل وإعادة تغليفها في أكياسٍ ورقية وإغلاق هذه الأكياس جيداً. لأغراض النقل المبدئي، يمكن وضع المواد الرطبة على نحو إستثنائي أو المواد الملوثة بيولوجيًا في عبوات بلاستيكية لفترة قصيرة من أجل تجنب تلوث الأشخاص والمركبات ومواد أدلة أخرى. يجب إزالة هذه المواد بسرعة كبيرة من العبوات البلاستيكية وتجفيفها لتجنب العفن واتلاف محتمل للأدلة البيولوجية.

يجب وضع المسدسات في عبوات صلبة من أجل تجنب اتلافها أو افسادها من قِبل أثار أدلة خارجية. يجب أن يتم استخدام مواد التغليف من أجل منع مواد الأدلة من التحرك والإتلاف.

يجب وضع الأشياء الحادة كالزجاج والسكاكين وما إلى ذلك في عبوات صلبة أيضًا بحيث منعها من اختراق العبوة. يجب أن يتم استخدام مواد التغليف من أجل منع مواد الأدلة من التحرك والإتلاف.

يجب أن يتم وضع مواد الأدلة المصنوعة من الورق بشكلٍ منبسط لتجنب التجعد.

يمكن طي الأقمشة أو الثياب لتناسب سعة العبوة، ولكن يجب أن لا تُصيب التجاعيد أيٍ من البقع.

يجب وضع المواد القابلة للفساد في ثلاجة من أجل منع تلفها، وهذا يشمل الدم وسوائل بيولوجية أخرى.

فور تغليف المواد، يجب تخزينها في منطقة آمنة ذات مدخل محدود ومراقب. يجب توثيق الدخول إلى هذه المنطقة في جل قد يتم استخدامه في تحديد تسلسل العهدة.

هدف التعلم # 15 : ذِكر خمسة أسئلة على الأقل يتعين على خبير مسرح الجريمة أخذها بعين الإعتبار عندما يقوم بإنهاء التفتيش.

XV. إنهاء التفتيش

سوف يتم إتخاذ قرار بإنهاء التفتيش عندما يكون المحقق الرئيسي وخبير مسرح الجريمة مقتنعين أن جميع مناطق مسرح الجريمة قد تم تفتيشها بشكل متعمق وتام. يجب دراسة إجراء تفتيشش أخر إذا شعر المحقق بقوة أنه قد يوجد أدلة إضافية في مسرح الجريمة، ربما باستخدام أسلوب تفتيش أخر. يوجد إحتمالية أن فور ترك مسرح الجريمة، لن يكون هناك فُرص أخرى للعثور على أدلة مفقودة. قبل ترك مسرح الجريمة يجب أن يكون هنالك اجماعٌ عام من جميع المشاركين في التفتيش أنه تم العثور على جميع مواد الأدلة المحتملة.

يجب أخذ الأسئلة التالية بعين الأعتبار. يجب ترك مسرح الجريمة فور الإجابة على هذه الأسئلة، ويجب يكون شخصًا مسؤولاً واحدًا له السلطة لترك مسرح الجريمة. تذكر أنه قد يتطلب مذكرة تفتيش للدخول مرة ثانية لمسرح الجريمة فور تركه بشكل رسمي. الأسئلة هي:

1. هل تم نقاش التفتيش مع جميع الطواقم للتأكد من إنتهائه؟
2. هل تم فحص الوثائق أكثر من مرة للتأكد من عدم وجود خطأ قد حدث سهوًا؟

3. هل تم تفتيش جميع مناطق الإختباء؟

يتعين على خبير مسرح الجريمة قبل ترك مسرح الجريمة أن يتأكد انه لم يتم الإغفال عن مناطق اختباء محتملة أو مناطق صعب الدخول إليها في التفتيش المفصل؟

4. هل تم أخذ الصور؟

قبل إنهاء تفتيش مسرح الجريمة، يجب أخذ الصور كي تُظهر المكان بحالته النهائية.

5. هل قدم خبير مسرح الجريمة بياناً عن جميع الأدلة؟

يتعين على خبير مسرح الجريمة التأكد أنه تم تقديم بيان عن جميع الأدلة قبل مغادرة المكان.

6. هل تم جمع وتأمين جميع المعدات؟

يتعين أيضاً على خبير مسرح الجريمة أن يتأكد أن جميع المعدات المستخدمة أثناء التفتيش قد تم جمعها وتأمينها.

7. هل بحث خبير مسرح الجريمة عن جميع الأدلة؟

يتعين على خبراء مسرح الجريمة أن يسألوا أنفسهم هل عملوا بشكل جيد للبحث عن الأدلة ولم يأخذوا بعين الإعتبار أي افتراضات يمكن أن تُثبت عدم صحتها في المستقبل.

خلاصة

لقد تناولنا في هذا الدرس معرفة وإدراك خبير مسرح الجريمة للتأثيرات الخارجية المحتملة التي يمكنها أن تُحدث تغييراً في مسرح الجريمة. لقد تحدثنا أيضاً أنه قبل وصول خبير مسرح الجريمة إلى المكان بوقت طويل، سوف يكون لهذه التأثيرات الخارجية أثر كبير لتحديد ما إذا كان تم الحفاظ على الدليل في مسرح الجريمة بشكلٍ مناسب أم تم افساده دون داع. ولقد تناولنا أيضاً الأساليب المتنوعة التي يمكن استخدامها للتفتيش في مسرح الجريمة وناقشنا كيف يتم اجراء كل واحد منها. واخيراً لقد تعلمنا أن جمع وتغليف الأدلة يجب أن يتم بطريقة تلتزم بدقة لبروتوكول معين. إن الفشل في الإلتزام في هذا البروتوكول يمكنه أن يؤدي إلى تدميرٍ غير متعمد للأدلة وأيضاً احتمال إستثناء هذه الأدلة في المحكمة.

تمرين عملي # 11.1: تفتيش مسرح جريمة داخلي

مدة التمرين

ثلاث (3) ساعات

هدف التمرين العملي

إن هدف التمرين العملي هذا هو تزويد المشاركين بفرصة إجراء تفتيش لمسرح جريمة داخلي.

هدف الأداء

في نهاية هذا التمرين العملي، سوف يكون بإستطاعة المشاركين أن يستخدموا أساليب التفتيش من أجل تحديد مكان وجمع الأدلة المادية.

المواد اللازمة

1. من أربع إلى ست خراطيش نارية فارغة
2. طلقتين ناريتين منفصلتين عن الخراطيش
3. مسدسين فارغين
4. عديدٌ من الأكياس البلاستيكية الصغيرة تحتوي على عشب يشبه المخدرات
5. عدة قطع من العملة المعدنية وفئات صغيرة من عملة ورقية
6. قطع ثياب متنوعة مثل سترات وقبعات
7. أشياء مساندة متوفرة أخرى كقطع أخرى من الثياب ودفتر ملاحظات وأشياء شخصية قد تحتوي على معلومات تحدد الهوية
8. كميات كافية من أكياس ورقية صغيرة وكبيرة من أجل وضع مواد الأدلة فيها
9. أكياس قمامة كبيرة
10. أقلام حبر لوضع العلامات

تعليمات

يجب أن يتم تقسيم الصف إلى جزئين، ويجب على المرشدين أن يقوموا بإنشاء مسرحين منفصليين لجريمتين من أجل إجراء هذا التمرين. يجب اختيار غرف كبيرة مثل قاعة رياضية أو قاعة طعام أو قاعة محاضرات، حيث أن هذا سيمكن الجميع من المشاركة في التفتيش. يجب مراقبة كل مسرح جريمة من قِبل مرشدٍ واحد. قبل التمرين، يتعين على المرشد أن يضع مواد أدلة متنوعة في جميع أرجاء مسرح الجريمة، متأكداً أنه تم وضع المواد في ارتفاعات مختلفة. يجب أن تحتوي هذه المواقع على مواد على الأرض ومواد على مستوى النظر أو حتى طلقات نارية في السقف (أو في أعلى الحائط أو في إطار الإنارة) بإستخدام قطعة سيلوفان صغيرة.

لمرجعية خاصة بهم، يتعين على المرشدين وضع رسم تقريبي لمسرح الجريمة مشيراً إلى الأماكن التى تم وضع المواد المختلفة فيها. يجب أن يعرف المرشد أن هنالك إمكانية كبيرة أن الباحثين لن يجدوا كل قطعة

تم وضعها. يجب أيضًا مراقبة أعمالهم للتأكد أنهم لن يقوموا باستخدام وسائل مدمرة للعثور على المواد التي يعتقدون أنها تحتوي على أدلة محتملة. يتعين على المرشدين أن يراقبوا عن قُرب هذه الأنشطة وأن لا يسمحوا للمشاركين أن يقوموا بالإفراط في جهودهم. لغرض هذا التمرين، يجب أن يتم اخبار المشاركين أن لا يقوموا بجمع الشعر والألياف غير التي توجد على قطع الثياب التي تم العثور عليها.

يجب على المشاركين من المجموعتين قبل بداية التمرين أن يقوموا باختيار عضو يكون مسؤول عن التمرين. كما قلنا من قبل، يجب أن يكون هنالك شخص مسؤول عن مسرح الجريمة، وأن يقوم بتوجيه التفتيش. يتعين على المرشد أن يقوم بتوفير تعليمات مفصلة لهذا الشخص بما يتعلق بحدود مسرح الجريمة وأساليب التفتيش الذي سيتم اجراءها. يتعين على المجموعتين استخدام اسلوب التفتيش اللولبي من أجل التفتيش بشكلٍ منهجي وتحديد وجمع كل قطعة من مواد الأدلة في داخل مسرح الجريمة.

قبل البدء، يجب أن يتم اخبار المشاركين أن الغرفة كانت موقعًا لمداهمة رجال الشرطة، وأن المشتبه بهم أطلقوا عدة طلقات نارية قبل فرارهم من أفراد الشرطة الذين كانوا على وشكِ تنفيذ مذكرة تفتيش. لم يقوم رجال الشرطة باطلاق أي نار، ويُفترض أن تكون الطلقات نارية أو الخراطيش التي يتم العثور عليها قد تم استخدامها من قِبل المشتبه بهم. ويجب أن يتم إخبار المجموعتين أن الشرطة لا تعرف هوية المشتبه بهم.

تمرين اختياري

إذا سمح الوقت، يمكن نقل المشاركين إلى مسرح جريمة بديل (من الممكن التبديل مع المجموعة الأخرى) واعطائهم مهمة اجراء بحث قطاعي لمسرح الجريمة. يجب أن يتم اعطاء المجموعتين فترة استراحة قبل نقلهم، ويجب على المرشدين في هذه الفترة أن يقوموا باعادة ترتيب مسارح الجريمة. ومن ثم يجب ابلاغ قائد المجموعة أن يقوم بتقسيم مسرح الجريمة إلى أرباع ويقوم بالتفتيش مستخدمًا أسلوب التفتيش اللولبي أو الشقي أو المقطعي.

تقييم

يجب تقييم هذا التمرين من قِبل المرشد من أجل تحديد ما إذا حدث الأتي:

1. هل تولى قائد المجموعة المسؤولية؟
2. هل تم تزويد الجميع بتعليمات مناسبة من قِبل قائد المجموعة؟
3. هل تم تحديد محيط مسرح الجريمة بشكل جيد لفريق التفتيش؟
4. هل تم حماية مسرح الجريمة من الناظرين أو الفضوليين؟
5. هل أجرى الفريق التفتيش اللولبي بشكل جيد؟
6. هل أجرى الفريق التفتيش االقطاعي بشكلٍ جيد؟ (اختياري)

7. هل توقف أعضاء الفريق عند العثور على مادة من مواد الأدلة؟
8. هل تم أخذ اجراءات وقائية مناسبة من أجل حماية بصمات مستترة على الأدلة من الإتلاف؟
9. هل تم العثور ووضع العلامات وتغليف كل مادة من مواد الأدلة بشكل جيد ومناسب.
10. هل تم عمل سجل أدلة من أجل مقارنته مع المواد التي تم العثور عليها؟

تمرين عملي 10.2 : تفتيش مسرح جريمة في الخلاء

مدة التمرين
ثلاث (3) ساعات

هدف التمرين العملي
إن هدف التمرين العملي هذا هو تزويد المشاركين بفرصة إجراء تفتيش مسرح جريمة في منطقة خلاء.

هدف الأداء
سوف يكون بإستطاعة المشاركين في نهاية هذا التمرين أن يستخدموا أساليب التفتيش الشقي والمقطعي لتحديد موقع الأدلة المادية وجمعها.

المواد اللازمة
1. حقلين كبيرين
2. من 10-12 طلقة نارية فارغة (يمكن أن تكون من عيارين إثنين مختلفين أو صانعين إثنين لإستعراض خراطيش من الشرطة وأخرى من المشتبه بهم)
3. مسدسين فارغين
4. أكياس ورقية صغيرة
5. أقلام حبر لوضع العلامات
6. قلم معدني

تعليمات
يجب أن يتم تقسيم الصف إلى جزئين، ويجب على المرشدين أن يقوموا بإنشاء مسرحين منفصلين للجريمة من أجل إجراء هذا التمرين. يجب مراقبة كل مسرح جريمة من قِبل مرشدٍ واحد الذي سبق ووضع قطعاً من الأدلة في الأماكن المخصصة. يجب أن يضع المرشد من 5 إلى 6 طلقات نارية فارغة في أماكن متنوعة في أرجاء الحقل مع الأسلحة الفارغة مما يسمح لمساحة كافية لجعل العثور عليها متوسط الصعوبة.

يجب أن يضع المرشدون رسماً تقريبياً كمرجعية لهم تشير إلى الأماكن التي تم وضع مواد الأدلة فيها. على المرشد أن يعرف أنه يوجد إحتمالية كبيرة أنه لن يتم العثور على جميع الطلقات النارية الفارغة. إن لم يكن المشاركين حذرين فإنهم سوف يدوسون على هذه الطلقات الفارغة ودفنها.

يجب اخبار المشاركين أن المكان كان مسرحاً لمعركة تم إطلاق النيران فيها ما بين الشرطة وشخص مسلح. يجب إخبارهم أنه يُعتقد أنه قد تم إطلاق عدة طلقات نارية(يجب أن يكون دقيقاً إلى حدٍ ما) وأن عيار مسدس الشخص المسلح ليس معروفاً.

يجب على المشاركين من المجموعتين قبل بداية التمرين أن يقوموا باختيار عضو يكون مسؤول عن التمرين. كما قلنا من قبل، يجب أن يكون هنالك دائماً شخص مسؤول عن مسرح الجريمة، وأن يقوم بتوجيه التفتيش. يتعين على المرشد أن يقوم بتوفير تعليمات مفصلة لهذا الشخص بما يتعلق بحدود مسرح الجريمة وأساليب التفتيش الذي سيتم اجراءها. يجب على المجموعتين بالبدء بأسلوب التفتيش الشقي ومن ثم استخدام أسلوب التفتيش المقطعي.

تمرين اختياري

يمكن نقل المشاركين إلى مسرح جريمة بديل (من الممكن التبديل مع المجموعة الأخرى) واعطائهم مهمة اجراء بحث قطاعي لمسرح الجريمة. ومن ثم يجب إبلاغ قائد المجموعة أن يقوم بتقسيم مسرح الجريمة إلى أرباع وبوجه التفتيش باستخدام قادة مساعدين.

تقييم

يجب تقييم هذا التمرين من قِبل المرشد من أجل تحديد ما إذا حدث الأتي:

1. هل تولى قائد المجموعة المسؤولية؟
2. هل تم تزويد الجميع بتعليمات مناسبة من قِبل قائد المجموعة؟
3. هل تم تحديد محيط مسارح الجريمة بشكل جيد لفريق التفتيش؟
4. هل تم حماية مسرح الجريمة من الناظرين او الفضوليين؟
5. هل أجرى الفريق التفتيش الشقي بشكل جيد؟
6. هل أجرى الفريق التفتيش المقطعي بشكلٍ جيد؟ (اختياري)
7. هل توقف أعضاء الفريق عند العثور على مادة من مواد الأدلة؟
8. هل تم أخذ اجراءات وقائية مناسبة من أجل حماية بصمات مستترة على الأدلة من الإتلاف؟
9. هل تم العثور ووضع العلامات وتغليف كل مادة من مواد الأدلة بشكل جيد ومناسب؟

العمل الموحدة أنظمة

تحقيقات جريمة القتل العمد

اعداد

مايكل شولت شريبنج

مقدمة

لقد تم إعداد أنظمة العمل الموحدة من أجل تمكين المحقيقين من أن يدنوا من مسرح الجريمة بأعين محقق في جريمة قتلٍ عمد، وأن يتعاملوا مع كافة الظروف المحتملة بوجود نظام موارد، وأن يأخذوا بعين الإعتبار جميع المعلومات عند التعامل مع القضية.

على المحققين أحيانًا أن يتعاملوا مع قضية قتل عمد دون معرفة مسرح الجريمة الأصلي.

التركيز ليس على الشرح القانوني بعد الأن، ولكن القصد هو تقديم أنظمة العمل الموحدة الأساسية عن طبيعة عمل المحقق ليستطيع أن يعمل بكافة الأدوات والموارد.
ولكن لا يمكن إهمال بعض التعريفات القانونية لأنها عناصر مهمة من جريمة القتل العمد.

سوف يكون بامكان المحققين أن يعملوا في مسرح الجريمة بعد أن يقوموا بقراءة أنظمة العمل الموحدة ، ولكن ليس كفنيين. وسوف يقومون أيضًا بمقارنة كافة البينات مع الإعتبارات والعناصر القانونية.

سوف يتم التخطي بشكل كامل عن إدارة التحقيقات، وسوف يتم تقديم أنظمة العمل الموحدة بشكل منفصل.

من وجهة نظر الجمهور، فإن كافة الأعمال الذي يقوم بها المتسبب في وفاة شخص آخر تعتبر جريمة قتل عمد.

هذا الشرح سهلٌ جدًا، ولا يأخذ عناصر القانون بعين الإعتبار.

على محقق الشرطة أن يُركز بشكل أوسع على قتل أو وفاة شخص خلاف ما سبق ذكره.

سوف يتم فصل القتل العمد عن القتل غير العمد. سوف يكون بإمكان الطلاب ان يتعرفوا على هذه النقاط بعد العمل على سيناريو محدد.
وبالتأكيد، سوف يتم تجنب النقاش عن القتل القانوني(عقوبة الإعدام) والقتل غير القانوني أي القتل العمد.

أنظمة العمل الموحدة

كما تعلمون، هناك تفاسير مختلفة لجريمة القتل العمد في دول مختلفة في جميع أنحاء العالم تم وضعها في القانون العام لتلك الدول. لا يوجد دولة واحدة وضعت كتاباً قانونياً خاصاً بجريمة القتل. العناصر الرئيسية هي تقريباً متشابهة في جميع أنحاء العالم، ولكن يمكن تفسير بعض العناصر باساليب مختلفة. هذه التفسيرات المختلفة لها جذورها في الغالب في الخلفيات الثقافية للدول.

هناك تعريف تقليدي يمكن قرائته في Coke (3 Inst 47 3):

" جريمة القتل العمد تحدث عندما يقتل إنساناً بكامل قواه العقلية وفي سن الرشد بشكل غير قانوني وفي أي بلد أي إنسان عاقل في الوجود تحت الحكم الآمن للملك بخبث مُسبق تم الإعراب عنه من قِبل القاتل أو ينطوي عليه القانون، حيث أن الطرف المصاب أو الذي تم إيذاءه يموت من إصابتة أو أذيته هذه في غضون سنة ويوم من هذه الإصابة أو هذا الأذى."

كما هو واضح في هذا التعريف، فإن لجريمة القتل العمد أجزاء كثيرة، والتي تم توضيحها جميعاً في قضايا وتشريعات لاحقة. الفقرة الأولى من التعريف تقوم بوصف "إنسان بكامل قواه العقلية وفي سن الرشد"، أي أن هذا الإنسان ببساطة إنسان غير مجنون أو لا يعاني من مسؤولية منتقصة وقد تخطى سن المسائلة الجنائية والتي تختلف بإختلاف الدولة .(Smith and Hogan 1992)

سن المسؤولية يختلف من دولة إلى أخرى، ولكن تركيزنا سوف يكون على الأراضي الفلسطينية المحتلة، ولن يتم ذِكر إختلافات أخرى في المستقبل.

وفقاً لكوك، فإن الضحية هو "الإنسان العاقل في الوجود." هذا لا يعني سوى أن الضحية يجب أن يكون على قيد الحياة. مقاربات أخرى للمصطلح "على قيد الحياة" سوف يتم أخذها بعين الإعتبار في دورة جريمة القتل العمد.

يجب طرح سؤال بسيط والتفكير فيه لفترة قصيرة، ألا وهو متى تبدأ الحياة؟ أو هل يمكن قتل شخص توقف دماغه عن العمل؟

بشكل أساسي، تحدث جريمة القتل العمد عندما يسبب شخص موت شخص أخر بقصد قتله أو يسبب له ضرراً جسدياً جسيماً. تلك هي الحالة إلا إذا كان القتل مبرراً، أي التوقف عن علاج المريض، أو عندما يكون الشخص في وضع الدفاع عن نفسه، أو عندما يحاول أن يمنع جريمة خطيرة. إذا تم القتل بسبب إستفزاز المتهم أو بسبب مسؤولية منتقصة للمتهم: عندها لا يكون المتهم مذنباً بالجرم، ولكن بالقتل غير العمد Lacey and (Wells) 1998.

القتل غير العمد يشمل كل أنواع القتل خلاف القتل العمد، الا أنه غير قانوني. الجانب الذي يُميز القتل العمد عن القتل غير العمد هو نية المتهم. لا يكون لدى المتهم في هذه الحالة خُبثٌ مُسبق، ولكنهم في حالة ذهنية يعتبرهم القانون بسببها أنهم تحت طائلة المسؤولية. القتل غير العمد يتضمن ذلك القتل الذي يحدث نتيجة عمل غير قانوني أو خطير (Smith and Hogan1992)، وكذلك القتل الذي يحصل بسبب الإستهتار أو الاهمال الجسيم. هنا لا يقتل المتهم الضحية عن قصد، ولكن بسبب أعمالهم مات الضحية.

يوجد هناك نوعان من الدفاع يتوجب أخذها بعين الإعتبار من قِبل المحقيقين في كل الأوقات، والنيابة تعتمد كثيراً على هذه الأمور. و لتفادي أي مفاجأة أثناء المحاكمة، فإن نقاط الدفاع هذه يجب أن يتم توضيحها أثناء عملية التحقيق:

يمكن تطبيق نوعين فقط من الدفاع فيما يتعلق بتهمة القتل العمد ، ألا وهما: الأول وهو الإستفزاز، أي أنه تم إستفزاز المتهم بشكل كبير مما جعله أو جعلها يفقد / تفقد السيطرة على أفعاله أو أفعالها، والثاني وهو المسؤولية المنتقصة، حيث أن خللاً في الدماغ أو مرضا مّا أثر على المتهم، مما جعله غير قادر على إتخاذ القرارات.يُخفف كلا النوعان من الدفاع الحكم الى القتل غير العمد.(وزارة الداخلية البريطانية، شرح عناصر جريمة القتل العمد).

بشكل عام، فإن شرح كوك لجريمة القتل العمد كان الاساس لمعظم تشريعات القتل العمد في جميع أنحاء العالم.

يتضمن التعريف القالب الأساسي للمسوغات القانونية لجريمة القتل العمد:

أ . يسبب موت الشخص

ب . النية للقتل

ت . لا يوجد دفاع عن النفس أو منع جريمة خطيرة

ث . يجب أن يكون الضحية حياً

ح . المعتدي في وضع عقلي سليم

خ . عمل المتهم يؤدي بالمصاب إلى الموت

يجب أن يتم أخذ جميع المسوغات القانونية التي سبق ذِكرها بعين الإعتبار للسيناريو التالي. سوف يتم تقسيمها الى عدد قليل من العناصر، مع إعطاء المزيد من المعلومات دوما.

أ . سبب الموت

سبب الوفاة معروفٌ دائمًا لرجال الشرطة، إلا إذا تم تحديده من قِبل طبيبٍ شرعي، لأنه يوجد إحتمال تعرض الضحية لسكتة دماغية أو قلبية، أو لأي أسباب طبيعية أخرى.

من أجل معرفة سبب الوفاة، وربما من أجل العثور على بعض الأدلة على جثة الشخص المتوفي، فإن الجثة نفسها تشكل غالبًا مسرح الجريمة، وأيضًا يجب طلب تشريح الجثة في أسرع وقتٍ ممكن.

هل تم العثور على أية أداة تم ضرب الضحية بها في مسرح الجريمة الخارجي أو الداخلي؟

ب . نية القتل

الكلمة الذي يستخدمها المحققون دائمًا هي: لماذا؟

لماذا أصيب الشخص؟

هل يمكن أن تحدث هذه الإصابات للجسم بالصدفة؟ إذا كان الجواب بالنفي، إذًا كان هناك نيةً بإستثناء وجود ظروف مثل الإضطراب العقلي.

ما هو منظر الحادث؟ هل كان هناك إشارةٌ لوجودِ قتال؟

هل عرف الضحية الشخص، إذا كان هناك إرتكابٌ لجريمة القتل العمد؟

هل كان قريب الضحية ومعه مفتاح مكنه من دخول مسرح الجريمة؟

هل كان بائعًا كان معروف للضحية قبل دعوته للدخول؟

ت . إنتفاء الدفاع عن النفس

مرةً أخرى، على المحقق أن يستخدم جميع الموارد المتاحة داخل وخارج الشرطة. ما الذي يقوله الطبيب الشرعي؟ هل توجد علامات شجار على يدي أو على جسد الضحية؟ هل توجد هناك أية جروح أخرى؟

ما هو فحوى السجلات؟ هل كان الضحية معروفًا لدى الشرطة؟

وأهم شيء، هل كان الضحية قادرًا على الاعتداء على شخصٍ اخر؟

من الجوانب المهمة في إدعاء عن النفس، هو ما إذا كان إستخدام القوة معقولاً. على سبيل المثال، ليس من المعقول أو المنطقي أن تقتل شخصًا كردة فعل على صفعك على وجهك. لقد تم توضيح هذا الموضوع مؤخرًا في قضية توني مارتن، المزارع الذي أطلق النار على لص دفاعًا عن أملاكه وعن نفسه. ولكن مارتن أطلق النار على اللص من الخلف بينما كان هاربًا، ولهذا لم يكن مارتن قادرًا أن يدعي عذر الدفاع عن النفس. لم يكن قادرًا على الإعتماد على إدعاء الدفاع عن النفس نظرًا لعدم إستخدام قوة معقولة، لأن اللص كان يركض هاربًا ولم يكن يُشكل تهديدًا لمارتن .(Sapsted, D, No date)

ليس بالضرورة في بعض الأحيان أن يكون الإعتداء جسديًا في حال غياب أية علامات شجار على جسد الضحية، لأنه كان من الممكن أن يكون في حوزة المتوفي سلاحًا كمسدس أو سكين يكون قد إستخدمها ليبعد المعتدي عنه. وكما تعرفون، فإنه يجب عمل فحص خاص على يدي الضحية عادة لأنه يمكن للسلاح أن يترك بعض الآثارالبسيطة.

مصطلح الدفاع عن النفس يحتسب لصالح المعتدي. قد يكون هنالك اعتداء من الضحية على المعتدي – المشبوه. عدم وجود أدلة على وجود شجار، وعدم وجود أدلة على وجود سلاح مستخدم، ونظافة الغرفة، وإشارات أخرى ، تشير إلى أنه لم يكن هناك شجار قد حدث سابقاً في مسرح الجريمة. ولكن الحال يختلف من قضية إلى أخرى، ويجب أن تستبعد بشكل منفصل في كل حالة، ولا توجد هناك قاعدة ثابتة.

ث . في الوجود

يمكن فقط للطبيب الشرعي أن يُجيب على هذا السؤال بعد عملية التشريح. تم تفسير الجزء الرئيسي من مصطلح "في الوجود" فيما يتعلق بأركان الجريمة وفقًا للقانون. " في الوجود" تعني أن الضحية كان على قيد الحياة قبل الحادث ولا تعني شيئًا آخر، لأنه من المستحيل أن يتم قتل شخصاً ميتًا.

ح . المعتدي في وضع عقلي سليم

يمكنك أن تُجيب على هذا السؤال إن كنت تعرف المعتدي فقط.

خ . عمل المتهم ومسببات الوفاة

حتى الأن أنت تعرف فقط أنه كان هناك فعل، وتعرف أنه توجد إصابات في رأس الضحية، ولكن عليك أن تنتظر نتائج الفحوصات الطبية.
و هناك سؤال آخر، هل كانت نية الشخص أن يقتل الضحية حقاً، أو أن يؤذيها فقط؟ وهذا في حالة أنه كانت هناك جريمة قتل عمد؟
هل كان الهدف من الفعل إحداث إصابات بالغة؟
كما يرى الطلاب الآن، فإن جميع المسوغات متقاربة بشكل وثيق كالعجلات المسننة.

يجب توضيح بعض نقاط التحقيق من قِبل الطلاب مثل:
أ . الوقت المحدد للوفاة(يجب معرفته لحجج غياب محتملة للمشبوهين)
ب . من المستفيد من قتل المرأة الطاعنة في السن؟
ت . من كان قادراً على الدخول إلى المنزل/الموقع؟
ث . هل توجد أية بصمات أو دلائل في مسرح الجريمة؟
ح . من هو آخر شخص تمت رؤيته مع الضحية؟
خ . متى كانت المرة الاخيرة التي شوهد فيها الضحية؟

بالتأكيد هذه ليست لائحة مكتملة بكل الأسئلة التي تظهر للمحقق، ألا أنها تٌعطي بعض الأمثلة.

يوجد هناك إجراء خاص يتعلق تقريبا بالتحقيقات الرئيسية في الجرائم. سوف يتم ذِكر تلك العناصر بشكل مختصر:

أ . زيارة مسرح الجريمة

هذه الزيارات إلزامية. لا يمكن لأي محقق أن يحقق مع شهود أو مع مشبوهين عندما لا يعرف مسرح الجريمة. بالإضافة إلى ذلك، فإن بإمكان المحقق أن يحصل على نظرة شاملة لوضع معين، وبالتأكيد فإن أسئلة سوف تظهر ليتم مناقشتها مع فرق خاصة مثل فنيي الطب الشرعي في الموقع. يجب أن يتم توثيق جميع الصور من مسرح الجريمة لأسباب عدة:

1 . لأن المحكمة بحاجة للحصول على صورة من مسرح الجريمة لاحقًا.

2 . لأن فريق التحقيق سيحتاج أحيانًا الى فحص مسرح الجريمة.

3 . صور الأدلة وصور المكان... الخ.

ب . الإتصال مع مصادر الشرطة و جمع المعلومات

كثيرٌ من الدوائر داخل الشرطة ووكالات خارجها مثل شركات التأمين يمكنها أن تشترك في توفير المعلومات أثناء التحقيق. تعتمد التحقيقات على جمع المعلومات، ووضع هذه المعلومات سويًا من أجل الحصول على صورة حقيقية عن الحدث.

ت . جمع التقارير والإفادات

يمكن للتقرير المبدئي عن وضع ما أن يقول الكثير للمحقق. من الذي إتصل بالشرطة؟ متى وصلت الدورية؟ من كان في مسرح الجريمة؟ ما الذي لاحظه الضباط خارج مسرح الجريمة؟ من كان أيضًا موجودًا؟ من كان غير متواجد؟

على المحقق أن يقود ضباط الدورية في عمل تقرير مفصل. حتى التفاصيل الصغيرة التي للوهلة الأولى لا تستحق أن يتم ذَكرها يمكن أن يكون لها أثر كبير على التحقيقات لاحقًا، أو حتى انها من ممكن أن تقود إلى المشبوه.

ث . الادارة السليمة للتحقيقات

إدارة التحقيقات هذه هي تتعلق بأنظمة عمل موحدة خاصة، والتي يجب الإشارة اليها في هذه المرحلة. يجب تغطية عناصر رئيسية أثناء عملية التحقيق مثل البيانات الموجزة الصباحية والإتصال بجميع الضباط المشاركين وإطلاع كافة الضباط على المستجدات، وإتجاهات جديدة في التحقيق، وأشياء كثيرة أخرى.

حتى الآن قد حصلتم على انظمة العمل الموحدة للعناصر الرئيسية لجريمة القتل العمد التي يجب أخذها بعين الإعتبار خلال عملية التحقيق. غالبا قد تظهر بعض التعقيدات أثناء عملية التحقيق أو عند تغطية جرائم مركبة. ليكن معلومًا لك أن النيابة تحتاج لدليل لجميع العناصر من أجل إعداد لائحة الإتهام والإدانة. إذا أغفل المحقق في إحدى العناصر، يؤدي الى رفض القضية من قِبل المحكمة أو يمكن إعتبارها مخالفة بسيطة. يوجد دائمًا للمحقق الرئيسي طرق مختلفة للتفكير، فيمكنه أن يفكر كما يفكر المشبوه وما الذي فعله وماذا كان يريد تحقيقه وما الذي خططه وما الذي لم يخطط له.

من ناحية أخرى، على المحقق أن يفكر كما يفكر وكيل النيابة. هل يوجد دليل كافٍ؟ هل تم استيفاء جميع العناصر؟ هل مسببات البينة والإفادات موجودة؟
هناك أيضًا الكثير من الامور التي يجب على المحقق الاهتمام بها. معظم الأمور الإضافية سيتم ذِكرها بشكل مختصر لأنها مشمولة في دروس أخرى، على سبيل المثال مسرح الجريمة، والإدارة، والبصمات، وأمور أخرى.
عناصرالتحقيق الاخرى في جريمة القتل العمد:

المنهجية في التخطيط للتحقيقات الجنائية:

يجب أن يكون للمحقيقين مفهوم عن كيفية التعامل مع قضية قتل عمد.مفهوم خاطئ يعني حيرة والتباس، ويمكن ان تضيع الأدلة أو ان لا يتم العثور عليها إطلاقًا.

1 . نظرة شاملة وعامة للوضع.

في معظم التحقيقات في جرائم القتل العمد، فإن مسرح الجريمة هو نقطة البداية للتحقيقات. حتى في بعض التحقيقات، سوف يكون هناك العديد من مسارح الجريمة، على سبيل المثال العثور على الجثة في موقع آخر، وليس في الموقع الأصلي لجريمة القتل.
المحققون غير قادرين على التركيز على كل بقعة في مسرح الجريمة، فهم يعتمدون على متخصصين كالاطباء الشرعيين ومصور الطب الشرعي، وفني الطب الشرعي، وعلماء الأحياء، وآخرون. ولكن يجب على المحقق ان يحصل على نظرة شاملة لجميع المعلومات التي تم جمعها ولمصادرها.
كما سبق ذكره ، إن زيارة مسرح الجريمة هو أمرٌ إلزامي، لأنه سيكون من المستحيل تقريبًا ربط الأدلة والإفادات مع ظروف حصول الحادث ووقت حدوثه بدون معرفة مسرح الجريمة.

2 . أهمية مسرح الجريمة

كما وسبق ذكره أيضا، إن زيارة مسرح الجريمة هي أمر إلزامي. كما يُبين لنا تاريخ التحقيقات الجنائية، فإن مصدر معظم الادلة والدلائل يأتي من مسرح الجريمة.

3 . زمن الحادث

هذا جزء مهم من التحقيقات، لأنه عند معرفة زمن وقوع الحادث يمكن أن تقوم باستبعاد بعض المشبوهين بسبب حجة الغياب. على المعتدي أن يُصرح عن مكان وجوده بالضبط وقت الحادث.
يمكن ظهور أسئلة أخرى في قضايا أكثر خطورة مثل:
كم من الوقت إستغرق المعتدي لاتمام فعله الإجرامي؟
كم من الوقت إستغرقه ليصل إلى مسرح الجريمة أو الهروب منه؟

4 . مودوس أوبراندي (اسلوب إرتكاب الجريمة)

اسلوب إرتكاب الجريمة هو ذات أهمية كبيرة أثناء التحقيق. توجد طرق مختلفة لأرتكاب الجريمة يستخدمها معتدون مختلفون، وخاصة عندما تكون هذه الجرائم من أجل كسب قوتهم اليومي، ولا تتغير هذه الطرق في أحيانٍ كثيرة.

5 . الدافع

دائما ما يقود الدافع إلى السؤال لماذا إرتكب المعتدي فعله الإجرامي، والمحققون الذين يسألون عن دافع محتمل لجريمة يحصلون على إشارة عن المعتدي.

الضحية

في بعض الجرائم ، الإغتصاب والقتل العمد على سبيل المثال، فإن الضحية هي مسرح الجريمة نفسها. يمكن العثور على كثير من الأدلة بعد جريمة الإغتصاب مثل الشعر والحيوانات المنوية وسوائل جسدية أخرى.
والشيء نفسه ينطبق على القتل العمد. عندما لا يكون هناك سلاحٌ يتم إستخدامه عن بُعد، كمسدس ذو ماسورة طويلة مثلاً، فإن على المعتدي أن يقترب من الضحية، وعندها يمكن ترك أدلة.

الأدلة الجدلية

ما زال الكثير من المحققين يخطئون في إعتبار إفادة المعتدي كدليل، وهذا هو الخطأ بعينه. لا تعتبر المحكمة أبدًا إفادة المعتدي كدليل. لكن يمكن أن تتم مقارنة الأدلة مع إفادة الشاهد، وهذا من المهم جدًا عمله، وعندها يكون من السهل إكتشاف ما إن كان المعتدي كاذبًا أم لا. في بعض القضايا التي أفاد المعتدي المحتمل فيها أنه قد إرتكب جريمة قتل عمد ولكن لم يكن لمسرح الجريمة والضحية وجود، فلم يتم توجيه الإتهام للمعتدي.
توجد المزيد من عناصر الجريمةالتي يجب أخذها بعين الإعتبار في جرائم معقدة.

خلاصة

تفسير كوك لجريمة القتل العمد تقدم أفضل، وعلى الأرجح أبسط تعريف لجريمة القتل العمد التي تأخذ جميع العناصر بعين الإعتبار. لا يوجد ضابط شرطة في العالم أجمع يمكنه أن يكون خبيرًا في جميع الجرائم أو جميع المواضيع مثل الطب الشرعي أو علم الأحياء أو علم النفس.
ولكن, يجب أن يكون للمحقق الحد الأدنى من المعرفة على الأقل عن واجب كل دائرة، وكيف يمكنهم أن يساهموا في التحقيقات.

يمكن للتحقيقات أن تكون مختلفة بحسب إختلاف الجرائم. بالتأكيد فإن تحقيقات سرقة سيارة تختلف عن تحقيقات جريمة القتل العمد. أحياناً ما يكون التحقيق في جرائم مختلفة متزامنا، مثل جريمة القتل العمد بعد إرتكاب جريمة الإغتصاب.

المزيد من الجرائم المعقدة تدعو للمزيد من التحقيقات المعقدة.

سوف يتم ذِكرالمنهجية والتخطيط والإدارة وعلم النفس وعلم وظائف الأعضاء في أنظمة عمل موحدة مختلفة.

السلوك الإجرامي ما قبل وأثناء وما بعد إرتكاب الجريمة مهم.

تستحق بعض المواضيع الدراسة في الجامعة، وأريد القول ببساطة أن الممارسة الجيدة تُنتج محققاً جيداً.

Reference:

Pierce County, Medical Examiner, John D. Howard, Chief Medical Examiner, Guidelines for Death Investigations, 2004,

Morris, D. 2003; Insect Investigations, Washington, US

Robinson, S.; 2006; Basic Forensic Pathology, Symposium, Rockville, Maryland, US

The Royal College of Pathologists, 2002, Guidelines on Autopsy Practise, London, Butterworth

US department of Justice, 1999, A Guide for the Scene Investigator, Research Report, Washington

University of Dundee, Department for Forensic Medicine, Lecture notes in Post Mortem Changes and Time of Death, 2004, University Library

Office of Missing Persons and Forensic, OMPF, 2005 Statistics

Federal Investigation Office Germany, 2004, Statistics

OSCE Mission in Kosovo, 2003, lesson about missing persons

British Home Office, Police Research Papers Series 114, Police Response to missing persons, Geoff Newies, 1999

British Home Office, Policing and Reducing Crime, Editor Barry Webb, 1999

Police Italy, Denise Pipitone, 2004

Dr. Thomas Mueller, "The Human Beast" published 2004, Austria, page 118 - 124

City of Gelsenkirchen, Germany, Report 15.07.2004, Department for social welfare, Mrs. Eckhart

Peter Oborne, Reform, a better way for public service and economic prosperity, Imprisonment and the crime rate, The business 2002

Federal Minister of Justice Brigitte Zypriess, interview with Duesseldorf News February 2004

Ministry of Justice Germany Press-release from 04.02.2004

Jürgen Schreckling, Ministry of Justice (Hg.), Bonn 1991, page 1.

General attorney Schleswig-Holstein, Leaflet Germany, 2004

Petra Dervishaj Forum Recht, booklet 03/2005, page 84-87,Hamburg, Germany, Federal Department for Statistics, Germany, Booklet 10, Line 4.1., 2004

Prof. Dr. Bernd-Rüdeger Sonnen V Chairman of DVJJ, Hamburg, Press-Release statement to the high reoccurrence of juvenile criminality

Robert Alun Jones. Emile Durkheim: An Introduction to Four Major Works. Beverly Hills, CA: Sage Publications, Inc., 1986. Pp. 60-81.]

1997-2005 hegel.net, Maurizio Canfora (Luxemburg)/Kai Froeb (München).

Maguire, M. (1994); Crime statistics, patterns and trends: Changing perceptions and their implications. Im Maguire, R. Morgan and R. Reiner (Eds), The Oxford handbook of criminology, Oxford: The Clarendon Press

James McGuire, Understanding Psychology and Crime, 2004, Open University Press

John B. Watson and Rosalie Rayner, Conditioned Emotional Reactions,1920, internet resource developed by Christopher D. Green, York University, Toronto, Ontario, Classics in the History of Psychology

John B. Watson, Psychology as the Behaviourist Views it, p. 158-177, 1930, internet resource developed by Christopher D. Green, York University, Toronto, Ontario, Classics in the History of Psychology

A Bandura, 1977, Social Learning Theory, New York, General Learning Press
George Boeree, 1998, Seven Perspectives, homepage

Kohlberg Tutorial, Kohlberg's Ideas of Moral Reasoning, Facultyweb, Cortland
W. C. Crain, (1985), Theories of Development, Prentice Hall. Pp 118-136
Josef Held, Die Einzelfallmethode, www.fhm.edu/fb11/Lehrmaterial

Stanford Encyclopaedia of Philosophy, Moral Reasoning, http://plato.stanford.edu/entries/reasoning-moral/

Stanford Encyclopaedia of Philosophy, Practical Reason, http://plato.stanford.edu/entries/practical-reason/

B F. Skinner, 1989, The Origins of Cognitive Thought, Merrill Publishing

Allen, C & Swan, S. 2005; Gender Symmetry, Sexism & Intimate Partner Violence; University of South Carolina, US

Astbury et al, 2000, The impact of domestic violence on individuals; The Medical Journal of Australia, Internal Medicine On Call

Giles-Sims, J; unknown date; The psychological and social impact of partner violence, Texas Christian University, US

Kelly et al, 2005; intimate partner violence perpetrated by college women within the context of a history of victimisation; Psychology of Women Quarterly,

National Centre for Injury Prevention and Control, 005; Intimate Partner Violence: Fact Sheet; Cd

National Resource Centre on Domestic Violence, 2002; Children Exposed to Intimate Partner Violence; Harrisburg; Pennsylvania, US

Pelser et al, 2005; Intimate Partner Violence, A Gender-based Study in Malawi; Crime & Justice Statistical Division, Pretoria, South Africa

Rutgers State University of New Yersey, 2005; Definition of Domestic Violence

Testa et al, 2003; Women's substance use and Experiences of Intimate Partner Violence, University at Buffalo, New York, US

Tjaden, P & Thoennes, N; 2000a; Criminal Victimization Reports, National Institute of Justice and the Centres for Crime Prevention, US

United Nations Office for Drug Control and Crime Prevention (1999) Global report on Crime and Justice, New York, Oxford University Press

United Nations Office at Vienna (1993), Centre for Social Development and Humanitarian Affairs, Strategies for Confronting Domestic Violence

United Nations, Centre for International Crime Prevention (1999), Handbook on Justice for Victims, New York

Williams et al; 2005; Sex Roles: Pattern of Violent Relationships, Journal of Research, US

World Health Organization, 2005; Intimate Partner Violence and Alcohol Fact Sheet, New York, US

Bruckert, C & Parent, C; 2005, Organized Crime and Human Trafficking in Canada: Tracing Perceptions and Discourses; University of Ottawa

Criminal Net, 2006; Only one conviction for Human Trafficking, Interview of Vojkan Kostic, Belgrade, YU

IOM, Frank Laczko, 2002; Human Trafficking--The Need for better Data, Washington

International Committee of the Fourth International, 2002; Bosnia, The United Nations, Human Trafficking and Prostitution, World Socialist Website

Laczko, F. & Gramegna, M; 2003; Developing Better Indicators of Human Trafficking, Brown Journal of World Affairs, Geneva

Ministry of Justice, Georgia, 2005; Draft Law on Combating Trafficking in Human Beings, Tbilisi, Georgia

OSCE, 2001, Vienna, Anti Trafficking Guidelines, Austria, Vienna

OSCE Mission to Moldova, 2003, OSCE and Combating Human Trafficking, Moldova, Chisinau

Polaris project, no date; Research and Training Centre, Human Trafficking 101,

UNESCAP, 2004; Inventory of selected anti-trafficking projects and initiatives in the UNESCAP Region, Bangkok, Thailand

United Nations, 2003; Protocol to prevent, suppress and punish trafficking in persons, especially women and children, supplementing the United Nations Convention against trans-national organized crime, UNODC, New York

United Nations, 2004; DPKO Policy Paper, Human Trafficking and United Nations Peacekeeping, New York

UNICEF, 2005, Guidelines for protection of the rights of child victims of trafficking, Geneva, Switzerland

United Nations Interregional Crime and Justice Research Institute, 2006; Workshop on Human Trafficking, Turin, Italy

US Department of Justice, 2006; Report on Activities to Combat Human Trafficking, Washington

US Department of Justice, 2006; Trafficking in Person - Facts and Figures, Washington

Vital Voices of Africa, 2007; Leadership Summit for Women and Girls

International Labour Organization, 2001; World of Work - - Forced Labour, human trafficking, slavery haunt us still, Geneva

www.ingramcontent.com/pod-product-compliance
Lightning Source LLC
Chambersburg PA
CBHW070233190526
45169CB00001B/174